Reprise

A Review Workbook for Grammar, Communication, and Culture

McGraw Hill Glencoe

New York, New York   Columbus, Ohio   Chicago, Illinois   Peoria, Illinois   Woodland Hills, California

About the Authors

David M. Stillman, Ph.D. is a well-known writer of foreign language textbooks, multimedia courses, and reference books. He is President of Mediatheque Publishers Services, a leader in the development of foreign language instructional materials. He holds a Ph.D. in Spanish Linguistics from the University of Illinois and has published titles in Spanish, French, Italian, German, and ESL. He has taught at Boston University, Cornell, and Harvard. He has been active in teacher preparation and training and has taught methodology at a number of universities. He has been appointed to national committees devoted to the improvement of teacher training and the academic level of future teachers. David M. Stillman is at present an Assistant Professor at The College of New Jersey where he teaches Spanish, French, Italian, and Hebrew. He lives in Philadelphia with his wife and family.

Ronni L. Gordon, Ph.D. is a prominent author of foreign language textbooks, reference books, and materials for multimedia, including online Internet courses and CD-ROM. She is Vice President of Mediatheque Publishers Services, a leader in the development of foreign language instructional materials in Spanish, French, Italian, German, and ESL. She received her Ph.D. in Spanish language and Spanish and Latin American History and Literature from Rutgers University, and has taught at Harvard, Boston University, and Cornell. She read in foreign languages for the National Endowment for the Humanities and founded the Committee for Quality Education, an organization devoted to the improvement of academic standards in the public schools. She is an education consultant specializing in curriculum development (foreign languages, literature, and history) and teacher training and is an associate scholar of a Philadelphia-based think tank. Ronni L. Gordon lives in Philadelphia with her husband and children.

Photos

Cover: Palais du Chailot et la tour Eiffel/CORBIS; **1**: La tour Eiffel/Glencoe file; **181**: Morocco/Glencoe file; **323**: L'hôtel Negresco, Nice, France/Glencoe file; **379**: Le château Frontenac, Québec, Québec/Glencoe file; **411**: Sacré Cœur, Paris, France/Glencoe file; **435**: Martinique/George Matchneer; **489**: Mont-Saint-Michel/L.D. Franga; **521**: Lac Léman, Genève, Suisse/Getty Images

Glencoe

The McGraw-Hill Companies

Printed in the United States of America.

Send all inquiries to:
Glencoe/McGraw-Hill
8787 Orion Place
Columbus, Ohio 43240-4027

ISBN 0-07-846053-0

1 2 3 4 5 6 7 8 9 10 021 10 09 08 07 06 05 04 03

PREFACE

Reprise—A Review Workbook for Grammar, Communication, and Culture is a powerful tool for review and progress in French. This new edition incorporates the suggestions of teachers using ***Reprise*** with their classes. ***Reprise*** offers intermediate through advanced learners of French clear, concise, and well-organized grammar explanations with examples derived from everyday usage, most often in the format of conversational exchanges. These presentations of structure are easy to read and encourage students to see grammar as a stepping-stone to communication. Student progress is enhanced by the straightforward and highly accessible format of the ***Reprise*** workbook, including the ample space provided to write answers and the side-of-page referencing of chapter topics. Many grammatical explanations have been revised and expanded, exercises have been added, more tests of mastery have been provided, and the number of realia pieces presented has been increased.

The activities in ***Reprise*** provide practice of all the grammar topics that learners of French at this level should know. Most of the engaging activities are contextualized, with instructions in French that help set the scene and prepare students for the task at hand.

Vocabulary boxes provide a review of the vocabulary common to most first- and second-year French textbooks and present additional vocabulary that empowers learners to express themselves on a broad range of topics. Vocabulary items and expressions are grouped thematically and integrated with the activities. Self-expression activities encourage learners to use the target grammar and vocabulary to express their own ideas. A test of grammar topics is included at the end of each chapter so students can assess their progress and prepare for comprehensive examinations and competitions. And for easy reference, ***Reprise*** supplies easy-to-read verb charts and an end glossary that contains all the words used in the activities and the culture chapters.

Toward the end of most chapters of ***Reprise*** is an **Activité orale** that encourages spoken expression. This oral activity is often followed by a section called **La grammaire en action,** a reading comprehension activity based on authentic documents that contain examples of the chapter's grammar topics. Users of ***Reprise*** will measurably increase their oral and written mastery of structure and vocabulary as they work through these informative and interesting materials selected from French-language newspapers, periodicals, and advertisements.

Chapter 28, Idioms and proverbs, is an especially useful compendium of frequently used language, and the **Note culturelle** found in most chapters enhances the grammar activities by situating practice in authentic French contexts. The high interest level of this material further motivates students to work toward mastery of French.

Reprise is organized into twenty-eight grammar chapters and four culture chapters. The culture chapters address the history, art, music, science, and technology of the French-speaking world. Following each culture chapter is a short self-test of the material covered.

Reprise bridges grammar practice and communication by emphasizing authentic language use and providing a cultural context for its structural activities. It is practical, inviting, and easy to use. It will help learners acquire knowledge that will increase their confidence in using French to express their own thoughts, to comprehend those of French speakers, and to communicate in both speech and writing in a wide variety of settings.

TABLE OF CONTENTS

PART ONE Verbs: Forms and Uses

Chapter 1 Present tense of regular verbs **3**

First conjugation: **-er** verbs *3*
Second conjugation: **-ir** verbs *4*
Third conjugation: **-re** verbs *4*
Spelling changes in the present tense of regular **-er** verbs *7*
First conjugation **(-er)** verbs with mute **e** as the stem vowel *9*
First conjugation **(-er)** verbs with **é** as the stem vowel *10*
Uses of the present tense *11*
Chapter test *15*

Chapter 2 Present tense of irregular verbs **16**

Common irregular verbs *16*
Expressions with **avoir, être, faire,** and **prendre** *19*
Irregular verbs resembling regular verbs *25*
Other irregular verbs *30*
Verbal constructions *32*
Chapter test *36*

Chapter 3 Passé composé **37**

Passé composé with **avoir** *37*
Passé composé with **être** *42*
Verbs conjugated with **avoir** and **être** in the passé composé *46*
Agreement of the past participle *48*
Chapter test *53*

Chapter 4 Imperfect **55**

Forms of the imperfect *55*
Uses of the imperfect tense; Imperfect vs. passé composé *60*
Other uses of the imperfect tense *65*
Special meanings of certain verbs *67*
Chapter test *70*

Chapter 5 Future and conditional **71**

Forms of the future tense *71*
Use of the future after **quand** and other conjunctions of time *76*
Forms of the conditional *78*
Conditional with **si** clauses *81*
Chapter test *87*

TABLE OF CONTENTS

Chapter 6 Imperative **88**

Imperative *88*
Chapter test *99*

Chapter 7 Reflexive verbs **100**

Present tense of reflexive verbs *100*
Infinitive of reflexive verbs *104*
Passé composé of reflexive verbs *107*
Reciprocal reflexive verbs *111*
Imperative of reflexive verbs *114*
Other reflexive constructions and reflexive verbs *115*
Chapter test *119*

Chapter 8 Perfect tenses **121**

The pluperfect **(le plus-que-parfait)** *121*
The future perfect **(le futur antérieur)** *125*
The conditional perfect **(le conditionnel passé)** *129*
Si clauses with perfect tenses *131*
Chapter test *119*

Chapter 9 Passé simple **137**

The passé simple of regular verbs *137*
The passé simple of irregular verbs *139*
Chapter test *143*

Chapter 10 Participles and infinitives **145**

The present participle *145*
Infinitives *147*
Verb + **à** + infinitive *150*
Verb + **de** + infinitive *152*
Verb + direct object + **de** + infinitive *155*
Adjective or noun + preposition + infinitive *159*
Faire + infinitive **(le causatif)** *160*
Chapter test 166

Chapter 11 Passive voice **167**

The passive voice *167*
Substitutes for the passive voice *171*
Chapter test *179*

TABLE OF CONTENTS

PART TWO Nouns, adjectives, adverbs, and pronouns

Chapter 12 Nouns and articles **183**

Gender of nouns *183*
Gender of nouns *(continued)* *187*
Number of nouns *189*
Identifying nouns referring to people: **Il/Elle est** vs. **C'est** *191*
The partitive *192*
De vs. the partitive: Expressions of quantity *196*
More uses of the articles *198*
Chapter test *203*

Chapter 13 Adjectives, comparatives, and superlatives **205**

Gender of adjectives *205*
Plural of adjectives *208*
Position of adjectives *212*
Comparison of adjectives, adverbs, nouns, and verbs *216*
Superlative of adjectives, adverbs, and nouns *223*
Chapter test *229*

Chapter 14 Adverbs **230**

Adverbs of manner *230*
The use and position of adverbs of manner *234*
Adverbs of time *236*
Adverbs of place *238*
Adverbial phrases *240*
Chapter test *246*

Chapter 15 Disjunctive pronouns **247**

Disjunctive pronouns—forms and usage *247*
Subject-verb agreement with disjunctive pronouns *254*
Chapter test *255*

Chapter 16 Object pronouns **257**

Direct object pronouns *257*
Indirect object pronouns *263*
Pronoun **y** *267*
Pronoun **en** *269*
Double object pronouns *272*
Restrictions on the use of object pronouns *276*
Object pronouns in affirmative commands *277*
Chapter test *280*

Name Amanda F.

GRADING FORM FOR ORAL QUIZZES

	Comprehension	Grammaire	Prononciation
1.	0 1	1 2 3	0 1
2.	0 1	1 2 3	0 1
3.	0 1	1 2 3	0 1
4.	0 1	1 2 3	0 1
5.	0 1	1 2 3	0 1
6.	0 1	1 2 3	0 1
7.	0 1	1 2 3	0 1
8.	0 1	1 2 3	0 1
9.	0 1	1 2 3	0 1
10.	0 1	1 2 3	0 1

41/50

Watch out for the tense of the verb.

Chapter 17 Possessive and demonstrative adjectives and pronouns 282

Possessive adjectives *282*
Possessive pronouns *287*
Demonstrative adjectives *290*
Demonstrative pronouns *293*
Chapter test *300*

Chapter 18 Relative pronouns and relative clauses 301

The relative pronouns **qui** and **que** *301*
Relative pronouns preceded by **à** *305*
Dont and relative pronouns preceded by **de** *307*
Relative pronouns preceded by other prepositions *311*
Relatives pronouns without antecedents *314*
Chapter test *321*

PART THREE Interrogatives and Negatives

Chapter 19 Interrogative sentences 325

Question formation *325*
Chapter test *335*

Chapter 20 Interrogative adjectives and pronouns 337

Interrogative adjectives *337*
Interrogative pronoun **lequel** *341*
Interrogative pronouns *who, whom, what* and other question words *344*
Chapter test *350*

Chapter 21 Negative sentences 351

Basic negative structures *351*
Other negative structures *356*
Ne... que and **ne... pas que** *358*
Chapter test *360*

Chapter 22 Negatives and indefinites 362

Negative words—forms and uses *362*
Indefinite words and expressions *367*
Expressions with indefinite words *371*
Idioms and expressions with negative and indefinite words *373*
Chapter test *377*

TABLE OF CONTENTS

PART FOUR Prepositions

Chapter 23 Prepositions 381

The preposition **à** *381*
Idioms and expressions with **à** *382*
The preposition **de** *385*
Idioms and expressions with **de** *386*
The prepositions **avec** and **sans** *390*
Idioms and expressions with **avec** and **sans** *391*
The prepositions **en** and **dans** *392*
Idioms and expressions with **en** and **dans** *394*
Sous, sur, and related prepositions *396*
Dessus and **dessous** *397*
The prepositions **entre, pour,** and **par** *399*
Other prepositions *401*
Prepositions with geographical names *403*
Chapter test *409*

PART FIVE Numbers

Chapter 24 Numbers, time, and dates 413

Cardinal numbers 0 to 99 *413*
Cardinal numbers 100 and above *415*
Ordinal numbers *418*
Telling time *421*
Days, months, and seasons *425*
Dates and years *426*
Chapter test *433*

PART SIX Subjunctive: Forms and Uses

Chapter 25 Present subjunctive 437

Moods of verbs *437*
Forms of the present subjunctive *437*
Uses of the subjunctive: getting or wanting someone to do something *440*
Uses of the subjunctive: emotion and opinion *447*
Uses of the subjunctive: negation of fact and opinion *453*
Uses of the subjunctive: special cases *457*
Chapter test *460*

TABLE OF CONTENTS

Chapter 26 Past, imperfect, and pluperfect subjunctive 462

Forms and uses of the past subjunctive *462*
Forms and uses of the imperfect subjunctive *466*
Forms and uses of the pluperfect subjunctive *468*
Chapter test *470*

Chapter 27 Other uses of the subjunctive 471

The subjunctive after certain conjunctions *471*
The subjunctive in relative clauses *480*
The subjunctive after superlatives *483*
The subjunctive in certain types of indefinite clauses *485*
Chapter test *487*

PART SEVEN Idiomatic Usage

Chapter 28 Idioms and proverbs 491

Idioms with **avoir** and **être** *491*
Idioms with **faire** and **se faire** *495*
Idioms with **prendre** and **se prendre** *497*
Idioms with **mettre** and **se mettre** *499*
Idioms with **voir** *502*
Idioms with **dire** *504*
Idioms with common verbs 505
Idioms from rural life: the farm, cats, dogs, and cabbages *509*
Idioms about time, weather, life, and eating *512*
Other idioms *514*
Proverbs *518*
Chapter test *520*

PART EIGHT The Francophone World

Chapter 29 French language 523

Les origines de la langue française *523*
La formation du français *524*
La langue française aujourd'hui *524*
Chapter test *526*

TABLE OF CONTENTS

Chapter 30 History of France **528**

La France préhistorique *528*
La conquête romaine *528*
Les Francs *529*
Le Moyen Âge *530*
La Renaissance *531*
Le grand siècle et le siècle des lumières *532*
La Révolution *533*
Napoléon *534*
Le dix-neuvième siècle *535*
Le vingtième siècle *536*
Chapter test *538*

Chapter 31 French and Francophone literature **541**

Le Moyen Âge *541*
La Renaissance *541*
L'âge classique *542*
Le dix-huitième siècle *542*
Le dix-neuvième siècle *543*
Le vingtième siècle *544*
La littérature francophone *546*
Chapter test *548*

Chapter 32 French art, music, science, and technology **553**

L'art en France: peinture *553*
L'art en France: sculpture *555*
L'art en France: architecture *555*
La musique française *556*
Les sciences *557*
Le cinéma *559*
Chapter test *561*

Appendix

Le monde francophone 566
Written Conventions 568
Verb Charts 569
Vocabulary
French-English Vocabulary 589
English-French Vocabulary 614
Index 619

PART ONE

Verbs: Forms and Uses

PART ONE
Verbs: Forms and Uses

CHAPTERS

Chapter 1	Present tense of regular verbs	3
Chapter 2	Present tense of irregular verbs	16
Chapter 3	Passé composé	37
Chapter 4	Imperfect	55
Chapter 5	Future and conditional	71
Chapter 6	Imperative	88
Chapter 7	Reflexive verbs	100
Chapter 8	Perfect tenses	121
Chapter 9	Passé simple	137
Chapter 10	Participles and infinitives	145
Chapter 11	Passive voice	167

CHAPTER 1 Present tense of regular verbs

A verb is a word that expresses an action, an occurrence, or a state of being. In French, most verbs are divided into three classes, or conjugations, according to the ending of the infinitive.

FIRST CONJUGATION: **-er** verbs like **parler**
SECOND CONJUGATION: **-ir** verbs like **finir**
THIRD CONJUGATION: **-re** verbs like **rendre**

The present tense is formed by dropping the infinitive ending **(-er, -ir,** or **-re)** and adding the appropriate present tense ending. Verbs that follow these patterns are called *regular verbs.*

First conjugation: -er verbs

Verbs of the first conjugation (**-er** verbs) are conjugated like **parler** *(to speak).*

	SINGULAR	PLURAL
FIRST PERSON	je parl**e**	nous parl**ons**
SECOND PERSON	tu parl**es**	vous parl**ez**
THIRD PERSON	il/elle/on parl**e**	ils/elles parl**ent**

Common -er verbs

accepter *to accept*
accompagner *to accompany*
adorer *to adore, love*
aider *to help*
aimer *to like, love*
apporter *to bring*
apprécier *to appreciate (value, rate highly)*
arriver *to arrive*
bavarder *to chat*
cesser *to stop*
chanter *to sing*
chercher *to look for*
continuer *to continue*
danser *to dance*
décider *to decide*
déjeuner *to have lunch*
demander *to ask*
dépenser *to spend (money)*
dessiner *to draw*
détester *to hate*
dîner *to have dinner*
donner *to give*
écouter *to listen to*
emporter *to carry/take away, carry off*
emprunter *to borrow*
enseigner *to teach*
entrer *to enter, come/go in*
étudier *to study*
fermer *to close*
gagner *to earn, win*
garder *to keep*
habiter *to live (reside)*
hésiter *to hesitate*
inviter *to invite*
jouer *to play*
laisser *to let/leave behind*
laver *to wash*
marcher *to walk*
monter *to go up(stairs)*
montrer *to show*
organiser *to organize*
oublier *to forget*
parler *to speak*

(continued)

PART I

passer *to pass; spend (time)*
penser *to think*
porter *to carry*
pratiquer *to practice*
préparer *to prepare*
présenter *to present*
prêter *to lend*
raconter *to tell, tell about, relate*
refuser *to refuse*
regarder *to look at*
remercier *to thank*
rencontrer *to meet (by chance)*
rentrer *to return, go back*
retourner *to return, come/go back*
retrouver *to meet (by appointment)*
saluer *to greet*
supporter *to bear, stand*
téléphoner *to phone*
travailler *to work*
traverser *to cross*
trouver *to find*

Second conjugation: -ir verbs

Verbs of the second conjugation (**-ir** verbs) are conjugated like **finir** *(to finish).*

	SINGULAR		PLURAL	
FIRST PERSON	je	fin**is**	nous	fin**issons**
SECOND PERSON	tu	fin**is**	vous	fin**issez**
THIRD PERSON	il/elle/on	fin**it**	ils/elles	fin**issent**

Common -ir verbs

applaudir *to applaud*
avertir *to warn*
bâtir *to build*
choisir *to choose*
désobéir *to disobey*
établir *to establish*
finir *to finish*
grossir *to get fat*
guérir *to cure, make better*
maigrir *to get thin*
mincir *to get thin*
obéir *to obey*
réfléchir *to think, reflect*
remplir *to fill*
réussir *to succeed*
rougir *to blush*

Third conjugation: -re verbs

Verbs of the third conjugation (**-re** verbs) are conjugated like **rendre** *(to give back).*

	SINGULAR		PLURAL	
FIRST PERSON	je	rend**s**	nous	rend**ons**
SECOND PERSON	tu	rend**s**	vous	rend**ez**
THIRD PERSON	il/elle/on	rend	ils/elles	rend**ent**

Common -re verbs

attendre *to wait, wait for*
confondre *to confuse*
défendre *to forbid*
descendre *to go down(stairs)*
entendre *to hear*
interrompre *to interrupt*
perdre *to lose*
prétendre *to claim*
rendre *to give back*
répondre *to answer*
rompre *to break, break off (especially figuratively)*
vendre *to sell*

NOTES

- If the verb begins with a vowel or a mute **h,** then **je** becomes **j'.**

  j'arrive | **j'**entends | **j'**habite

- The subject pronoun **on** refers to people in general or to a nonspecific subject. It is often equivalent to the passive voice in English.

  Ici **on parle** français. — *French **is spoken** here.*

  On cherche un secrétaire. — *Secretary **wanted**.*

- In colloquial language, **on** + a third person singular verb means *we.*

  Aujourd'hui **on dîne** au restaurant. — *Today **we're having dinner** at a restaurant.*

  On habite à Paris maintenant. — ***We live** in Paris now.*

- Most verbs of the third conjugation (**-re** verbs) have a stem ending in **-d** like **vendre.** Those few whose stems don't end in **-d**, such as **rompre** *(to break)* and **interrompre** *(to interrupt)*, add a **-t** in the third person singular.

  il/elle romp**t** | **il/elle** interromp**t**

CHAPTER 1

Activité 1 **Une soirée en famille** Hélène Poiret décrit une soirée passée en famille. Formez des phrases pour savoir ce qu'elle dit.

> **MODÈLE** nous / passer la soirée / à la maison
> Nous passons la soirée à la maison.

1. maman / préparer / un bon dîner
   ____
2. papa / finir / son livre
   ____
3. ma sœur Lise / attendre / un coup de téléphone
   ____
4. moi, je / écouter / un nouveau CD
   ____
5. maman / inviter nos cousins / à prendre le dessert avec nous
   ____
6. mon cousin Philippe / jouer de la guitare
   ____
7. nous / chanter / ensemble
   ____
8. nous / applaudir
   ____

PART I

Activité 2 **Des invités** Les Trichard ont invité l'oncle Charles à dîner. Complétez les phrases de Robert Trichard avec les verbes entre parenthèses pour savoir ce qui se passe.

1. Nous ______________________ l'arrivée de l'oncle Charles et sa famille. (attendre)
2. Ils ______________________ chez nous. (dîner)
3. Ils ______________________ à sept heures. (arriver)
4. Je ______________________ nos invités. (saluer)
5. L'oncle Charles ______________________ des fleurs et des bonbons. (apporter)
6. Ma mère ______________________ son frère. (remercier)
7. Tout le monde ______________________ à la salle à manger. (passer)
8. Mon père ______________________ les verres. (remplir)

Activité 3 **À l'école** C'est comment la classe de littérature de Raoul? Pour savoir, complétez les phrases avec les verbes entre parenthèses.

1. Le professeur ______________________ dans la salle de classe. (entrer)
2. Nous ______________________ un poème à analyser. (choisir)
3. Les étudiants ______________________ leurs livres. (regarder)
4. Moi, je ______________________ mon cahier. (chercher)
5. Tout le monde ______________________ l'explication du professeur. (écouter)
6. Je demande à mon amie Gisèle, «Tu ______________________ à comprendre ce poème?» (réussir)
7. Elle ______________________ que oui. (répondre)
8. La classe ______________________ à dix heures et quart. (finir)
9. Nous ______________________ nos livres. (fermer)
10. Les étudiants ______________________ au cours suivant. (descendre)

Note culturelle

Les écoles françaises

*Dans les écoles françaises on donne beaucoup d'importance à l'étude de la littérature française et étrangère, et les étudiants au collège et au lycée lisent beaucoup. Il y a d'autres matières, comme la philosophie et la géographie (appelées **la philo** et **la géo** par les étudiants), qui sont très importantes dans le programme d'études français mais qui ne sont pas typiques de l'école secondaire américaine.*

Spelling changes in the present tense of regular -er verbs

First conjugation verbs whose stems end in **-c, -g,** or **-y** have spelling changes in the present tense. These changes are required by the rules of French spelling.

Verbs whose stems end in **-c**, such as **commencer** *(to begin)*, add a cedilla under the **c (ç)** in the **nous** form.

	SINGULAR		PLURAL	
FIRST PERSON	je	commence	nous	commen**ç**ons
SECOND PERSON	tu	commences	vous	commencez
THIRD PERSON	il/elle/on	commence	ils/elles	commencent

Verbs like **commencer**

annoncer *to announce*
avancer *to advance*
divorcer *to divorce*
effacer *to erase*
lancer *to launch*
menacer *to threaten*
placer *to place, invest*
prononcer *to pronounce*
remplacer *to replace*
renoncer *to resign, quit*

Verbs whose stems end in **-g**, such as **manger** *(to eat)*, add an **-e** after the **-g** in the **nous** form.

	SINGULAR		PLURAL	
FIRST PERSON	je	mange	nous	mang**e**ons
SECOND PERSON	tu	manges	vous	mangez
THIRD PERSON	il/elle/on	mange	ils/elles	mangent

Verbs like **manger**

aménager *to fix up, convert (a room, etc.)*
arranger *to arrange*
changer *to change*
corriger *to correct*
décourager *to discourage*
déménager *to move (change residence)*
déranger *to bother*
diriger *to direct*
encourager *to encourage*
nager *to swim*
partager *to share*
plonger *to dive*
ranger *to put away*
rédiger *to draft, write*
voyager *to travel*

Verbs whose stems end in **-y**, such as **nettoyer** *(to clean)*, change the **-y** to **-i** before a mute **-e** (all the singular forms and the third person plural).

	SINGULAR		PLURAL	
FIRST PERSON	je	nettoie	nous	nettoyons
SECOND PERSON	tu	nettoies	vous	nettoyez
THIRD PERSON	il/elle/on	nettoie	ils/elles	nettoient

NOTE

Verbs ending in **-ayer** may either make the above change or keep the **-y** in all forms: **je paie** or **je paye,** although the change of **-y** → **-i** is more common. Verbs in **-oyer** and **-uyer** must change **-y** to **-i** before a mute **-e.**

Verbs like **nettoyer**

balayer *to sweep*
effrayer *to frighten*
employer *to use*
ennuyer *to bore*
envoyer *to send*
essayer *to try, try on*
essuyer *to wipe*
payer *to pay*
renvoyer *to send back, dismiss*
tutoyer *to use the* **tu** *form to address someone*
vouvoyer *to use the* **vous** *form to address someone*

Activité 4 **On fait le ménage.** Complétez les phrases suivantes avec les verbes entre parenthèses pour savoir ce que Claudette Legrand et sa famille font pour mettre la maison en ordre pour la visite de leurs cousins.

1. Ma sœur et moi, nous ______________________ nos affaires. (ranger)
2. Ma mère ______________________ le salon. (balayer)
3. Mon père ______________________ la cuisine. (nettoyer)
4. Mon frère et moi, nous ______________________ à travailler dans le jardin. (commencer)
5. Mes grands-parents ______________________ les tables. (essuyer)
6. J'______________________ d'aider tout le monde. (essayer)

Activité 5 **Est-ce que c'est comme ça dans votre classe de français?** Répondez à ces questions sur votre classe de français. Utilisez **nous** comme sujet dans chaque réponse.

1. Est-ce que vous commencez à lire des livres en français?

   ____

2. Est-ce que vous corrigez vos copies en classe?

   ____

CHAPTER 1

3. Est-ce que vous effacez les mots mal écrits?

4. Est-ce que vous employez le français dans vos conversations?

5. Est-ce que vous dérangez les autres étudiants?

6. Est-ce que vous tutoyez le professeur?

7. Est-ce que vous prononcez correctement?

8. Est-ce que vous rédigez des lettres en français?

First conjugation (-er) verbs with mute -e as the stem vowel

First conjugation verbs that have mute **-e** as their stem vowel, such as **acheter** *(to buy)*, change the mute **-e** to **-è** in those forms in which the ending has a mute **-e.**

	SINGULAR		PLURAL	
FIRST PERSON	j'	achète	nous	achetons
SECOND PERSON	tu	achètes	vous	achetez
THIRD PERSON	il/elle/on	achète	ils/elles	achètent

Verbs like **acheter**

amener *to bring (someone)*
emmener *to take (someone)*
enlever *to remove, take off*
geler *to freeze*
lever *to pick up, raise*
mener *to lead*
peser *to weigh*
promener *to walk (something)*

NOTE Verbs like **appeler** *(to call)* double the consonant after the mute **-e** instead of changing **-e** to **-è.**

	SINGULAR		PLURAL	
FIRST PERSON	j'	appelle	nous	appelons
SECOND PERSON	tu	appelles	vous	appelez
THIRD PERSON	il/elle/on	appelle	ils/elles	appellent

PART I

Verbs like **appeler**

épeler *to spell*
feuilleter *to leaf through*
jeter *to throw*
projeter *to project, throw, plan*
rappeler *to call back*
rejeter *to reject*
renouveler *to renew*

First conjugation (-er) verbs with -é as the stem vowel

Verbs that have **-é** as the stem vowel, such as **espérer** *(to hope)*, change **-é** to **-è** when the ending has a mute **-e.**

	SINGULAR		PLURAL	
FIRST PERSON	j'	esp**è**re	nous	espérons
SECOND PERSON	tu	esp**è**res	vous	espérez
THIRD PERSON	il/elle/on	esp**è**re	ils/elles	esp**è**rent

NOTE In verbs such as **préférer** *(to prefer)*, only the **-é** before the infinitive ending changes to **-è.**

	SINGULAR		PLURAL	
FIRST PERSON	je	préf**è**re	nous	préférons
SECOND PERSON	tu	préf**è**res	vous	préférez
THIRD PERSON	il/elle/on	préf**è**re	ils/elles	préf**è**rent

Verbs like **espérer** and **préférer**

céder *to yield*
célébrer *to celebrate*
compléter *to complete*
protéger *to protect*
refléter *to reflect*
répéter *to repeat*
révéler *to reveal*

Activité 6

Entre amis Refaites les questions suivantes en remplaçant le pronom **vous** par le pronom **tu.**

1. Est-que vous préférez travailler en été?

____

2. Qu'est-ce que vous espérez faire après l'université?

____

3. Combien est-ce que vous pesez?

____

4. Comment est-ce que vous épelez votre nom?

____

5. Est-ce que vous rejetez les idées extrémistes?

____

6. Où est-ce que vous achetez les livres pour les cours?

____

CHAPTER 1

Activité 7 **Portrait de Jean-Claude** Jean-Claude est un jeune homme dynamique. Formez les phrases indiquées pour savoir quels sont ses projets.

1. Jean-Claude / espérer devenir interprète

____

2. il / préférer les langues

____

3. il / projeter un voyage aux États-Unis

____

4. il / feuilleter des brochures de l'agence de voyages

____

5. il / renouveler son passeport

____

6. il / compléter un cours intensif d'anglais

____

7. ses idées / refléter l'influence de sa mère

____

8. elle / lui répéter toujours l'importance d'une orientation internationale

____

Uses of the present tense

The present tense in French has several meanings. It generally expresses what is happening now.

En général **nous nageons** dans une piscine, mais aujourd'hui **nous nageons** dans la mer.	*We generally **swim** in a pool, but today **we are swimming** in the ocean.*

The French present tense can also express the future, especially if an expression in the sentence refers to future time.

Je t'emmène en ville demain.	***I'll take you** downtown tomorrow.*
Merci, tu es gentil. Mais demain **je travaille.**	*Thanks, that's nice of you. But **I'm working** tomorrow.*

PART I

The present tense + ***depuis, il y a,*** or ***voilà*** + a time expression is used to express an action that began in the past but continues into the present.

Depuis combien de temps (Depuis quand) attends-tu l'autobus?	***How long have you been waiting for*** *the bus?*
J'attends depuis vingt minutes.	***I've been waiting for*** *twenty minutes.*
Il y a combien de temps que tu achètes tes livres dans cette librairie?	***How long have you been buying*** *your books in this bookstore?*
Il y a deux ans (Voilà deux ans) que j'achète mes livres ici.	***I've been buying*** *my books here* ***for two years.***

Activité 8 **Problèmes de bureau** Françoise n'aime pas son travail. Pour savoir ce qui se passe dans son bureau, complétez les phrases avec les verbes entre parenthèses et traduisez les phrases en anglais.

1. Demain je ________________ de travail. (changer)

   ____

2. Il y a deux ans que je ________________ dans le même bureau. (travailler)

   ____

3. Je ________________ le même salaire depuis dix-huit mois. (gagner)

   ____

4. Il y a dix mois que je ________________ une augmentation. (demander)

   ____

5. Et il y a dix mois que mon chef ________________ la même réponse: Non. (répéter)

   ____

6. Tous mes collègues ________________ de nouveaux emplois. (chercher)

   ____

7. Il y a longtemps qu'ils ________________ renoncer à leur travail ici. (désirer)

   ____

8. La semaine prochaine ils ________________ leur décision au chef. (annoncer)

   ____

CHAPTER 1

Activité 9 **Un professeur dynamique** Formez des phrases pour connaître les efforts de Mme Ferron, professeur de langues, pour envoyer ses étudiants faire des études à l'étranger. Employez **depuis, il y a** ou **voilà** et variez les constructions.

> **MODÈLE** Mme Ferron / huit ans / envoyer des étudiants à l'étranger
> Il y a (Voilà) huit ans que Mme Ferron envoie des étudiants à l'étranger.
> *ou*
> Mme Ferron envoie des étudiants à l'étranger depuis huit ans.

1. Mme Ferron / dix ans / enseigner dans notre lycée

____

2. elle / huit ans / encourager les étudiants à étudier à l'étranger

____

3. elle / huit ans / organiser des voyages pour les étudiants

____

4. les étudiants / quatre ans / passer un semestre au Québec chaque année

____

5. mon ami Charles / trois ans / étudier l'allemand

____

6. il / deux mois / projeter un voyage d'études en Allemagne

____

7. Charles / six semaines / feuilleter des brochures

____

8. Mme Ferron / un mois / chercher le programme idéal pour Charles

____

Activité 10 **Comment est-ce que ça se dit?** Traduisez les phrases suivantes en français. Faites attention aux formes verbales.

1. He takes off his hat and enters the restaurant.

____

2. At the office, we draft and correct articles.

____

3. I'm cleaning the kitchen. I wipe the table and sweep the floor.

____

4. He leafs through the magazine, but he buys the newspaper.

____

5. Are you **(tu)** completing the work today or do you prefer to finish tomorrow?

____

Activité 11 **Activité orale** Demandez à un(e) ami(e) trois choses qu'il/elle aime faire et depuis combien de temps il/elle les fait. Racontez ce que cet(te) ami(e) vous dit à un(e) autre camarade de classe.

Activité 12 **La grammaire en action** Voici une publicité de la SNCF (Société Nationale de Chemins de Fer Français) qui annonce les réductions sur les billets de train offertes par la «carte Kiwi». Lisez l'annonce. Ensuite, refaites ces phrases tirées de l'annonce avec les sujets proposés.

Tout sur la carte Kiwi

Un enfant, une carte Kiwi et on voyage à moitié prix.

ÉCONOMIES RÉALISÉES AVEC LA CARTE KIWI PAR LA FAMILLE DE FRÉDÉRIC

- Frédéric a 13 ans. Il habite Orléans. Il a la carte KIWI. Avec sa sœur Fanny (10 ans), ses parents et sa tante Laure, il part à La Rochelle (360 km).
- Frédéric et sa maman doivent se rendre à Strasbourg (625 km) pour une communion. La tante de Frédéric et sa cousine Lucie (8 ans) les accompagnent. Pour l'occasion, ils voyagent en 1re classe.
- Le Grand-Père de Frédéric l'emmène avec 2 copains de lycée (13 ans chacun) à Paris (121 km) faire une promenade en bateau sur la Seine.

1. On voyage à moitié prix. (nous)

____

2. Frédéric habite Orléans. (je)

____

3. Sa tante et sa cousine l'accompagnent. (sa mère)

____

4. Ils voyagent en première classe. (vous)

____

5. Son grand-père emmène Frédéric à Paris. (nous)

____

CHAPTER 1 TEST

Present tense of regular verbs

Au présent Complétez les phrases suivantes avec la forme convenable du présent du verbe entre parenthèses.

1. Il ______________________ dans un magasin. (travailler)
2. Nous ______________________ d'étudier tous les jours. (s'efforcer)
3. Les élèves ne ______________________ pas de papier par terre. (jeter)
4. J'______________________ ma copine au cinéma. (emmener)
5. Jacqueline et moi, nous ______________________ à la maison aujourd'hui. (manger)
6. Si tu as un problème, tu m'______________________. (appeler)
7. Je vois que vous ______________________ à tous les examens. (réussir)
8. Ils ______________________ leur voiture. (vendre)
9. Lequel est-ce que vous ______________________? (préférer)
10. Le bébé ______________________ cinq kilos maintenant. (peser)
11. Nous ______________________ un ordinateur. (chercher)
12. J'______________________ retourner à huit heures. (espérer)
13. Elle ______________________ les paquets. (attendre)
14. Luc et Anita ______________________ Washington. (habiter)
15. Vous ______________________ un film policier. (choisir)
16. Nous ______________________ le rapport. (rédiger)
17. Tu ______________________ les lettres aujourd'hui? (envoyer)
18. J'______________________ une calculatrice de poche. (acheter)
19. Tout le monde ______________________ dans la salle de concert. (entrer)
20. Ils ______________________ un voyage à Philadelphie. (projeter)
21. Vous ______________________ votre anniversaire demain? (célébrer)
22. Mimi et moi, nous ______________________ à bavarder. (commencer)
23. Tu ______________________ des croissants ou des brioches? (apporter)
24. Je ______________________ les données. (corriger)
25. Il ______________________ ses études. (finir)

CHAPTER 2

Present tense of irregular verbs

Common irregular verbs

Irregular verbs are those that do not follow the patterns of regular **-er, -ir,** and **-re** verbs. Two of the most important irregular verbs are **avoir** *(to have)* and **être** *(to be).*

AVOIR			
j'	**ai**	nous	**avons**
tu	**as**	vous	**avez**
il/elle	**a**	ils/elles	**ont**

ÊTRE			
je	**suis**	nous	**sommes**
tu	**es**	vous	**êtes**
il/elle	**est**	ils/elles	**sont**

The verbs **aller** *(to go)* and **faire** *(to make, do)* are also irregular.

ALLER			
je	**vais**	nous	**allons**
tu	**vas**	vous	**allez**
il/elle	**va**	ils/elles	**vont**

FAIRE			
je	**fais**	nous	**faisons**
tu	**fais**	vous	**faites**
il/elle	**fait**	ils/elles	**font**

Compounds of irregular verbs, such as **refaire** *(to redo)* and **défaire** *(to undo),* are conjugated like the simple verb.

The irregular verb **prendre** *(to take)* and its compounds are frequently used.

je	**prends**	nous	**prenons**
tu	**prends**	vous	**prenez**
il/elle	**prend**	ils/elles	**prennent**

Conjugated like **prendre: apprendre** *(to learn)*, **comprendre** *(to understand)*, **reprendre** *(to start again)*, **surprendre** *(to surprise)*.

Verbs like **venir** *(to come)* have the following forms.

je	**viens**	nous	**venons**
tu	**viens**	vous	**venez**
il/elle	**vient**	ils/elles	**viennent**

Conjugated like **venir: devenir** *(to become)*, **revenir** *(to return)*, **tenir** *(to hold)*, **appartenir** *(to belong)*, **maintenir** *(to maintain, support [financially])*, **obtenir** *(to obtain)*, **retenir** *(to retain, hold back)*, **soutenir** *(to support, hold up)*.

The verbs **devoir** *(to owe; should, ought, must)*, **pouvoir** *(to be able to; can)*, and **vouloir** *(to want)* are also irregular and are often followed by an infinitive.

DEVOIR			
je	**dois**	nous	**devons**
tu	**dois**	vous	**devez**
il/elle	**doit**	ils/elles	**doivent**

POUVOIR			
je	**peux**	nous	**pouvons**
tu	**peux**	vous	**pouvez**
il/elle	**peut**	ils/elles	**peuvent**

VOULOIR			
je	**veux**	nous	**voulons**
tu	**veux**	vous	**voulez**
il/elle	**veut**	ils/elles	**veulent**

PART I

Activité 1 ***Devoir* n'est pas toujours *vouloir.*** Ces gens doivent faire certaines choses, mais ils ne veulent pas. Répondez aux questions avec **devoir** et **vouloir** selon le modèle .

> **MODÈLE** Martine travaille?
> Elle doit travailler, mais elle ne veut pas.

1. Tu passes la journée à la bibliothèque?

   ____

2. Catherine reste à la maison aujourd'hui?

   ____

3. Jean-Claude et Philippe vont chez le médecin?

   ____

4. Tes amis et toi, vous rentrez tôt?

   ____

5. Moi, je prépare le dîner?

   ____

6. Solange et moi, nous prenons un taxi?

   ____

Activité 2 **Qui fait quoi chez Hélène?** Hélène parle de sa famille, qui est assez grande. Chacun fait une partie des travaux du ménage. Utilisez les éléments proposés pour savoir ce qu'elle dit.

VOCABULAIRE

Des travaux

faire les carreaux *to do the windows*
faire les courses *to do the shopping/marketing*
faire la cuisine *to do the cooking*
faire le jardin *to do the gardening*
faire le linge, faire la lessive *to do the laundry*
faire le(s) lit(s) *to make the bed(s)*
faire le ménage *to do the housework*
faire la vaisselle *to do the dishes*

1. mon père et moi / la vaisselle

   ____

2. mes parents / le jardin

   ____

3. mon frère et moi / les courses

   ____

4. ma grand-mère / la lessive

____

5. moi / les carreaux

____

6. mon grand-père / les lits

____

7. ma mère, ma grand-mère et moi / la cuisine

____

CHAPTER 2

Expressions with **avoir**, **être**, **faire**, and **prendre**

Expressions with **avoir**

avoir faim, soif, sommeil, chaud, froid *to be hungry, thirsty, sleepy, warm, cold*
avoir mal à la tête, aux yeux, à l'estomac *to have a headache, sore eyes, a stomachache*
avoir mal au cœur *to be sick to one's stomach*
avoir de la chance *to be lucky*
avoir besoin de quelque chose *to need something*
avoir envie de quelque chose *to feel like (having) something*
avoir envie de faire quelque chose *to feel like doing something*
avoir honte *to be ashamed*
avoir l'intention de faire quelque chose *to intend to do something*
avoir raison *to be right*
avoir tort *to be wrong*
avoir _______ ans *to be _______ years old*
avoir l'air de + *adjective* *to look _______*
avoir l'air de + *noun* *to look like a _______*

Quel âge avez-vous?	*How old are you?*
J'ai dix-huit ans.	*I'm eighteen years old.*
Il a l'air triste, intelligent, distrait.	*He looks sad, intelligent, absent-minded.*
Elle a l'air d'une artiste, d'un professeur.	*She looks like an artist, a teacher.*

Expressions with **être**

être au régime *to be on a diet*
être en vacances *to be on vacation*
être en colère *to be angry*
être bien *to be nice looking; be comfortable*
être de bonne/mauvaise humeur *to be in a good/bad mood*
être sur le point de faire quelque chose *to be about to do something*
être à l'heure *to be on time*
être en avance *to be early*
être en retard *to be late*
être de retour *to be back*
être d'accord avec quelqu'un *to agree with someone*
être en train de faire quelque chose *to be busy doing something*
être à quelqu'un *to belong to someone*
être à quelqu'un de faire quelque chose *to be someone's turn (or responsibility) to do something*

À qui est ce stylo? *Who(m) does this pen belong to?*
C'est (Il est) à Yvette. *It's Yvette's. It belongs to Yvette.*

C'est à qui de jouer? *Whose turn is it to play?*
C'est à vous d'en parler au professeur. *It's up to you to talk to the teacher about it.*

Expressions with **faire**

Il fait beau/mauvais. *The weather's good/bad.*
Il fait chaud/froid. *It's hot/cold (outside).*
Il fait du soleil/vent. *It's sunny/windy.*
Il fait jour/nuit. *It's daytime/nighttime.*
Il fait un sale temps. *The weather is lousy.*
Il fait 30 degrés. *It's 30 degrees.*
Quel temps fait-il? *What's the weather?*
Quelle température fait-il? *What's the temperature?*
faire attention *to pay attention*
faire un voyage *to take a trip*
faire des projets *to make plans*
faire une promenade à pied/en voiture *to go for a walk/for a ride*
faire du sport, du jogging, du vélo *to play sports, jog, bike ride*
faire 10 kilomètres *to travel/cover 10 kilometers*
faire sa toilette *to wash and get dressed (especially in the morning)*

Expressions with **prendre**

prendre *to have (meals, food, drink)*
prendre le petit déjeuner *to have breakfast*
prendre un café/un thé/un coca *to have coffee/tea/a soft drink*
prendre un sandwich *to have a sandwich*
prendre une glace *to have an ice cream*
prendre froid, prendre un rhume *to catch cold*
prendre de l'essence *to get (buy) gasoline*
prendre du poids *to put on weight*
prendre quelqu'un pour un autre *to mistake someone for somebody else*
passer prendre quelqu'un *to go pick someone up*

Activité 3 **Synonymes** Écrivez sous chaque phrase une autre phrase formée avec une des expressions avec le verbe **avoir** qui a le même sens ou qui explique pourquoi le sujet a réalisé l'action.

1. Il veut dormir.

____

2. Je veux manger.

____

3. Nous voulons boire.

____

4. Elles ouvrent la climatisation.

____

5. Tu mets un pull-over.

____

6. Il entend des pas dans son appartement.

____

7. Vous donnez la réponse correcte.

____

8. On rougit.

____

9. Tu dis quelque chose qui n'est pas correct.

____

10. Elle a gagné un voyage en Tunisie.

____

CHAPTER 2

Note culturelle

La Tunisie

La Tunisie, l'Algérie et le Maroc, forment le Maghreb (ouest en arabe). *Ce sont trois anciennes colonies françaises dans le nord de l'Afrique qui sont des pays francophones importants. Bien que l'arabe soit la langue officielle des trois pays, le français reste un important véhicule d'éducation et de culture.*

La Tunisie, comme ses pays voisins du Maghreb, était de langue et de culture berbères avant l'invasion des Arabes qui commence en 669 et qui finit par arabiser et islamiser le pays.

En 1881, le protectorat français est établi en Tunisie. Il dure jusqu'en 1956 quand la Tunisie gagne son indépendance. Le pays vit de l'agriculture, de l'élevage, du pétrole et du gaz, de plusieurs industries et du tourisme. Plus de trois millions de vacanciers étrangers visitent la Tunisie chaque année.

PART I

Activité 4 **Après l'accident** Un groupe d'amis a eu un accident de route. L'un d'eux raconte où chacun a mal.

MODÈLE Marthe / tête
Marthe a mal à la tête.

1. Pierre et Michèle / jambes

____

2. Frédéric / bras

____

3. Rachelle / dos

____

4. toi / épaule droite

____

5. moi / genoux

____

6. Alfred et moi / pieds

____

Activité 5 **Un voyage dans le Midi** Complétez les phrases suivantes avec la forme correcte de **faire, avoir, être** ou **prendre** pour savoir comment les Duverger et leurs enfants passent leurs vacances.

1. Les Duverger et leurs deux enfants _______________ en vacances.
2. Ils _______________ envie de connaître Marseille.
3. «On _______________ un voyage dans le Midi!» disent les enfants.
4. Ils voyagent en TGV. Le train _______________ 800 kilomètres en moins de 4 heures.
5. Les Duverger _______________ soif quand ils arrivent à Marseille.
6. Ils _______________ une limonade dans le café de la gare.
7. Ils cherchent un guide. Le guide _______________ des projets.
8. Les Duverger _______________ attention quand le guide parle.
9. Le guide propose, «Aujourd'hui on _______________ une promenade en voiture pour connaître la ville».
10. Les Duverger trouvent que c'est une excellente idée. Ils _______________ de l'essence et ils partent à la découverte de Marseille.

Note culturelle

Le Midi et la Provence

Le Midi est le nom donné au sud de la France. La région la plus connue du Midi est sans doute la Provence. Douée d'un climat très doux, la Provence est un grand centre touristique. Les plages de la Côte d'Azur attirent des milliers de Français et d'étrangers. Ici on trouve Marseille, le premier port français; Grasse, centre de l'industrie du parfum; Aix-en-Provence, ville universitaire; Cannes, site du festival de cinéma le plus prestigieux du monde; Nice, connu pour ses plages et son carnaval; et Monte-Carlo, lieu fréquenté pour ses plages de renommée internationale.

Cette région était une province très appréciée de l'Empire romain et offre au visiteur des ruines romaines assez spectaculaires. En fait, le nom Provence *dérive du mot latin* Provincia. *Les arènes d'Arles sont un amphithéâtre très bien conservé où ont lieu même de nos jours des courses de taureaux. La Maison carrée à Nîmes est un petit temple romain presque intact qui se trouve au centre de la ville.*

Activité 6 **Et toi?** Demandez à un(e) camarade s'il/si elle fait les mêmes choses que vous.

MODÈLE Moi, j'ai envie de sortir.
Toi aussi, tu as envie de sortir?

1. Moi, je prends un café.

____

2. Moi, j'ai faim.

____

3. Moi, je fais les courses maintenant.

____

4. Moi, j'ai vingt ans.

____

5. Moi, je suis en vacances.

____

6. Moi, j'ai mal à la tête.

____

7. Moi, je prends un rhume.

____

8. Moi, je suis sur le point de sortir.

____

Activité 7 **Où ça?** Utilisez le verbe **être** pour décrire où se trouvent les personnes ou les choses par rapport aux endroits indiqués dans chaque cas.

> **MODÈLE** le chien / à côté de / cinéma
> Le chien est à côté du cinéma.

VOCABULAIRE

Les prépositions

à *to, at*	**près de** *near*
dans *in*	**loin de** *far from*
sur *on*	**à côté de** *next to*
sous *under*	**en face de** *across from*
devant *in front of*	**entre** *between*
derrière *in back of*	**parmi** *among*

Note the following contractions.

à + le → au	**de + le → du**
à + les → aux	**de + les → des**

1. le journal / sous / le banc

____

2. moi / à côté de / le banc

____

3. mes amis / assis sur le banc

____

4. les arbres / derrière / le banc

____

5. toi et moi / près de / le lac

____

6. nous / en face de / le café

____

7. le lac / entre / la forêt et le pré *(meadow)*

____

8. vous / devant / le café

____

CHAPTER 2

Activité 8 **C'est une belle journée qui commence!** Chantal ne travaille pas aujourd'hui. Elle est très contente. Complétez ces phrases avec la forme correcte de **faire, avoir, être** ou **prendre** pour savoir comment elle se prépare pour sortir.

1. Il est sept heures. Il ______________________ très beau aujourd'hui.
2. Il ______________________ chaud.
3. Je ne travaille pas aujourd'hui et je ______________________ de très bonne humeur.
4. J'______________________ envie de sortir.
5. Je ______________________ ma toilette.
6. Je ______________________ le petit déjeuner.
7. Je ______________________ des projets pour la journée.
8. Mon ami François va passer la journée avec moi. Le matin, nous ______________________ du jogging.
9. L'après-midi nous ______________________ une promenade en voiture.
10. Le soir nous ______________________ une glace ensemble dans un café.

Irregular verbs resembling regular verbs

A small number of **-ir** verbs has the same endings as those of **-er** verbs in the present tense. Study the conjugation of **ouvrir** *(to open).*

j'	ouvr**e**	nous	ouvr**ons**
tu	ouvr**es**	vous	ouvr**ez**
il/elle	ouvr**e**	ils/elles	ouvr**ent**

Conjugated like **ouvrir: accueillir** *(to welcome),* **couvrir** *(to cover),* **cueillir** *(to gather, pick [flowers]),* **découvrir** *(to discover),* **rouvrir** *(to reopen),* **souffrir** *(to suffer).*

Another group of **-ir** verbs is conjugated like **-re** verbs. Study the conjugation of **partir** *(to leave, set out).*

je	par**s**	nous	part**ons**
tu	par**s**	vous	part**ez**
il/elle	par**t**	ils/elles	part**ent**

Conjugated like **partir: dormir** *(to sleep)*, **mentir** *(to lie)*, **repartir** *(to leave again)*, **sentir** *(to feel)*, **servir** *(to serve)*, **sortir** *(to go out)*.

The verb **mettre** *(to put)* is conjugated like an **-re** verb, but it has only one **t** in the singular.

je	met**s**	nous	mett**ons**
tu	met**s**	vous	mett**ez**
il/elle	met	ils/elles	mett**ent**

Conjugated like **mettre: battre** *(to beat)*, **combattre** *(to fight, combat)*, **débattre** *(to debate)*, **omettre** *(to omit)*, **permettre** *(to permit)*, **promettre** *(to promise)*.

The verbs **convaincre** *(to convince)* and **vaincre** *(to conquer)* have two stems. The singular stem ends in **-c,** and the plural stem ends in **-qu.**

je	convain**cs**	nous	convain**quons**
tu	convain**cs**	vous	convain**quez**
il/elle	convain**c**	ils/elles	convain**quent**

Verbs with infinitives ending in **-aindre, -eindre,** and **-oindre** have two stems. The singular stem ends in **-n,** and the plural stem ends in **-gn.** These verbs follow the pattern of the verb **craindre** *(to fear)*.

je	crain**s**	nous	crai**gnons**
tu	crain**s**	vous	crai**gnez**
il/elle	crain**t**	ils/elles	crai**gnent**

Conjugated like **craindre: atteindre** *(to reach, attain)*, **éteindre** *(to put out, turn off, extinguish)*, **joindre** *(to join)*, **peindre** *(to paint)*, **plaindre** *(to pity)*, **rejoindre** *(to rejoin)*.

Verbs like **connaître** *(to know)* have a singular stem ending in **-ai.** In the third person singular form, the **-i** changes to **-î.** The plural stem ends in **-ss.**

je	connais	nous	connai**ssons**
tu	connais	vous	connai**ssez**
il/elle	connaît	ils/elles	connai**ssent**

Conjugated like **connaître: apparaître** *(to appear)*, **disparaître** *(to disappear)*, **paraître** *(to seem, appear)*, **reconnaître** *(to recognize)*.

Verbs with infinitives ending in **-uire** like **construire** *(to build)* have two stems. The singular stem ends in **-i,** and the plural stem ends in **-s.**

je	construis	nous	construi**sons**
tu	construis	vous	construi**sez**
il/elle	construit	ils/elles	construi**sent**

Conjugated like **construire: conduire** *(to drive)*, **détruire** *(to destroy)*, **introduire** *(to introduce)*, **produire** *(to produce)*, **traduire** *(to translate)*.

The verb **recevoir** *(to receive)* is conjugated similarly to **devoir.** Note the change of **-c** to **-ç** before **-o.**

je	re**çois**	nous	recev**ons**
tu	re**çois**	vous	recev**ez**
il/elle	re**çoit**	ils/elles	re**çoivent**

Conjugated like **recevoir: décevoir** *(to disappoint)*, **apercevoir** *(to notice)*.

Activité 9 **Rien!** Jean-Baptiste a une attitude très négative aujourd'hui, comme vous pouvez le voir par ses réponses. Suivez le modèle.

MODÈLE Vous servez quelque chose?
Non, je ne sers rien.

1. Vous craignez quelque chose?
____
2. Vous recevez quelque chose?
____
3. Vous devez quelque chose?
____
4. Vous construisez quelque chose?
____
5. Vous reconnaissez quelque chose?
____
6. Vous peignez quelque chose?
____

7. Vous traduisez quelque chose?

____

8. Vous découvrez quelque chose?

____

Activité 10 **Un peintre qui réussit** L'art de Nicole évolue avec beaucoup de succès. Formez les phrases indiquées pour savoir comment.

1. Nicole / peindre / tous les jours

____

2. la nature / apparaître / dans ses tableaux

____

3. nous / apercevoir / son talent

____

4. nous / découvrir / de nouveaux thèmes

____

5. maintenant / Nicole / introduire / la vie de la ville dans son art

____

6. ses nouveaux tableaux / ne pas décevoir

____

7. le public / accueillir / son art avec enthousiasme

____

Activité 11 **Nous aussi** Dans une conversation avec Mme Dulac, M. et Mme Sauvignon découvrent qu'ils ont beaucoup en commun avec elle. Suivez le modèle.

MODÈLE Mme Dulac: Je sors le week-end.
M. et Mme Sauvignon: Nous aussi, nous sortons le week-end.

1. En été j'ouvre toutes les fenêtres.

____

2. J'accueille souvent des étudiants étrangers à la maison.

____

3. Je reçois beaucoup de lettres des étudiants étrangers.

____

4. Je conduis avec prudence.

____

5. Je connais beaucoup de monde dans le quartier.

___

6. Je pars en vacances au mois de juillet.

___

7. Je cueille des fleurs dans mon jardin.

___

8. Je peins en été.

___

Activité 12 **Des vacances dans le désert** Refaites cette petite histoire pour qu'elle raconte les aventures (et mésaventures!) de Josette.

MODÈLE Alain et Marc ne travaillent pas cette semaine.
Josette ne travaille pas cette semaine.

1. Alain et Marc partent en vacances.
   Josette ___.
2. Ils rejoignent des amis.
   Elle ___.
3. Ils conduisent une vieille voiture.
   Elle ___.
4. Ils dorment dans des hôtels très modestes.
   Elle ___.
5. Ils arrivent dans le désert.
   Elle ___.
6. Ils sentent la chaleur.
   Elle ___.
7. Ils souffrent d'allergies.
   Elle ___.
8. Ils repartent à la maison.
   Elle ___.

PART I

Other irregular verbs

Écrire, savoir, vivre, boire, suivre

ÉCRIRE *(to write)*			
j'	**écris**	nous	**écrivons**
tu	**écris**	vous	**écrivez**
il/elle	**écrit**	ils/elles	**écrivent**

SAVOIR *(to know)*			
je	**sais**	nous	**savons**
tu	**sais**	vous	**savez**
il/elle	**sait**	ils/elles	**savent**

VIVRE *(to live)*			
je	**vis**	nous	**vivons**
tu	**vis**	vous	**vivez**
il/elle	**vit**	ils/elles	**vivent**

BOIRE *(to drink)*			
je	**bois**	nous	**buvons**
tu	**bois**	vous	**buvez**
il/elle	**boit**	ils/elles	**boivent**

SUIVRE *(to follow)*			
je	**suis**	nous	**suivons**
tu	**suis**	vous	**suivez**
il/elle	**suit**	ils/elles	**suivent**

NOTE

Expressions with **suivre: suivre un cours** *(to take a course)*, **suivre un régime** *(to be on a diet)*, **suivre l'actualité** *(to keep up with the news)*.

Dire, lire, courir, mourir

DIRE *(to say, tell)*			
je	**dis**	nous	**disons**
tu	**dis**	vous	**dites**
il/elle	**dit**	ils/elles	**disent**

LIRE *(to read)*			
je	**lis**	nous	**lisons**
tu	**lis**	vous	**lisez**
il/elle	**lit**	ils/elles	**lisent**

COURIR *(to run)*			
je	**cours**	nous	**courons**
tu	**cours**	vous	**courez**
il/elle	**court**	ils/elles	**courent**

MOURIR *(to die)*			
je	**meurs**	nous	**mourons**
tu	**meurs**	vous	**mourez**
il/elle	**meurt**	ils/elles	**meurent**

NOTE Expressions with **mourir: mourir de faim** *(to starve, be very hungry)*, **mourir de soif** *(to be very thirsty)*, **mourir d'ennui** *(to be bored to death)*.

CHAPTER 2

Voir, croire

VOIR *(to see)*			
je	**vois**	nous	**voyons**
tu	**vois**	vous	**voyez**
il/elle	**voit**	ils/elles	**voient**

CROIRE *(to believe)*			
je	**crois**	nous	**croyons**
tu	**crois**	vous	**croyez**
il/elle	**croit**	ils/elles	**croient**

Activité 13 **Maintenant il s'agit de vacances à la plage.** Racontez l'expérience de Josette.

MODÈLE Les cousins de Josette veulent aller au bord de la mer.
Josette veut aller au bord de la mer.

1. Ils croient que ça va être amusant.
   Elle ______________________________.
2. Ils écrivent aux copains pour les inviter.
   Elle ______________________________.
3. Ils savent arriver à la plage.
   Elle ______________________________.
4. Ils boivent de l'eau parce qu'il fait chaud.
   Elle ______________________________.
5. Ils meurent de soif.
   Elle ______________________________.
6. Ils courent sur la plage pour faire de l'exercice.
   Elle ______________________________.
7. Ils voient le coucher du soleil *(sunset)* sur la mer.
   Elle ______________________________.
8. Ils disent que c'est très joli.
   Elle ______________________________.
9. Le soir, ils lisent des romans.
   Le soir, elle ______________________________.
10. Ils suivent l'actualité à la radio.
   Elle ______________________________.
11. Ils vivent des jours heureux au bord de la mer.
   Elle ______________________________.

Verbal constructions

The verbs **vouloir** and **pouvoir** are followed directly by an infinitive.

Tu **veux jouer** au football avec nous?	*Do you **want to play** soccer with us?*
Je **ne peux pas sortir** aujourd'hui.	*I **can't go out** today.*

When **aller** is followed by an infinitive it expresses future time, like English *to be going to.*

À quelle heure est-ce que vous **allez prendre** un café avec nos amis?	*What time **are you going to have** a cup of coffee with our friends?*
Aujourd'hui je **vais étudier.**	*Today, I'm **going to study.***

Verbs of motion, such as **venir, sortir, monter,** and **descendre,** can also be followed directly by an infinitive.

Je **descends faire** les courses.	*I'm **going down to do** the shopping.*
Et moi, je **sors prendre** les billets pour le concert de demain soir.	*And **I'm going out to buy** the tickets for tomorrow night's concert.*
Marc **vient chercher** son livre.	*Marc **is coming to get** his book.*
Il est dans ma chambre. Il **peut monter le chercher,** s'il veut.	*It's in my room. He **can go upstairs to get it,** if he wants to.*

The present tense of ***venir*** + ***de*** + an infinitive expresses an action that has just taken place.

Je **viens de voir** Élise.	*I **just saw** Élise.*
Elle **vient de recevoir** une lettre de son frère.	*She **just received** a letter from her brother.*

When **savoir** is followed by an infinitive, it means *to know how to do something.*

Tu **sais nager?**	*Do you **know how to swim?***
Oui, mais je **ne sais pas plonger.**	*Yes, but I **don't know how to dive.***
Elle **ne sait pas monter** à bicyclette.	*She **doesn't know how to ride** a bike.*
Mais elle **sait conduire.**	*But she **knows how to drive.***

Apprendre is followed by **à** before an infinitive.

Tu **apprends à jouer** de la flûte?	***Are** you **learning to play** the flute?*
Non, je joue déjà de la flûte.	*No, I already play the flute.*
J'**apprends à jouer** du piano.	***I'm learning to play** the piano.*

Activité 14 **Moi aussi** Dites dans chaque cas que vous voulez faire la chose que votre camarade apprend à faire.

> **MODÈLE** parler russe
> J'apprends à parler russe.
> Moi aussi, je veux parler russe.

CHAPTER 2

1. danser

2. jouer aux échecs

3. chanter

4. conduire

5. faire la cuisine

6. programmer l'ordinateur

Activité 15 **C'est déjà fait.** Formez des échanges avec **aller** et **venir de** selon le modèle.

MODÈLE Baudouin / prendre un café
Est-ce que Baudouin va prendre un café?
Mais il vient de prendre un café.

1. toi / faire le linge

2. les étudiants / déjeuner

3. vous deux / faire les courses

4. Christine / téléphoner à ses parents

5. nous / visiter les monuments

6. moi / voir un film

Activité 16 **Même pas pour la santé** Ces gens savent ce qu'ils doivent faire pour être en forme, mais ils ne le font pas. Exprimez leur refus en suivant le modèle.

> **MODÈLE** Jean-Pierre doit courir tous les jours.
> Il sait qu'il doit courir, mais il dit qu'il ne peut pas et qu'il ne veut pas.

1. Mes parents doivent marcher tous les jours.

2. Mes amis, vous devez faire de l'exercice.

3. Je dois nager une heure tous les jours.

4. Tu dois faire du sport.

5. Catherine doit suivre un régime pour maigrir.

6. Ma sœur et moi, nous devons faire du vélo.

Activité 17 **Comment est-ce que ça se dit?** Traduisez les phrases suivantes en français.

1. When are you **(vous)** leaving?

   ____

2. We're leaving tomorrow.

   ____

3. And when are you coming back?

   ____

4. I'm coming back on Friday. My wife and the children are coming back next week.

   ____

5. What are you **(tu)** going to do today?

   ____

6. My wife and I are painting the house.

   ____

7. Do you **(vous)** know how to paint the house?

   ____

8. My brother is going to help us. He knows how to paint.

   ____

9. I'm coming to watch.

   ____

10. If you're coming, you're going to paint.

   ____

Activité 18 **Activité orale** Avec un(e) camarade, parlez de votre journée—quand vous avez faim et soif, ce que vous prenez quand vous sortez et quand vous êtes de retour, combien d'heures vous dormez, etc.

CHAPTER 2 TEST

Present tense of irregular verbs

Les irréguliers Complétez les phrases suivantes avec la forme convenable du présent du verbe entre parenthèses.

1. Claude et Philippe ne ______________________ pas étudier à la bibliothèque. (vouloir)
2. Je ne ______________________ pas faire la cuisine. (savoir)
3. À quelle heure est-ce que vous ______________________ les courses? (faire)
4. Tu ______________________ un pull tous les jours. (mettre)
5. La petite fille ______________________ des fleurs dans le jardin. (cueillir)
6. Ces fermiers ______________________ du fromage. (produire)
7. Nous ______________________ beaucoup de courrier électronique. (recevoir)
8. Le malade ne ______________________ pas ses parents. (reconnaître)
9. Nous ______________________ d'allergies. (souffrir)
10. Elle ______________________ des cours d'informatique. (suivre)
11. Vous ______________________ beaucoup de français. (apprendre)
12. Donne-moi quelque chose à boire. Je ______________________ de soif. (mourir)
13. Je suis fatigué parce que je ne ______________________ pas assez. (dormir)
14. Qui ______________________ la porte? (ouvrir)
15. Je ______________________ à la réunion. (aller)
16. Tu ______________________ des projets intéressants. (avoir)
17. Je crois qu'ils ______________________ de retour. (être)
18. Elle ______________________ cette thèse. (soutenir)
19. Alexandre et moi, nous ______________________ le journal. (lire)
20. Vous ______________________ entendre? (pouvoir)
21. Ils ______________________ téléphoner tout de suite. (devoir)
22. Je ______________________ du poisson. (prendre)
23. Claude ______________________ des paysages. (peindre)
24. Tu me ______________________ la lune! (promettre)
25. Nous ______________________ les documents. (traduire)

CHAPTER 3

Passé composé

Passé composé with avoir

The passé composé is used to express an action completed in the past. The passé composé of most verbs consists of a present tense form of the auxiliary verb **avoir** followed by a past participle. Here is the conjugation of **parler** *(to speak)* in the passé composé.

j'	**ai parlé**	nous	**avons parlé**
tu	**as parlé**	vous	**avez parlé**
il/elle	**a parlé**	ils/elles	**ont parlé**

The past participle of a regular verb is formed by replacing the infinitive ending by the appropriate participle ending: **-é** for **-er** verbs, **-i** for **-ir** verbs, and **-u** for **-re** verbs.

parl**er** → parl**é** fin**ir** → fin**i** vend**re** → vend**u**

Verbs with irregular past participles

apprendre → appris
atteindre → atteint
avoir → eu
boire → bu
comprendre → compris
conduire → conduit
connaître → connu
construire → construit
courir → couru
couvrir → couvert
craindre → craint
croire → cru
cuire → cuit
découvrir → découvert
devoir → dû
dire → dit
écrire → écrit
être → été
faire → fait
instruire → instruit
joindre → joint
lire → lu
mettre → mis
ouvrir → ouvert
paraître → paru
peindre → peint
pouvoir → pu
prendre → pris
produire → produit
recevoir → reçu
savoir → su
souffrir → souffert
suivre → suivi
tenir → tenu
venir → venu
vivre → vécu
voir → vu
vouloir → voulu

The negative of the passé composé is formed by placing the **ne** before the conjugated form of **avoir** and **pas** (or most other negative words) after it.

Tu **n'**as **pas** encore fait tes devoirs?	*Haven't you done your homework yet?*
Non, je **n'**ai **rien** écrit. Je **n'**ai **jamais** eu tant de difficulté.	*No, I haven't written **anything**. I've **never** had so much trouble.*

However, **personne** and **nulle part** follow the past participle.

Tu **n'**as vu **personne** hier soir?	*Did**n't** you see **anyone** last night?*
Non. J'ai cherché mes amis partout, mais je **n'**ai rencontré **personne nulle part.**	*No. I looked for my friends everywhere, but I did**n't** run into **anyone anywhere.***

When inversion is used to ask a question in the passé composé, the subject pronoun and the auxiliary verb are inverted. In negative questions, the **ne** and **pas** (or other negative words) are placed around the inverted auxiliary verb and pronoun. Negative questions with inversion in the passé composé are limited to formal language.

Les Durand ont-ils décidé de vendre leur appartement?	***Have the Durands decided** to sell their apartment?*
Oui. **N'avez-vous pas vu** l'annonce dans le journal?	*Yes. **Didn't you see** the advertisement in the newspaper?*

Être verbs form the negative and interrogative in the passé composé the same way that **avoir** verbs do.

Negatives

Elle **n'**est **pas** montée.	*She did**n't** go upstairs.*
Je **n'**y suis **jamais** retourné.	*I **never** went back there.*
Ils **ne** sont allés **nulle part.**	*They did**n't** go **anywhere.***

Interrogatives and negative interrogatives

Quand **vos invités sont-ils partis?**	*When **did your guests leave?***
N'est-elle pas encore venue?	***Hasn't she come yet?***

Questions with inversion, especially negative questions, are limited to formal styles.

Activité 1 **C'était hier.** Vous faites la même réponse à toutes les questions de votre ami(e). Employez le passé composé pour lui dire que tout le monde a tout fait hier. Suivez le modèle.

> **MODÈLE** Vous travaillez aujourd'hui?
> Non. Mais j'ai travaillé hier.

1. Jean nage aujourd'hui?

___

2. Christine et toi, vous déjeunez en ville aujourd'hui?

___

3. Marc prend de l'essence aujourd'hui?

___

4. Toi et moi, nous nettoyons notre chambre aujourd'hui?

___

5. Les étudiants rédigent un thème aujourd'hui?

___

6. Tu apprends le vocabulaire aujourd'hui?

___

7. Jacquot fait le linge aujourd'hui?

___

8. Vous finissez aujourd'hui, vous deux?

___

9. Tu attends tes amis aujourd'hui?

___

10. Alice répond en classe aujourd'hui?

___

11. Les étudiants obtiennent les résultats de l'examen aujourd'hui?

___

12. Le film reprend aujourd'hui?

___

13. Tu as mal à l'estomac aujourd'hui?

___

14. Je suis en avance aujourd'hui?

___

15. Il fait un gâteau aujourd'hui?

___

PART I

Activité 2 **Une aventure routière** Jean-Pierre a pris la voiture hier, mais il a eu des difficultés. Refaites son histoire au passé composé pour savoir ce qui lui est arrivé.

VOCABULAIRE

L'automobile

au bord de la rue *at the side of the street*
avoir un pneu crevé *to have a flat tire*
faire le plein *to fill the gas tank*
faire une promenade en voiture *to go for a ride in the car*
garer la voiture *to park the car*
le pneu *tire*
pousser la voiture *to push the car*
la station-service *gas station*

1. J'invite mon copain Serge à faire une promenade en voiture avec moi.

____

2. Nous décidons d'aller à la campagne.

____

3. Nous faisons le plein avant de partir.

____

4. Tout d'un coup, nous entendons un bruit.

____

5. Nous avons un pneu crevé.

____

6. Nous poussons la voiture au bord de la rue.

____

7. Nous achetons un nouveau pneu à la station-service.

____

8. Nous dépensons tout notre argent.

____

9. Nous ne pouvons pas aller à la campagne.

____

10. Nous remontons la rue.

____

11. Je gare la voiture devant mon immeuble.

____

12. Serge et moi, nous passons la journée devant la télé.

____

CHAPTER 3

Activité 3 **Un nouvel ordinateur** Colette raconte comment elle a acheté un nouvel ordinateur. Refaites son histoire au passé composé.

1. Je décide d'acheter un nouvel ordinateur.

 ____

2. Mon père et moi, nous lisons une brochure ensemble.

 ____

3. Nous demandons d'autres brochures.

 ____

4. Mon père trouve un revendeur *(clerk)* bien informé.

 ____

5. Nous posons beaucoup de questions au revendeur.

 ____

6. Il répond patiemment à nos questions.

 ____

7. Nous choisissons une imprimante aussi.

 ____

8. J'achète des logiciels *(software packages)*.

 ____

9. Mon père trouve des CD-ROM intéressants.

 ____

10. Je mets mon nouvel ordinateur dans ma chambre.

 ____

Activité 4 **Une lettre de son cousin** Marie reçoit une lettre de son cousin François. Pour savoir de quoi il s'agit, formez des phrases au passé composé avec les éléments proposés.

1. Marie / recevoir une lettre

 ____

2. elle / ouvrir l'enveloppe

 ____

3. elle / lire la lettre

 ____

4. son cousin François / écrire la lettre

 ____

5. il / être malade pendant un mois

___

6. il / passer deux semaines à l'hôpital

___

7. Marie / montrer la lettre à ses parents

___

8. ils / dire à Marie de téléphoner à François

___

9. elle / inviter François à passer les vacances chez elle

___

10. François / accepter

___

11. il / être très content

___

12. il / promettre d'arriver au début du mois de juillet

___

Passé composé with être

A small number of French verbs forms the passé composé with **être** rather than with **avoir.** Most of these verbs express motion or describe a change in state. When the passé composé is formed with **être,** the past participle agrees in gender and number with the subject. Study the passé composé of **aller.**

je	**suis** allé**(e)**	nous	**sommes** allé**(e)s**
tu	**es** allé**(e)**	vous	**êtes** allé**(e)(s)**
il	**est** allé	ils	**sont** allé**s**
elle	**est** allé**e**	elles	**sont** allé**es**

The following verbs of motion are conjugated with **être** as the auxiliary in the passé composé.

arriver → je **suis arrivé(e)**
descendre → je **suis descendu(e)**
devenir → je **suis devenu(e)**
entrer → je **suis entré(e)**
monter → je **suis monté(e)**
mourir → il (elle) **est mort(e)**
naître → je **suis né(e)**
partir → je **suis parti(e)**
rentrer → je **suis rentré(e)**
rester → je **suis resté(e)**
retourner → je **suis retourné(e)**
sortir → je **suis sorti(e)**
tomber → je **suis tombé(e)**
venir → je **suis venu(e)**

Such verbs are also conjugated with **être** when a prefix is added.

redescendre → je **suis redescendu(e)** *I went back down*	**repartir** → je **suis reparti(e)** *I left again*
remonter → je **suis remonté(e)** *I went back up*	**revenir** → je **suis revenu(e)** *I came back*

Activité 5 **Ma soirée** Marguerite raconte ce qu'elle a fait hier soir. Pour savoir ce qu'elle a fait, formez des phrases au passé composé avec les éléments proposés.

1. je / arriver chez moi vers cinq heures et demie

___

2. je / poser mes affaires sur le lit

___

3. je / repartir

___

4. je / aller au supermarché pour acheter quelque chose à manger

___

5. je / rentrer tout de suite

___

6. je / préparer mon dîner

___

7. Lise et Solange / venir chez moi vers sept heures

___

8. elles / rester une heure

___

9. elles / partir à huit heures

___

10. je / faire mes devoirs

___

11. je / regarder les informations à la télé

___

12. je / fermer le poste vers onze heures pour me coucher

___

PART I

Activité 6 **Pas cette fois** Hélène est sortie avec Robert et Richard, les jumeaux. Elle explique à son amie Elvire que cette fois tout a été différent. Utilisez le passé composé pour écrire les réponses données à Elvire. Suivez le modèle.

> **MODÈLE** Robert et Richard mangent toujours au restaurant. (chez eux)
> Cette fois ils ont mangé chez eux.

1. Robert et Richard arrivent toujours en retard. (en avance)

   ____

2. Ils prennent toujours l'autobus. (le métro)

   ____

3. Robert et Richard parlent toujours du football. (de leurs cours)

   ____

4. Ils lisent toujours le journal sportif. *(Le Monde)*

   ____

5. Ils commandent toujours un sandwich. (un steak-frites)

   ____

6. Ils boivent toujours beaucoup de coca avec le repas. (beaucoup d'eau minérale)

   ____

7. Robert et Richard mangent toujours vite. (lentement)

   ____

8. Ils restent toujours cinq minutes après le repas. (une demi-heure)

   ____

9. Ils laissent toujours un pourboire d'un euro. (de deux euros)

   ____

10. Ils vont toujours à la fac après le déjeuner. (en ville)

    ____

CHAPTER 3

Activité 7 **Dormir à la belle étoile** Nicolas et ses amis sont allés faire du camping. Ils ont eu une surprise pas très agréable dans le bois à côté de la Seine. Pour savoir ce qui s'est passé, formez des phrases au passé composé avec les éléments proposés.

VOCABULAIRE

À la campagne

affreux *horrible*
coucher, dormir à la belle étoile *to sleep outdoors*
dresser la tente *to set up the tent*
épuisé *exhausted*
être pris de panique *to be overcome by panic*
faire un feu de camp *to make a campfire*
ne pas fermer l'œil de la nuit *not to sleep a wink all night*
hurler *to scream*
installer son camp *to set up camp*
plier la tente *to fold up the tent*
ramper *to creep*
rentrer sous la tente *to go back in the tent*
le sac de couchage *sleeping bag*

Trois de mes amis et moi, nous ____________ (1) *(vouloir) coucher à la belle étoile. Nous* ____________ (2) *(aller) à la campagne. Nous* ____________ (3) *(installer notre camp) à côté du fleuve. Claude et moi, nous* ____________ (4) *(faire) un feu de camp. Marc et Philippe* ____________ (5) *(dresser) les tentes. Nous* ____________ (6) *(manger) autour du feu de camp. Vers neuf heures, nous* ____________ (7) *(entrer) sous nos tentes. Chacun* ____________ (8) *(entrer) dans son sac de couchage. Soudain, je* ____________ (9) *(entendre) un cri affreux. Marc* ____________ (10) *(remarquer) un serpent sous la tente. Philippe et lui* ____________ (11) *(sortir) de la tente en courant. Nous* ____________ (12) *(être) pris de panique. Le serpent* ____________ (13) *(partir) en rampant. Je crois que le pauvre serpent* ____________ (14) *(avoir) peur. Nous* ____________ (15) *(arrêter) de hurler. Chacun* ____________ (16) *(rentrer) sous sa tente. Personne ne* ____________ (17) *(fermer) l'œil de la nuit. Le matin nous* ____________ (18) *(plier) les tentes. Nous* ____________ (19) *(retourner) chez nous. Tout le monde* ____________ (20) *(être) épuisé.*

Note culturelle

Les fleuves

La France est traversée par un réseau de cinq fleuves principaux.

La Seine, *le fleuve qui traverse Paris, est très navigable. La Seine naît en Bourgogne et se jette dans la Manche, près du port du Havre.*

La Loire *est le plus long fleuve de France, mais elle est peu navigable. Elle n'est pas très profonde, mais ses eaux montent en hiver et produisent des crues violentes. La navigation est possible seulement à partir de la ville de Nantes, dans l'estuaire où la Loire se jette dans l'Atlantique.*

Le Rhin *prend sa source en Suisse et se jette dans la mer du Nord. Il forme la frontière entre la France et l'Allemagne et est navigable pour les péniches. Le Rhin est une source importante d'énergie électrique.*

Le Rhône *naît en Suisse et traverse le lac Léman à la frontière suisse. Il continue vers le sud pour se jeter dans la Méditerranée. Comme celles du Rhin, les eaux du Rhône produisent beaucoup d'électricité.*

La Garonne *prend sa source dans les Pyrénées et se jette dans l'Atlantique à Bordeaux où ses eaux aident à former un estuaire qui s'appelle la Gironde. Elle est peu navigable à cause de ses eaux violentes.*

Verbs conjugated with **avoir** and **être** in the passé composé

Several verbs usually conjugated with **être** in the passé composé are conjugated with **avoir** when they have direct objects.

monter, descendre

Le chasseur **a monté nos bagages.**	*The bellhop* ***took up our luggage.***
Mais nous **avons descendu nos valises** tout seuls.	*But we* ***brought our suitcases down*** *by ourselves.*

entrer, rentrer, sortir

Je **n'ai pas encore entré les données.**	***I haven't yet entered the data.***
Qui **a rentré le lait?**	*Who* ***brought in the milk?***
Elle **a sorti son mouchoir.**	*She* ***took out her handkerchief.***

The verb **passer** is conjugated with **être** in the passé composé when it means *to come by, to stop by to see, to visit, to be over.*

Le facteur **est** déjà **passé.**	*The mail carrier* ***has already come by.***
Hier ma cousine **est passée** me voir.	*My cousin* ***came by*** *to see me yesterday.*
Le pire **est passé.**	*The worst* ***is over.***

In most other cases, **passer** is conjugated with **avoir.**

Elle **a passé** son permis de conduire.	*She **took** her driving test.*
Ils **ont passé** une année en Suisse.	*They **spent** a year in Switzerland.*

Activité 8 **Quelle journée!** Les Vaillancourt ont eu une journée très compliquée hier. Complétez les phrases suivantes avec le passé composé des verbes entre parenthèses pour savoir tout ce qui s'est passé.

VOCABULAIRE

Des mots utiles

l'aîné(e) *the older child*
le/la cadet(te) *the younger child*
étendre le linge sur le fil *to hang the clothes on a line*

M. Vaillancourt ______ (1) *(sortir) la voiture du garage à cinq heures du matin. Il* ______ (2) *(partir) au travail. Il* ______ (3) *(monter) la rue de la République, comme toujours. Mais aujourd'hui il* ______ (4) *(voir) qu'il y avait des travaux. Il* ______ (5) *(devoir) changer de route. Il* ______ (6) *(arriver) en retard. Mme Vaillancourt* ______ (7) *(demander) à ses filles de l'aider. Elle* ______ (8) *(sortir) du bureau. L'aînée* ______ (9) *(faire) le linge. La cadette* ______ (10) *(étendre) le linge sur le fil. Ensuite, les deux sœurs* ______ (11) *(descendre) faire les courses. Elles* ______ (12) *(descendre) l'escalier de l'immeuble. Elles* ______ (13) *(rentrer) dans une demi-heure. Elles* ______ (14) *(monter) les paquets. Quand elles* ______ (15) *(entrer) dans l'appartement, il* ______ (16) *(commencer) à pleuvoir. «Le linge!»* ______ (17) *(dire) l'aînée. Les deux* ______ (18) *(rentrer) le linge à toute vitesse.*

PART I

Agreement of the past participle

The past participle of a verb conjugated with **avoir** agrees in gender and number with the direct object when the direct object precedes the verb. The direct object may be a noun, an object pronoun, or a relative pronoun.

Quelle **pièce** avez-vous vu**e**?	*Which **play** did you see?*
Combien de **sandwichs** a-t-il mangé**s**?	*How many **sandwiches** did he eat?*
Elle a acheté une nouvelle robe. Elle **l'**a mis**e** aujourd'hui.	*She bought a new dress. She wore **it** today.*
Les fenêtres sont fermées. Personne ne **les** a ouvert**es** aujourd'hui.	*The windows are closed. No one opened **them** today.*
Voilà **les articles qu'**il a lu**s**.	*Here are **the articles that** he read.*
On va publier **les histoires qu'**elle a écrit**es**.	*They're going to publish **the stories that** she wrote.*

The past participle does not agree with a preceding indirect object.

Marthe? Je **lui** ai téléphoné.	*Marthe? I called **her**.*
Et tes parents? Tu **leur** as écrit?	*What about your parents? Did you write **to them?***

Activité 9 **Élisabeth s'installe à Paris.** Complétez l'histoire suivante avec le participe passé des verbes entre parenthèses. Faites les accords nécessaires.

Élisabeth a ______ (1) *(quitter) le Québec pour la France. On lui a* ______ (2) *(offrir) un bon emploi et elle l'a* ______ (3) *(accepter). Elle a* ______ (4) *(faire) ses valises et elle a* ______ (5) *(prendre) l'avion. Elle est* ______ (6) *(arriver) à Paris il y a un mois. Elle a tout de suite* ______ (7) *(commencer) à chercher un appartement. Les annonces qu'elle a* ______ (8) *(lire) dans le journal promettaient beaucoup, mais les appartements qu'elle a* ______ (9) *(voir) n'étaient pas très jolis et étaient très chers. Quelqu'un lui a* ______ (10) *(donner) l'adresse d'une agence immobilière. Elle l'a* ______ (11) *(chercher). Elle est* ______ (12) *(entrer) et a* ______ (13) *(demander) à l'employé de l'aider. Les appartements qu'on lui a* ______ (14) *(montrer) n'étaient pas mal. L'appartement qu'elle a* ______ (15) *(choisir) n'était pas loin de son travail. Il se trouvait dans une petite rue qu'elle a* ______ (16) *(trouver)*

très agréable. Après, elle a ________________ *(commencer) à travailler.*
17

Au bureau, on l'a ________________ *(présenter) à tout le monde, et*
18

on l'a ________________ *(accueillir) très amicalement. Elle est très*
19

contente à Paris maintenant.

CHAPTER 3

Note culturelle

Paris

L'importance de la région parisienne en France est un exemple d'une des caractéristiques de la culture française: la centralisation. À travers l'Ancien Régime, l'empire de Napoléon et les Républiques, Paris a toujours joué un rôle dominant.

La région parisienne comprend vingt arrondissements, mais elle a une population de plus de dix millions d'habitants, presque le cinquième de la population française. Paris et sa région sont le centre culturel, économique et politique du pays. Les grands musées, les salles de concerts et l'opéra n'ont pas d'égal en province. La plupart des entreprises ont leur siège à Paris ou dans la région. Paris est aussi le centre financier du pays. Comme capitale de la France, Paris regroupe tous les ministères du gouvernement et tous les bureaux officiels. Toutes les ambassades étrangères et beaucoup d'organismes internationaux y sont logés aussi.

Activité 10 **Lequel?** Votre ami(e) s'intéresse à plusieurs de vos affaires. Dans chaque cas demandez-lui s'il s'agit de la chose que vous avez fait hier. Employez le verbe entre parenthèses dans votre réponse et faites attention à l'accord du participe passé.

MODÈLE Fais voir ta calculatrice. (acheter)
La calculatrice que j'ai achetée hier?

1. Montre-moi tes devoirs. (faire)

____

2. Je peux lire la lettre de Michèle? (recevoir)

____

3. Où est ta composition? (rédiger)

____

4. Tu as un nouveau sac à dos? (acheter)

____

5. Fais voir ton appareil-photo. (employer)

____

6. Montre-moi ton nouveau DVD. (regarder)

____

7. Je peux écouter tes nouveaux disques compacts? (écouter)

____

8. Fais voir tes nouvelles chaussures. (mettre)

____

9. Je veux voir tes lunettes de soleil. (porter)

____

10. Tu me prêtes les revues? (lire)

____

Activité 11 **Au cinéma** Racontez en français cette histoire de Sébastien et Berthe.

1. Yesterday I called Berthe.

____

2. I asked her, "Do you want to go to the movies?"

____

3. She answered, "Yes."

____

4. I went by to pick her up at 7:00.

____

5. She came downstairs and we took the bus.

____

6. We arrived at the movie theater at 7:30.

____

7. I bought the tickets right away.

____

8. Berthe and I looked for a café.

____

9. We had a cup of coffee and a pastry.

____

10. I looked at my watch.

____

11. I said, "It's 7:55."

____

12. We quickly went back to the movie theater and went in.

____

Activité 12 **Activité orale** Avec un(e) camarade parlez des choses que vous avez faites hier. Après, racontez à un(e) autre camarade les choses que vous avez faites tous les deux. Employez le passé composé dans votre conversation.

Activité 13 **La grammaire en action** Lisez l'article et répondez aux questions.

Mick et Klik sont les deux chiots de Zoé
Aujourd'hui, la famille Trukéficelle est venue chercher Mick.
Ce matin, il a beaucoup joué avec les enfants, mais Mme Trukéficelle l'a chassé quand il est entré dans la chambre du petit Simon.
Mick est venu quémander de la nourriture pendant le repas, mais il n'a rien obtenu.
Quél régal, quand Mme Trukéficelle lui a enfin donné sa gamelle !...

VOCABULAIRE

Mick et Klik

le chiot *puppy*
la gamelle *dish (for animals)*
gémir *to moan*
le panier *basket*
quémander *to beg for*

1. Qui sont Mick, Klik et Zoé?

2. Chez qui Mick est-il allé habiter?

3. Où est-qu'il a dormi chez sa nouvelle famille?

4. Est-ce que Mick avait un peu peur la première nuit chez eux? Comment le savez-vous?

5. Avec qui est-ce que Mick a joué?

6. Quand Mme Trukéficelle l'a-t-elle chassé?

7. Qu'est-ce que Mick a fait pendant que la famille prenait le repas?

8. Quel était son régal?

Activité 14 **La grammaire en action** Voici des phrases sur la vie de Mick. Refaites ces phrases pour les deux chiots, Mick et Klik.

MODÈLE Mick a dormi dans un panier.
Mick et Klik ont dormi dans un panier.

1. Mick est allé habiter chez les Trukéficelle.

2. Mick a gémi presque toute la nuit.

3. Mick a beaucoup joué avec les enfants.

4. Mick est entré dans la chambre du petit Simon.

5. Mick est venu quémander de la nourriture.

6. Mick n'a rien obtenu.

CHAPTER 3 TEST

Passé composé

Hier Refaites les phrases suivantes au passé composé.

1. Ils dînent en ville.

____

2. Nous ouvrons les fenêtres.

____

3. Elle descend faire les courses.

____

4. Hélène et Lise vont à l'école à bicyclette.

____

5. Vous réfléchissez beaucoup à l'avenir.

____

6. Beaucoup de soldats meurent pendant la guerre.

____

7. Les élèves n'interrompent jamais le professeur.

____

8. Elle promet de nous aider.

____

9. Les employés ont des ennuis avec le directeur.

____

10. Nous peignons notre maison.

____

11. Nous écrivons des lettres à nos amis.

____

12. Vous lisez l'article.

____

13. Je travaille toute la journée.

____

14. Tu prends le petit déjeuner.

____

CHAPTER 3 TEST

Passé composé

15. Ils sortent.

____

16. Il vit au dix-neuvième siècle?

____

17. Roger arrive en retard.

____

18. Nous venons avec eux.

____

19. Je paie en euros.

____

20. Élisabeth rentre au supermarché.

____

21. Elles boivent du jus.

____

22. Tu oublies la date.

____

23. Vous arrangez les livres.

____

24. Nous voyons le président.

____

25. Je monte les valises.

____

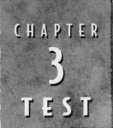

CHAPTER 4

Imperfect

Forms of the imperfect

The imperfect tense is used to describe an ongoing condition or a repeated or incompleted action in the past. It is formed by adding the imperfect endings to the imperfect stem. The stem is found by dropping the **-ons** ending from the present tense **nous** form. The imperfect tense endings are **-ais, -ais, -ait, -ions, -iez,** and **-aient.**

PARLER			
je	parl**ais**	nous	parl**ions**
tu	parl**ais**	vous	parl**iez**
il/elle	parl**ait**	ils/elles	parl**aient**

FINIR			
je	finiss**ais**	nous	finiss**ions**
tu	finiss**ais**	vous	finiss**iez**
il/elle	finiss**ait**	ils/elles	finiss**aient**

RENDRE			
je	rend**ais**	nous	rend**ions**
tu	rend**ais**	vous	rend**iez**
il/elle	rend**ait**	ils/elles	rend**aient**

Verbs with a spelling change in the **nous** form of the present tense, such as **manger** and **commencer,** have the same spelling change before imperfect endings that begin with **-a.**

MANGER			
je	mang**e**ais	nous	mangions
tu	mang**e**ais	vous	mangiez
il/elle	mang**e**ait	ils/elles	mang**e**aient

COMMENCER			
je	commen**ç**ais	nous	commencions
tu	commen**ç**ais	vous	commenciez
il/elle	commen**ç**ait	ils/elles	commen**ç**aient

Verbs whose stem ends in **-i** have two **-is** in the **nous** and **vous** form of the imperfect.

nous étud**ii**ons vous étud**ii**ez

All verbs are regular in the imperfect except **être,** which has an irregular stem.

j'	ét**ais**	nous	ét**ions**
tu	ét**ais**	vous	ét**iez**
il/elle	ét**ait**	ils/elles	ét**aient**

Activité 1 **Avant c'était différent.** Formez des phrases au présent et à l'imparfait pour expliquer que tout a changé. Suivez le modèle.

> **MODÈLE** je / travailler tous les jours
> Je ne travaille plus tous les jours. Avant je travaillais tous les jours.

1. vous / croire à cette histoire

____

2. il / lire en allemand

____

3. elles / faire les carreaux

____

4. tu / habiter en ville

5. ils / vivre bien

6. mon chien / obéir

7. elle / rougir

8. je / répondre en classe

9. tu / voyager

10. elle / prononcer correctement

11. vous / apprécier la musique classique

12. ils / ranger leurs affaires

Activité 2 **Ma jeunesse** Caroline parle de son enfance. Formez des phrases à l'imparfait pour savoir comment elle vivait à l'époque.

1. nous / avoir une maison dans un quartier tranquille

2. elle / être grande

3. la maison / avoir dix pièces

4. mes parents / travailler en ville

5. ils / aller au bureau en autobus

6. l'arrêt / être au coin de la rue

PART I

7. beaucoup d'autres jeunes filles / habiter dans notre rue

____

8. je / jouer avec elles

____

9. nous / aller à l'école ensemble

____

10. je / garder souvent ma petite sœur Marguerite

____

11. je / l'emmener au parc

____

12. nous / être tous très contents

____

Activité 3 **Grand-mère évoque son enfance.** La grand-mère de Nicolas raconte ses souvenirs. Formez des phrases à l'imparfait pour savoir ce qu'elle dit.

1. nous / vivre à la campagne

____

2. je / partager une chambre avec ma sœur

____

3. nous / ne pas avoir beaucoup d'argent

____

4. mais on / être heureux

____

5. je / nager dans le lac

____

6. les enfants / courir dans les champs

____

7. mes parents / élever des vaches

____

8. nous / vendre le lait

____

9. ton grand-père / commencer à venir me voir

10. je / avoir dix-huit ans

CHAPTER 4

Activité 4 **Nos vacances à l'époque** Un groupe d'amis évoque les souvenirs de leurs vacances quand ils étaient jeunes. Formez des phrases à l'imparfait pour savoir comment ils ont passé leurs vacances. Faites attention aux adverbes de temps utilisés dans les phrases.

> **MODÈLE** Alfred: tous les ans / nous / aller / à la campagne
> Nous allions tous les ans à la campagne.

1. Lise: souvent / je / passer les vacances / chez ma tante

2. Michel: toujours / je / vouloir / aller au bord de la mer

3. Christine: chaque été / ma famille et moi, nous / visiter / une région de France

4. Paul: tous les ans / mes cousins / m'inviter / chez eux

5. Marianne: le plus souvent / nous, on / prendre les vacances en hiver

6. Robert: en général / ma cousine Élisabeth / venir / chez nous à Paris

7. Françoise: d'habitude / nous / partir / en Suisse

8. Guy: tous les étés / mon père / louer / un appartement à Nice

9. Sabine: chaque année pour Noël / ma famille / aller / chez nos grands-parents

10. Olivier: toutes les semaines / nous / passer le week-end / à la ferme

Uses of the imperfect tense; Imperfect vs. passé composé

The imperfect tense focuses on past actions or conditions as processes rather than as completed events. It emphasizes the action or condition itself rather than its beginning or end. One use of the imperfect is to express repeated or ongoing actions in the past.

Qu'est-ce que tu **faisais** quand tu **habitais** à Cannes?	*What **did you use to do** when you **lived** in Cannes?*
J'**allais** tous les jours à la plage.	*I **went** to the beach every day.*
Est-ce que tu **avais** des cours l'après-midi?	***Did** you **use to have** classes in the afternoon?*
Non, j'**étais** à la faculté le matin. L'après-midi j'**allais** au travail.	*No, I **used to be** at the university in the morning. In the afternoon I **used to go** to work.*

The imperfect is also used to describe things and people in the past.

Mes amis **étaient** tous diligents. Ils **étudiaient** sérieusement et **s'intéressaient** à leur travail. Mais ils **savaient** s'amuser aussi. Ils **étaient** tous très gentils et les professeurs du lycée les **trouvaient** sympathiques et intelligents.	*My friends **were** all diligent. They **studied** seriously and **took an interest** in their work. But they **knew how** to have a good time too. They **were** all very nice and the high school teachers **found** them pleasant and intelligent.*

The passé composé, in contrast to the imperfect, expresses specific actions and events that were started and completed at a specific time in the past.

J'**ai pris** le petit déjeuner, j'**ai mis** mon manteau et je **suis sorti.**	*I **had** breakfast, **put on** my coat, and **left** the house.*

The imperfect and the passé composé can appear in the same sentence. The imperfect provides the background for the event stated in the passé composé. In such instances, the imperfect may describe time, weather, or an action that was going on when another event happened.

Il **était** sept heures et demie quand elle **est rentrée.**	*It **was** seven-thirty when she **returned home.***
Quand on **est sortis** du restaurant, il **pleuvait.**	*When we **left** the restaurant it **was raining.***
Je **lisais** quand Jacques **a frappé** à la porte.	*I **was reading** when Jacques **knocked** at the door.*

Activité 5 **Un temps trop variable** Jeannine a vu pas mal de changements atmosphériques pendant sa journée. Formez des phrases avec les éléments proposés en employant un imparfait et un passé composé pour savoir ce qui lui est arrivé.

> **MODÈLE** faire du soleil / je / descendre prendre l'autobus
> Il faisait du soleil quand je suis descendue prendre l'autobus.

VOCABULAIRE

Le temps

bruiner *to drizzle*
faire du vent *to be windy*
geler *to freeze*
neiger *to snow*
tonner *to thunder*
grêler *to hail*

CHAPTER 4

1. faire du vent / je / arriver à l'arrêt

 ____

2. bruiner / l'autobus / venir

 ____

3. pleuvoir / je / monter dans l'autobus

 ____

4. faire froid / je / arriver à la faculté

 ____

5. geler / je / retrouver mon amie Hélène

 ____

6. neiger / nous / entrer dans l'amphithéâtre

 ____

7. tonner / le professeur / commencer sa conférence

 ____

8. grêler / nous / sortir de l'amphithéâtre

 ____

Activité 6 **Quand ça?** Jean-Marc donne un aperçu de sa journée par ordre chronologique. Formez des phrases avec les éléments proposés en employant l'imparfait et le passé composé pour savoir ce qu'il a fait et quand il le faisait.

MODÈLE tôt / je / sortir
Il était tôt quand je suis sorti.

1. huit heures et demie / mon train / venir

 ____

2. neuf heures pile / je / arriver en ville

 ____

3. un peu tard / je / entrer dans le bureau

 ____

PART I

4. midi / mon collègue / m'inviter à déjeuner

5. une heure et demie / nous / finir de manger

6. tard dans l'après-midi / je / quitter le bureau

7. déjà sept heures / je / retrouver ma fiancée pour dîner

8. presque minuit / je / rentrer chez moi

Activité 7 **Comment faire le ménage?** M. Fournier a profité de quelques moments de solitude pour faire le ménage. Suivez le modèle pour savoir ce que faisaient les autres membres de la famille pendant qu'il faisait le ménage. Chaque phrase aura un imparfait et un passé composé.

MODÈLE laver le plancher / sa femme / dormir
Il a lavé le plancher pendant que sa femme dormait.

1. nettoyer la cuisine / les enfants / jouer dans le jardin

2. faire le linge / sa mère / promener le chien

3. préparer le dîner / sa sœur / faire les courses

4. mettre la table / son fils aîné / réparer la voiture

5. ranger les livres / sa fille / bricoler *(to fix things, tinker)* dans le sous-sol *(basement)*

6. cirer *(to polish)* les meubles / son frère / lire le journal

Activité 8 **Des explications** Pourquoi est-ce que ces amis n'ont pas fait les choses qu'ils devaient faire? Formez des phrases pour expliquer leur manque d'action en écrivant ce qu'ils n'ont pas fait au passé composé et la raison pour laquelle ils ne l'ont pas fait à l'imparfait. Suivez le modèle.

CHAPTER 4

MODÈLE	*Qui?*	*Quoi?*	*Pourquoi?*
	vous	prendre l'avion	avoir peur

Vous n'avez pas pris l'avion parce que vous aviez peur.

	Qui?	Quoi?	Pourquoi?
1.	je	aller au restaurant	ne pas avoir envie de sortir
2.	nous	faire une promenade	ne pas avoir le temps
3.	je	lire le chapitre	avoir mal à la tête
4.	Albert	prendre le petit déjeuner	être trop occupé
5.	Chantal	venir à la réunion	travailler
6.	nos copains	aller au concert	ne pas avoir d'argent
7.	les voisins	sortir	leur voiture être en panne
8.	tu	répondre au professeur	ne pas faire attention à sa question

1. ____
2. ____
3. ____
4. ____
5. ____
6. ____
7. ____
8. ____

Activité 9 **On se souvient de Josette.** Un groupe d'amis parle du moment où chacun a fait la connaissance de Josette. Écrivez ce qu'ils disent en suivant le modèle.

> **MODÈLE** avoir dix-huit ans
> Quand j'ai connu Josette, elle avait dix-huit ans.

1. être étudiante

____

2. travailler déjà

____

3. être institutrice

____

PART I

4. sortir avec Frédéric

____

5. être mariée à Frédéric

____

6. avoir deux enfants

____

7. habiter la campagne

____

Activité 10 **Dormir (mal) à la campagne** Alain et Guy ont passé une mauvaise nuit sous leur tente à cause du mauvais temps qu'il faisait. Formez des phrases pour raconter leur mésaventure. Les deux propositions seront à l'imparfait.

> **MODÈLE** faire du soleil / ils / voyager en voiture
> Il faisait du soleil pendant qu'ils voyageaient en voiture.

1. le ciel / être couvert / ils / chercher un endroit pour camper

____

2. bruiner / les deux garçons / dresser leur tente

____

3. pleuvoir / Guy / faire un feu de camp

____

4. faire du vent / Alain / cuisiner

____

5. la température / baisser / ils / manger

____

6. des éclairs / illuminer le ciel / ils / ouvrir les sacs de couchage

____

7. tonner / les deux garçons / essayer de dormir

____

8. mais le matin / faire beau / ils / plier leur tente

____

Other uses of the imperfect tense

The imperfect is used with time expressions to describe an action that started in the past and was still going on when another action occurred.

Combien de temps y avait-il que **vous habitiez** à Paris quand on vous a offert le poste à Perpignan?	*How long* ***had you been living*** *in Paris when they offered you the job in Perpignan?*
Il y avait dix ans que **j'étais** à Paris quand je suis parti pour Perpignan.	***I had been*** *in Paris ten years when I left for Perpignan.*

Note that the phrases used before the time expressions are also in the imperfect: **combien de temps y avait-il que, il y avait dix ans que.**

Si plus the imperfect tense makes a suggestion, similar to English *How about . . . ?* or *What if . . . ?* It is especially common with either **nous** or **on** as the subject. With **tu** or **vous** it can express impatience or irritation.

Si nous **sortions?**	***How about going out?***
Si on **partait** déjà?	***What if*** *we* ***leave*** *now?*
Si nous nous **dépêchions** un peu?	***How about if*** *we* ***hurry up?***
Et **si** tu te **taisais?**	*And* ***how about if*** *you* ***keep quiet?***

Activité 11 **L'imprévu** Dites combien de temps ces gens faisaient ce qu'ils faisaient quand quelque chose d'imprévu est arrivé. Traduisez les phrases en anglais.

MODÈLE je / regarder la télé / une heure // Mon cousin a frappé à la porte.

Je regardais la télé depuis une heure quand mon cousin a frappé à la porte. *ou*
Il y avait (Ça faisait) une heure que je regardais la télé quand mon cousin a frappé à la porte.
I had been watching TV for an hour when my cousin knocked at the door.

1. vous / attendre le bus / vingt minutes // Jean-Claude est venu vous prendre avec sa voiture.

____

____

2. nous / étudier à la bibliothèque / six heures // Christine nous a invités à dîner chez elle.

____

____

3. Odile / dormir / dix minutes // Le téléphone a sonné.

____

____

PART I

4. Sylvain / entrer des données / deux heures // Il y a eu une panne d'électricité *(power failure).*

____

____

5. Brigitte / faire du jogging / une heure // Il a commencé à pleuvoir.

____

____

6. Alain / ranger ses affaires / dix minutes // Ses amis l'ont appelé pour jouer au football.

____

____

Activité 12 **J'ai une idée!** Marcelle s'ennuie. Son amie Claire lui propose des activités. Écrivez deux fois ses idées—une fois avec **nous,** la seconde avec **on.** Suivez le modèle.

MODÈLE aller au cinéma
a. Si nous allions au cinéma?
b. Si on allait au cinéma?

1. jouer aux cartes
   a. ____________________________________
   b. ____________________________________
2. acheter le journal
   a. ____________________________________
   b. ____________________________________
3. passer chez Françoise
   a. ____________________________________
   b. ____________________________________
4. regarder un film à la télé
   a. ____________________________________
   b. ____________________________________
5. manger au restaurant
   a. ____________________________________
   b. ____________________________________
6. commencer nos devoirs
   a. ____________________________________
   b. ____________________________________

Special meanings of certain verbs

Some verbs have different meanings in the imperfect and the passé composé.

savoir

Il **savait** l'adresse.	*He **knew** the address.*
Il **a su** l'adresse.	*He **found out** the address.*

connaître

Tu **connaissais** mon voisin?	***Did** you **know** my neighbor?*
Tu **as connu** mon voisin?	***Did** you **meet** my neighbor?*

pouvoir

Il **ne pouvait pas** sortir.	*He **couldn't** go out. (It was hard for him.)*
Il **n'a pas pu** sortir.	*He **couldn't** go out (although he tried).*

vouloir

Je **voulais** partir.	*I **wanted** to leave.*
J'ai voulu partir.	*I **tried** to leave.*
Je **ne voulais pas** partir.	*I **didn't want** to leave.*
Je **n'ai pas voulu** partir.	*I **refused** to leave.*

avoir

Elle **avait** faim.	*She **was** hungry.*
Elle **a eu** faim.	*She **got** hungry.*

NOTE The imperfect forms of **pouvoir** and **vouloir** do not indicate whether the action of the infinitive took place or not.

Activité 13 **Comment dit-on cela en français?** Donnez l'équivalent français de ces phrases en anglais. Faites attention aux exemples ci-dessus.

1. Did you **(vous)** know the name of the street where she lives?
   No, but I found it out this morning.

   ____

   ____

2. Did they want to spend the day in town?
   Yes, but they couldn't.

   ____

   ____

PART I

3. I was able to work yesterday, but I refused to leave the house.

____

4. Did you **(tu)** get the letter yesterday?
No, I've had the letter for a week.

____

____

5. Did you **(vous)** meet the professor?
I knew him already.

____

____

Activité 14 **Une visite au musée** Racontez cette histoire au passé en choisissant pour chaque verbe soit l'imparfait, soit le passé composé selon le cas.

Je ____suis allé(e)____ *(aller) au musée. Je/J'* ________________ (1) *(vouloir) voir les peintures de la Renaissance. Je/J'* ________________ (2) *(entrer) d'abord dans les salles italiennes qui* ________________ (3) *(être) à côté des salles françaises. Il y* ________________ (4) *(avoir) beaucoup de tableaux très intéressants. Je/J'* ________________ (5) *(voir) des peintures fabuleuses. Après, je/j'* ________________ (6) *(passer) aux salles françaises. Ensuite, je/j'* ________________ (7) *(monter) voir l'art du vingtième siècle. J'y* ________________ (8) *(trouver) des œuvres fantastiques. Après une heure, je/j'* ________________ (9) *(descendre) à la librairie parce que je/j'* ________________ (10) *(vouloir) acheter des cartes postales. J'y* ________________ (11) *(remarquer) deux livres sur l'art qui me/m'* ________________ (12) *(intéresser) beaucoup, mais je ne/n'* ________________ (13) *(avoir) pas assez d'argent pour les acheter. Je ne/n'* ________________ (14) *(acheter) que deux cartes postales. Je/J'* ________________ (15) *(décider) de rentrer demain pour acheter les deux livres.*

Activité 15 **Fernand cherche du travail.** Racontez cette histoire au passé en choisissant pour chaque verbe soit l'imparfait, soit le passé composé selon le cas.

Fernand Bercot ____voulait____ *(vouloir) travailler à Paris. Donc, il* ________ (1) *(quitter) son petit village dans la Gironde et il* ________ (2) *(prendre) le train pour Paris. Il* ________ (3) *(arriver) dans la capitale il y a trois ans. Il n'* ________ (4) *(avoir) même pas une chambre et il n'y* ________ (5) *(connaître) personne. Mais dans une semaine il* ________ (6) *(trouver) un poste de garçon de café. Il* ________ (7) *(falloir) travailler beaucoup, mais il* ________ (8) *(recevoir) pas mal de pourboires. Il* ________ (9) *(vivre) dans une chambre d'hôtel très modeste pour faire des économies. Après un an et demi il* ________ (10) *(renoncer) à son travail. Il* ________ (11) *(inviter) son frère Joseph à le rejoindre à Paris. Fernand* ________ (12) *(mettre) assez d'argent de côté pour monter un café. Son frère et lui* ________ (13) *(ouvrir) un petit bistrot dans le quinzième arrondissement. Ils* ________ (14) *(être) ouvriers, mais maintenant ils* ________ (15) *(devenir) propriétaires d'un café!*

Note culturelle

La Gironde

La Gironde est un département de l'ouest de la France dont le chef-lieu est le grand port atlantique de Bordeaux. Située sur la Garonne, Bordeaux est une ville connue pour son architecture du dix-huitième siècle. Il est un centre industriel et commercial de la France.

Activité 16 **Hier, nous avons...** Causez avec un(e) camarade au sujet de la journée que vous (et vos copains) avez passée hier. Pour chaque (ou pour presque chaque) action que vous mentionnez, décrivez aussi les circonstances: l'heure, le temps qu'il faisait, les actions des autres, etc. Comparez votre journée avec celle de votre camarade.

CHAPTER 4 TEST

Imperfect

1 **Au passé** Complétez les phrases suivantes avec la forme convenable de l'imparfait des verbes entre parenthèses.

1. Je ______________________ les vacances en été. (prendre)
2. Ils ______________________ à la campagne. (aller)
3. Nous ______________________ le projet. (commencer)
4. Jean-Pierre ______________________ faire un voyage. (vouloir)
5. Tu ______________________ tes affaires. (finir)
6. Vous ______________________ raison. (avoir)
7. J'______________________ en train de lire le journal. (être)
8. Marie-Claire ______________________ l'escalier mécanique. (descendre)
9. Nous ______________________ l'anglais. (étudier)
10. Vous ______________________ arriver en avance? (pouvoir)
11. Michel et Françoise ______________________ dans le bureau. (entrer)
12. Tu ______________________ ma sœur? (connaître)

2 **L'imparfait ou le passé composé** Complétez les phrases suivantes avec la forme convenable de l'imparfait ou du passé composé des verbes entre parenthèses.

1. Il ______________________ très beau quand Jacques et Christine ______________________. (faire, sortir)
2. Quand il ______________________ il ______________________ trois heures et demie. (arriver, être)
3. Je ______________________ quand tu m' ______________________. (manger, téléphoner)
4. Quand tu nous ______________________, nous ______________________ le journal. (voir, lire)
5. Maurice ______________________ Annie quand Brigitte ______________________. (attendre, retourner)
6. Quand tu ______________________ avec moi, ton enfant ______________________. (parler, tomber)
7. J'______________________ sept ans quand mon frère ______________________. (avoir, naître)
8. Il ______________________ quand elles ______________________. (pleuvoir, partir)

CHAPTER 5

Future and conditional

Forms of the future tense

The future tense expresses an action that will take place in the future (English: *I will speak, we will finish*). The future tense of regular verbs is formed by adding the following endings to the infinitive: **-ai, -as, -a, -ons, -ez, -ont.**

PARLER			
je	parler**ai**	nous	parler**ons**
tu	parler**as**	vous	parler**ez**
il/elle	parler**a**	ils/elles	parler**ont**

FINIR			
je	finir**ai**	nous	finir**ons**
tu	finir**as**	vous	finir**ez**
il/elle	finir**a**	ils/elles	finir**ont**

Verbs whose infinitive ends in **-re** drop their final **-e** before the endings of the future.

RENDRE			
je	rendr**ai**	nous	rendr**ons**
tu	rendr**as**	vous	rendr**ez**
il/elle	rendr**a**	ils/elles	rendr**ont**

Some verbs have an irregular stem in the future tense. Nevertheless, the endings are regular in all cases.

être *je **ser**ai*	**venir** *je **viendr**ai*	**pouvoir** *je **pourr**ai*
faire *je **fer**ai*	**vouloir** *je **voudr**ai*	**voir** *je **verr**ai*
aller *j'**ir**ai*	**acquerir** *j'**acquérr**ai*	**devoir** *je **devr**ai*
avoir *j'**aur**ai*	**courir** *je **courr**ai*	**recevoir** *je **recevr**ai*
savoir *je **saur**ai*	**envoyer** *j'**enverr**ai*	**décevoir** *je **décevr**ai*
tenir *je **tiendr**ai*	**mourir** *je **mourr**ai*	**pleuvoir** *il **pleuvra***

Compounds of the preceding verbs have the same irregularities in their stems.

devenir	je **deviendr**ai	**revenir**	je **reviendr**ai

The future of **il faut** is **il faudra.** The future of **il y a** is **il y aura.**

Verbs that change a mute **-e** to **-è** before a mute **-e** in the present tense (such as **acheter**) also change **-e** to **-è** in all forms of the future tense. Verbs that double their final consonant before a mute **-e** in the present tense (such as **appeler**) have the same change in all persons of the future tense.

acheter	j'**achèter**ai	**appeler**	j'**appeller**ai
amener	j'**amèner**ai	**jeter**	je **jetter**ai

However, verbs such as **espérer** and **préférer** that have an **-é** in the infinitive retain the **-é** in the future tense.

espérer	j'**espérer**ai	**préférer**	je **préférer**ai

The future of **s'asseoir** is either **je m'assiérai** or **je m'assoirai** (without the **-e** of the infinitive).

Activité 1 **C'est pour demain.** Tout ce qu'on allait faire aujourd'hui, on a remis *(postponed)* pour demain. Répondez à ces questions en suivant le modèle.

MODÈLE Jean ne fait pas les courses aujourd'hui?
Non, il fera les courses demain.

1. Mademoiselle, vous ne faites pas le ménage aujourd'hui?

 ____

2. Tes parents ne reviennent pas aujourd'hui?

 ____

3. Ton ami ne va pas au lycée aujourd'hui?

 ____

4. Je ne travaille pas aujourd'hui, monsieur?

 ____

5. Je ne réponds pas aujourd'hui?

 ____

6. Tu ne sais pas la réponse aujourd'hui?

____

7. Papa, je n'envoie pas la lettre aujourd'hui?

____

8. Nous n'emmenons pas les enfants au zoo aujourd'hui?

____

9. Les autres professeurs et vous, vous ne projetez pas le film aujourd'hui?

____

10. Les étudiants ne complètent pas leur travail aujourd'hui?

____

Activité 2 **Je crois.** Serge, optimiste, parle avec un copain impatient. Serge croit que tout se réalisera. Écrivez ses réponses en suivant le modèle.

MODÈLE	Un copain:	Le prof vient ou ne vient pas?
	Serge:	Je crois qu'il viendra.

1. Je réussis ou je ne réussis pas?

____

2. Nos copains descendent ou ne descendent pas?

____

3. Théo va ou ne va pas?

____

4. Il neige ou il ne neige pas?

____

5. Tu sors ou tu ne sors pas?

____

6. Marie et moi, nous arrivons à l'heure ou nous n'arrivons pas à l'heure?

____

7. Tes parents nous prêtent la voiture ou ne nous prêtent pas la voiture?

____

8. Tu complètes tes devoirs ou tu ne complètes pas tes devoirs?

____

PART I

Activité 3 **Je ne sais pas.** Dites dans chaque cas que vous ne savez pas si l'action arrivera. Suivez le modèle.

> **MODÈLE** Est-ce qu'il vient demain?
> Je ne sais pas s'il viendra.

1. Est-ce qu'ils partent demain?

____

2. Est-ce que vous travaillez demain?

____

3. Est-ce que je passe l'examen demain?

____

4. Est-ce que le professeur revient demain?

____

5. Est-ce que les enfants vont à l'école demain?

____

6. Est-ce que tu conduis demain?

____

7. Est-ce que les étudiants lisent demain?

____

8. Est-ce qu'on projette un film demain?

____

9. Est-ce que tu veux venir demain?

____

10. Est-ce que ton copain peut rentrer demain?

____

Activité 4 **Des projets pour l'été** La famille Ramonet est très nombreuse. Le départ en Languedoc pour passer l'été n'est donc pas facile. Formez des phrases au futur à partir des éléments donnés pour dire ce que chaque membre de la famille fera pour faciliter ce départ.

1. le fils aîné / faire les valises

____

2. papa / s'occuper des petits

____

3. maman / se charger de la voiture

____

4. tout le monde / se réveiller à sept heures du matin

____

5. tous les membres de la famille / se dépêcher

____

6. personne / voir la télé

____

7. les enfants / s'entraider

____

8. les grands-parents / préparer le petit déjeuner

____

9. la tante Marie / fermer les fenêtres

____

10. les Ramonet / se mettre en route vers dix heures du matin

____

CHAPTER 5

Note culturelle

Le Languedoc-Roussillon

Le Languedoc-Roussillon est une région du Midi située entre la Provence et la frontière espagnole.

Le Roussillon faisait partie d'Espagne jusqu'en 1659. À la ville Perpignan, l'influence catalane est très évidente. On voit de petits magasins bleus et rose, des palmiers le long des rues et des cafés servant la ***paella*** *(un plat traditionnel de la Majorique en Espagne).*

Pour les touristes, le Languedoc-Roussillon offre aussi les villes de Carcassonne et Nîmes. Carcassonne est une forteresse médiévale très bien conservée. Le fameux aqueduc romain, le pont du Gard, se trouve près de la ville de Nîmes. Ce pont qui a deux mille ans est le pont le plus haut que les Romains ont construit. À Nîmes on voit de bons exemples de la culture romaine—l'amphithéâtre, des temples, des musées et des jardins.

PART I

Use of the future after **quand** and other conjunctions of time

The future tense is used after **quand, lorsque** *(when)*, **dès que** *(as soon as)*, **aussitôt que** *(as soon as)*, and **après que** *(after)* when a future event is implied, in other words, when the main clause of the sentence is in the future or the imperative.

Téléphone-moi **quand tu seras** prêt.	*Call me* ***when you're*** *ready.*
Je passerai te prendre **dès que tu m'appelleras.**	*I'll come by and pick you up* ***as soon as you call me.***
Quand tu verras ma voiture, descends.	***When you see*** *my car, come downstairs.*
Je te ramènerai **aussitôt que la réunion finira.**	*I'll bring you back* ***as soon as the meeting is over.***

NOTE English uses the present tense, not the future, in such clauses.

Activité 5 **On se met en route.** Odile Dulac explique quand sa famille fera les choses nécessaires pour partir à Strasbourg. Cette année les Dulac vont dans la région Alsace-Lorraine. Formez des phrases à partir des éléments donnés pour voir ce qu'elle dit. Mettez les propositions principales au futur.

1. je / faire ma valise / dès que / le linge / être sec

   ____

2. les enfants / s'habiller / quand / ils / rentrer de l'école

   ____

3. nous / manger / quand / maman / revenir du marché

   ____

4. mon frère / mettre les valises dans la voiture / aussitôt que / papa / revenir de la station-service

   ____

5. nous / choisir la route / quand / je / trouver la carte

   ____

6. nous / partir / quand / faire beau

   ____

7. nous / chercher un hôtel / lorsque / nous / arriver à Strasbourg

   ____

8. je / se coucher / aussitôt que / nous / être dans l'hôtel

   ____

Note culturelle

Strasbourg

La ville de Strasbourg, située dans la région de l'Alsace sur la frontière franco-allemande, est une des villes les plus intéressantes de France. L'Alsace est une région à l'origine germanophone, c'est-à-dire de langue allemande. Elle a souvent été l'objet de revendications allemandes et françaises. À la suite de la guerre franco-prussienne en 1870, Strasbourg est devenue ville allemande. Après la Première Guerre mondiale et la victoire des Alliés, l'Alsace est redevenue française. La défaite française de 1940 a eu comme suite l'intégration de l'Alsace à l'Allemagne, incorporation qui a duré jusqu'à la victoire des Alliés en 1945 quand la France a réintégré l'Alsace à la nation française. Aujourd'hui l'Alsace garde une ambiance germanique, surtout dans son architecture et sa cuisine, dont le plat le plus connu est la choucroute alsacienne. Sa belle cathédrale est un souvenir important de sa longue histoire. L'institution le plus symbolique de son avenir est le Parlement européen, siège législatif de l'Europe unie.

Activité 6 **Conseils et ordres** Employez l'impératif et le futur pour donner des conseils et des ordres. Suivez le modèle.

MODÈLE	**Conseil / ordre**	**Quand**
	(à ton ami Pierre) s'asseoir	quand / le professeur / entrer
	Assieds-toi quand le professeur entrera.	

	Conseil / ordre	**Quand**
1.	(à tes amis) sortir	dès que / la cloche / sonner
2.	(à ton amie Lise) téléphoner	aussitôt que / Albert / arriver
3.	(à tes camarades) se mettre à prendre des notes	quand / le professeur / commencer sa conférence
4.	(à ton petit frère) descendre à la cuisine	quand / je / t'appeler
5.	(à Jean-Luc et Ghislaine) venir me voir	quand / vous / pouvoir
6.	(à ta sœur) fermer la porte à clé	quand / tu / s'en aller
7.	(à Mme Chiclet) dire bonjour de ma part à votre fils	quand / vous / le voir
8.	(à tes parents) lire ma lettre	dès que / vous / la recevoir

PART I

1. ____________________

2. ____________________

3. ____________________

4. ____________________

5. ____________________

6. ____________________

7. ____________________

8. ____________________

Forms of the conditional

The conditional expresses what might happen or what would happen if certain conditions existed. It is formed by adding the endings of the imperfect tense to the infinitive or to the irregular future tense stem.

PARLER			
je	parler**ais**	nous	parler**ions**
tu	parler**ais**	vous	parler**iez**
il/elle	parler**ait**	ils/elles	parler**aient**

FINIR			
je	finir**ais**	nous	finir**ions**
tu	finir**ais**	vous	finir**iez**
il/elle	finir**ait**	ils/elles	finir**aient**

RENDRE			
je	rendr**ais**	nous	rendr**ions**
tu	rendr**ais**	vous	rendr**iez**
il/elle	rendr**ait**	ils/elles	rendr**aient**

ÊTRE			
je	ser**ais**	nous	ser**ions**
tu	ser**ais**	vous	ser**iez**
il/elle	ser**ait**	ils/elles	ser**aient**

The same spelling changes that appear in the future stems appear in the conditional stems.

acheter	j'**achèter**ais	appeler	j'**appeller**ais	préférer	je **préférer**ais

The conditional of **il faut** is **il faudrait.** The conditional of **il y a** is **il y aurait.**

The conditional tense is the equivalent of English *would + verb.* It should not be confused with the use of *would* to describe a repeated action in the past (imperfect tense in French). The conditional is often used to make polite requests or to ask for favors.

J'**aimerais** aller à la plage.	*I **would like** to go to the beach.*
Pourriez-vous me prêter vingt euros?	***Could** you lend me twenty euros?*

CHAPTER 5

Activité 7 **Si on pouvait** On ferait les choses dont on a envie si on pouvait. Employez le conditionnel du verbe principal et l'imparfait de **pouvoir** pour exprimer cette idée en suivant le modèle.

MODÈLE Jean a envie de partir.
Oui, il partirait s'il pouvait.

1. J'ai envie de rentrer.

____

2. Monique et Danielle ont envie de faire du ski.

____

3. Tu as envie de devenir poète.

____

4. Odile et moi, nous avons envie de nous voir tous les jours.

____

5. J'ai envie de me mettre en route.

____

6. Richard a envie de se promener.

____

7. Sylvie et toi, vous avez envie d'acheter du pain.

____

8. Mon copain et moi, nous avons envie d'être chez nous.

____

PART I

Activité 8 **Moi non plus** Quand on vous dit ce que vos amis n'ont pas fait, dites dans chaque cas que vous ne feriez pas ces choses non plus. Employez le conditionnel dans vos réponses.

MODÈLE Je ne me suis pas baigné dans ce lac.
Moi non plus, je ne me baignerais pas dans ce lac.

1. Charles n'a pas pris la voiture.

 ____

2. Martin n'a pas fait la vaisselle.

 ____

3. Olivier et Chantal ne se sont pas assis dans le jardin.

 ____

4. Je n'ai pas regardé la télé aujourd'hui.

 ____

5. Les enfants n'ont pas enlevé leur pull.

 ____

6. Le collège n'a pas projeté ce film.

 ____

7. Les étudiants n'ont pas répété ces slogans.

 ____

8. Solange n'a pas couru.

 ____

Activité 9 **Impossible!** Employez le conditionnel pour dire dans chaque cas que la nouvelle qu'on vient de vous annoncer est sûrement fausse.

MODÈLE On dit que Pierre est parti.
Impossible! Il ne partirait pas.

1. On dit que vous avez renoncé à votre travail.

 ____

2. On dit que Catherine a rejeté notre offre.

 ____

3. On dit que Philippe s'est levé pendant la classe.

 ____

4. On dit que les professeurs ont fait grève.

 ____

5. On dit que tu exagères.

____

6. On dit que j'ai perdu les billets.

____

7. On dit que Laurent est tombé en skiant.

____

8. On dit que le petit Baudouin a jeté son dîner à la poubelle.

____

Conditional with si clauses

A conditional sentence consists of two clauses: an "if" (or **si**) clause and a result clause. If an event is likely to happen, the present tense is used in the **si** clause and the present, future, or imperative is used in the result clause.

S'il **pleut,** nous **restons** chez nous.	*If it **rains,** we **stay** home.*
Viens me voir si tu **as** le temps.	***Come** see me if you **have** time.*
Si tu **t'en vas,** tes parents **se fâcheront.**	*If you **leave,** your parents **will get angry.***

If an event is unlikely to happen or is contrary to fact, the imperfect is used in the **si** clause and the conditional is used in the result clause.

Je t'**aiderais** si je **pouvais.**	*I'**d help** you if I **could.** (Fact: I can't help you. But if I could, I would.)*
S'il **était** plus ouvert, il **s'habituerait** à la vie mexicaine.	*If he **were** more open, he **would get accustomed** to Mexican life. (Fact: He isn't open to the culture. But if he were, he would get used to Mexican life.)*

Conditional Sentences: Summary of Tenses

Supposition (si)	Proposition principale
Present	Present, future, or imperative
Imperfect	Conditional

Activité 10 **Des progrès personnels pour Jean-Pierre** Jean-Pierre doit se transformer pour être un jeune homme à la page. Employez des phrases composées d'une supposition **(si)** à l'imparfait et d'une proposition principale au conditionnel pour exprimer ce que Jean-Pierre doit faire.

MODÈLE Jean-Pierre ne lit jamais le journal. Il ne sait pas ce qui se passe dans le monde.
Si Jean-Pierre lisait le journal, il saurait ce qui se passe dans le monde.

PART I

1. Jean-Pierre ne s'habille pas bien. Les autres étudiants se moquent de lui.

____

2. Jean-Pierre ne fait pas de sport. Il ne connaît pas beaucoup de monde.

____

3. Jean-Pierre ne s'intéresse pas à ses études. Il n'est pas préparé en classe.

____

4. Jean-Pierre s'absente souvent. Les professeurs se fâchent contre lui.

____

5. Jean-Pierre lit des bandes dessinées *(comics)* en classe. Les profs sont furieux.

____

6. Jean-Pierre mange toujours seul. Il ne parle pas avec les autres étudiants.

____

Activité 11 **Déménagement** Les Fantin essaient de décider où placer leurs meubles dans leur nouvelle maison. Exprimez leurs idées avec une phrase composée d'une supposition au présent et d'une proposition principale au futur. Suivez le modèle.

MODÈLE on / mettre la télé dans le séjour / on / pouvoir regarder des émissions ensemble
Si on met la télé dans le séjour, on pourra regarder des émissions ensemble.

1. vous / installer la machine à laver au sous-sol / nous / avoir plus de place dans la cuisine

____

2. je / mettre la lampe à côté du fauteuil / je / pouvoir lire

____

3. nous / nettoyer le tapis / nous / le mettre dans le salon

____

4. tu / trouver la table en plastique / tu / pouvoir la mettre sur la terrasse

____

5. on / laisser l'ordinateur dans ma chambre / je / faire mes devoirs sans embêter les autres

____

6. les déménageurs / monter une étagère dans ma chambre / je / ranger tous mes livres

____

Activité 12 **Il y a toujours des problèmes quand on déménage.** Employez des phrases composées d'une supposition avec **si** à l'imparfait et d'une proposition principale au conditionnel pour exprimer tout ce qui manque dans la nouvelle maison des Didier.

> **MODÈLE** On n'a pas de lave-vaisselle. On fait la vaisselle à la main.
> Si on avait un lave-vaisselle, on ne ferait pas la vaisselle à la main.

1. On n'a pas deux postes de télé. On ne peut pas regarder la télé dans le séjour.

 ____

2. Cette maison n'a pas de grenier *(attic)*. Il n'y a pas de place pour les boîtes.

 ____

3. La cheminée ne fonctionne pas. Nous ne pouvons pas faire un feu.

 ____

4. On n'a pas de tableaux dans le salon. Le salon n'est pas accueillant *(cozy)*.

 ____

5. Je n'ai pas de lecteur CD dans ma chambre. J'écoute mes CD dans le séjour.

 ____

6. Le frigo est tellement petit. Papa fait les courses plusieurs fois par semaine.

 ____

7. Tu ne décroches *(take down)* pas les rideaux. Je ne peux pas les laver.

 ____

8. Cette fenêtre ne se ferme pas bien. Il fait froid dans ma chambre.

 ____

Activité 13 **Problèmes de santé** Quelles seraient les réactions de ces amis à des problèmes de santé hypothétiques? Composez des phrases avec une supposition à l'imparfait et une proposition principale au conditionnel à partir des éléments donnés. Suivez le modèle.

MODÈLE

Supposition (si)	**Proposition principale**
Marie / se couper le doigt	elle / mettre un pansement

Si Marie se coupait le doigt, elle mettrait un pansement.

VOCABULAIRE

Comment est-ce qu'on se soignerait?

aller pieds nus *to go barefoot*
attraper un rhume *to catch a cold*
avoir mal à la tête *to have a headache*
le comprimé d'aspirine *aspirin tablet*
se couper le doigt *to cut one's finger*
être en forme *to be in shape*
se faire mal (au pied) *to hurt oneself (one's foot)*
maigrir *to lose weight*
mettre un pansement *to put on a bandage*
ordonner *to prescribe*
tomber malade *to get sick*

Supposition (si)	Proposition principale
1. je / se sentir mal	je / aller chez le médecin
2. je / maigrir	je / ne manger que des légumes et des fruits
3. il / sortir sous la pluie	il / attraper un rhume
4. elle / tomber malade	elle / se reposer
5. nous / aller pieds nus	nous / se faire mal aux pieds
6. tu / avoir mal à la tête	tu / prendre des comprimés d'aspirine
7. le médecin / m'ordonner des antibiotiques	je / les prendre
8. je / être en forme	je / ne pas se fatiguer tellement

1. ______________________________
2. ______________________________
3. ______________________________
4. ______________________________
5. ______________________________
6. ______________________________
7. ______________________________
8. ______________________________

Activité 14 **Activité orale** Discutez avec un(e) camarade vos projets pour l'avenir. Employez le futur pour les choses que vous comptez faire et des suppositions avec **si** pour exprimer les circonstances nécessaires pour réaliser vos projets.

MODÈLE Quand j'aurai dix-huit ans, j'irai à l'université.
Si j'ai de la chance, on me donnera une bourse d'études.
Si j'étais riche, je n'aurais pas besoin d'une bourse d'études.

Activité 15 **La grammaire en action** Lisez l'article et répondez aux questions.

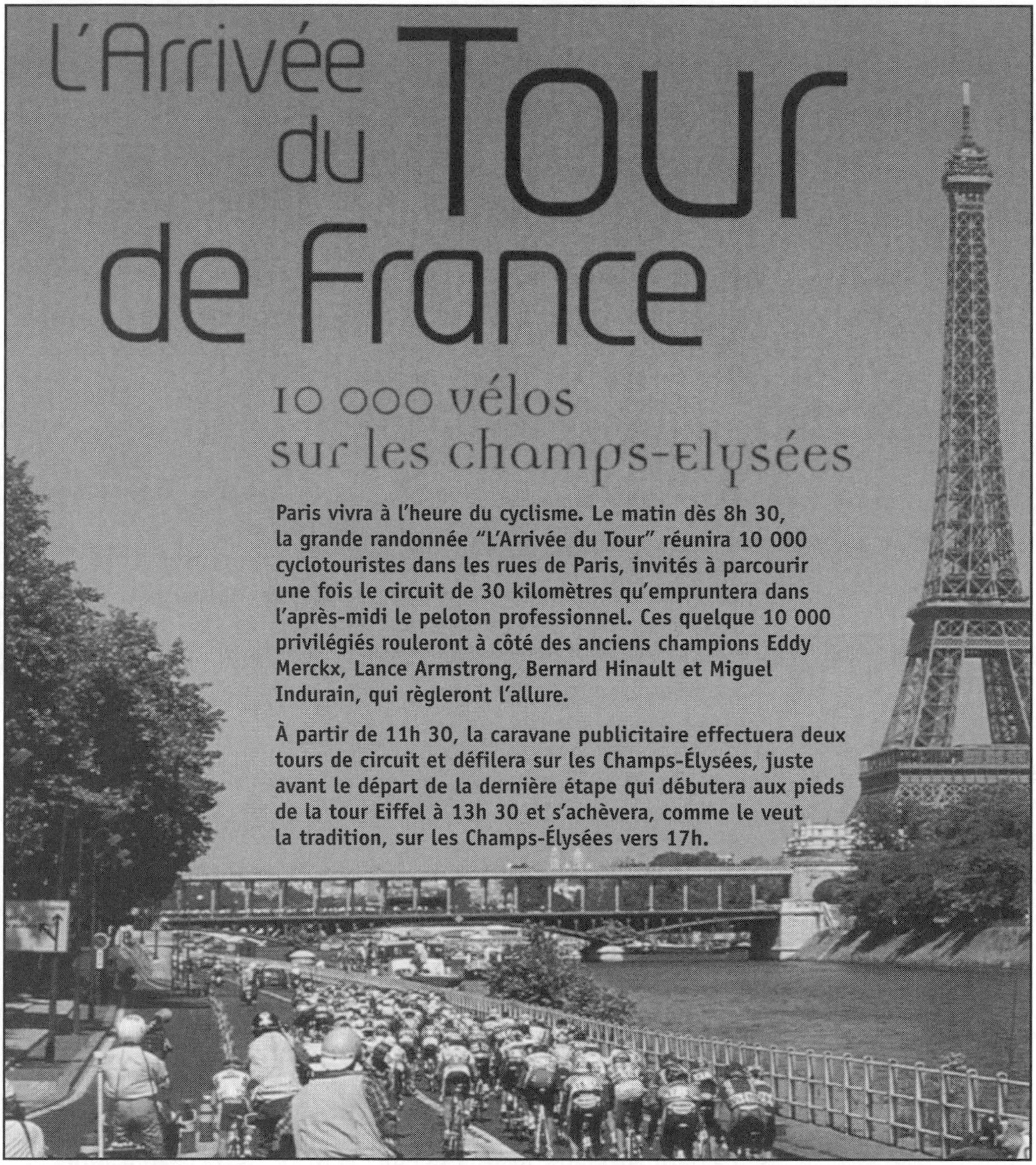

L'Arrivée du Tour de France

10 000 vélos sur les Champs-Elysées

Paris vivra à l'heure du cyclisme. Le matin dès 8h 30, la grande randonnée "L'Arrivée du Tour" réunira 10 000 cyclotouristes dans les rues de Paris, invités à parcourir une fois le circuit de 30 kilomètres qu'empruntera dans l'après-midi le peloton professionnel. Ces quelque 10 000 privilégiés rouleront à côté des anciens champions Eddy Merckx, Lance Armstrong, Bernard Hinault et Miguel Indurain, qui règleront l'allure.

À partir de 11h 30, la caravane publicitaire effectuera deux tours de circuit et défilera sur les Champs-Élysées, juste avant le départ de la dernière étape qui débutera aux pieds de la tour Eiffel à 13h 30 et s'achèvera, comme le veut la tradition, sur les Champs-Élysées vers 17h.

VOCABULAIRE

Le Tour de France

l'allure *(f.)* *pace, speed*
le circuit *route, trip*
défiler *to parade*
effectuer *to carry out, achieve*
parcourir *to cover (the distance of)*
le peloton *main body of riders*
la randonnée *ride*
rouler *to roll along, ride*
le tour du circuit *the full length of the route*

PART I

1. De quelle grande journée sportive s'agit-il dans l'article?

____

2. Quels sont les trois événements de la journée? À quelle heure auront-ils lieu?

____

3. Qui sont les dix mille privilégiés?

____

4. Que feront les quatre anciens gagnants du Tour de France?

____

5. Où s'achève le concours sportif? Pourquoi?

____

Activité 16 **La grammaire en action** Voici des phrases au futur tirés de l'annonce. Refaites-les avec les sujets indiqués.

1. Paris vivra à l'heure du cyclisme.

   Toutes les villes de France _______________ à l'heure du cyclisme.
2. La grande randonnée réunira dix mille cyclotouristes.

   Les événements _______________ dix mille cyclotouristes.
3. Le peloton professionnel empruntera ce circuit.

   Nous _______________ ce circuit.
4. Ces dix mille privilégiés rouleront à côté des anciens champions.

   Vous _______________ à côté des anciens champions.
5. Les quatre anciens champions règleront l'allure.

   Lance Armstrong _______________ l'allure.
6. La caravane publicitaire effectuera deux tours de circuit.

   Les cyclotouristes _______________ deux tours de circuit.
7. La caravane publicitaire défilera sur les Champs-Élysées.

   Les anciens champions _______________ sur les Champs-Élysées.
8. La dernière étape du Tour débutera aux pieds de la Tour Eiffel.

   Les étapes _______________ aux pieds de la Tour Eiffel.
9. Le Tour de France s'achèvera sur les Champs-Élysées.

   Les courses à bicyclette _______________ sur les Champs-Élysées.

CHAPTER 5 TEST

Future and Conditional

1 **Au futur** Écrivez la forme convenable du futur des verbes entre parenthèses.

1. Vous ______________________ un voyage. (faire)
2. Nous ______________________ plus tard. (venir)
3. Je crois que j' ______________________ froid. (avoir)
4. Tu m' ______________________ une carte postale, n'est-ce pas? (envoyer)
5. Elles ______________________ en retard. (être)
6. Charles me ______________________ la carte de crédit lundi. (rendre)
7. Tu ______________________ le rapport ce soir. (finir)
8. Nous ______________________ au cinéma ce week-end. (aller)
9. Vous ______________________ la nouvelle bientôt. (savoir)
10. Ils ______________________ une semaine chez nous. (passer)
11. Je crois qu'il ______________________ demain. (pleuvoir)
12. Je les ______________________ la semaine prochaine. (voir)
13. Vous ______________________ au parc demain? (aller)

2 **Au conditionnel** Écrivez la forme convenable du conditionnel des verbes entre parenthèses.

1. Nous ______________________ faire du latin. (vouloir)
2. Elles ______________________ attendre un peu. (devoir)
3. J'étais sûr(e) qu'il ______________________. (pleuvoir)
4. Est-ce que tu ______________________ le faire? (pouvoir)
5. Si j'avais le temps, je ______________________ tous les jours. (courir)
6. Tu ______________________ le cadeau. (recevoir)
7. Vous ______________________ à l'heure. (arriver)
8. Renée et Maurice ______________________ s'il faisait beau. (sortir)
9. Je ______________________ utiliser ce logiciel. (préférer)
10. Nous ______________________ d'accord avec lui. (être)
11. Je croyais qu'il nous ______________________. (aider)
12. Je savais qu'elle ______________________ la vérité. (dire)

CHAPTER 6

Imperative

The imperative is used to give a command or to make a request. For most verbs, the imperative is formed by using the **tu, vous,** or **nous** form of the present tense without the subject pronoun. This is true of both positive and negative commands.

Finis tes devoirs. **Ne perds pas** ton temps.	*Finish your homework. Don't waste your time.*
Attendez un moment. **Ne partez pas.**	*Wait a moment. Don't leave.*
Rentrons maintenant. **Ne passons plus** de temps ici.	*Let's go back home now. Let's not spend any more time here.*

In the imperative **tu** form of regular **-er** verbs, the final **-s** of the present tense form is dropped. The **-s** is also dropped in the imperative **tu** forms of **aller** and of **-ir** verbs conjugated like **-er** verbs, such as **ouvrir** and **souffrir.**

Téléphone à tes parents. **N'oublie pas.**	*Call your parents. Don't forget.*
On sonne. **Va. Ouvre** la porte.	*The doorbell is ringing. Go open the door.*

Some verbs have irregular imperative forms. The three most common are **être, avoir,** and **savoir.**

être:	**sois, soyons, soyez**
avoir:	**aie, ayons, ayez**
savoir:	**sache, sachons, sachez**

Activité 1 **Comment être un bon élève** Écrivez les conseils d'un professeur à ses élèves. Employez le négatif de l'impératif.

MODÈLE perdre / vos devoirs
Ne perdez pas vos devoirs.

VOCABULAIRE

Les verbes et les substantifs

déchirer *to tear*	**les bandes dessinées** *comics*
laisser *to leave*	**la calculette** *calculator*
mâcher *to chew*	**la copie** *composition, exercises*
salir *to dirty*	**le pupitre** *student's desk at school*

1. déchirer / vos copies

____

2. laisser / vos crayons sur la table

____

3. manger / dans la salle de classe

____

4. mâcher / de chewing-gum en classe

____

5. salir / la salle de classe

____

6. faire / de bruit

____

7. jeter / de papiers par terre

____

8. interrompre / le professeur

____

9. lire / de bandes dessinées en classe

____

10. oublier / vos calculettes

____

Activité 2 **Projets de vacances** Jean-Claude et Arlette parlent de leurs vacances. À chaque idée de Jean-Claude, Arlette propose une autre possibilité. Employez l'impératif avec le pronom **nous** pour reproduire leur conversation. Suivez le modèle.

MODÈLE On reste à Paris? (aller en Italie)
Non, ne restons pas à Paris. Allons en Italie.

1. On part la semaine prochaine? (attendre la fin du mois)

____

PART I

2. On prend l'avion? (prendre le train)

____

3. On descend dans un hôtel de luxe? (choisir une auberge)

____

4. On visite les monuments en taxi? (louer une voiture)

____

5. On assiste aux concerts? (aller voir les pièces de théâtre)

____

6. On mange dans le restaurant de l'hôtel? (dîner dans les restaurants de la ville)

____

Activité 3 **Des conseils à une amie qui part** Michèle dit à son amie Ghislaine ce qu'il faut faire pour passer une semaine aux Antilles. Refaites les phrases suivantes à l'impératif familier. Suivez le modèle.

MODÈLE Il faut faire des projets précis.
Fais des projets précis.

1. D'abord, il faut descendre dans la rue.

____

2. Ensuite, il faut chercher une librairie.

____

3. Là-bas, il faut demander un livre sur les Antilles.

____

4. Il faut rentrer tout de suite à ton appartement.

____

5. Après, il faut lire le livre.

____

6. Il faut choisir ton itinéraire.

____

7. Après, il faut téléphoner à l'agent de voyages.

____

8. Finalement, il faut faire les valises.

____

CHAPTER 6

Note culturelle

La Guadeloupe et la Martinique

La Guadeloupe et la Martinique sont deux départements d'outre-mer, c'est-à-dire, éloignés de la France continentale. Les habitants de ces deux îles des Antilles sont des citoyens français. Ces deux îles ont été colonisées par les Français en 1635. Les autres départements d'outre-mer sont la Réunion (île à l'est de Madagascar), la Guyane (sur la côte nord de l'Amérique du Sud) et Saint-Pierre-et-Miquelon (archipel voisin de Terre-Neuve). On emploie l'acronyme DOM-TOM pour parler des départements d'outre-mer et des territoires d'outre-mer.

Activité 4 **De mère en fille** Mme Élouard explique à sa fille ce qu'il faut faire pour acheter une nouvelle robe. Écrivez ses conseils en employant l'impératif familier des verbes indiqués.

MODÈLE prendre le journal
Prends le journal.

1. lire les annonces

___

2. savoir ce que tu veux

___

3. regarder les rabais

___

4. aller aux grands magasins

___

5. essayer les vêtements qui te plaisent

___

6. être patiente

___

7. choisir une robe

___

8. payer avec la carte de crédit

___

PART I

9. revenir à la maison

____

10. mettre ta nouvelle robe

____

Activité 5 **On fait des projets.** Richard et Zoë vont passer la journée ensemble. Ils expriment leurs idées en employant l'impératif.

> **MODÈLE** passer la journée ensemble
> Passons la journée ensemble.

1. aller en ville

____

2. prendre le train de neuf heures

____

3. descendre à la gare centrale

____

4. faire une promenade

____

5. regarder les vitrines des magasins

____

6. déjeuner dans un bon restaurant

____

7. chercher un bon film

____

8. après le film, flâner dans le jardin public

____

9. acheter des livres dans une librairie

____

10. rentrer par le train de cinq heures

____

Activité 6 **Ce qu'on doit faire** Véronique donne des conseils à son ami Marc. À chaque question de son ami il répond par un impératif négatif suivi de l'impératif affirmatif du verbe entre parenthèses. Écrivez les réponses en suivant le modèle.

> **MODÈLE** Je dois attendre? (partir tout de suite)
> Non, n'attends pas. Pars tout de suite.

1. Je dois mentir? (dire la vérité)

   ____

2. Je dois descendre? (rester en haut)

   ____

3. Je dois lire le texte? (écrire la composition)

   ____

4. Je dois suivre ce régime? (faire du sport)

   ____

5. Je dois mincir? (prendre du poids)

   ____

6. Je dois préparer le déjeuner? (faire la vaisselle)

   ____

7. Je dois nettoyer la cuisine? (balayer l'escalier)

   ____

8. Je dois jeter cette cravate? (offrir les vieux vêtements aux voisins)

   ____

Activité 7 **Quel enfant!** Le fils de Mme Bouvier est toujours en train de faire quelque chose de catastrophique. Employez le négatif de l'impératif familier pour écrire ce qu'elle lui défend de faire. Suivez le modèle.

VOCABULAIRE

Les verbes et les substantifs

cacher *to hide*
débrancher *to unplug*
grimper *to climb*
renverser *to knock over*
le frigo *refrigerator*
l'ordinateur *(m.) computer*
le portefeuille *wallet*
la poubelle *trash can*

> **MODÈLE** jouer avec les allumettes
> Ne joue pas avec les allumettes!

PART I

1. renverser la bouteille

2. écrire sur les murs

3. débrancher l'ordinateur

4. jeter mon portefeuille à la poubelle

5. dessiner sur mon cahier

6. grimper sur la table

7. laisser le frigo ouvert

8. cacher les clés de la voiture

Activité 8 **On a des invités ce soir.** Les Lary ont invité leurs amis à dîner ce soir. Employez le pronom **vous** de l'impératif pour écrire ce que Mme Lary demande à ses fils de faire. Suivez le modèle.

MODÈLE être prêts de bonne heure
Soyez prêts de bonne heure.

1. descendre à sept heures et demie

2. aller à la boulangerie

3. acheter du pain

4. traverser la rue

5. entrer chez le marchand de légumes

6. prendre un kilo d'asperges et de la salade

7. passer à la boucherie

____

8. chercher le poulet que j'ai commandé hier

____

9. rentrer tout de suite

____

10. commencer à préparer le dîner

____

Activité 9 **Comment est-ce que ça se dit?** Quels conseils donneriez-vous à un(e) camarade ou à deux camarades pour réussir dans la classe de français? Employez l'impératif.

1. Arrive on time.
   À un(e) camarade: _______________
   À deux camarades: _______________
2. Listen to the teacher.
   À un(e) camarade: _______________
   À deux camarades: _______________
3. Don't sleep in class.
   À un(e) camarade: _______________
   À deux camarades: _______________
4. Never forget the book.
   À un(e) camarade: _______________
   À deux camarades: _______________
5. Answer the questions.
   À un(e) camarade: _______________
   À deux camarades: _______________
6. Repeat after the teacher.
   À un(e) camarade: _______________
   À deux camarades: _______________
7. Try to understand the teacher.
   À un(e) camarade: _______________
   À deux camarades: _______________
8. Don't bother the other students.
   À un(e) camarade: _______________
   À deux camarades: _______________

Activité 10 **Activité orale** Avec un(e) camarade, jouez une des scènes suivantes.

1. Une mère donne des conseils à son fils quand il commence ses études au collège.
2. Un professeur en colère dit à ses élèves ce qu'ils doivent faire pour avoir une bonne note.
3. Un épicier dit à son employé(e) ce qu'il/elle doit faire avant l'ouverture du magasin.
4. Deux amis se proposent des activités pour la semaine de vacances en décembre.

Activité 11 **La grammaire en action** Lisez l'article et répondez aux questions.

VOCABULAIRE

Le pain magique

le concombre *cucumber*
dénoyauter *to pit, take the pits out of*
disposer *to arrange*
éplucher *to peel*
garnir *to cover, fill*
la mie *soft part of the bread*
ôter *to take away*
la rondelle *slice, round slice*
serré *tight*
le thon *tuna*

comment faire
le pain magique

LAVE les légumes, **ESSUIE-LES.**
EPLUCHE le concombre.
DECOUPE les tomates et le concombre en rondelles.
DENOYAUTE les olives.
COUPE chaque petit pain en 2 moitiés dans le sens de la longueur.
OTE un peu de mie.
NETTOIE avec une éponge propre le dessus des boîtes de thon.
OUVRE-LES.
DECOUPE 6 feuilles d'aluminium de la longueur des petits pains.
DISPOSE sur chacune, une moitié de petit pain que tu garnis dans l'ordre suivant :
thon, concombre, tomate,
olives noires coupées en 2.
RECOUVRE de l'autre moitié du petit pain.
ENVELOPPE bien serré dans la feuille d'aluminium.
METS les pains magiques au réfrigérateur, jusqu'au moment du départ.
(Bien sûr, tu les prépares le matin même de la promenade).

CHAPTER 6

1. Pour quelle activité est-ce qu'on prépare ces pains magiques?

____

2. Quels sont les ingrédients nécessaires?

____

3. Qu'est-ce qu'on fait pour pouvoir enlever les pains magiques sans problème?

____

4. Quand est-ce qu'il faut préparer les pains magiques?

____

5. Où est-ce que l'on garde les pains magiques avant le départ?

____

Activité 12 **La grammaire en action** Trouvez dans la deuxième colonne le complément de chaque verbe utilisé dans la recette et écrivez des phrases à l'impératif dirigées à deux personnes.

MODÈLE faire le pain magique
Faites le pain magique.

laver	chaque moitié de petit pain
éplucher	le dessus des boîtes
dénoyauter	les légumes
nettoyer	les olives
garnir	le concombre

1. ______________________________
2. ______________________________
3. ______________________________
4. ______________________________
5. ______________________________

PART 1

Activité 13 **La grammaire en action** Trouvez dans la deuxième colonne le complément de chaque verbe utilisé dans la recette et écrivez des phrases à l'impératif qui suggèrent ce que vous et votre copain devez faire ensemble.

MODÈLE faire le pain magique
Faisons le pain magique.

essuyer	les boîtes de thon
découper	les pains magiques au frigo
ôter	les tomates en rondelles
ouvrir	un peu de mie
mettre	les légumes

1. ______________________________
2. ______________________________
3. ______________________________
4. ______________________________
5. ______________________________

CHAPTER 6 TEST

Imperative

1 **S'il te plaît** Complétez les phrases suivantes avec l'impératif familier.

1. ______________________ aux échecs. (Jouer)
2. ______________________-moi. (Attendre)
3. ______________________ chez nous. (Dîner)
4. ______________________ ton rapport. (Finir)
5. ______________________-nous. (Dire)
6. ______________________ des fleurs. (Acheter)
7. ______________________ à la librairie. (Aller)
8. ______________________ le train. (Prendre)
9. Ne ______________________ pas ta voiture. (vendre)
10. N'______________________ pas. (oublier)

2 **S'il vous plaît** Complétez les phrases suivantes avec l'impératif de la deuxième personne du pluriel.

1. ______________________ prendre les CD. (Passer)
2. ______________________-moi ma calculatrice. (Rendre)
3. ______________________ vers trois heures. (Arriver)
4. Ne ______________________ pas le jardin. (faire)
5. N'______________________ pas les cahiers. (oublier)
6. Ne ______________________ pas encore. (manger)
7. ______________________ au cinéma. (Aller)

3 **Nous** Complétez les phrases suivantes avec la première personne du pluriel.

1. ______________________ en ville. (Aller)
2. ______________________ un voyage. (Faire)
3. ______________________ l'actualité. (Suivre)
4. Ne ______________________ pas en retard. (être)
5. Ne ______________________ pas dans le bistrot. (manger)
6. ______________________ les cartes. (Chercher)
7. Ne ______________________ pas l'avion. (prendre)
8. ______________________ l'appartement. (Regarder)

CHAPTER 7

Reflexive verbs

Present tense of reflexive verbs

Reflexive verbs are called **les verbes pronominaux** in French because they always appear with an object pronoun that refers to the same person or thing as the subject.

SE RÉVEILLER *(to wake up)*			
je	**me** réveille	nous	**nous** réveillons
tu	**te** réveilles	vous	**vous** réveillez
il/elle/on	**se** réveille	ils/elles	**se** réveillent

The reflexive pronoun precedes the conjugated verb.

Je **me lève** toujours de bonne heure.	*I always **get up** early.*
Et est-ce que tu **te couches** aussi de bonne heure?	*And do you also **go to bed** early?*
Non, je ne **m'endors** pas avant minuit.	*No, I don't **fall asleep** before midnight.*

NOTE In a negative sentence, **ne** precedes the reflexive pronoun and **pas** follows the conjugated verb.

Reflexive verbs used to express routine actions

se brosser les cheveux *to brush one's hair*
se brosser les dents *to brush one's teeth*
se coucher *to go to bed*
se couper les cheveux *to cut one's hair*
se couper/se limer les ongles *to cut/file one's nails*
se déshabiller *to get undressed*
s'endormir *to fall asleep*
s'habiller *to get dressed*
se laver *to wash*
se laver la tête *to wash one's hair*
se laver les mains, la figure *to wash one's hands, face*
se lever *to get up*
se maquiller *to put on makeup*
se peigner *to comb one's hair*
se raser *to shave*
se reposer *to rest*
se sécher les cheveux *to dry one's hair*

NOTE

When a body part receives the action of a reflexive verb, the definite article is used to express possession.

CHAPTER 7

Activité 1 **Jumeaux** ***(Twins)*** Paul et Jérôme sont des jumeaux. Paul décrit leur journée. Suivez le modèle.

MODÈLE se réveiller à sept heures
Je me réveille à sept heures.
Jérôme se réveille à sept heures aussi.

Le matin

1. se lever tout de suite

____

____

2. se brosser les dents

____

____

3. se peigner

____

____

4. se raser

____

____

5. s'habiller

____

____

Le soir

6. se laver les mains

____

____

7. se laver la figure

____

____

8. se reposer

____

____

PART I

9. se coucher à onze heures

____

____

10. s'endormir tout de suite

____

____

Activité 2 **C'est la mère des jumeaux qui parle.** Maintenant c'est la mère de Paul et de Jérôme qui décrit une journée typique. Suivez le modèle.

> **MODÈLE** se réveiller à sept heures
> Ils se réveillent à sept heures.

Le matin

1. se lever tout de suite

____

2. se brosser les dents

____

3. se peigner

____

4. se raser

____

5. s'habiller

____

Le soir

6. se laver les mains

____

7. se laver la figure

____

8. se reposer

____

9. se coucher à onze heures

____

10. s'endormir tout de suite

____

Activité 3 **Notre journée** Marthe et Vivienne décrivent une matinée typique. Employez dans chaque cas le pronom **nous** pour savoir ce qu'elles font.

> **MODÈLE** se réveiller de bonne heure
> Nous nous réveillons de bonne heure.

1. se lever immédiatement

   ____

2. se laver les mains et la figure

   ____

3. se brosser les dents

   ____

4. se laver la tête

   ____

5. se sécher les cheveux

   ____

6. se maquiller

   ____

7. se peigner

   ____

8. se brosser les cheveux

   ____

9. se limer les ongles

   ____

10. s'habiller avec soin

    ____

Activité 4 **Au cinéma** Jacques raconte sa sortie au cinéma avec ses copains. Formez des phrases avec les éléments donnés pour voir ce qui se passe.

VOCABULAIRE

Les actions

s'approcher de *to approach*
s'arrêter *to stop*
s'asseoir *to sit down*
se dépêcher *to hurry up*
se diriger vers *to head toward*
s'éloigner de *to move away from*
s'installer *to move in, settle in*
se promener *to take a walk*
se réunir *to get together*
se trouver *to be located*

PART I

1. je / se réunir / avec mes copains

___

2. ils / se trouver / dans un café du centre

___

3. je / s'approcher / du café

___

4. mes copains / se lever

___

5. nous / s'éloigner du café

___

6. nous / se diriger / vers le cinéma

___

7. nous / se dépêcher

___

8. nous / s'arrêter au guichet pour prendre les billets

___

9. nous entrons dans le cinéma et nous / s'asseoir

___

Infinitive of reflexive verbs

When the infinitive of a reflexive verb is used with another verb, such as **aller, pouvoir,** or **vouloir,** the reflexive pronoun precedes the infinitive and agrees with the subject.

Tu vas **te** promener?	*Are **you** going to take a walk?*
Je veux **me** promener, mais je ne peux pas.	***I** want to take a walk, but I can't.*
Vous devez **vous** dépêcher un peu.	***You** must hurry up.*
Nous allons **nous** fâcher si vous ne vous taisez pas.	***We**'re going to get angry if you don't keep still.*

Such constructions are negated by putting **ne... pas** around the conjugated verb. Note that the reflexive pronoun follows **pas.**

Je **ne** vais **pas** me promener.	*I'm **not** going to take a walk.*
Nous **ne** voulons **pas** nous dépêcher.	*We do**n't** want to hurry.*

Activité 5 **Sentiments** Exprimez les sentiments et les réactions indiqués en utilisant un verbe à l'infinitif.

> **MODÈLE** Jean / aller / s'amuser
> Jean va s'amuser.

VOCABULAIRE

Les émotions

s'amuser *to have a good time*
s'animer *to feel more lively*
se calmer *to calm down*
s'embêter *to be/get bored*
s'énerver *to get nervous, upset*
s'ennuyer *to be/get bored*
s'enthousiasmer *to get enthusiastic*
se fâcher *to get angry*
s'impatienter *to get impatient*
s'inquiéter *to worry*
se mettre en colère *to get angry*
s'offenser *to get insulted, offended*
se passionner (pour) *to get excited (about)*
se préoccuper *to worry*
se sentir *to feel*

1. je / ne pas vouloir / s'inquiéter
   ____
2. vous / devoir / se calmer
   ____
3. il / ne pas pouvoir / se sentir triste
   ____
4. elles / ne pas vouloir / s'ennuyer
   ____
5. tu / ne pas devoir / se mettre en colère
   ____
6. nous / ne pas aller / s'offenser
   ____
7. le professeur / aller / s'impatienter
   ____
8. tu / devoir / s'animer
   ____

PART I

Activité 6 **Cette fois ça va être différent.** Employez **aller** suivi d'un infinitif pour exprimer que cette fois les sentiments vont changer. Suivez le modèle.

> **MODÈLE** il / s'amuser
> En général, il ne s'amuse pas, mais cette fois il va s'amuser.

1. je / se fâcher

   ___

2. elles / s'énerver

   ___

3. tu / s'impatienter

   ___

4. il / s'offenser

   ___

5. nous / s'inquiéter

   ___

6. vous / s'embêter

   ___

7. je / se sentir de trop *(in the way)*

   ___

8. tu / se passionner

   ___

Activité 7 **Conseils psychologiques** Employez le verbe **devoir** suivi d'un infinitif pour donner des conseils pour maîtriser les émotions. Suivez le modèle.

> **MODÈLE** tu / ne pas devoir / s'énerver
> Tu ne dois pas t'énerver.

1. vous / devoir / se calmer

   ___

2. elle / devoir / s'amuser un peu

   ___

3. je / devoir / se sentir heureux(-se)

   ___

4. nous / ne pas devoir / se mettre en colère

   ___

CHAPTER 7

5. ils / devoir / s'enthousiasmer

____

6. tu / ne pas devoir / s'impatienter

____

7. je / devoir / s'animer un peu

____

8. vous / ne pas devoir / s'offenser

____

Passé composé of reflexive verbs

All reflexive verbs are conjugated with **être** in the passé composé. The reflexive pronoun is placed immediately before the conjugated form of **être,** and the past participle agrees in gender and number with the subject if the reflexive pronoun is a direct object.

SE LAVER *(to wash)*			
je	**me suis lavé(e)**	nous	**nous sommes lavé(e)s**
tu	**t'es lavé(e)**	vous	**vous êtes lavé(e)(s)**
il	**s'est lavé**	ils	**se sont lavés**
elle	**s'est lavée**	elles	**se sont lavées**

When a direct object follows a reflexive verb (as in **se laver les mains**), the reflexive pronoun is an indirect object. In such cases the past participle does not agree with the subject.

je	**me suis lavé les mains**	nous	**nous sommes lavé les mains**
tu	**t'es lavé les mains**	vous	**vous êtes lavé les mains**
il	**s'est lavé les mains**	ils	**se sont lavé les mains**
elle	**s'est lavé les mains**	elles	**se sont lavé les mains**

In the negative, **ne** precedes the reflexive pronoun and **pas** follows the conjugated form of **être.**

Nicole **ne** s'est **pas** couchée de bonne heure et elle **ne** s'est **pas** réveillée de bonne heure. — *Nicole* ***didn't*** *go to bed early, and she* ***didn't*** *wake up early.*

PART I

Activité 8 **Ne t'impatiente pas!** Formez de petites conversations entre deux copines. La première veut savoir quand les choses vont se faire. La seconde lui répond qu'on les a déjà faites. Suivez le modèle.

> **MODÈLE** les enfants / se laver
> Solange: Quand est-ce que les enfants vont se laver?
> Annick: Ils se sont déjà lavés.

VOCABULAIRE

Des verbes

se charger de quelque chose *to take charge of something, be responsible for something*
se détendre *to relax*
se fatiguer *to get tired*
s'intéresser à quelqu'un/à quelque chose *to be interested in someone/something*
se mettre à faire quelque chose *to begin to do something*
se mettre en route *to get going*
s'occuper de quelque chose *to take care of something*
se soigner *to take care of oneself*

1. tu / se mettre à préparer le dîner

____

____

2. les enfants / se coucher

____

____

3. Josette et toi / s'occuper du linge

____

____

4. tu / se reposer

____

____

5. Elvire / se laver la tête

____

____

6. tu / se limer les ongles

____

____

7. Carole et Paulette / se calmer

8. je / se brosser les cheveux

CHAPTER 7

Activité 9 **Pas encore** Mme Goulet est pressée parce que sa famille doit partir en vacances, mais personne n'est prêt. Utilisez le passé composé avec **pas encore** pour exprimer les réponses à ses questions.

MODÈLE Marc, tu viens de te laver, n'est-ce pas?
Non, je ne me suis pas encore lavé.

1. Christine, tu viens de te lever, n'est-ce pas?

2. Chéri, tu viens de te raser, n'est-ce pas?

3. Marc et Christine, vous venez de vous brosser les dents, n'est-ce pas?

4. Marc, tu viens de te laver la tête, n'est-ce pas?

5. Chéri, tu viens de t'habiller, n'est-ce pas?

6. Marc et Christine, vous venez de vous peigner, n'est-ce pas?

Activité 10 **Une excursion du collège** Le collège a organisé une excursion pour les étudiants. Décrivez leur départ en formant des phrases au passé composé à partir des éléments donnés.

1. Olivier et Jean / se réveiller de bonne heure

2. Christine / se laver la tête

3. Monique et Véronique / se préparer pour le départ

4. Mireille / se dépêcher comme une folle

____

5. Christian et Pierre / se charger de la nourriture

____

6. tous les étudiants / se réunir devant le collège

____

7. ils / s'asseoir dans les autocars

____

8. les autocars / s'éloigner du collège

____

Note culturelle

Le collège

Le collège est l'école où on réalise le premier cycle de l'enseignement secondaire. Les étudiants vont au collège de onze jusqu'à quinze ans. Ils suivent tous le même programme: français, mathématiques, langues vivantes étrangères, histoire, géographie, économie, éducation civique, sciences, éducation artistique et éducation technique. Après le premier cycle au collège est le second cycle ou le lycée. Les étudiants qui continuent leurs études au lycée préparent leur «bac» (baccalauréat), le diplôme donnant accès à l'université.

Activité 11 **Zéro de conduite** Grand-mère se plaint de la conduite de ses petits-enfants hier, quand toute la famille est venue lui rendre visite. Formez des phrases au passé composé pour voir ce qui est arrivé.

VOCABULAIRE

La mauvaise conduite

se cacher *to hide*
s'échapper de *to run away from, escape from*
se mettre en panique *to fly into a panic*
se moquer de quelqu'un/quelque chose *to make fun of someone/something*
se mouiller *to get wet*
se plaindre de quelqu'un/quelque chose *to complain about someone/something*
se salir *to get dirty*

CHAPTER 7

1. le petit Claude / se mouiller la chemise en buvant un coca

____

2. Marlise / se salir dans le garage

____

3. les jumeaux / se moquer du voisin

____

4. les parents de Philippe / se mettre en panique

____

5. leur fils / s'échapper de la maison

____

6. Caroline / se plaindre de tout

____

7. le petit Baudouin / se cacher au sous-sol

____

8. Odile / se couper le doigt avec un couteau

____

9. moi / se fatiguer

____

10. je / se coucher de bonne heure

____

Reciprocal reflexive verbs

A plural reflexive pronoun may be used with a verb to express reciprocity (English *each other*).

Vous **vous parlez** souvent?	*Do you* ***speak to each other*** *often?*
Oui, nous **nous téléphonons** tous les jours.	*Yes, we* ***call each other*** *every day.*
Marc et Constance **se voient** souvent?	*Do Marc and Constance* ***see each other*** *often?*
Oui, ils **se donnent rendez-vous** après leur cours.	*Yes, they* ***make an appointment to see each other*** *after their class.*

The passé composé of a reciprocal verb is formed like the passé composé of any other reflexive verb. To determine whether agreement of the past participle is necessary, consider whether the corresponding nonreflexive verb takes a direct object. Only reflexive pronouns that are direct objects require agreement of the past participle.

Ils **se** sont **vus.**	*They* ***saw each other.***
Ils **se** sont **parlé.**	*They* ***spoke to each other.***

VOCABULAIRE

Des verbes réciproques

***s'acheter des cadeaux** *to buy gifts for each other*
s'aider, s'entraider *to help each other*
s'aimer *to love each other*
se comprendre *to understand each other*
se connaître *to know each other*
se détester *to hate each other*
***se donner rendez-vous** *to make an appointment to see each other*
***s'écrire** *to write to each other*
***se mentir** *to lie to each other*
***se parler** *to speak to each other*
***se poser des questions** *to ask each other questions*
se regarder *to look at each other*
se rencontrer *to meet, run into each other*
***se ressembler** *to look alike*
***se téléphoner** *to call each other*
se voir *to see each other*

*Reflexive pronoun is an *indirect* object: no agreement of the participle in the passé composé.

Activité 12 **Pas hier** Répondez à l'affirmatif aux questions qu'on vous pose, mais dites que hier c'était différent. Utilisez le passé composé et faites attention à l'accord du participe.

MODÈLE Vous vous rencontrez souvent?
Oui, mais hier nous ne nous sommes pas rencontrés.

1. Vous vous voyez souvent?

___

2. Vous vous écrivez souvent?

___

3. Vous vous parlez souvent?

___

4. Vous vous téléphonez souvent?

___

5. Vous vous donnez souvent rendez-vous?

___

6. Vous vous aidez souvent?

___

7. Vous vous accompagnez souvent?

___

8. Vous vous invitez souvent?

___

Activité 13 **Histoire d'amour** Racontez le triste amour de Félix et Geneviève. Utilisez le pronom **ils** et le passé composé dans chaque phrase. Remarquez qu'il y a des verbes qui ne sont pas pronominaux.

VOCABULAIRE

Les rapports humains

se disputer *to argue*
s'entendre bien/mal avec quelqu'un *to get along/not get along with someone*
se fiancer (avec quelqu'un) *to get engaged (to someone)*
se marier (avec quelqu'un) *to get married (to someone)*
rompre (avec quelqu'un) *to break off (with someone)*
tomber amoureux (amoureuse) de quelqu'un *to fall in love with someone*

1. se voir

____

2. se connaître

____

3. se parler

____

4. se comprendre

____

5. tomber amoureux

____

6. s'acheter de petits cadeaux

____

7. se fiancer

____

8. après un temps / se disputer

____

9. se mentir

____

10. rompre

____

11. ne pas se marier

____

PART I

Imperative of reflexive verbs

In negative commands, the reflexive pronoun precedes the verb.

Ne **t'**énerve pas!	*Don't get upset!*
Ne **vous** levez pas.	*Don't get up.*
Ne **nous** approchons pas.	*Let's not get closer.*

In affirmative commands, the reflexive pronoun is placed after the verb and connected to it by a hyphen. **Te** changes to **toi** when placed after the verb.

Asseyez-**vous.**	*Sit down.*
Dépêchons-**nous.**	*Let's hurry up.*
Habille-**toi** et mets-**toi** à étudier.	*Get dressed and start studying.*

Activité 14 **Quelle lenteur!** Employez l'impératif des verbes réfléchis pour dire à un(e) ami(e) (et à deux amis) ce qu'ils doivent faire pour ne pas être en retard.

> **MODÈLE** se réveiller
> **À un(e) ami(e):** Réveille-toi.
> **À deux amis:** Réveillez-vous.

	À un(e) ami(e)	À deux amis
1. se lever	______	______
2. s'habiller	______	______
3. se dépêcher	______	______
4. se laver les mains	______	______
5. ne pas s'énerver	______	______
6. ne plus se reposer	______	______
7. ne pas se disputer	______	______
8. ne pas se recoucher	______	______
9. se diriger vers la porte	______	______
10. se préparer pour partir	______	______

Activité 15 **On s'encourage.** Employez l'impératif avec le pronom **nous** pour dire à un(e) ami(e) ce qu'il faut faire pour ne pas être en retard.

> **MODÈLE** se lever
> Levons-nous.

1. se raser ______
2. s'habiller ______

3. se dépêcher ______________________________
4. se laver les mains ______________________________
5. ne pas s'énerver ______________________________
6. ne plus se reposer ______________________________
7. ne pas se disputer ______________________________
8. s'aider ______________________________
9. se diriger vers la porte ______________________________
10. se préparer pour partir ______________________________

Other reflexive constructions and reflexive verbs

When inversion is used to form questions with reflexive verbs, the subject pronoun is placed after the verb; the reflexive pronoun remains before the verb. The use of inversion to form questions with reflexive verbs is limited to formal written style and very formal speech.

Vous intéressez-vous à l'art moderne?	***Are you interested*** *in modern art?*
Les prisonniers **se sont-ils** échappés?	***Did*** *the prisoners* ***escape?***
Ne vous efforcez-vous pas de progresser?	***Aren't you striving*** *to progress?*
Ne se sont-elles pas vues dans le Midi?	***Didn't they see each other*** *in the south of France?*

A reflexive verb in the third person singular can be the equivalent of the English passive voice.

Ça ne **se fait** pas.	*That's not* ***done.***
C'est un livre qui **se lit** beaucoup.	*It's a book that* ***is read*** *a lot.*
Cette ville **s'appelle** Valence.	*This city* ***is called*** *Valence.*

Useful reflexive verbs

s'adresser à quelqu'un *to address, speak to, be aimed at*
s'en aller *to go away*
s'apercevoir de quelque chose *to notice something*
s'attendre à quelque chose *to expect something*
se débarrasser de quelqu'un/de quelque chose *to get rid of someone, something*
se demander *to wonder*
se donner la peine de faire quelque chose *to take the trouble to do something*
se fier à quelqu'un/quelque chose *to trust someone/something*
s'habituer à quelque chose *to get used to/accustomed to something*
se méfier de quelqu'un/quelque chose *to distrust/be wary of someone/something*
se passer de quelque chose *to do without something*
se perdre *to get lost*
se priver de quelque chose *to deprive oneself of something*
se rappeler quelque chose *to recall, remember something*
se servir de quelque chose *to use something*
se soucier de quelqu'un/quelque chose *to worry, be concerned about someone/something*
se souvenir de quelqu'un/quelque chose *to remember someone/something*
se tromper de quelque chose *to go to/select the wrong thing*

PART I

Activité 16 **Posez vos questions!** Refaites ces questions dans la langue soignée *(formal)* en employant l'inversion.

1. Est-ce que ce produit se vend bien?

___

2. Est-ce que les étudiants s'amusent au bal?

___

3. Est-ce que vous ne vous dirigez pas vers la sortie?

___

4. Est-ce qu'ils se sont approchés du guichet?

___

5. Est-ce que nous ne nous éloignons pas du centre de la ville?

___

6. Pourquoi est-ce que vos amis ne se sont plus réunis?

___

7. Pourquoi est-ce que tu ne t'intéresses plus au cinéma?

___

8. À quelle heure est-ce qu'elles se sont mises en route?

___

9. Est-ce qu'ils ne se sont pas offensés?

___

10. Est-ce qu'elle s'est souvenue de moi?

___

11. Pourquoi est-ce qu'elle ne s'est pas habituée à la vie française?

___

12. Est-ce que vous vous attendez à le voir?

___

Activité 17 **Comment est-ce que ça se dit?** Employez des verbes pronominaux pour exprimer ces phrases en français.

1. They have gone away. I plan **(compter)** to go away, too.

___

2. We took the wrong train.

___

3. I am wary of dogs that I don't know.

____

4. He never used to worry about his work.

____

5. We trusted our friends.

____

6. Do you remember Professor Gauthier?

____

7. They didn't take the trouble to look for a good hotel.

____

8. I wonder if they got lost.

____

Activité 18 **Activité orale** Avec un(e) camarade décrivez votre journée—ce que vous faites le matin, comment vous arrivez à l'école, les gens que vous y voyez, vos sentiments, ce que vous faites en rentrant chez vous, etc. Votre camarade décrira la sienne. Comparez les deux journées et présentez les différences et les similarités à une troisième personne.

Activité 19 **La grammaire en action** Lisez les avis suivants qui relèvent tous du domaine de l'éducation. Faites attention aux verbes pronominaux employés dans le texte et répondez aux questions. Avant de lire, essayez de deviner le sens des mots suivants.

1. l'autoapprentissage
   - **a.** on apprend avec un professeur
   - **b.** on apprend seul
2. agrémenté
   - **a.** accompagné par quelque chose de beau ou d'utile
   - **b.** ennuyeux et inutile
3. polyvalent
   - **a.** qui ne vaut pas grand-chose
   - **b.** compréhensif, varié
4. les scolaires
   - **a.** les bâtiments de l'école
   - **b.** les élèves
5. les métiers
   - **a.** les professions
   - **b.** les maladies

Langues étrangères

☐ Destiné à l'autoapprentissage de langues, Assimil vient de publier «Le vietnamien sans peine». Ce livre offre de courtes leçons quotidiennes agrémentées d'un dessin. À cela s'ajoute aussi un coffret de cassettes. Le niveau atteint au bout des 63 leçons est celui de la conversation courante de base.

Guitare

☐ Atla, la première grande école de guitare polystyle, vient d'ouvrir ses portes au cœur du quartier de la musique entre Pigalle et les Abbesses. Cet établissement propose la découverte et l'enseignement polyvalent de la guitare: rock, jazz, brésilien, etc. Ouverte à tous, l'école s'adresse à la fois aux professionnels et aux amateurs.

L'Europe à l'école

☐ L'Association Jean-Monnet et Sources d'Europe se sont associées pour une expérience unique au service des scolaires. Chaque jeudi, «une journée européenne à Paris» est proposée aux écoles afin de faire découvrir la construction européene et l'Europe d'aujourd'hui.

Guide informatique des métiers

☐ L'Onisep et la Direction des lycées et collèges du ministère de l'Éducation nationale proposent le premier CD-ROM sur les métiers. Conçu pour un public de collégiens, ce produit multimédia, lisible sur Mac et PC, regroupe une trentaine de métiers, en fonction d'une clé d'intérêt: s'occuper des enfants, d'animaux, travailler au contact avec la nature. . .

Après la lecture, indiquez si ces phrases sont vraies ou fausses.

Langues étrangères

1. ______________ Le cours de vietnamien se réalise avec un professeur.
2. ______________ Le livre est accompagné de cassettes.
3. ______________ Il n'y a pas de dessins dans le livre.

Guitare

4. ______________ À Atla on enseigne à jouer de la guitare.
5. ______________ L'enseignement à Atla est limité à la guitare classique.
6. ______________ Les cours de guitare sont pour les débutants uniquement.

L'Europe à l'école

7. ______________ La journée européenne est destinée aux élèves dans les écoles.
8. ______________ On veut enseigner aux élèves ce que c'est que l'idée de l'union des pays européens.
9. ______________ On présente la journée européenne tous les jours.

Guide informatique des métiers

10. ______________ Le CD-ROM sur les métiers est pour les étudiants universitaires.
11. ______________ Le CD-ROM explique à peu près trente métiers.
12. ______________ Les métiers présentés sont classés par domaine d'intérêt.

CHAPTER 7 TEST

Reflexive verbs

1 **Au présent** Refaites les phrases suivantes avec le sujet indiqué entre parenthèses.

1. Nous nous levons. (je)

   ____

2. Elles se peignent. (tu)

   ____

3. Je me couche. (les enfants)

   ____

4. Nous nous habillons. (il)

   ____

5. Tu te brosses les dents. (vous)

   ____

6. Ils se lavent. (nous)

   ____

2 **Au passé** Refaites les phrases suivantes au passé composé.

1. Elle se fatigue.

   ____

2. Il se rase.

   ____

3. Vous vous reposez, Mademoiselle?

   ____

4. Nous nous brossons les cheveux.

   ____

5. Tu te laves la tête.

   ____

6. Je m'endors.

   ____

CHAPTER 7 TEST

Reflexive verbs

3 **L'impératif** Complétez la table suivante avec le négatif de l'impératif.

1. ______________________ s'inquiéter (tu)
2. ______________________ s'approcher (nous)
3. ______________________ se mettre en route (vous)
4. ______________________ s'impatienter (tu)
5. ______________________ s'asseoir (nous)
6. ______________________ se promener (vous)
7. ______________________ se dépêcher (tu)
8. ______________________ se reposer (nous)

4 **Les verbes pronominaux** Ajoutez la forme convenable du verbe entre parenthèses à la phrase.

1. Elle se charge des billets. (aller)

   ____

2. Nous nous calmons. (devoir)

   ____

3. Je me fâche. (ne pas vouloir)

   ____

4. Cet enfant s'amuse. (savoir)

   ____

5. Il s'en va. (pouvoir)

   ____

CHAPTER 8

Perfect tenses

The pluperfect, the future perfect, and the past conditional are compound tenses, like the passé composé. They consist of an auxiliary verb **(avoir** or **être)** plus the past participle.

The pluperfect (le plus-que-parfait)

The pluperfect tense (English: *had done something*) consists of the imperfect of the auxiliary verb (either **avoir** or **être**) plus the past participle.

CHERCHER			
j'	**avais cherché**	nous	**avions cherché**
tu	**avais cherché**	vous	**aviez cherché**
il/elle	**avait cherché**	ils/elles	**avaient cherché**

ARRIVER			
j'	**étais arrivé(e)**	nous	**étions arrivé(e)s**
tu	**étais arrivé(e)**	vous	**étiez arrivé(e)(s)**
il	**était arrivé**	ils	**étaient arrivés**
elle	**était arrivée**	elles	**étaient arrivées**

Reflexive verbs are conjugated with **être** in the pluperfect, just as they are in the passé composé.

SE RÉVEILLER			
je	**m'étais réveillé(e)**	nous	**nous étions réveillé(e)s**
tu	**t'étais réveillé(e)**	vous	**vous étiez réveillé(e)(s)**
il	**s'était réveillé**	ils	**s'étaient réveillés**
elle	**s'était réveillée**	elles	**s'étaient réveillées**

PART I

The rules for agreement of the past participle in all the compound tenses are the same as in the passé composé.

The pluperfect expresses a past action that occurred before another past action that is either mentioned in the same sentence or understood from context.

Jean n'a pas mangé avec vous?	*Jean didn't eat with you?*
Non. Quand Jean est arrivé, nous **avions** déjà **mangé.**	*No. When Jean arrived, we **had** already **eaten.***
Pourquoi est-ce que tu n'a pas répondu au téléphone? Tu **ne t'étais pas** encore **réveillé?**	*Why didn't you answer the telephone? **Hadn't** you **awakened** yet?*
Si, je **m'étais** déjà **levé.**	*Yes, I **had** already **gotten up.***
Je lui ai demandé s'il **avait lu** le livre.	*I asked him if he **had read** the book.*
Il m'a répondu qu'il ne l'**avait** pas encore **acheté.**	*He answered me that he **hadn't** yet **bought** it.*

Activité 1 **Jacques était absent.** Lisez l'histoire de la classe du professeur Jourdain ce matin. Refaites chaque phrase au passé. Les verbes au présent passeront au passé composé; les verbes au passé composé passeront au plus-que-parfait.

MODÈLE Les étudiants ont remarqué que Jacques est absent.
Les étudiants avaient remarqué que Jacques a été absent.

1. Nous avons vu que le professeur Jourdain commence la leçon.

____

2. Le professeur demande pourquoi Jacques n'est pas venu.

____

3. Les étudiants répondent que Jacques est resté chez lui.

____

4. Le professeur veut savoir si Jacques est tombé malade.

____

5. On nous dit que Jacques est arrivé à la cantine.

____

6. Il nous demande si nous avons assisté à la classe du professeur Jourdain.

____

7. Hélène lui répond que nous avons tous été présents.

____

8. Je lui prête les notes que j'ai prises.

____

CHAPTER 8

Activité 2 **Explications** On n'a pas fait ces choses hier parce qu'on les avait déjà faites avant-hier. Employez le plus-que-parfait dans vos explications. Suivez le modèle.

> **MODÈLE** Pourquoi est-ce que Claude n'a pas apporté les fleurs hier?
> C'est qu'il avait déjà apporté les fleurs avant-hier.

1. Pourquoi est-ce que Joëlle ne t'a pas téléphoné hier?

   ____

2. Pourquoi est-ce que Renée n'est pas venue te voir hier?

   ____

3. Pourquoi est-ce que les garçons n'ont pas demandé le nom du médecin hier?

   ____

4. Pourquoi est-ce que tu n'as pas passé ton permis de conduire hier?

   ____

5. Pourquoi est-ce que Jeanne et Martine n'ont pas fait leur travail hier?

   ____

6. Pourquoi est-ce que tu n'as pas posté la lettre hier?

   ____

7. Pourquoi est-ce que Charles n'a pas fait le plein hier?

   ____

8. Pourquoi est-ce que ton père n'a pas balayé la cuisine hier?

   ____

Activité 3 **Déjà fait à huit heures et demie du matin** Employez le plus-que-parfait pour exprimer tout ce qu'on avait déjà fait à huit heures et demie quand les amis ont sonné à la porte.

> **MODÈLE** je / se réveiller
> À huit heures et demie, je m'étais déjà réveillé(e).

1. ma sœur / prendre une douche

   ____

2. ma mère / préparer le petit déjeuner

   ____

3. je / se lever

   ____

PART I

4. mon amie Ghislaine / téléphoner deux fois

____

5. mon père / ne pas partir pour le bureau

____

6. je / relire mes notes de biologie

____

7. mes frères / mettre leurs livres dans leurs serviettes *(briefcases)*

____

8. je / ne pas s'habiller

____

Activité 4 **C'est ce qu'elle a demandé.** On peut supposer que Gilberte veut savoir toutes ces choses parce qu'elle a posé des questions au sujet de chacune. Exprimez cette idée en utilisant le plus-que-parfait, comme dans le modèle.

MODÈLE Tu crois que Gilberte veut savoir si nous avons réservé une table?
Elle m'a demandé si nous avions réservé une table.

1. Tu crois que Gilberte veut savoir si nous avons invité Suzanne?

____

2. Tu crois que Gilberte veut savoir si Marc a fini ses devoirs?

____

3. Tu crois que Gilberte veut savoir si j'ai trouvé un emploi?

____

4. Tu crois que Gilberte veut savoir si Marie et Claire ont choisi une spécialisation?

____

5. Tu crois que Gilberte veut savoir si nos amis se sont réunis hier?

____

6. Tu crois que Gilberte veut savoir si M. Jourdain s'est fâché?

____

7. Tu crois que Gilberte veut savoir si Paul et Christine se sont fiancés?

____

8. Tu crois que Gilberte veut savoir si nous nous sommes trompés de train?

____

The future perfect (le futur antérieur)

The future perfect tense (English: *will have done something*) consists of the future of the auxiliary verb **(avoir** or **être)** plus the past participle.

CHERCHER			
j'	**aurai cherché**	nous	**aurons cherché**
tu	**auras cherché**	vous	**aurez cherché**
il/elle	**aura cherché**	ils/elles	**auront cherché**

ARRIVER			
je	**serai arrivé(e)**	nous	**serons arrivé(e)s**
tu	**seras arrivé(e)**	vous	**serez arrivé(e)(s)**
il	**sera arrivé**	ils	**seront arrivés**
elle	**sera arrivée**	elles	**seront arrivées**

SE RÉVEILLER			
je	**me serai réveillé(e)**	nous	**nous serons réveillé(e)s**
tu	**te seras réveillé(e)**	vous	**vous serez réveillé(e)(s)**
il	**se sera réveillé**	ils	**se seront réveillés**
elle	**se sera réveillée**	elles	**se seront réveillées**

The future perfect expresses a future action that will have been completed before another future event takes place or before an implied or specified point in time in the future.

J'**aurai fini** vers cinq heures du soir. — *I **will have finished** around five o'clock in the evening.*

Elle **sera arrivée** avant nous. — *She **will have arrived** before us.*

Ils **se seront installés** avant le mois de septembre. — *They **will have moved in** before the month of September.*

The future perfect is used after the conjunctions **quand, lorsque, dès que, aussitôt que,** and **après que** when the verb in the main clause is in the future tense.

Je te téléphonerai **quand la lettre sera arrivée.** — *I'll call you **when the letter arrives.***

Nous partirons **aussitôt que Chantal aura fini** son travail. — *We'll leave **as soon as Chantal has finished** her work.*

Activité 5 **Qui aura fait quoi?** Vous et votre ami, vous vous dirigez vers la grande fête de fin d'année. Vous expliquez à votre ami que tout doit marcher comme sur des roulettes *(come off beautifully)* parce que tout a été très bien organisé. Employez le futur antérieur pour lui dire qui se sera chargé de chaque tâche essentielle.

> **MODÈLE** Marie-France / préparer les hors-d'œuvres
> Marie-France aura préparé les hors-d'œuvres.

1. Claude et Alain / aller chercher les boissons

 ____

2. Sylvie / mettre les couverts

 ____

3. Jean-Paul / choisir les DVD

 ____

4. Sophie et Odile / inviter tout le monde

 ____

5. Hervé et Nathalie / décorer la salle

 ____

6. Marguerite / acheter les gobelets *(paper cups)*

 ____

7. Robert / organiser les attractions *(entertainment)*

 ____

Activité 6 **Trop tard** Utilisez le futur antérieur après **quand** pour dire que dans chaque cas il sera trop tard. Employez le futur dans la proposition principale.

> **MODÈLE** tu / arriver / je / sortir
> Tu arriveras quand je serai sorti.

1. il / m'offrir un coup de main / je / finir

 ____

2. elle / sonner à la porte / nous / se coucher

 ____

3. tu / venir / tout le monde / partir

 ____

4. ils / trouver la carte / nous / se perdre

 ____

5. nous / arriver / ils / fermer le restaurant

____

6. il / nous renseigner / nous / trouver la solution

____

7. elle / apporter le pain / nous / finir de manger

____

8. vous / venir nous prendre en voiture / nous / partir en autocar

____

Activité 7 **Récompensé ou puni?** Expliquez pourquoi ces gens seront récompensés ou punis à partir des éléments proposés. Employez le futur dans la proposition principale et le futur antérieur dans la proposition introduite par **parce que.** Suivez le modèle.

MODÈLE tu / être grondé parce que tu / ne rien faire
Tu seras grondé parce que tu n'auras rien fait.

VOCABULAIRE

Actions, récompenses et punitions

agir *to act*
comme il faut *properly*
se conduire *to behave*
donner un prix *to give a prize*
gronder *to scold*
louer *to praise*
récompenser *to reward*
sécher un cours *to cut class*

1. tu / recevoir une bonne note parce que tu / étudier sérieusement

____

2. on / donner un prix à Marc parce qu'il / rédiger la meilleure composition

____

3. on / récompenser les étudiants parce qu'ils / se conduire comme il faut

____

4. les journaux / louer cet agent de police parce qu'il / agir héroïquement

____

5. le petit Pierrot / être grondé parce qu'il / ne pas ranger ses affaires

____

6. ses parents / gronder Michèle parce qu'elle / sécher ses cours

____

7. je / répondre à toutes les questions de l'examen parce que je / comprendre la matière

____

8. tout le monde / être déçu parce que nos cousins / ne pas arriver

____

Activité 8 **En famille** Laurent Duval raconte une soirée que sa famille passera ensemble. Formez des phrases à partir des éléments proposés pour savoir ce qu'il dit. Employez le futur dans la proposition principale et le futur antérieur dans la proposition relative. Faites attention à l'accord du participe passé.

MODÈLE nous / prendre les hors-d'œuvres que ma sœur et moi / préparer
Nous prendrons les hors-d'œuvres que ma sœur et moi aurons préparés.

1. nous / manger un dîner magnifique que nous / cuisiner

____

2. je / écouter le CD que je / acheter

____

3. papa / servir un dessert formidable avec la pâtisserie / qu'il / acheter

____

4. ma sœur / nous raconter l'histoire du roman qu'elle / lire

____

5. ma mère / lire des articles dans la revue qu'elle / acheter

____

6. nous / tous regarder le film / que nous / louer

____

7. ma mère et moi, nous / parler des articles qu'elle / lire

____

8. mon frère / chanter les nouvelles chansons qu'il / apprendre à l'école

____

CHAPTER 8

The conditional perfect (le conditionnel passé)

The conditional perfect (English: *would have done something*) consists of the conditional of the auxiliary verb **(avoir** or **être)** plus the past participle.

CHERCHER			
j'	**aurais cherché**	nous	**aurions cherché**
tu	**aurais cherché**	vous	**auriez cherché**
il/elle	**aurait cherché**	ils/elles	**auraient cherché**

ARRIVER			
je	**serais arrivé(e)**	nous	**serions arrivé(e)s**
tu	**serais arrivé(e)**	vous	**seriez arrivé(e)(s)**
il	**serait arrivé**	ils	**seraient arrivés**
elle	**serait arrivée**	elles	**seraient arrivées**

SE RÉVEILLER			
je	**me serais réveillé(e)**	nous	**nous serions réveillé(e)s**
tu	**te serais réveillé(e)**	vous	**vous seriez réveillé(e)(s)**
il	**se serait réveillé**	ils	**se seraient réveillés**
elle	**se serait réveillée**	elles	**se seraient réveillées**

The conditional perfect usually labels an event that *did not take place* in the past.

Tu **m'aurais aidé?**	***Would you have helped** me?*
J'**aurais** tout **fait** pour t'aider.	*I **would have done** everything to help you.*
Vous **vous seriez souvenu** de lui?	***Would** you **have remembered** him?*
Non, je **ne** l'**aurais pas reconnu.**	*No, I **wouldn't have recognized** him.*

Activité 9 **Je n'aurais pas fait une chose pareille.** Vous n'auriez pas fait tout ce que vos copains ont fait. Dites-le en employant le conditionnel passé.

MODÈLE Christophe s'est baigné dans le fleuve.
Moi, je ne me serais pas baigné(e) dans le fleuve.

1. Philippe s'est couché à cinq heures du matin.

____

2. Claudette a pris rendez-vous avec le professeur Bouvard.

____

PART I

3. Mireille et Louis se sont mis en route sous la pluie.

____

4. Alain a fait dix kilomètres à pied.

____

5. Christine a cueilli des fleurs dans le jardin public.

____

6. Serge et Frédéric ont cru à l'histoire que Marc a racontée.

____

7. Lise et Blanche ont dépensé tout leur argent.

____

8. Chantal a oublié la date de la réception.

____

Activité 10 **Eux, ils l'auraient fait.** Marcel avait peur de faire ce qu'il fallait faire. Les autres copains n'auraient pas eu peur. Exprimez cette idée en employant le conditionnel passé.

MODÈLE J'avais peur de parler avec le professeur. (Cécile)
Vraiment? Cécile aurait parlé avec le professeur.

1. J'avais peur de conduire la voiture d'André. (Guillaume)

____

2. J'avais peur de descendre. (Jacqueline et Martin)

____

3. J'avais peur d'interrompre. (Vincent et moi)

____

4. J'avais peur de répondre. (moi)

____

5. J'avais peur d'employer ce mot. (Albert)

____

6. J'avais peur de plonger. (Simone et moi)

____

7. J'avais peur de déranger Georges. (Ségolène)

____

8. J'avais peur de me disputer avec lui. (Solange et Marie)

____

Si clauses with perfect tenses

To express a hypothetical situation that is contrary to a fact in the past, French uses the pluperfect in the **si** clause and the conditional perfect in the result clause.

Jean-Claude n'est pas arrivé. S'il **était arrivé,** nous **aurions dîné** ensemble.	*Jean-Claude hasn't arrived.* *If he* ***had arrived,*** *we* ***would have had dinner*** *together.*
Je n'ai pas étudié. Si tu **avais étudié,** tu **aurais réussi** les examens.	*I didn't study.* *If you* ***had studied,*** *you* ***would have passed*** *the exams.*
Alice ne nous a pas vus. C'est vrai. Si elle nous **avait vus,** elle **se serait approchée** de notre table.	*Alice didn't see us.* *That's true. If she* ***had seen*** *us, she* ***would have come over*** *to our table.*

Activité 11 **Moi, je l'aurais fait aussi.** Dites que vous auriez fait toutes ces choses si Berthe les avait faites. Suivez le modèle.

> **MODÈLE** Berthe n'est pas sortie hier.
> Mais si elle était sortie hier, moi aussi je serais sorti(e).

1. Berthe n'est pas allée en ville hier.

   ____

2. Berthe n'a pas acheté de livres hier.

   ____

3. Berthe ne s'est pas promenée hier.

   ____

4. Berthe n'a pas envoyé ses paquets hier.

   Mais si elle n'avait pas , j ______________________________

5. Berthe n'a pas pris son billet hier.

   ____

6. Berthe ne s'est pas préparée pour partir hier.

   ____

7. Berthe n'a pas écouté le CD hier.

   ____

8. Berthe n'a pas travaillé hier.

   ____

PART I

Activité 12 **Si on avait fini notre travail!** Qu'est-ce que les copains auraient fait s'ils avaient fini leurs devoirs? Employez une phrase avec une supposition au plus-que-parfait et une proposition principale au conditionnel passé exprimant le résultat. Suivez le modèle.

> **MODÈLE** Marc n'a pas appris le nouveau vocabulaire. (aller au cinéma)
> Si Marc avait appris le nouveau vocabulaire, il serait allé au cinéma.

1. Rachelle n'a pas rédigé sa composition. (se réunir avec ses amis)

   ____

2. Philippe n'a pas relu ses leçons de chimie. (jouer au football)

   ____

3. Louise et Danielle n'ont pas préparé le compte rendu. (aller aux grands magasins)

   ____

4. Olivier et Jean-Luc ne sont pas allés au laboratoire de langues. (regarder la télé)

   ____

5. Françoise et Guy n'ont pas étudié l'histoire du dix-septième siècle. (aller danser)

   ____

6. Mireille n'a pas fait les problèmes de maths. (sortir avec Charles)

   ____

7. Monique et Édouard n'ont pas révisé leurs notes de littérature française. (dîner en ville)

   ____

8. Jean-François n'a pas appris le poème par cœur. (jouer aux jeux vidéo)

   ____

Activité 13 **Résumés** Résumez chaque échange par une phrase composée d'une supposition au plus-que-parfait et une proposition principale au conditionnel passé. Suivez le modèle.

> **MODÈLE** Thierry: Pourquoi est-ce que tu n'as pas répondu à ma lettre?
> Georges: Je ne l'ai pas reçue.
> Georges aurait répondu à la lettre de Thierry s'il l'avait reçue.

1. Yves: Pourquoi est-ce que tu ne m'as pas salué à la cantine?
   Michèle: Je ne t'ai pas vu.

   ____

CHAPTER 8

2. Roger: Pourquoi est-ce que tu ne m'as pas téléphoné?
   Sylvie: J'ai passé toute la journée à la bibliothèque.

   ____

3. Judith: Pourquoi est-ce que tu ne m'a pas dit qu'il y avait un examen aujourd'hui?
   Damien: Je ne m'en suis pas souvenu.

   ____

4. Julie: Pourquoi est-ce que tu n'as pas suivi ton régime?
   Ariane: J'ai eu envie de manger du chocolat.

   ____

5. Sonia: Pourquoi est-ce que tu n'as pas fait le ménage?
   Nicolas: Je n'ai pas eu le temps.

   ____

6. Roland: Pourquoi est-ce que tu n'as pas pris ta bicyclette?
   Patrick: Je me suis foulé la cheville *(sprained my ankle).*

   ____

7. Grégoire: Pourquoi est-ce que toi et Virginie, vous n'êtes pas sortis?
   Paul: Nous avons dû étudier.

   ____

8. Hélène: Pourquoi est-ce que tu n'es pas venu à la faculté?
   Louis: Je suis allé chez le médecin.

   ____

Activité 14 **Création** Les personnes indiquées ont fait des choses surprenantes. Créez des réponses en employant une phrase composée d'une supposition au plus-que-parfait et une proposition principale au conditionnel passé exprimant le résultat.

> **MODÈLE** Le professeur ne s'est pas fâché contre Pierrot.
> Il se serait fâché contre Pierrot s'il avait entendu ses paroles.

1. Christine ne s'est pas amusée à la fête.

   ____

2. Les touristes ne se sont pas mis en route hier.

   ____

PART I

3. M. Marsaud ne s'est pas chargé de la collecte.

___

4. Tu n'as pas assisté au concert.

___

5. Le médecin ne m'a pas ordonné des antibiotiques.

___

6. Émile n'a pas ses devoirs.

___

7. Charlotte n'est pas venue nous voir.

___

8. Bernard et Stéphane n'ont pas joué au basket aujourd'hui.

___

Activité 15 **Activité orale** Avec un groupe de deux ou trois camarades, parlez de comment votre vie aurait été différente si votre famille et vous aviez fait les choses d'une façon différente. Employez des phrases avec **si** pour exprimer les possibilités.

CHAPTER 8 TEST

Perfect tenses

1 **Le plus-que-parfait** Formez des phrases au plus-que-parfait avec les éléments donnés.

1. je / ne pas / s'habiller / encore

____

2. il / prendre / son café

____

3. elles / arriver / en avance

____

4. les enfants / se coucher / déjà

____

5. nous / préparer / le repas

____

6. tu / entrer / avant nous

____

7. ils / finir / de manger

____

8. je / téléphoner / à tout le monde

____

9. vous / réserver / une table

____

10. la voiture / partir / déjà

____

CHAPTER 8 TEST

2 **Le futur antérieur** Complétez les phrases suivantes avec le futur antérieur des verbes entre parenthèses.

1. Je ne sais pas si j' ______________________. (finir)
2. Tout le monde ______________________ quand vous viendrez. (partir)
3. Nous sortirons après que les enfants ______________________. (s'endormir)
4. Vous écouterez les CD que nous ______________________. (choisir)
5. Le train ______________________ quand nous arriverons à la gare. (s'éloigner)

3 **Le plus-que-parfait ou le conditionnel passé** Complétez les phrases suivantes avec le plus-que-parfait ou le conditionnel passé. Ces phrases expriment toutes les conditions.

1. Si tu m'______________________, je ______________________. (appeler, venir)
2. Si Loïc et Paul ______________________ de bonne heure, ils ______________________ la conférence. (se lever, ne pas manquer)
3. Si nous t'______________________, nous t'______________________ les notes de philo. (voir, donner)
4. Philippe ______________________ si vous lui ______________________ qu'il y avait un examen. (étudier, dire)
5. Je t'______________________ si j'______________________ que tu étais seul. (accompagner, savoir)

CHAPTER 9

Passé simple

The **passé simple** of regular verbs

The passé simple is a literary tense used only in formal speeches and writing. Like the passé composé, it expresses an action that was completed in the past. The passé simple of regular **-er** verbs is formed by dropping the **-er** from the infinitive and adding the endings **-ai, -as, -a, -âmes, -âtes, -èrent.**

PARLER			
je	parl**ai**	nous	parl**âmes**
tu	parl**as**	vous	parl**âtes**
il/elle	parl**a**	ils/elles	parl**èrent**

In the passé simple, **aller** is conjugated like a regular **-er** verb.

Infinitives ending in **-cer** change **-c** to **-ç** and infinitives ending in **-ger** insert an **-e** in all forms of the passé simple except the **ils/elles** form.

LANCER			
je	lan**ç**ai	nous	lan**ç**âmes
tu	lan**ç**as	vous	lan**ç**âtes
il/elle	lan**ç**a	ils/elles	lancèrent

MANGER			
je	mang**e**ai	nous	mang**e**âmes
tu	mang**e**as	vous	mang**e**âtes
il/elle	mang**e**a	ils/elles	mangèrent

The passé simple of regular **-ir** and **-re** verbs is formed by dropping the infinitive ending and adding **-is, -is, -ît, -îmes, -îtes, -irent.**

FINIR			
je	fin**is**	nous	fin**îmes**
tu	fin**is**	vous	fin**îtes**
il/elle	fin**it**	ils/elles	fin**irent**

RENDRE			
je	rend**is**	nous	rend**îmes**
tu	rend**is**	vous	rend**îtes**
il/elle	rend**it**	ils/elles	rend**irent**

Irregular **-ir** verbs like **dormir** and **partir** form the passé simple like **finir: je dormis, je partis.** Irregular **-re** verbs such as **battre** and **suivre** form the passé simple like **rendre: je battis, je suivis.**

Activité 1 **Au passé simple!** Transformez ces verbes du passé composé au passé simple.

1. j'ai gagné ____________
2. tu as commencé ____________
3. elle a choisi ____________
4. elles ont attendu ____________
5. vous avez espéré ____________
6. tu as nagé ____________
7. il a encouragé ____________
8. nous avons déménagé ____________
9. je suis descendu(e) ____________
10. tu as annoncé ____________
11. ils ont rangé ____________
12. elles ont défendu ____________
13. vous avez obéi ____________
14. nous avons entendu ____________
15. j'ai remplacé ____________
16. on a rédigé ____________

17. nous avons réfléchi

____

18. vous avez essayé

____

19. tu es allé(e)

____

20. nous avons partagé

____

The passé simple of irregular verbs

Some irregular verbs form the passé simple using the same endings as regular **-ir** and **-re** verbs.

Infinitive	Stem	Passé simple
s'asseoir	**ass-**	je **m'assis**
conduire	**conduis-**	je **conduisis**
dire	**d-**	je **dis**
écrire	**écriv-**	j'**écrivis**
faire	**f-**	je **fis**
joindre	**joign-**	je **joignis**
mettre	**m-**	je **mis**
naître	**naqu-**	je **naquis**
peindre	**peign-**	je **peignis**
prendre	**pr-**	je **pris**
rire	**r-**	je **ris**
voir	**v-**	je **vis**

Most irregular verbs that have a past participle ending in **-u** have a stem that resembles their past participle. The endings for such verbs are **-s, -s, -t, -^mes, -^tes, -rent.** They follow the pattern of **avoir.**

AVOIR			
j'	**eus**	nous	**eûmes**
tu	**eus**	vous	**eûtes**
il/elle	**eut**	ils/elles	**eurent**

PART I

Infinitive	Stem	Passé simple
boire	**bu-**	je **bus**
connaître	**connu-**	je **connus**
courir	**couru-**	je **courus**
croire	**cru-**	je **crus**
devoir	**du-**	je **dus**
falloir	**fallu-**	il **fallut**
lire	**lu-**	je **lus**
pleuvoir	**plu-**	il **plut**
pouvoir	**pu-**	je **pus**
recevoir	**reçu-**	je **reçus**
savoir	**su-**	je **sus**
valoir	**valu-**	il **valut**
vivre	**vécu-**	je **vécus**
vouloir	**voulu-**	je **voulus**

Some verbs have special forms in the passé simple.

être:	**je fus, tu fus, il/elle fut, nous fûmes, vous fûtes, ils/elles furent**
mourir:	**je mourus, tu mourus, il/elle mourut, nous mourûmes, vous mourûtes, ils/elles moururent**
verbs like **venir:**	**je vins, tu vins, il/elle vint, nous vînmes, vous vîntes, ils/elles vinrent**

Activité 2 **Transformation** Refaites cette petite histoire au passé simple.

La nuit est tombée sur Versailles et son château. La ville est devenue silencieuse. Les habitants sont rentrés chez eux. On a fermé les magasins. Je suis entré dans un bistrot. Je me suis assis à une petite table. J'ai attendu Michèle. Elle a voulu me voir. Elle m'a rejoint à sept heures. Nous avons pris un café ensemble. Nous sommes sortis. Nous nous sommes promenés près du château. Après, nous sommes rentrés chez nous.

____

____

____

____

____

____

____

____

Note culturelle

Versailles

En 1661 Louis XIV, appelé aussi «le Roi Soleil», décide de construire son palais dans ce petit village à 14 kilomètres au sud-ouest de Paris. Une équipe de plus de 30 000 ouvriers dirigés par le roi y édifient, au cours de 50 ans, un palais magnifique entouré de jardins à la française. Versailles a eu son importance dans l'histoire américaine aussi. En 1783 on y signe le traité qui mettait fin à la guerre de l'Indépendance et qui reconnaissait l'indépendance de la république fédérée des États-Unis.

Activité 3 **Transformation** Refaites cette petite histoire au passé simple.

1. Marthe est sortie de sa maison.

 ____

2. Elle a marché à travers champs.

 ____

3. Elle s'est approchée du fleuve.

 ____

4. Elle y a vu trois amis.

 ____

5. Ils l'ont saluée.

 ____

6. Ils l'ont invitée à manger avec eux.

 ____

7. Elle a accepté.

 ____

8. Elle s'est assise avec eux.

 ____

9. Ils ont partagé leur déjeuner avec elle.

 ____

10. Soudain, le temps a changé.

 ____

11. Il a commencé à pleuvoir.

 ____

12. Les quatre amis sont revenus en ville.

____

13. Ils se sont mouillés un peu.

____

14. Ils ont cherché un café.

____

15. Ils ont commandé un chocolat.

____

16. Ils ont bu leur chocolat ensemble.

____

CHAPTER 9 TEST

Passé simple

Au passé Refaites les phrases suivantes au passé simple.

1. je suis montée
____
2. il a rempli
____
3. nous avons vendu
____
4. elle a parlé
____
5. vous avez lu
____
6. tu as été
____
7. nous sommes partis
____
8. vous avez eu
____
9. tu as vécu
____
10. ils ont fait
____
11. j'ai pris
____
12. ils sont allés
____
13. vous êtes descendus
____
14. on a commencé
____

CHAPTER 9 TEST

Passé simple

15. elles ont préparé

____

16. vous avez lancé

____

17. ils ont rompu

____

18. je n'ai pas compris

____

19. elle a suivi

____

20. nous avons dit

____

CHAPTER 10

Participles and infinitives

The present participle

The French present participle corresponds to the English *-ing* form of a verb *(going, seeing, doing).* The present participle of most verbs is formed by dropping **-ons** from the present tense **nous** form and adding **-ant.**

parler → nous parl~~ons~~ → **parlant**

finir → nous finiss~~ons~~ → **finissant**

rendre → nous rend~~ons~~ → **rendant**

lire → nous lis~~ons~~ → **lisant**

prendre → nous pren~~ons~~ → **prenant**

écrire → nous écriv~~ons~~ → **écrivant**

Only three verbs have irregular present participles.

avoir → **ayant** être → **étant** savoir → **sachant**

A present participle may be used as an adjective or a verb. When used as an adjective, a present participle usually follows the noun or pronoun it modifies and agrees with it in gender and number.

de l'eau **courante** (courir)	***running*** *water*
les numéros **gagnants** (gagner)	*the* ***winning*** *numbers*
des histoires **touchantes** (toucher)	***touching*** *stories*

When used as a verb, the present participle often follows the preposition **en.**

En *+ present participle* may express an action that is happening at the same time as the action of the main verb.

Ici on ne parle pas en **travaillant.**	*Here people don't talk* ***while working.***
En entrant dans le café, nous avons vu notre amie Diane.	***Upon entering*** *the café, we saw our friend Diane.*

En *+ present participle* may also express how or why something is done.

On ne maigrit pas **en mangeant** des glaces.	*You don't get thinner* ***by eating*** *ice cream.*
J'ai fait des progrès en français **en lisant** beaucoup.	*I made progress in French* ***through reading*** *a lot.*

PART I

The present participle may also be used without **en.**

Ayant peur d'arriver en retard, nous sommes partis de très bonne heure.	***Being afraid*** *to arrive late, we left very early.*

The present participle may be used instead of a relative clause. In this case it is invariable. This construction is typical of formal speech and writing.

les trains **venant** de l'étranger (**venant** → qui viennent)	*trains* ***coming*** *from abroad*
des employés **parlant** français (**parlant** → qui parlent)	*employees* ***speaking*** *French*
un autobus **montant** le boulevard (**montant** → qui monte)	*a bus* ***going up*** *the boulevard*

Activité 1 **Des conseils** Marie-Josette donne des conseils à son frère cadet qui entre au collège. Refaites chacune de ses phrases en changeant la supposition commençant par **si** au gérondif.

MODÈLE Tu apprendras beaucoup si tu fais attention.
Tu apprendras beaucoup en faisant attention.

1. Tu auras une bonne note si tu fais tes devoirs de maths tous les jours.

____

2. Tu arriveras à l'heure si tu quittes la maison à sept heures et demie.

____

3. Si on apprend toutes les dates par cœur, on évite les problèmes dans le cours d'histoire.

____

4. Si tu écoutes des programmes en anglais à la radio, tu te prépareras pour l'examen oral.

____

5. On évite la fatigue si on organise son travail.

____

6. Si on regarde très peu la télé, on peut toujours finir son travail.

____

Activité 2 **La langue administrative** Pour écrire des phrases typiques des avis officiels, remplacez la proposition subordonnée par le participe présent correspondant. Puisque ce participe est une forme verbale, il ne s'accorde pas avec le substantif.

MODÈLE Les visiteurs qui désirent visiter le musée sont priés d'attendre à gauche.
Les visiteurs désirant visiter le musée sont priés d'attendre à gauche.

1. Les voyageurs qui partent pour le Nord sont priés de passer au quai numéro 3.

____

2. Nous annonçons un retard pour tous les avions qui proviennent d'Afrique.

____

3. Le docteur Gobert verra les malades qui souffrent d'un problème gastrique.

____

4. Les étudiants qui passent leurs examens demain doivent arriver au lycée à huit heures.

____

5. C'est un manuel d'anglais qui contient tout le vocabulaire essentiel.

____

6. Voici une carte qui montre le site des centrales nucléaires.

____

Infinitives

In French, the infinitive can serve as the subject of a sentence. English usually uses the *-ing* form of the verb in this case.

Voir, c'est **croire.**	***Seeing*** *is* ***believing.***
Apprendre le français en six mois n'est pas facile!	***Learning*** *French in six months is not easy!*
Vivre à Paris, c'est mon rêve.	***Living*** *in Paris is my dream.*

The infinitive can also follow another verb. Depending on which verb it follows, it may or may not be preceded by a preposition. The following verbs do not take a preposition before a following infinitive.

aimer *to like*	**désirer** *to want*	**penser** *to intend*
aimer mieux *to prefer*	**détester** *to hate*	**pouvoir** *to be able*
aller *to be going*	**devoir** *should, must, ought*	**préférer** *to prefer*
avoir beau *to do (something) in vain*	**espérer** *to hope*	**savoir** *to know how*
compter *to intend*	**oser** *to dare*	**vouloir** *to want*

Tu comptes partir en vacances en février?	***Do you intend to leave*** *for vacation in February?*
Non, **je déteste voyager** en hiver.	*No,* ***I hate traveling*** *in the winter.*
Tu préfères y aller en été?	***Do you prefer to go*** *in the summer?*
J'aime mieux prendre mes vacances au printemps.	***I prefer to take*** *my vacation in the springtime.*

Verbs of motion are followed directly by an infinitive.

Je descends faire les courses. Tu as besoin de quelque chose?	***I'm going down to do the shopping.*** *Do you need anything?*
Tu peux aller me **chercher** un journal français?	***Can you go get*** *me a French newspaper?*

The expressions **il faut** *(one must, you have to)* and **il vaut mieux** *(it's better to)* are also followed directly by the infinitive. These expressions are not conjugated for person: impersonal **il** is the only possible subject. They are conjugated for tense.

imperfect: **il fallait, il valait mieux**
passé composé: **il a fallu, il a mieux valu**
future: **il faudra, il vaudra mieux**
conditional: **il faudrait, il vaudrait mieux**

Activité 3 **Les fêtes et les célébrations** Employez la construction *verbe + infinitif* en ajoutant les verbes entre parenthèses aux phrases. Vous verrez comment les Maurois et leurs amis passent l'année.

MODÈLE Les Maurois restent chez eux le jour de Noël. (préférer)
Les Maurois préfèrent rester chez eux le jour de Noël.

1. Les Maurois font un grand réveillon pour la Saint-Sylvestre. (aimer)
____
2. Ils s'offrent des étrennes le jour de l'An. (aller)
____
3. Le 6 janvier ils invitent des amis pour manger la galette des Rois. (espérer)
____
4. La grand-mère passe le dimanche de Pâques avec eux. (vouloir)
____
5. Le 8 mai ils vont en Normandie pour commémorer la victoire des Alliés en 1945. (compter)
____
____
6. Leurs amis les Lévy les invitent pour Hanouccah. (devoir)
____
7. Eux, ils invitent les Lévy à Paris pour le 14 juillet. (penser)
____
8. Pour Noël ils sont dans leur maison à la campagne. (désirer)
____

9. Ils vont fleurir les tombes de leurs parents décédés *(deceased)* le 2 novembre. (devoir)

____

10. Ils vont à la messe de minuit le 24 décembre. (aller)

____

Note culturelle

L'année des Français

Le jour de l'An *Le premier janvier on s'offre de petits cadeaux appelés «étrennes».*

La fête des Rois *Le 6 janvier on mange un gâteau plat appelé «la galette» qui a une fève cachée. La personne qui la trouve dans son morceau est nommée le roi ou la reine de la fête.*

La Chandeleur *Le 2 février auparavant était la fête des chandelles. Aujourd'hui au lieu d'allumer des bougies, on mange des crêpes.*

Le carnaval *À la fin de février ou le commencement de mars on célèbre le carnaval. Les plus grandes fêtes sont à La Nouvelle-Orléans, à Rio de Janeiro et à la ville de Québec. La fête se termine avec le mardi gras—le mardi avant le commencement du carême.*

Pâques *C'est quarante jours après le commencement du carême.*

Le poisson d'avril *Le premier avril les enfants dessinent des poissons pour mettre au dos des autres.*

La fête du Travail *Le premier mai on fête les travailleurs avec des défilés.*

La victoire des Alliés *Le 8 mai on célèbre la victoire des Alliés dans la Seconde Guerre mondiale.*

Le 14 juillet *C'est la fête nationale française. Il y a un défilé militaire aux Champs-Élysées. On commémore la prise de la Bastille.*

La Toussaint *Le premier novembre est la fête de tous les saints. On va aux cimetières pour fleurir les tombes.*

L'Armistice *Le 11 novembre marque l'anniversaire de la fin de la Première Guerre mondiale.*

Hanouccah *La communauté juive de France célèbre en hiver (généralement au mois de décembre) la fête. Le rite principal de cette fête est l'allumage de la ménorah, lampe à huit branches.*

La veillée de Noël *Le 24 décembre on mange le réveillon, le repas traditionnel qui se compose d'huîtres, d'une dinde et d'une bûche de Noël. On va à la messe de minuit.*

Noël *C'est le 25 décembre quand les familles se réunissent autour du sapin pour ouvrir des cadeaux.*

La Saint-Sylvestre *Le 31 décembre on fête le Nouvel An avec un réveillon et on se souhaite une bonne année.*

Activité 4 **Au bord de la mer** Ajoutez les verbes entre parenthèses à ces phrases pour voir comment un groupe d'amis a passé leurs vacances au bord de la mer. Employez le même temps verbal que celui de la phrase donnée.

1. Philippe nageait tous les jours. (vouloir)

 ____

2. Alice et Géraldine ont fait du tourisme. (pouvoir)

 ____

3. Georges ne nageait pas très bien. (savoir)

 ____

4. Il s'éloignait de la plage. (ne pas oser)

 ____

5. Claudette et Brigitte jouaient au tennis. (préférer)

 ____

6. Louis visitait les petits villages des alentours. (aimer)

 ____

7. Solange a acheté des souvenirs. (ne pas pouvoir)

 ____

8. Richard a écrit beaucoup de lettres. (devoir)

 ____

Verb + à + infinitive

Some verbs require the preposition **à** before a following infinitive.

s'amuser à *to enjoy oneself (by doing)*
apprendre à *to learn how to*
arriver à *to manage to*
s'attendre à *to expect to*
avoir à *to have to*
chercher à *to try to*
commencer à *to begin to*
se consacrer à *to devote oneself*
consentir à *to consent to*
continuer à *to continue*
se décider à *to make up one's mind to*
s'ennuyer à *to get/be bored (doing something)*
s'exercer à *to practice*
s'habituer à *to get used to*
hésiter à *to hesitate to*
s'intéresser à *to be interested in*
se mettre à *to begin to*
s'obstiner à *to persist stubbornly in*
parvenir à *to manage to, succeed in*
passer son temps à *to spend one's time doing*
penser à *to be thinking of (doing something)*
se préparer à *to get ready to*
se résigner à *to resign oneself to*
réussir à *to succeed in*
songer à *to be thinking of (doing something)*
tendre à *to tend to*
tenir à *to insist on*

CHAPTER 10

Henri **s'obstine à causer** avec tous les touristes allemands. — *Henri **persists in chatting** with all the German tourists.*
Il **s'exerce à parler** allemand. — *He's **practicing speaking** German.*
Il **parviendra à chasser** tous les touristes de Paris. — *He'**ll succeed in chasing** all the tourists away from Paris.*
Tu exagères. Les touristes **s'amusent à converser** avec lui. — *You're exaggerating. The tourists **enjoy conversing** with him.*

Some verbs require a direct object before **à** + infinitive.

aider quelqu'un à faire quelque chose *to help someone do something*
autoriser quelqu'un à faire quelque chose *to authorize someone to do something*
encourager quelqu'un à faire quelque chose *to encourage someone to do something*
engager quelqu'un à faire quelque chose *to urge someone to do something*
forcer quelqu'un à faire quelque chose *to force someone to do something*
inviter quelqu'un à faire quelque chose *to invite someone to do something*
obliger quelqu'un à faire quelque chose *to oblige someone to do something*

J'ai invité les Deschênes à passer la soirée avec nous. — ***I invited the Deschênes to spend** the evening with us.*

Ils vous aideront à préparer le repas. Ils adorent faire la cuisine. — ***They'll help you prepare** the meal. They love to cook.*

With **apprendre** (when it means *to teach*) and **enseigner,** an indirect object is required before **à** + infinitive.

apprendre/enseigner à quelqu'un à faire quelque chose *to teach someone to do something*
Qui vous a appris à parler français? *Who taught you to speak French?*

Activité 5 **La boum de Ghislaine** Ghislaine veut organiser une fête chez elle. Complétez le récit de ses préparatifs en ajoutant la préposition **à** aux phrases où elle manque. Si on n'a pas besoin d'ajouter la préposition **à,** marquez le blanc d'un **X.**

1. Nous pensons _______ organiser une boum.
2. Je tiens _______ donner une boum formidable.
3. Michèle va _______ préparer des sandwichs.
4. Alfred et Robert doivent _______ s'occuper des boissons.
5. Ils tendent _______ oublier tout ce qu'ils ont à acheter.
6. Olivier invitera ses amis _______ venir.
7. Moi, je me consacrerai _______ mettre de l'ordre dans notre appartement.
8. Ma mère sait _______ faire une délicieuse tarte au citron.
9. Je l'aiderai _______ en faire deux ou trois.

Activité 6 **On modifie un peu le message.** Refaites chacune des phrases avec les éléments proposés entre parenthèses pour connaître les occupations et les préoccupations d'un groupe d'étudiants.

MODÈLES Vous sortez. (pouvoir)
Vous pouvez sortir.

Vous sortez. (on / obliger)
On vous oblige à sortir.

1. Nous lisons un livre par semaine. (le professeur / encourager)
2. Je rédige mes dissertations à l'ordinateur. (aimer mieux)
3. Jacques finira son compte rendu demain. (réussir)
4. Philomène fait de l'allemand. (son chef / engager)
5. Vous cherchez du travail. (l'administration de l'école / autoriser)
6. Henri et Jules reçoivent une mauvaise note en maths. (se résigner)
7. Chantal révise ses notes d'histoire. (continuer)
8. Odile recopie ses notes. (passer son temps)

Verb + **de** + infinitive

Some verbs and expressions are joined to a following infinitive by the preposition **de.**

s'abstenir de *to refrain from*
accepter de *to agree*
s'arrêter de *to stop*
avoir l'intention de *to intend*
avoir peur de *to be afraid*
avoir raison de *to be right*
avoir tort de *to be wrong*
brûler de *to be burning to, dying*
se charger de *to make sure to, see to it that something is done*
choisir de *to choose*
craindre de *to fear*
décider de *to decide*
se dépêcher de *to hurry*
s'empêcher de *to refrain from*
s'empresser de *to hurry, rush*
entreprendre de *to undertake*
essayer de *to try*
s'étonner de *to marvel at*
éviter de *to avoid*

(continued)

s'excuser de *to apologize for* **finir de** *to finish* **se flatter de** *to claim to (be able)* **mériter de** *to deserve* **oublier de** *to forget*	**parler de** *to talk about* **promettre de** *to promise* **se proposer de** *to set out, mean, intend, propose (an idea)* **refuser de** *to refuse*	**regretter de** *to regret* **résoudre de** *to resolve* **risquer de** *to risk, run the risk of* **se souvenir de** *to remember*

Venir de means *to have just done something.*

Je viens de voir Jacquot. — ***I have just seen*** *Jacquot.*

Note also the following uses of prepositions other than **à** or **de** before an infinitive.

finir par *to wind up (doing something)*	**commencer par** *to begin by (doing something)*

Study the following pairs of contrasting examples.

Il **commence à chercher** du travail.	*He's* ***beginning to look for*** *work.*
Il **commence par chercher** du travail.	*He's* ***beginning by looking for*** *work.*
Il **a fini de** nous **aider.**	*He* ***finished helping*** *us.*
Il **a fini par** nous **aider.**	*He* ***wound up helping*** *us.*

Activité 7 **Élections au lycée** Nous essayons d'organiser les élections aux comités des délégués de classe *(student council)*, mais ce n'est pas facile. Complétez les phrases suivantes avec les prépositions qui manquent pour savoir ce qui se passe. Si la phrase est complète telle qu'elle est, marquez le blanc d'un **X.**

1. Les étudiants se proposent _______ organiser les élections aux comités des délégués de classe.
2. Ils se mettent _______ chercher des candidats.
3. Ils comptent _______ procéder aux élections au mois de novembre.
4. Antoinette Dubois veut _______ se porter candidate.
5. Elle ne mérite pas _______ être élue.
6. Nous encourageons d'autres étudiants _______ se présenter.
7. Mais ils ne s'empressent pas _______ se porter candidats.
8. Je viens _______ parler avec Lise Léotard.
9. Elle s'intéresse un peu _______ participer aux comités.

10–11. Si elle se décide _______ se présenter, il faudra _______ organiser sa campagne.

12. Mais en ce moment, nous craignons _______ ne pas avoir assez de candidats.

PART I

Activité 8 **Dix jours à Paris** La classe de français de Mme Richard passe dix jours à Paris. Les élèves sont pressés de tout voir et de tout faire, et chacun s'intéresse à quelque chose de différent. Formez des phrases avec les éléments donnés pour voir comment ils profitent de leur séjour.

1. Loïc et Charles / tenir / voir un match de football

   ____

2. Marie-Noëlle / s'empresser / s'acheter des livres

   ____

3. Albert / se flatter / connaître parfaitement toutes les lignes de métro

   ____

4. Berthe et Christine / entreprendre / organiser un pique-nique au bois de Boulogne

   ____

5. Philippe / compter / visiter le marché aux timbres

   ____

6. Chantal / passer son temps / regarder les robes aux grands magasins

   ____

7. tous les étudiants / brûler / visiter le Louvre

   ____

8. Martin / essayer / organiser une journée à la campagne

   ____

9. Paulette et Mireille / espérer / avoir le temps de voir Montmartre

   ____

Activité 9 **Changement d'habitudes** Jean-Pierre a eu des difficultés au lycée cette année. Son oncle raconte une conversation qu'il a eue avec son neveu. Exprimez la narration de l'oncle en français en faisant attention à l'enlacement du verbe et de l'infinitif.

1. I have just spoken with Jean-Pierre.

   ____

2. I explained to him that he risks wasting the school year **(l'année scolaire).**

   ____

3. I encouraged him to begin studying seriously.

   ____

4. He must refrain from going out every day.

   ____

5. He promised to pay attention in class.

____

6. He apologized for getting **(avoir eu)** bad grades.

____

7. He's not going to spend any more time watching TV.

____

8. He has made up his mind to be a good student.

____

9. I intend to speak with Jean-Pierre next week.

____

10. We will try to talk every week until the end of the school year.

____

Verb + direct object + de + infinitive

Several verbs that take **de** before the following infinitive also take a direct object as well.

accuser quelqu'un de faire quelque chose
to accuse someone of doing something
convaincre quelqu'un de faire quelque chose
to convince someone to do something
décourager quelqu'un de faire quelque chose
to discourage someone from doing something
empêcher quelqu'un de faire quelque chose
to prevent someone from doing something
féliciter quelqu'un d'avoir fait quelque chose
to congratulate someone for having done something
persuader quelqu'un de faire quelque chose
to persuade someone to do something
prier quelqu'un de faire quelque chose
to beg someone to do something
remercier quelqu'un de faire quelque chose
to thank someone for doing something
soupçonner quelqu'un de faire quelque chose
to suspect someone of doing something

Several verbs that take **de** before the following infinitive take an indirect object.

commander/ordonner à quelqu'un de faire quelque chose *to order someone to do something*
conseiller à quelqu'un de faire quelque chose
to advise someone to do something
déconseiller à quelqu'un de faire quelque chose *to advise someone not to do something*
défendre/interdire à quelqu'un de faire quelque chose *to forbid someone to do something*
demander à quelqu'un de faire quelque chose
to ask someone to do something
dire à quelqu'un de faire quelque chose
to tell someone to do something

(continued)

pardonner à quelqu'un de faire quelque chose *to forgive someone for doing something*
permettre à quelqu'un de faire quelque chose *to allow someone to do something*
promettre à quelqu'un de faire quelque chose *to promise someone to do something*
proposer/suggérer à quelqu'un de faire quelque chose *to suggest to someone to do something*
reprocher à quelqu'un de faire quelque chose *to reproach someone for doing something*

Activité 10 **Comment aider nos amis?** Il y a beaucoup de copains qui ont des difficultés au collège. Sophie et Daniel s'ingénient à trouver des idées pour les aider. Écrivez leurs solutions en utilisant **il faut** et les mots proposés entre parenthèses.

MODÈLE Marc n'ouvre jamais le manuel d'histoire. (convaincre / le lire)
Il faut le convaincre de le lire.

1. Régine ne révise jamais son vocabulaire anglais. (encourager / apprendre les mots)

 ____

2. Christophe s'endort en classe. (contraindre / faire attention)

 ____

3. Brigitte n'est jamais chez elle et elle n'étudie pas. (déconseiller / sortir tous les jours)

 ____

4. Olivier ne participe pas aux discussions. (persuader / répondre)

 ____

5. Chantal et Robert parlent tout le temps pendant la classe. (dire / se taire)

 ____

6. Gérard et Louis ne pensent qu'au football. (conseiller / se concentrer sur leurs études)

 ____

7. Philippe dit qu'il ne comprend rien à la géométrie. (aider / résoudre les problèmes)

 ____

8. Baudouin et Micheline pensent s'absenter le jour de l'examen. (dissuader / le faire)

 ____

Activité 11 **En famille** Les membres de la famille Chéron s'aiment bien et essaient de s'entraider et de se conseiller. Utilisez le vocabulaire et les éléments proposés pour décrire leurs rapports familiaux. Employez le passé composé.

MODÈLE la tante Rosette / conseiller / son neveu Pierrot / se coucher tôt
La tante Rosette a conseillé à son neveu Pierrot de se coucher tôt.

VOCABULAIRE

La famille

la mère *mother*
le père *father*
le fils *son*
la fille *daughter*
le frère (aîné/cadet) *(older/younger) brother*
la sœur (aînée/cadette) *(older/younger) sister*
la grand-mère *grandmother*
le grand-père *grandfather*
le petit-fils *grandson*
la petite-fille *granddaughter*
la tante *aunt*
l'oncle *uncle*
le neveu *nephew*
la nièce *niece*
le cousin *male cousin*
la cousine *female cousin*
le beau-père *father-in-law, stepfather*
la belle-mère *mother-in-law, stepmother*
les beaux-parents *in-laws*
le beau-fils*, le gendre *son-in-law*
la belle-fille*, la bru *daughter-in-law*
le beau-frère *brother-in-law*
la belle-sœur *sister-in-law*
le demi-frère *half brother*
la demi-sœur *half sister*

***Beau-fils** and **belle-fille** also mean *stepson* and *stepdaughter* respectively.

1. le grand-père / convaincre / son gendre Guillaume / ne pas quitter son travail

____

2. les enfants de Guillaume et Sylvie / s'empresser / apporter des fleurs à la tante Émilie

____

3. le petit Bertrand / demander / sa mère / lui acheter une bicyclette

____

4. la grand-mère / pardonner / sa petite-fille Giselle / avoir oublié son anniversaire

____

5. Guillaume et Sylvie / féliciter leur fille Christine / avoir eu 18 à l'examen de philo

____

6. l'oncle François / enseigner / sa nièce / se servir de l'ordinateur

____

PART I

7. Anne-Marie / interdire / sa fille Mireille / sortir avec Frédéric

____

8. Nadine / prier / ses parents / l'emmener au bord de la mer

____

9. Sylvie / inviter ses beaux-parents / dîner

____

10. Guillaume / proposer / ses parents / passer leurs vacances avec sa famille

____

Activité 12 **Et chez vous?** Comment est-ce qu'on vit dans votre famille? Choisissez des mots des trois colonnes pour faire huit phrases qui décrivent les rapports familiaux chez vous. Faites attention aux objets directs et indirects et aux prépositions employées devant l'infinitif.

moi	persuader	aider à faire le ménage
mon père / ma mère	conseiller	conduire prudemment
mes parents	déconseiller	faire les courses pour lui/elle/eux/elles
mon grand-père	défendre	jouer aux jeux vidéo
ma grand-mère	demander	manger en famille le dimanche
mes grands-parents	empêcher	nettoyer la chambre
mon frère (aîné/cadet)	remercier	prendre les études au sérieux
ma sœur (aînée/cadette)	ordonner	ranger les affaires
mon oncle / ma tante	permettre	se coucher tôt en semaine
mon cousin / ma cousine	proposer	trop parler au téléphone

1. _______________
2. _______________
3. _______________
4. _______________
5. _______________
6. _______________
7. _______________
8. _______________

Adjective or noun + preposition + infinitive

Most adjectives and nouns take **de** before a following infinitive.

Tu étais **surprise d'apprendre** que notre équipe a perdu le match?	*Were you **surprised to learn** that our team lost the game?*
Oui. Mais ils sont **sûrs de gagner** le match de dimanche.	*Yes. But they're **sure to win** the game on Sunday.*
Sans doute. Ils ont **un** grand **désir de gagner.**	*No doubt. They have **a** great **desire to win.***

Some adjectives and nouns take **à.**

> **être déterminé(e) à** *to be determined to*
> **être prêt(e) à** *to be ready to*
> **être le(la) premier(-ère)/le(la) troisième/le(la) seul(e)/le(la) dernier(-ère) à** *to be the first / third / only / last to*

Je suis **déterminée à être la première à avoir** vingt à l'examen de maths.	*I'm **determined to be the first to get** a twenty on the math test.*

Adjectives modified by **trop** or **assez** take **pour** before a following infinitive.

Pierrot est **trop petit pour comprendre.**	*Pierrot is **too little to understand.***
Mais il est **assez intelligent pour se conduire** comme il faut.	*But he is **intelligent enough to behave** the way he ought to.*

Activité 13 **À compléter** Complétez les phrases suivantes avec la préposition qui manque.

1. Marie n'est pas prête _______ passer son examen de chimie.
2. Elle dit qu'elle est sûre _______ ne pas y réussir.
3. Mais elle est déterminée _______ passer l'été à réviser la chimie.
4. Je serais enchanté _______ vous aider à faire le ménage.
5. Je serais le premier _______ vous aider si je pouvais.
6. Mais je suis trop maladroit *(clumsy)* _______ vous être utile.
7. Je ne suis pas heureux _______ voir le petit Albert jouer aux jeux vidéo.
8. C'est une mauvaise idée _______ laisser un enfant perdre son temps.
9. Il est le seul élève de sa classe _______ passer tant de temps devant la télé.
10. Il est assez intelligent _______ comprendre l'importance de ce que je lui dis.

PART I

Faire + infinitive (le causatif)

To express the idea that one person has, gets, or causes another person to do something, French uses the verb **faire** followed by an infinitive.

Tu **as fait redécorer** ton appartement?	***Did** you **have** your apartment **redecorated?***
J'**ai fait repeindre** le salon, c'est tout.	***I had** the living room **repainted,** that's all.*
La voiture est en panne. Je ne peux pas la **faire démarrer.**	*The car is not working. I can't **get** it **to start.***
Alors, il faut la **faire réparer.**	*Then it **has to be repaired.***

The person you have do the work or perform the action may appear at the end of the sentence if there is no other object present.

Mme Ducros fait étudier **ses enfants.**	*Mrs. Ducros makes **her children** study.*
L'institutrice fait chanter **ses élèves.**	*The schoolteacher has **her pupils** sing.*

When the sentence contains two objects, the object of the infinitive is direct and the object of **faire** is indirect. The indirect object may be preceded by **par** or **à.**

J'ai fait repeindre mon appartement **par M. Jollivet.** J'ai fait repeindre mon appartement **à M. Jollivet.**	*I had **Mr. Jollivet** repaint my apartment.*

One or both of the objects in the above example can be replaced by an object pronoun. The object pronouns always precede **faire.**

Je le **lui** ai fait repeindre.	*I had **him** repaint it.*

The past participle of **faire** does not agree with a preceding direct object in this construction.

Activité 14 **Problèmes du logement** Les Giraud viennent d'acheter une maison à Grenoble. La maison est charmante, mais les Giraud découvrent qu'il y a beaucoup de travail à faire avant qu'ils puissent emménager. Lisez la liste des problèmes et employez **il faut** et le causatif pour dire ce qu'il faut faire dans chaque cas pour rendre la maison habitable.

MODÈLE La peinture de la cuisine est vieille. (repeindre)
Il faut la faire repeindre.

VOCABULAIRE

Pour aménager une maison

crevassé *cracked (ground)*
débarrasser *to clear*
se décoller *to peel off, become detached*
installer *to install*
insuffisant *insufficient*
se lézarder *to crack (wall)*
la lumière *light*
marcher *to work (appliance)*
le papier (peint) *wallpaper*
paver *to pave*
plâtrer *to plaster*
remplacer *to replace*
retapisser *to repaper, reupholster*

CHAPTER 10

1. Le papier du salon se décolle. (retapisser)

____

2. La lumière dans la salle à manger ne marche pas. (réparer)

____

3. Le plancher des chambres est très sale. (nettoyer)

____

4. La fenêtre du balcon est cassée. (remplacer)

____

5. Le trottoir est crevassé. (paver)

____

6. Les murs se lézardent. (plâtrer)

____

7. Le garage est plein de vieux meubles. (débarrasser)

____

Note culturelle

Grenoble

La ville de Grenoble, située dans les Alpes, est une belle ville cosmopolite. La population de l'agglomération urbaine dépasse quatre cent mille habitants. Grenoble est aussi une ville universitaire avec quarante mille étudiants. Pour les vacances d'hiver Grenoble est une destination préférée parce que les stations de ski aux alentours sont nombreuses et excellentes. Ville principale de la région du Dauphiné, Grenoble était le lieu des jeux Olympiques en 1968.

Activité 15 **Une institutrice de première classe *(first-rate)*** Mlle Arnaud est une institutrice excellente qui sait faire progresser ses élèves. Employez le causatif pour exprimer sa façon de résoudre les problèmes de ses élèves et d'organiser sa classe.

MODÈLE Jérôme jette des papiers par terre. (balayer la salle de classe)
Mlle Arnaud lui fait balayer la salle de classe.

1. Catherine n'aime pas parler en classe. (réciter des poèmes)

____

2. André a peur de parler devant tout le monde. (présenter son travail devant un petit groupe)

____

3. Luc et Claude bavardent en classe. (écrire une composition)

____

4. Samuel ne comprend pas les problèmes de maths. (relire l'explication dans son livre)

____

5. Les élèves sont fatigués après un examen. (regarder un film)

____

6. Quelques élèves apprennent plus vite que les autres. (aider leurs camarades)

____

7. Le directeur arrive à la porte de sa salle de classe. (observer une leçon de français)

____

8. Nous nous intéressons à la musique. (écouter la chanson que les élèves ont apprise)

____

Activité 16 **Les causes** Votre ami fait des observations. Vous lui signalez la personne ou la chose qui est la cause des actions qu'il remarque.

MODÈLE Les étudiants travaillaient. (leur professeur)
Leur professeur les a fait travailler.

VOCABULAIRE

Quelques actions

démarrer *to start (car)*
grelotter *to shiver*
pleurer *to cry*
pousser *to grow*
rager *to fume (with anger)*
rire *to laugh*
soupirer *to sigh*
sourire *to smile*
trembler *to shake, tremble*

1. Élise pleurait. (son petit ami)

____

2. Les fenêtres tremblaient. (le vent)

____

3. J'ai vu de belles roses qui poussaient chez ton voisin. (mon voisin)

____

4. Les élèves lisaient. (leur institutrice)

____

5. Les enfants riaient. (le clown)

____

6. La voiture démarrait. (le mécanicien)

____

7. La mère souriait. (ses enfants)

____

8. La vieille dame soupirait. (la chaleur)

____

9. Le chien grelottait. (le froid)

____

10. Le client rageait. (la vendeuse)

____

Activité 17 **Activité orale** Posez des questions à un(e) camarade sur ce qu'on l'encourage à faire, sur ce qu'on lui permet de faire, sur ce qu'on lui demande de faire, sur ce qu'on lui fait faire, etc. Employez des tournures avec l'infinitif. Votre camarade vous répondra en employant ces structures et vous posera des questions pareilles à son tour.

Activité 18 **La grammaire en action** Lisez l'article et répondez aux questions.

Le goûter

Pour qui ?

Pour les enfants et les adolescents, les femmes enceintes ou qui allaitent, les sportifs, les personnes âgées et tous ceux qui mangent peu à midi.

Pourquoi ?

- Pour éviter de grignoter. Un quatre heures équilibré permet souvent d'éviter de " craquer " pour des aliments riches en calories mais pauvres en vitamines et minéraux (viennoiseries, sodas ...),
- Pour compenser un repas trop léger ou éviter un dîner trop copieux. Ainsi, un sandwich jambon-beurre pris " sur le pouce " à 13h gagnera à être complété par un produit laitier et un fruit dans l'après-midi,
- Pour répondre à des besoins accrus (croissance, grossesse...) en énergie, calcium et protéines,
- Pour ceux qui ont peu d'appétit et qui font plusieurs petits repas sur la journée,
- Pour le plaisir de partager la convivialité.

VOCABULAIRE

Le goûter

accru *increased*
allaiter *to nurse (a baby)*
la convivialité *social interaction*
copieux(-euse) *abundant*
craquer pour quelque chose *to be wild over something*
enceinte *pregnant*
grignoter *to nibble*
la grossesse *pregnancy*
prendre quelque chose sur le pouce *to have a quick snack*
le quatre heures *afternoon snack*
la viennoiserie *pastry*

CHAPTER 10

1. Pour quelles personnes le goûter est-il important?

____

2. Quels sont les avantages du goûter pour ceux qui sont au régime?

____

3. Comment est-ce que le goûter aide à régler la quantité d'aliments consommée aux repas?

____

4. Le goûter a-t-il un avantage social? Lequel?

____

Activité 19 **L'infinitif** Trouvez ces participes passés dans l'article et complétez la table.

	Infinitif	Substantif modifié
1. accrus	____________	____________
2. complété	____________	____________
3. équilibré	____________	____________
4. pris	____________	____________

Activité 20 **L'infinitif** Trouvez dans l'article des exemples de l'emploi de l'infinitif après les prépositions.

1. trois exemples de la structure suivante: **pour + infinitif**

____

____

____

2. deux exemples de la structure suivante: **verbe + de + infinitif**

____

____

3. un exemple de la structure suivante: **nom + de + infinitif**

____

4. un exemple de la structure suivante: **verbe + à + infinitif**

____

CHAPTER 10 TEST

Participles and infinitives

À finir Complétez les phrases suivantes avec la préposition qui manque. Si la phrase est complète telle qu'elle est, écrivez X.

1. Qui t'a enseigné _______ jouer du piano?
2. Elle compte _______ partir demain soir.
3. Je viens _______ le voir.
4. Nous nous excusons _______ vous déranger.
5. Si tu continues à travailler comme ça, tu finiras _______ te fatiguer.
6. Il s'est étonné _______ nous retrouver.
7. Elle mérite _______ réussir.
8. Je m'empresse _______ vous répondre.
9. Elle a accepté _______ m'accompagner.
10. Je tiens _______ lui parler.
11. Vous avez beau _______ l'attendre. Il ne viendra pas.
12. Les enfants montent _______ se coucher.
13. Ils songent _______ changer d'emploi.
14. Je ne m'attendais pas _______ entendre ces mots.
15. Ils m'ont persuadé _______ rester.
16. Nous sommes prêts _______ travailler.
17. Il est toujours le premier _______ partir.
18. Ils sont assez intelligents _______ comprendre cette idée.
19. Mon professeur m'a encouragé _______ poursuivre mes études.
20. Nous étions surpris _______ te voir là-bas.
21. J'ai fait _______ repeindre le salon.
22. Les étudiants s'intéressent _______ essayer ce nouveau logiciel.
23. N'oubliez pas _______ me rappeler.
24. Je regrette _______ vous le dire.
25. Nous soupçonnons Germaine _______ l'avoir fait.

CHAPTER 11

Passive voice

The passive voice

Verbs may be in either the active or the passive voice. In the active voice, the subject performs the action described by the verb. In the passive voice, the action described by the verb is done to the subject.

The passive voice is formed with the verb ***être*** + *the past participle.* The past participle agrees in gender and number with the subject of the sentence. The person who performs the action of a verb (the agent) is introduced by **par.**

Active voice

Les étudiants **lisent** le livre.	*The students **read** the book.*
Le professeur **pose** des questions.	*The teacher **asks** some questions.*

Passive voice

Le livre **est lu par les** étudiants.	*The book **is read by the** students.*
Des questions **sont posées par le** professeur.	*Some questions **are asked by the** teacher.*

The passive voice may appear in any tense.

Ces pièces **seront peintes par** mon frère.	*These rooms **will be painted by** my brother.*
La cuisine **devrait être modernisée.**	*The kitchen **ought to be modernized.***

The passive voice focuses on the person or thing performing the action.

Mes parents ont acheté cet appartement.	*My parents bought this apartment. (active voice—no emphasis)*
Cet appartement **a été acheté par mes parents.**	*This apartment **was bought by my parents.** (passive voice—focus on my parents)*

The passive voice may also focus on an action without identifying the performer of that action.

Cet immeuble **a été construit** en 1890.	*This apartment house **was built** in 1890.*

After verbs expressing mental processes, such as feeling and thinking, the agent is often introduced by **de** rather than by **par.**

Ce professeur est respecté **de tous ses étudiants.**	*This teacher is respected* ***by all his students.***
La grand-mère est aimée **de ses petits-enfants.**	*The grandmother is loved* ***by her grandchildren.***

Activité 1 **Au bureau** Refaites les phrases suivantes à la voix passive pour raconter ce qui se passe au bureau. Gardez le même temps verbal dans la phrase que vous formez.

MODÈLE La secrétaire ouvre le bureau à huit heures.
Le bureau est ouvert à huit heures par la secrétaire.

VOCABULAIRE

Les affaires

le chèque *check*
la demande d'emploi *job application*
l'échantillon *(m.) sample*
expédier *to ship*
la facture *bill*
faire un versement sur le compte de *to make a deposit (in an account)*
lancer un produit *to launch a product*
livrer des marchandises *to deliver goods, merchandise*
la marchandise *merchandise, goods*
le marché *market*
passer une commande *to place an order*
présenter une demande d'emploi *to submit a job application*
signer *to sign*

1. La réceptionniste reçoit les clients.

   ____

2. Les employés passent des commandes.

   ____

3. Le secrétaire a fait un versement sur le compte de l'entreprise.

   ____

4. Un camion a livré des marchandises.

   ____

5. Le bureau a expédié des échantillons.

   ____

6. Le patron a signé des chèques.

   ____

7. Le secrétaire envoie des factures.

____

8. Une jeune femme a présenté une demande d'emploi.

____

9. L'entreprise va lancer un nouveau produit.

____

10. Des experts vont étudier le marché.

____

Activité 2 **Le déménagement** Décrivez ce qui est arrivé pendant le déménagement des Martel en formant des phrases à la voix passive avec les éléments proposés. Ajoutez **par** pour indiquer l'agent.

> **MODÈLE** les meubles / mettre dans le fourgon / les déménageurs
> Les meubles ont été mis dans le fourgon par les déménageurs.

VOCABULAIRE V

Le déménagement

accrocher *to hang, hang up*
brancher *to plug in*
la caisse *crate, box*
le/la déménageur(-euse) *mover*
le fauteuil *armchair*
le fourgon (de déménagement) *moving truck*
la machine à laver *washing machine*
la penderie *closet, walk-in closet*
le placard *cupboard*
le plombier *plumber*
ranger *to put away*
le sous-sol *basement*

1. les lits / monter / trois déménageurs

Les lits ont été montes par trois déména

2. les tableaux / accrocher au mur / Pierre et Solange

____

3. la machine à laver / installer / un plombier

se

4. le fauteuil / placer en face de la télé / M. Martel

sera

5. les vêtements / accrocher dans la penderie / Mme Martel

____

6. deux grosses caisses en bois / laisser dans le sous-sol / les déménageurs

____

PART I

7. la vaisselle / ranger dans les placards / Mme Martel

____

8. les lampes / brancher / M. Martel

____

Activité 3 **Oui, c'est lui.** Monique essaie de vérifier qui va faire les choses nécessaires pour l'organisation de la boum. Olivier répond à l'affirmatif avec une phrase à la voix passive. Écrivez les réponses d'Olivier.

> **MODÈLE** C'est Charles qui va acheter le gâteau?
> Oui, le gâteau va être acheté par Charles.

1. Ce sont Luc et Catherine qui vont préparer la quiche?

____

2. C'est Marie qui va inviter les amis du lycée?

____

3. C'est Bernard qui va apporter les CD?

____

4. Ce sont Geneviève et Virginie qui vont mettre les couverts?

____

5. C'est Suzanne qui va acheter le chocolat?

____

6. C'est Antoine qui va faire le café?

____

7. C'est Anne et Danielle qui vont choisir les DVD?

____

8. C'est Eugène qui va servir les amuse-gueules?

____

Activité 4 **La société idéale** Édouard a une formule pour améliorer *(improve)* la société. Exprimez ses idées en formant des phrases à la voix passive avec le verbe **devoir.**

> **MODÈLE** améliorer l'éducation
> L'éducation doit être améliorée.

1. protéger les enfants

   ____

2. respecter les personnes âgées

   ____

3. bien payer la police

   ____

4. honorer le drapeau

   ____

5. obéir à la loi

   ____

6. bien former les professionnels

   ____

7. subventionner *(subsidize)* les musées

   ____

8. moderniser les transports en commun *(public transportation)*

   ____

9. encourager les petites entreprises *(small business)*

   ____

10. embaucher *(hire)* les jeunes

    ____

Substitutes for the passive voice

The passive voice is used less in French than in English, and has a slightly formal or literary tone. It is often replaced by the active voice.

Le conte **a été écrit par Louis.** → **Louis a écrit** le conte.

When a speaker wants to focus on the person who performed an action, the passive can be replaced by a sentence beginning with **c'est** or **ce sont.**

Le conte a été écrit **par Louis.** → **C'est Louis** qui a écrit le conte.

When the performer of the action is not expressed, **on** may be used.

La chambre **sera nettoyée.** → **On nettoiera** la chambre.
Ici le français **est parlé.** → Ici **on parle** français.

In many cases, but not all, a pronominal construction (**se** + verb) can be used instead of the passive when the performer of the action is not expressed.

Cette revue **est** beaucoup **lue.** → Cette revue **se lit** beaucoup.
Ce mot **est** facilement **compris.** → Ce mot **se comprend** facilement.

PART I

Additional examples

Ça ne se fait pas.	*That's not done.*
Ça ne se dit plus.	*That's not said anymore.*
Ce produit ne se vend qu'en pharmacie.	*This product is only sold in pharmacies.*
Les œufs ne se mangent pas le matin en France.	*Eggs aren't eaten in the morning in France.*
Les portes se ferment à six heures.	*The doors are closed at six o'clock.*

Activité 5 **Comment se tenir à table en France** Les bonnes manières à table ne sont pas les mêmes en France qu'aux États-Unis. Refaites ces indications avec **on** pour faire une liste de conseils utiles au visiteur américain.

MODÈLE offrir des fleurs (mais pas des chrysanthèmes) à Madame
On offre des fleurs (mais pas des chrysanthèmes) à Madame.

1. tenir toujours le couteau dans la main droite

____

2. tenir toujours la fourchette dans la main gauche

____

3. ne pas essuyer la sauce avec un morceau de pain

____

4. ne pas poser les coudes sur la table

____

5. poser les mains sur le bord de la table

____

6. ne pas couper le pain avec le couteau

____

7. casser son morceau de pain

____

8. répondre «Avec plaisir» pour accepter de reprendre un des plats *(have a second helping of)*

____

9. répondre «Merci» pour ne pas accepter de reprendre un des plats

____

Note culturelle

Des coutumes

Il faut remarquer les différences entre la façon française de se tenir à table et les coutumes américaines. N'oubliez pas que pour dire «non» quand on vous offre quelque chose à manger, on dit «Merci». Si vous voulez accepter, vous dites «Avec plaisir, s'il vous plaît».

Le chrysanthème est la fleur avec laquelle on décore les tombes en France. On ne l'offre donc pas à la famille qui vous invite à dîner.

Activité 6 **Conseils de cuisine** Formulez ces conseils de cuisine de deux façons: avec **on** et avec la construction pronominale.

MODÈLE prendre des amuse-gueules avant le repas
a. On prend des amuse-gueules avant le repas.
b. Des amuse-gueules se prennent avant le repas.

1. offrir des amuse-gueules
   a. On offert des amuse-gueules
   b. Des amuse-gueles se offert
2. couper un fromage en cubes pour servir
   a. On coupe un fromage
   b. Un fromage se coupe en cubes
3. préparer une bonne soupe la veille *(the day before)*
   a. ______
   b. Une bonne soupe se prépar
4. ouvrir les bouteilles d'eau minérale
   a. ______
   b. ______
5. préparer ce plat une heure avant le repas
   a. ______
   b. ______
6. servir cette viande froide
   a. ______
   b. ______

PART I

7. boire un café après le repas

   a. ______________________________

   b. ______________________________

8. servir des fruits comme dessert

   a. ______________________________

   b. ______________________________

Activité 7 **Des renseignements utiles pour un ami étranger** Roger reçoit John, un ami américain, à Paris. Il le renseigne sur la France en employant la construction pronominale équivalente à la voix passive. Écrivez ce que Roger dit à son ami.

MODÈLE en France / les distances / calculer / en kilomètres
En France les distances se calculent en kilomètres.

1. le base-ball / ne pas jouer / en France

   ____

2. les journaux américains / vendre / partout

   ____

3. les bouquinistes / trouver / le long de la Seine

   ____

4. les films américains / projeter / dans beaucoup de cinémas

   ____

5. les chansons américaines / entendre / à la radio

   ____

6. des festivals de théâtre / donner / en été

   ____

7. un marché volant / installer / deux fois par semaine dans ce quartier

   ____

8. les billets de métro / vendre / en carnets de dix

   ____

Note culturelle

Paris

*Les bouquinistes vendent des livres d'occasion. À Paris le long de la Seine il y a des dizaines de bouquinistes dont les étalages sont de grosses boîtes en métal. Beaucoup de ces bouquinistes vendent aussi des cartes postales et des affiches qui attirent le regard du touriste. Le mot **bouquiniste** vient de **bouquin,** un mot familier pour **livre.***

En été, et surtout en province, il y a des festivals de théâtre, de danse, de musique et de cinéma. Le visiteur peut se renseigner là-dessus dans les offices de tourisme.

Les marchés volants sont des marchés mobiles qui s'installent dans un quartier urbain deux ou trois fois par semaine. Au marché on peut acheter des fruits et des légumes, des conserves et aussi des articles de ménage (housewares).

*Pour prendre le métro à Paris il faut acheter un billet. Il y a une réduction sur le tarif si on achète dix billets à la fois. Ces dix billets achetés ensemble s'appellent **un carnet.** On peut aussi acheter une Carte Orange. La **Carte Orange** est une carte avec la photo de l'usager qui lui donne le droit à un nombre illimité de trajets sur le métro pour une période précisée au moment de l'achat de la carte—une semaine ou un mois.*

Activité 8 **C'est à vous d'être le professeur de français!** Exprimez les aspects suivants de la langue française à une classe d'anglophones. Employez la construction pronominale (**se** + verbe) dans chaque cas pour formuler les règles.

MODÈLE **exagérer** / écrire / avec un seul **g**
Exagérer s'écrit avec un seul **g.**

1. le verbe **monter** / conjuguer / avec **être** au passé composé

   ____

2. dans le mot **clef** / le **f** final / ne pas prononcer

   ____

3. le subjonctif / utiliser / après **jusqu'à ce que**

   ____

4. le mot **rebuts** (*trash*) / employer / au Québec

   ____

PART I

5. *a silent film* / traduire en français / par **un film muet**

6. les mots **amoral** et **immoral** / confondre / souvent

7. le sujet / placer / devant le verbe dans les déclarations

8. le vocabulaire technique / apprendre / sans difficulté

Activité 9 **La grammaire en action** Lisez l'article et répondez aux questions.

J'ai un **rhume**

On avale une soupe au poulet. Ce remède réconfortant a récemment été étudié par des scientifiques américains, qui ont conclu que la soupe au poulet aurait des propriétés anti-inflammatoires qui combattraient les effets secondaires du rhume. Et si grand-mère n'est pas à notre chevet pour nous préparer la recette familiale, on se contente d'une soupe en conserve; les chercheurs ont constaté qu'il n'y avait pas de différence entre la soupe maison et celle en boîte... à part le goût, bien sûr.

On mange de l'ail. L'allicine, la substance qui donne à l'ail son odeur si caractéristique, a des propriétés antibactériennes et antivirales. C'est pourquoi l'ail est utilisé depuis des siècles pour combattre diverses maladies, dont le rhume et la laryngite. On peut le consommer cru, légèrement cuit ou sous forme de gélules. Attention: l'ail peut avoir des interactions notamment avec les anticoagulants et les médicaments destinés aux personnes diabétiques.

VOCABULAIRE

J'ai un rhume.

l'ail *(m.)* *garlic*
l'allicine *allicin (chemical property of garlic)*
au chevet de quelqu'un *at someone's bedside*
avaler *to swallow*

1. De quels deux remèdes traditionnels s'agit-il dans l'article? Pour quelles maladies sont-ils utiles?

____

2. Quelle différence y a-t-il entre la soupe au poulet maison et la soupe en conserve?

____

3. Comment est-ce qu'on peut consommer l'ail?

____

4. Croyez-vous à l'efficacité de ces remèdes traditionnels? Lequel prenez-vous? Quand?

____

Activité 10 **La grammaire en action** Répondez aux questions suivantes.

1. Trouvez une phrase au passif avec l'agent introduit par la préposition **par.** Écrivez cette phrase ci-dessous et refaites-la à la voix active.

____

____

____

2. Trouvez une phrase au passif sans agent. Écrivez cette phrase ci-dessous et refaites-la avec **on.**

____

____

____

3. Trouvez trois phrases avec **on** qui expriment l'idée d'un agent non précisé et une phrase dans laquelle **on** veut dire **nous.** Faites une liste de ces phrases.

On = agent non précisé

a. ____

b. ____

c. ____

On = nous

a. ____

Refaites les trois premières phrases avec **se.**

a. ____

b. ____

c. ____

PART I

Activité 11 **La grammaire en action** On dit **la soupe au poulet.** Suivez ce modèle pour nommer d'autres soupes en utilisant les mots donnés.

a. vegetable soup **(les légumes)**

____

b. onion soup **(l'oignon)**

____

CHAPTER 11 TEST

Passive voice

1 **La voix passive** Refaites les phrases suivantes à la voix passive. Conservez le temps verbal de la phrase originale.

1. Mon père a peint la cuisine.

   ____

2. Les enfants ont rangé les jouets.

   ____

3. Le professeur ouvrira les fenêtres.

   ____

4. Les amis envoient des paquets.

   ____

5. L'État a construit cette école.

   ____

6. Ma fille va préparer ce plat.

   ____

7. Les étudiants vendront ces livres.

   ____

8. Votre chef m'a invité.

   ____

9. Le chasseur a monté les valises.

   ____

10. Nos collègues ont compris cette idée.

    ____

CHAPTER 11 TEST

Passive voice

2 **Transformez les phrases** Refaites les phrases suivantes avec **se.**

1. On ne dit pas cela.

____

2. On lit beaucoup ses articles.

____

3. On comprend ce problème sans difficulté.

____

4. On ne fait pas cela.

____

5. On vend ce produit au supermarché.

____

6. On achète cela beaucoup.

____

7. On prend le dessert après le repas.

____

8. On trouve ces livres à la bibliothèque.

____

9. On installe un marché dans cette rue.

____

10. On sert le fromage comme dessert.

____

PART TWO

Nouns, adjectives, adverbs, and pronouns

PART TWO

Nouns, adjectives, adverbs, and pronouns

CHAPTERS

Chapter 12	Nouns and articles	183
Chapter 13	Adjectives, comparatives, and superlatives	205
Chapter 14	Adverbs	230
Chapter 15	Disjunctive pronouns	247
Chapter 16	Object pronouns	257
Chapter 17	Possessive and demonstrative adjectives and pronouns	282
Chapter 18	Relative pronouns and relative clauses	301

CHAPTER 12

Nouns and articles

Gender of nouns

A noun is a word that names a person, a place, a thing, an idea, or a quality. Articles, which are used before nouns, are either definite or indefinite. A definite article identifies something or someone specific (*the* apple, *the* teacher). An indefinite article is more general (*an* apple, *a* teacher).

French nouns are either masculine or feminine. The article agrees in gender and number with the noun. There are four forms of the French definite article. Both masculine and feminine singular nouns beginning with a vowel or a mute **h** take the definite article **l'**.

	MASCULINE	FEMININE
SINGULAR	**le** crayon	**la** table
	l'homme	**l'**école
PLURAL	**les** crayons	**les** tables
	les hommes	**les** écoles

There are three forms of the French indefinite article.

	MASCULINE	FEMININE
SINGULAR	**un** crayon	**une** table
	un homme	**une** école
PLURAL	**des** crayons	**des** tables
	des hommes	**des** écoles

English has no plural indefinite article. French **des** is often equivalent to *some* or *any*.

PART 2

Activité 1 **À l'école** Ajoutez à chaque substantif l'article défini et écrivez le syntagme *(phrase)* au pluriel.

MODÈLE ___le___ garçon ___les garçons___

1. ________ cahier ________
2. ________ calculette ________
3. ________ étudiant ________
4. ________ serviette ________
5. ________ papier ________
6. ________ stylo ________
7. ________ leçon ________
8. ________ calendrier ________
9. ________ bibliothèque ________
10. ________ dictionnaire ________
11. ________ histoire ________
12. ________ cloche ________
13. ________ exposé ________
14. ________ cantine ________
15. ________ magnétoscope ________

Activité 2 **Au magasin de vêtements** Ajoutez à chaque substantif l'article indéfini et écrivez le syntagme au pluriel.

MODÈLE ___un___ garçon ___des garçons___

1. ________ pull ________
2. ________ chemise ________
3. ________ pantalon ________
4. ________ cravate ________
5. ________ rayon ________
6. ________ vendeur ________
7. ________ vendeuse ________
8. ________ robe ________
9. ________ maillot de bain ________
10. ________ veste ________
11. ________ costume ________
12. ________ chemisier ________

13. ______________ solde ______________________

14. ______________ blouson ______________________

15. ______________ anorak ______________________

Most nouns referring to males are masculine. Most nouns referring to females are feminine.

un homme	une femme
un garçon	une fille
un père	une mère
un oncle	une tante

Many feminine nouns are formed by adding **-e** to the masculine form.

*un saint → une saint**e***	*un employé → une employé**e***
*un rival → une rival**e***	*un ami → une ami**e***
*un cousin → une cousin**e***	*un commerçant → une commerçant**e***
*un marchand → une marchand**e***	

In other cases, the addition of **-e** involves changes in pronunciation and spelling.

-ien → -ienne	*un Ital**ien** → une Ital**ienne***
-on → -onne	*un patr**on** → une patr**onne***
-eur → -euse	*un vend**eur** → une vend**euse***
-teur → -trice	*un ac**teur** → une ac**trice***
-er → -ère	*un bouch**er** → une bouch**ère***
-ier → -ière	*un épic**ier** → une épic**ière***

The suffix **-esse** forms the feminine of some masculine nouns.

un prince → une princ**esse**
un dieu → une dé**esse**

Many nouns have the same form for both masculine and feminine; only the article changes to indicate the gender of the person referred to.

un / une artiste	un / une élève
un / une enfant	un / une propriétaire
un / une camarade	

Some nouns are masculine even when they refer to women.

un poète	*un ingénieur*	*un peintre*
un auteur	*un juge*	*un professeur*
un docteur	*un médecin*	*un sculpteur*
un écrivain	*un ministre*	*un témoin* (witness)

Ma femme est **un auteur** très connu.	*My wife is a very famous author.*
Ta sœur est **un** très bon **peintre.**	*Your sister is a very good painter.*

Other nouns are feminine even when they refer to men.

une brute	une vedette *(film star)*
une personne	une victime

Marc est **une personne** sympathique, n'est-ce pas?	*Mark is **a nice person,** isn't he?*
Tu trouves? Tout le monde dit que c'est **une brute.**	*You think so? Everyone says that he's **a beast.***

PART 2

Activité 3 **À compléter** Choisissez le mot qui complète ces phrases.

1. Dans mon quartier l'_____________________ et son mari sont très aimables. (épicier / épicière)
2. Élisabeth est devenue _____________________ (pharmacien / pharmacienne)
3. Cette étudiante est _____________________ artiste formidable. (un / une)
4. Notre ami Frédéric est _____________ des victimes de l'accident. (un / une)
5. Tu connais _____________ docteur? Il est italien, je crois. (le / la)
6. On dit que Joseph Mercier est _____________ vedette de l'année. (le / la)
7. Leur fille est _____________ enfant de sept ans. (un / une)
8. Ma mère est _____________ seul ingénieur de l'équipe. (le / la)

Activité 4 **Elle aussi** Écrivez que les femmes mentionnées ont les mêmes caractéristiques que les hommes.

> **MODÈLE** Jacquot est clarinettiste. (sa sœur)
> Sa sœur est clarinettiste aussi.

1. Albert est musicien. (Marguerite)

   ____

2. Louis? Il est épicier. (Émilie)

   ____

3. Mon cousin est un élève de cette école primaire. (ma nièce)

   ____

4. Charles? C'est un Breton. (Éloïse)

   ____

5. Jean-Paul Sartre est un écrivain célèbre. (Simone de Beauvoir)

   ____

6. Pierre a été victime de son imprudence. (Hélène)

____

7. Maurice est un instituteur formidable. (Lise)

____

8. M. Chauvin est le propriétaire de l'établissement. (Mme Chauvin)

____

9. Son mari est juge. (sa femme)

____

10. Olivier est un médecin respecté. (Chantal)

____

11. Cet homme est aviateur. (cette femme)

____

12. Roger est un nageur formidable. (Mireille)

____

13. Paul est notre champion. (Caroline)

____

14. Je connais M. Duval, le commerçant. (Mme Mercier)

____

CHAPTER 12

Gender of nouns *(continued)*

Although many French nouns give no clue to their gender **(le peuple, la foule),** some have endings that do indicate gender.

Masculine endings

-age	un avantage, un orage, un voyage (*but* **la page, la plage)**	**-isme**	le socialisme, le communisme, le tourisme
-eau	un bateau, un cadeau, un couteau *(but* **l'eau** *(f.)*, **la peau)**	**-ment**	un bâtiment, le commencement, un monument
-et	le jouet, le secret, le sujet	**-oir**	un espoir, le mouchoir, le trottoir
-ing	le camping, le dancing, le shopping	**-ou**	le bijou, le clou, le genou

Feminine endings

-ace	la glace, la menace, la surface	**-esse**	la jeunesse, la politesse, la promesse
-ance	la brillance, la chance, l'importance	**-tion**	la nation, la production, la programmation
-ade	une ambassade, une promenade, une salade (*but* **le stade**)	**-ette**	une bicyclette, la calculette, la cassette
-ière	la frontière, la lumière, la manière	**-té**	la liberté, la société, la spécialité
-ine	une aspirine, la cuisine, la piscine (*but* **le magazine**)	**-tude**	une attitude, la gratitude, la solitude
-ise	une chemise, une surprise, une valise	**-ure**	une aventure, la lecture, la voiture
-sion	la décision, l'inversion, la télévision		

PART 2

Some nouns can be either masculine or feminine, depending on their meaning.

le critique	*critic*	**le poste**	*job, radio or TV*	**le voile**	*veil*
la critique	*criticism, review*	**la poste**	*mail, postal service*	**la voile**	*sail*
le livre	*book*	**le tour**	*tour, trip*		
la livre	*pound*	**la tour**	*tower*		

Activité 5 **Masculin ou féminin?** Choisissez l'article correct dans chaque cas.

1. François s'est acheté _____________ vélomoteur. (un / une)
2. Ce que tu as dit est vraiment _____________ compliment. (un / une)
3. La natation est _____________ activité agréable. (un / une)
4. _____________ côtelette d'agneau, s'il vous plaît. (Un / Une)
5. _____________ cyclisme est un sport important en France. (Le / La)
6. _____________ émission comptez-vous regarder ce soir? (Quel / Quelle)
7. Je n'ai pas compris _____________ message. (le / la)
8. Le pharmacien m'a donné _____________ ordonnance. (un / une)
9. Elle aime _____________ peinture. (le / la)
10. Est-ce que tu as vu _____________ stade? (le / la)
11. Le petit Georges a mangé _____________ tartine. (un / une)
12. J'ai perdu _____________ rasoir. (mon / ma)
13. Il dit toujours _____________ vérité. (le / la)
14. Vous avez lu _____________ critique du film? (le / la)
15. Je veux voir les informations. Est-ce que je peux allumer _____________ poste? (le / la)

16. Elle a acheté ______________ livre de pommes. (un / une)

17. ______________ voile couvrait le visage de la mariée *(bride)*. (Un / Une)

18. Ce bateau a fait ______________ tour du monde. (le / la)

Number of nouns

Most French nouns form their plural by adding **-s.** There are some exceptions.

Singular nouns ending in **-s, -x,** or **-z** do not change form in the plural.

le cour**s**	les cour**s**	un pri**x**	des pri**x**
une foi**s**	des foi**s**	la voi**x**	les voi**x**
le moi**s**	les moi**s**	le ne**z**	les ne**z**

Most nouns ending in **-al** have a plural form ending in **-aux.**

l'anim**al**	les anim**aux**	l'hôpit**al**	les hôpit**aux**
le chev**al**	les chev**aux**	l'idé**al**	les idé**aux**
le génér**al**	les génér**aux**	le journ**al**	les journ**aux**

There are some exceptions.

le b**al** → les b**als**	le festiv**al** → les festiv**als**
le carnav**al** → les carnav**als**	le récit**al** → les récit**als**

Nouns ending in **-au, -eau,** or **-eu** add **-x** to form the plural.

le bat**eau**	les bat**eaux**	le chev**eu**	les chev**eux**
le bur**eau**	les bur**eaux**	le j**eu**	les j**eux**

Exception: le pn**eu** → les pn**eus**

Most nouns ending in **-ou** add **-s** to form the plural, but some add **-x.**

le cl**ou** → les cl**ous**	*But:*	le ch**ou** → les ch**oux**
le tr**ou** → les tr**ous**		le gen**ou** → les gen**oux**
		le bij**ou** → les bij**oux**

Some nouns have irregular plurals.

le ciel	les **cieux**	monsieur	**messieurs**
l'œil	les **yeux**	madame	**mesdames**
le travail	les **travaux**	mademoiselle	**mesdemoiselles**
le vitrail	les **vitraux**		

CHAPTER 12

Family names in French do not change form in the plural.

Vous connaissez **les Durand?**	*Do you know* ***the Durands?***
Non, mais je sais qu'ils sont les voisins **des Chevalier.**	*No, but I know that they are neighbors* ***of the Chevaliers.***

Some nouns are used only in the plural.

les ciseaux *scissors*	**les mœurs** *morals*
les frais *expenses, cost*	**les vacances** *vacation*
les mathématiques, les maths *math*	

PART 2

Some nouns, especially abstract nouns, have no plural.

la foi *faith*	**la patience** *patience*
la paix *peace*	

Numbers and letters used as nouns also have no plural.

«Femme» s'écrit avec deux **m.**	*"Femme" is written with two* ***m's.***
Il y a deux **cinq** dans mon numéro.	*There are two* ***fives*** *in my number.*

Activité 6 **Pas un mais deux** Répondez dans chaque cas que vous cherchez / voulez / avez *deux*, pas *un* des substantifs mentionnés.

MODÈLE Vous cherchez un stylo?
Je cherche deux stylos.

1. Vous voulez un chapeau?
____

2. Vous assistez au festival?
____

3. Vous avez un neveu?
____

4. Votre nom s'écrit avec un *l*?
____

5. Vous cherchez un monsieur?
____

6. Vous étudiez un vitrail?
____

7. Vous prononcez un discours?
____

8. Vous cherchez un métal?

____

9. Vous prenez un morceau?

____

10. Vous visitez un pays?

____

11. Vous avez un choix?

____

12. Vous préparez un repas?

____

13. Vous lisez un journal?

____

14. Vous changez un pneu?

____

15. Vous avez un rival?

____

Identifying nouns referring to people: Il/Elle est vs. C'est

French has two constructions to identify a noun referring to a person.

Il est/elle est and **ils sont/elles sont** are used before an unmodified noun of profession, religion, or nationality. Note that no indefinite article is used in this construction.

Il est médecin?	*Is he a doctor?*
Non, sa femme est médecin. Lui, **il est** scientifique.	*No, his wife is a doctor. **He's** a scientist.*
Ils sont protestants, les Duvalier?	***Are** the Duvaliers Protestants?*
Lui, **il est** protestant. Elle, **elle est** catholique.	***He's** a Protestant. **She's** a Catholic.*

If the noun is modified (even by just an article), then **c'est** or **ce sont** must be used. **C'est un/une** is the most common construction to identify things.

C'est un avocat?	***Is he** a lawyer?*
Non, **ce n'est pas** un avocat. **C'est** un juge.	*No, **he's not** a lawyer. **He's** a judge.*
Ce sont des soldats?	***Are they** soldiers?*
Non, **ce sont** des pilotes.	*No, **they're** pilots.*

Activité 7 **Identifications** Complétez ces phrases en indiquant le choix correct.

1. ______________________ un journal français. (C'est / Il est)
2. ______________________ vendeuse. (C'est / Elle est)
3. ______________________ français. (Ce sont / Ils sont)
4. ______________________ des commerçants. (Ce sont / Ils sont)
5. ______________________ le propriétaire de la boutique. (C'est / Il est)
6. ______________________ une salade délicieuse. (C'est / Elle est)
7. ______________________ notre patronne. (C'est / Elle est)
8. ______________________ vedette de cinéma. (C'est / Elle est)
9. ______________________ architecte. (C'est / Il est)
10. ______________________ professeurs. (Ce sont / Ils sont)

PART 2

The partitive

The partitive article is an indefinite article used to express an indefinite quantity or part of something (English: *some, any*). The partitive article consists of **de + le, la,** or **l'. De + le** contracts to **du.** The plural of the partitive article is **des.**

du *lait*	**de la** *crème*	**des** *sandwichs*
du *pain*	**de l'***eau*	**des** *pommes*
de la *patience*	**de l'***or*	

After a negative, the partitive article is **de (d')** unless the verb is **être.** If the verb is **être,** the partitive article retains its full form. **De (D')** also replaces the indefinite article after a negative.

Tu **n'**as **pas** encore acheté **de** pain! — *You haven**'t** bought **any** bread yet!*
Tu **n'**as vraiment **pas de** patience. — *You really don**'t** have **any** patience.*

C'est du lait, ça? — *Is that milk?*
Non, **ce n'est pas du** lait. C'est de la crème. — *No, **it's not** milk. It's cream.*

Tu as **une** voiture? — *Do you have **a** car?*
Non, je **n'**ai **pas de** voiture. — *No, I don**'t** have **a** car.*

Activité 8 **Il ne reste rien à la charcuterie.** Jean-Claude va chez le charcutier du quartier pour acheter quelque chose à manger, mais il ne reste rien dans la charcuterie. Écrivez des échanges entre l'employé et Jean-Claude en suivant le modèle.

> **MODÈLE** œufs durs
> Vous avez des œufs durs?
> Non, monsieur. Il n'y a pas d'œufs durs.

1. jambon

____

____

2. salade niçoise

____

____

3. fromage

____

____

4. pâté

____

____

5. saucisson

____

____

6. saumon fumé

____

____

7. quiches

____

____

8. sandwichs

____

____

CHAPTER 12

PART 2

Activité 9 **On a fait les courses à moitié.** Tout le monde va à l'épicerie, mais personne n'a acheté tout ce qu'il fallait. Employez le partitif pour le dire, en suivant le modèle.

MODÈLE Marc / acheter / lait / eau minérale
Marc a acheté du lait, mais il n'a pas acheté d'eau minérale.

1. Suzanne / chercher / farine / œufs

____

2. moi / rapporter / pain / beurre

____

3. Laurent / trouver / champignons / salade

____

4. Élisabeth / prendre / pommes / oranges

____

5. toi et moi / acheter / petits pois / haricots verts

____

6. vous / rapporter / fromage / yaourt

____

7. toi / chercher / viande / poulet

____

8. les garçons / prendre / lait / coca

____

Activité 10 **C'est quoi, ça?** Antoinette ne reconnaît pas tous les plats qu'on a préparés. Elle demande à son amie de lui expliquer ce qu'ils sont. Suivez le modèle.

MODÈLE crème / yaourt
C'est de la crème, ça?
Non, ce n'est pas de la crème. C'est du yaourt.

1. bœuf / porc

____

____

2. poulet / dindon

____

____

3. haricots verts / endives

____

____

4. riz / couscous

____

____

5. jus / limonade

____

____

6. thon / saumon

____

____

7. bouillabaisse / soupe à l'oignon

____

____

8. crème caramel / glace

____

____

Note culturelle

Les plats traditionnels

Le couscous est un plat nord-africain, diffusé en France par le contact avec l'Afrique du Nord et par les immigrés maghrébins en France. C'est une spécialité à base de semoule à laquelle on peut ajouter de la viande ou des légumes. Souvent on y ajoute aussi des merghez, de petites saucisses nord-africaines d'un goût très relevé.

La bouillabaisse est un plat typique de la Provence. On la prépare à partir de poissons méditerranéens que l'on fait cuire dans de l'eau ou du vin blanc. On y ajoute de l'ail, du safran et des condiments pour relever la saveur des poissons.

La crème caramel est un dessert qui ressemble au flan espagnol. Elle est préparée à base de crème et de sucre fondu et roussi par l'action du feu.

De vs. the partitive: Expressions of quantity

After expressions of quantity, **de** is used instead of the partitive. The third person plural of the verb is used after expressions of quantity when it is followed by a plural noun. Note that the singular is used after the expression **la foule de.**

assez de *enough*
autant de *as much, as many*
beaucoup de *much, many*
Combien de? *How much? How many?*
une foule de *a crowd of*
moins de *less*
une multitude de *a vast number of*
peu de *few, little, not much*
plus de *more*
tant de *so much, so many*
trop de *too much, too many*
un peu de *a little (bit of)*

PART 2

Beaucoup de touristes visitent la ville.	***Many tourists visit*** *the city.*
Une foule d'étudiants sont allés voir le directeur.	***A crowd of students went*** *to see the director.*
La foule d'étudiants a été reçue par lui.	***The crowd of students was received*** *by him.*

NOTE

After approximate numbers ending in **-aine** and fractions, either the singular or plural verb is used.

Une vingtaine d'ingénieurs travaille / travaillent ici.	***About twenty engineers work*** *here.*

De is also used in expressions of weights and measures.

une boîte de *a box of*
une bouteille de *a bottle of*
un kilo de *a kilo of*
une livre de *a pound of*

J'ai **deux bouteilles de** lait.	*I have* ***two bottles of*** *milk.*
Alors, j'ai **autant de** lait que toi.	*Then I have* ***as much*** *milk* ***as*** *you do.*
Combien de viande as-tu achetée?	***How much*** *meat did you buy?*
J'ai pris **un kilo de** bœuf et **une livre de** jambon.	*I got* ***a kilo of*** *beef and* ***a pound of*** *ham.*

However, if the noun following the preposition **de** is specific in any of the preceding cases, the definite article is used and will contract with the preposition.

Peu **des** étudiants ont compris.	*Few* ***of the*** *students understood.*
Les enfants ont mangé beaucoup **du** chocolat que je leur ai donné.	*The children ate much* ***of the*** *chocolate that I gave them.*

La plupart *(most)* and **bien** *(a lot)* are followed by **de** + article.

Il étudie **la plupart du** temps?	*Does he study* ***most of the*** *time?*
Oui, il a **bien des** livres à lire.	*Yes, he has* ***a lot of*** *books to read.*

The phrase ***ne*** *+ verb +****que*** *(only)* is not really a negative and is followed by the partitive.

Tu **ne** dis **que des** sottises.	*You're saying **only** silly things.*

Note the use of the partitive with school subjects after the verb **faire.**

faire des maths, de la physique	*to study (major in) math, physics*

In formal style, **de** replaces the partitive before an adjective that *precedes* the noun.

Nous avons fait **de grands** efforts.	*We made **great** efforts.*

However, this rule is increasingly disregarded in all styles.

Elle a acheté **des belles** fleurs.	*She bought **some beautiful** flowers.*

Note, however, that **d'autres** is used in all styles.

Avez-vous **d'autres** projets?	*Do you have **other** plans?*
Oui, on en a **d'autres.**	*Yes, we have **others.***

Do not confuse the preposition **de** in expressions such as **avoir besoin de** *(to need)* and **se souvenir de** *(to remember)* with the partitive.

J'**ai besoin de** lait.	*I **need** milk.*
Je **me souviens de** l'école.	*I **remember** the school.*

CHAPTER 12

Activité 11 **À compléter** Indiquez lequel des articles proposés est le choix correct.

1. Il prend ______________ thé. (du / de)
2. Tu as besoin ______________ courage. (du / de)
3. Ils m'ont servi ______________ côtelettes de veau. (des / de)
4. Moi, je ne mange pas ______________ veau. (un / du / de)
5. Elle ne fait que ______________ bêtises. (des / de)
6. Nous cherchons ______________ crayons. (des / de)
7. Ce soir on prépare ______________ poulet. (du / de)
8. Combien ______________ cours suivez-vous? (des / de)
9. Nous avons autant ______________ problèmes que vous. (des / de)
10. Achète une livre ______________ poires. (des / de)
11. La plupart ______________ étudiants sont sympathiques. (des / de)
12. Les professeurs donnent trop ______________ travail. (du / de)
13. Il ne lit plus les mêmes livres. Il en lit ______________ autres. (des / d')
14. Bien ______________ journalistes ont écrit à ce sujet. (des / de)

Activité 12 **Comment est-ce que ça se dit?** Traduisez les échanges suivants en français.

1. We need coffee.
   I bought coffee.
   How much coffee did you buy?
   I bought enough coffee for us. I also bought three hundred grams of tea.

   ____

   ____

   ____

   ____

2. Most of the books that I read were interesting.
   Too many of the books that I read were boring.

   ____

   ____

PART 2

More uses of the articles

The definite article designates a specific noun.

Je vais te montrer **le dessert.**	*I'm going to show you* ***the dessert.***
Le dessert que tu as préparé?	***The dessert*** *you prepared?*

The French definite article labels nouns used in a general sense. English nouns are used without any article in this meaning.

La démocratie et **la liberté** sont des traits essentiels des États-Unis.	***Democracy*** *and* ***freedom*** *are basic characteristics of the United States.*

Contrast the general and specific use of the definite article in the following example.

J'adore **la viande,** mais je n'aime pas **la viande** qu'on sert dans ce bistrot.	*I love* ***meat*** *(in general), but I don't like* ***the meat*** *they serve in that bistrot (specific).*

In a restaurant the definite article is often used when ordering.

Pour moi, **le rosbif** et pour ma femme, **le canard à l'orange.**	*I'll have* ***roast beef*** *and my wife will have* ***duck in orange sauce.***

In a restaurant the indefinite article is often used to designate a serving of something.

Un café et **un** chocolat chaud, s'il vous plaît.	***A cup of*** *coffee and* ***a cup of*** *hot chocolate, please.*

The partitive article before names of foods and beverages designates an indefinite quantity. English may or may not use the words *some* or *any* in these cases.

Tu veux boire **du** chocolat chaud?	*Would you like to drink hot chocolate?*
Non, merci. Tu as **du** café?	*No, thanks. Do you have **any** coffee?*

Compare the use of the articles with the word **thé** in the following sentences.

Le thé est une boisson d'origine orientale.	***Tea** is a drink that comes from the Orient. (general)*
J'aime **le thé** que vous avez acheté.	*I like **the tea** that you bought. (specific)*
Un thé, s'il vous plaît.	***A cup of tea,** please. (a standard serving, said to a waiter)*
Après mon dîner, je bois **du thé.**	*After my dinner, I drink **tea.** (indefinite quantity)*

After the prepositions **avec** and **sans** no article is used unless the noun is modified.

Il a écouté **avec** attention.	*He listened with attention (attentively).*
Et il a rédigé une composition **sans** faute.	*And he wrote a composition without a mistake.*
Il a agi **avec** courage.	*He acted courageously.*
Il a agi **avec un** courage admirable.	*He acted with admirable courage.*

CHAPTER 12

Activité 13 **Qu'est-ce qui manque?** Complétez les phrases suivantes avec l'article qui manque. Si aucun article ne manque, marquez le blanc avec un **X.**

1. Pour moi, ______________ coq au vin et ______________ pommes de terre à la lyonnaise.
2. Tu ne veux pas ______________ bœuf?
3. Non, je mange très peu ______________ viande. Je préfère ______________ poulet.
4. Garçon! ______________ limonade et ______________ citron pressé, s'il vous plaît.
5. Je regrette, mais nous n'avons plus ______________ citron pressé.
6. Alors, ______________ jus d'orange.
7. Pour un étudiant en médecine, ______________ diligence est très importante.
8. Il lui faut un peu de ______________ repos aussi.
9. Mais, en général, ______________ étudiants en médecine ont très peu ______________ temps pour se reposer.
10. Tu aimes ______________ cinéma français?

11. Oui, il y a ______________ films qui m'ont beaucoup plu. Mais je crois que je préfère ______________ films italiens.

12. On passe ______________ nouveaux films italiens au Pathé cette semaine. Tu veux aller les voir?

13. Oui, bien sûr. Mais j'ai tant ______________ travail. On va voir. Si j'ai ______________ temps libre, on ira au Pathé.

14. ______________ ordinateur est essentiel dans ______________ bureaux modernes.

15. C'est pour ça que beaucoup ______________ étudiants font ______________ informatique.

16. ______________ informatique est une des matières les plus étudiées aujourd'hui.

17. La plupart ______________ étudiants ont un ordinateur dans leur chambre.

18. ______________ jeux électroniques sont aussi appréciés que ______________ logiciels scientifiques.

PART 2

Activité 14 **Comment?** Traduisez les phrases suivantes en français. Choisissez parmi les substantifs suivants pour traduire les adverbes anglais par une phrase prépositive commençant par **avec** ou **sans.**

attention	joie
courage	peur
haine	soin
intelligence	tendresse

1. He spoke intelligently.

____

2. She acted courageously.

____

3. We set out fearlessly.

____

4. He answered hatefully.

____

5. He played joylessly.

____

6. He wrote his composition carelessly.

____

7. She spoke to him tenderly.

___

8. He listened attentively.

___

Activité 15 **Activité orale** Avec trois ou quatre camarades, jouez une scène au restaurant. Posez des questions au garçon et commandez les plats et les boissons. Faites attention à l'emploi des articles.

Activité 16 **La grammaire en action** Lisez l'article et répondez aux questions suivantes.

LES PRINCIPAUX CLIMATS DANS LE MONDE

LE CLIMAT SEC

Températures très élevées le jour pouvant descendre en-dessous de zéro la nuit. Ciel constamment dégagé. Précipitations rares.

LE CLIMAT TROPICAL

Températures élevées et fortes précipitations tout au long de l'année. Ciel très souvent nuageux. Humidité constante.

LE CLIMAT TEMPERE

Saisons contrastées (hiver froid et été chaud). Conditions météo très changeantes, fortement influencées par le passage des dépressions (tempêtes) ou par l'installation d'un anticyclone.

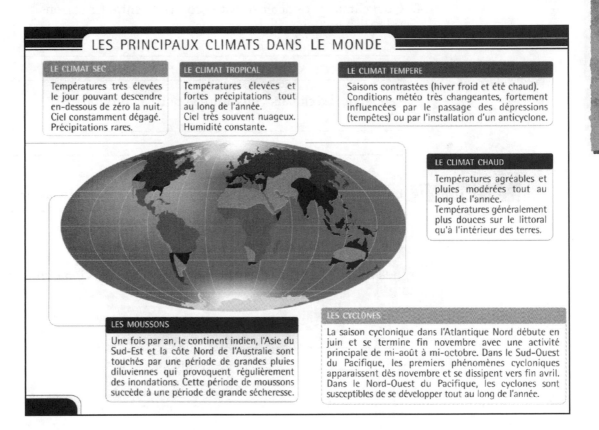

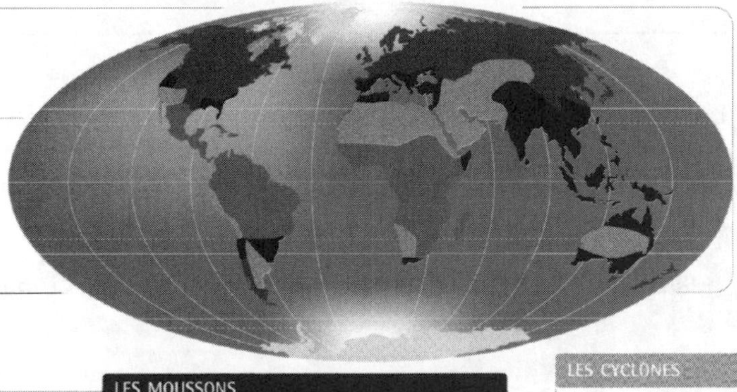

LE CLIMAT CHAUD

Températures agréables et pluies modérées tout au long de l'année. Températures généralement plus douces sur le littoral qu'à l'intérieur des terres.

LES MOUSSONS

Une fois par an, le continent indien, l'Asie du Sud-Est et la côte Nord de l'Australie sont touchés par une période de grandes pluies diluviennes qui provoquent régulièrement des inondations. Cette période de moussons succède à une période de grande sécheresse.

LES CYCLONES

La saison cyclonique dans l'Atlantique Nord débute en juin et se termine fin novembre avec une activité principale de mi-août à mi-octobre. Dans le Sud-Ouest du Pacifique, les premiers phénomènes cycloniques apparaissent dès novembre et se dissipent vers fin avril. Dans le Nord-Ouest du Pacifique, les cyclones sont susceptibles de se développer tout au long de l'année.

VOCABULAIRE

Les climats

l'anticyclone *(m.)* *area of high pressure*
dégagé *clear*
diluvien(ne) *torrential*
le littoral *shore, coast*
la mousson *monsoon*
la sécheresse *drought*

1. Quelles sont les principales différences entre le climat sec et le climat tropical?

____

____

2. Expliquez les différences entre les moussons et les cyclones.

____

____

3. Pensez au climat de la région où vous habitez. À quel climat appartient-il?

____

____

4. Quel climat se caractérise par le contraste entre les saisons? Quelles sont les caractéristiques de ces saisons?

____

____

5. Lequel de ces climats vous attire le plus? Pourquoi?

____

____

PART 2

Activité 17 **La grammaire en action** Dans cet article, on trouve des adjectifs comme **cyclonique, pluvieux** et **sec.** Nommez les substantifs qui corréspondent aux adjectifs et aux verbes donnés. Employez un dictionnaire pour vous aider s'il est nécessaire.

MODÈLE le cyclone — cyclonique

1. ____________ chaud
2. ____________ contrasté
3. ____________ débuter
4. ____________ développer
5. ____________ doux
6. ____________ élevé
7. ____________ fort
8. ____________ froid
9. ____________ grand
10. ____________ influencé
11. ____________ modéré
12. ____________ nuageux
13. ____________ provoquer
14. ____________ succéder
15. ____________ susceptible

CHAPTER 12 TEST

Nouns and articles

1 Les articles Écrivez les articles défini et indéfini pour chaque substantif.

MODÈLE ___le___ ___un___ garçon

1. ______ ______ siècle
2. ______ ______ fenêtre
3. ______ ______ ingénieur
4. ______ ______ dictionnaire
5. ______ ______ vitrine
6. ______ ______ ordinateur
7. ______ ______ leçon
8. ______ ______ bibliothèque
9. ______ ______ produit
10. ______ ______ journal

2 Le pluriel Refaites les phases suivantes au pluriel.

1. ______ un travail
2. ______ un idéal
3. ______ un clou
4. ______ un cours
5. ______ la voix
6. ______ le chou
7. ______ la cravate
8. ______ le bateau

CHAPTER 12 TEST

Nouns and articles

3 **Le partitif** Écrivez les substantifs suivants avec l'article partitif.

MODÈLE ___du lait___ lait

1. ____________________ bonheur
2. ____________________ courage
3. ____________________ importance
4. ____________________ eau
5. ____________________ chance
6. ____________________ pizza
7. ____________________ poulet

CHAPTER 13

Adjectives, comparatives, and superlatives

Gender of adjectives

Adjectives give information about nouns and pronouns (a *small* box, a *different* book). French adjectives agree in gender and number with the noun or pronoun they modify. Most masculine adjectives add **-e** to form the feminine.

grand → grand**e** *big*
espagnol → espagnol**e** *Spanish*
prochain → prochain**e** *next*
noir → noir**e** *black*
gris → gris**e** *gray*
petit → petit**e** *little, small*
compliqué → compliqué**e** *complicated*
poli → poli**e** *polite*
bleu → bleu**e** *blue*

Adjectives with a masculine form ending in **-e** do not change to form the feminine.

bizarr**e** → bizarr**e** *strange, peculiar*
difficil**e** → difficil**e** *difficult*
drôl**e** → drôl**e** *funny*
jaun**e** → jaun**e** *yellow*
logiqu**e** → logiqu**e** *logical*
roug**e** → roug**e** *red*

Most masculine adjectives ending in **-x** have feminine forms ending in **-se.**

dangereu**x** → dangereu**se** *dangerous*
généreu**x** → généreu**se** *generous*
heureu**x** → heureu**se** *happy*
merveilleu**x** → merveilleu**se** *marvelous*
nerveu**x** → nerveu**se** *nervous*
sérieu**x** → sérieu**se** *serious*

Masculine adjectives ending in **-f** have feminine forms ending in **-ve.**

acti**f** → acti**ve** *active*
naï**f** → naï**ve** *naive*
neu**f** → neu**ve** *new*
sporti**f** → sporti**ve** *athletic*

Adjectives ending in **-el, -en,** or **-on** double the final consonant before adding **-e.**

actu**el** → actu**elle** *present, present-day*
cru**el** → cru**elle** *cruel*
canad**ien** → canad**ienne** *Canadian*
europ**éen** → europ**éenne** *European*
b**on** → b**onne** *good*
mign**on** → mign**onne** *cute*

Gentil, pareil, and **nul** also double the final **-l** before adding **-e: gentille, pareille, nulle.**

Some masculine adjectives ending in **-s** have a feminine form ending in **-sse.**

ba**s** → ba**sse** *low*
épai**s** → épai**sse** *thick*
gra**s** → gra**sse** *fat, fatty*
gro**s** → gro**sse** *big, fat*

Some masculine adjectives ending in **-et** have feminine forms ending in **-ète.**

compl**et** → compl**ète** *complete*
discr**et** → discr**ète** *discreet*
inqui**et** → inqui**ète** *restless, upset*
secr**et** → secr**ète** *secretive*

Some masculine adjectives ending in **-et** or **-ot** double the final **-t** before adding **-e.**

coqu**et** → coqu**ette** *flirtatious*
mu**et** → mu**ette** *mute*
s**ot** → s**otte** *foolish*

Masculine adjectives ending in **-er** have feminine forms ending in **-ère.**

am**er** → am**ère** *bitter*
derni**er** → derni**ère** *last*
étrang**er** → étrang**ère** *foreign*
lég**er** → lég**ère** *light*

Masculine adjectives derived from verbs and ending in **-eur** have feminine forms ending in **-euse.**

flatter → flatt**eur** → flatt**euse** *flattering*
tromper → tromp**eur** → tromp**euse** *deceptive*

Some adjectives have irregular feminine forms.

beau → **belle** *beautiful, handsome*	**faux** → **fausse** *false*	**long** → **longue** *long*
blanc → **blanche** *white*	**favori** → **favorite** *favorite*	**nouveau** → **nouvelle** *new*
bref → **brève** *brief*	**fou** → **folle** *mad, crazy*	**public** → **publique** *public*
doux → **douce** *sweet, gentle, soft*	**frais** → **fraîche** *fresh*	**roux** → **rousse** *redheaded*
	franc → **franche** *frank*	**sec** → **sèche** *dry*
	grec → **grecque** *Greek*	**vieux** → **vieille** *old*

Some adjectives are invariable. They do not change form to reflect gender or number.

un pantalon **chic** ***stylish*** *pants*
une robe **chic** *a* ***stylish*** *dress*

Adjectives of color derived from nouns such as **marron, orange, rose,** are invariable.

des chaussures **marron** ***brown*** *shoes*
des chaussettes **rose** ***pink*** *socks*

Phrases referring to color containing **clair** *(light)* and **foncé** *(dark)* are also invariable.

une robe **vert clair** *a* ***light green*** *dress*
une jupe **bleu foncé** *a* ***dark blue*** *skirt*

Activité 1 **Tous les deux** Répondez aux questions en disant que la deuxième chose ou personne mentionnée a la même caractéristique que la première. Suivez le modèle.

> **MODÈLE** Ce lycée est grand. Et cette école?
> Elle est grande aussi.

1. Ce pain est très frais. Et cette tarte?

____

2. Ce café est amer. Et votre limonade?

____

3. Mon voisin est très sot. Et votre voisine?

____

4. Ce compte rendu est complet. Et cette page?

____

5. Ce tableau est ancien. Et cette sculpture?

____

6. Le frère de Rosette est brun. Et sa sœur?

____

7. Le concert est merveilleux. Et la pièce de théâtre?

____

8. Le président est très discret. Et sa secrétaire?

____

9. Son père est roux. Et sa tante?

____

10. Le film est sensationnel. Et la musique?

____

11. Leur cousin est sportif. Et leur cousine?

____

12. Leur fils est mignon. Et leur fille?

____

PART 2

Activité 2 **Substitution** Refaites les locutions suivantes en faisant les substitutions indiquées.

MODÈLE un garçon intelligent (fille)
une fille intelligente

1. le gouvernement actuel (administration)

 ____

2. une histoire drôle (récit)

 ____

3. un chapeau chic (écharpe)

 ____

4. une conclusion logique (résultat)

 ____

5. le théâtre grec (langue)

 ____

6. l'ordre public (opinion)

 ____

7. un enfant nerveux (mère)

 ____

8. une valise légère (paquet)

 ____

9. une chanson favorite (film)

 ____

10. un fromage exquis (viande)

 ____

11. un calme trompeur (tranquillité)

 ____

12. un goût délicat (nourriture)

 ____

Plural of adjectives

Most French adjectives are made plural by adding **-s** to the masculine or feminine singular form.

noir → *noir**s***	*drôle* → *drôle**s***
bon → *bon**s***	*heureuse* → *heureuse**s***
poli → *poli**s***	*blanche* → *blanche**s***

Masculine singular adjectives ending in **-s** or **-x** do not change form in the plural.

des gâteaux **délicieux** *delicious cakes*
des bâtiments ba**s** *low buildings*

Adjectives ending in **-eau,** such as **beau, nouveau,** add **-x** to form the masculine plural.

de beau**x** jardins *beautiful gardens*
des mots nouveau**x** *new words*

Most masculine singular adjectives ending in **-al** have plural forms ending in **-aux.**

des plans géni**aux** *brilliant plans*
des problèmes soci**aux** *social problems*

But the adjectives **banal, fatal, final, natal,** and **naval** form the masculine plural by adding **-s.**

les examens final**s** *final exams*
leurs pays natal**s** *their native countries*

CHAPTER 13

Activité 3 **Pas un mais deux** Répondez dans chaque cas qu'il s'agit de deux choses, pas d'une seule.

MODÈLE Tu as vu un beau monument?
J'ai vu deux beaux monuments.

1. Tu vas passer un examen oral?

____

2. Tu as vu un film affreux?

____

3. Il y a un gros immeuble dans cette rue?

____

4. Tu as l'examen final aujourd'hui?

____

5. Il a un cousin roux?

____

6. Il a écrit un livre banal?

____

7. Il étudie un cas spécial?

____

8. Ils ont fait un voyage dangereux?

____

9. Tu as appris un mot nouveau?

____

10. Il y a un œuf frais dans le frigo?

____

11. Nous allons visiter un monument national?

____

12. Tu as acheté un produit local?

____

PART 2

Activité 4 **On court les magasins.** Vous demandez des choses dans différents magasins. Qu'est-ce que le vendeur ou la vendeuse vous répond? Suivez le modèle.

MODÈLE Je cherche une robe longue.
Voici les robes longues.

1. Je cherche un parfum français.

____

2. Je voudrais un légume frais.

____

3. J'ai besoin d'un journal espagnol.

____

4. Je veux acheter un fromage crémeux.

____

5. Montrez-moi, s'il vous plaît, un fromage gras.

____

6. J'ai besoin d'un pantalon gris.

____

7. Vous avez un foulard bleu?

____

8. Je voudrais lire un roman québécois.

____

Activité 5 **La vie intellectuelle** Formez des phrases qui seraient utiles dans des discussions intellectuelles en ajoutant la forme correcte des adjectifs aux substantifs donnés.

1. **actuel**
   a. les élections ______
   b. l'économie ______
   c. les conflits ______
2. **international**
   a. des efforts ______
   b. des organisations ______
   c. une entreprise ______
3. **grec**
   a. la poésie ______
   b. les régions ______
   c. les dialectes *(m.)* ______
4. **classique**
   a. la musique ______
   b. les philosophes ______
   c. les chansons ______
5. **religieux**
   a. une croyance ______
   b. des sentiments ______
   c. des conceptions ______
6. **européen**
   a. l'union ______
   b. les pays ______
   c. les langues ______
7. **concret**
   a. des exemples ______
   b. une application ______
   c. des actions ______
8. **étranger**
   a. des influences ______
   b. la littérature ______
   c. les ambassadeurs ______
9. **fictif** *(fictional)*
   a. des personnages ______
   b. une situation ______
   c. des histoires ______
10. **naval**
    a. l'école ______
    b. des combats ______
    c. les bases ______

Position of adjectives

Most French adjectives follow the noun they modify.

C'est un garçon **intelligent.**	*He's an* ***intelligent*** *boy.*
C'est une femme **cultivée.**	*She's a* ***cultured*** *woman.*

Some common adjectives referring to beauty, age, goodness, and size usually precede the noun.

beau *beautiful, handsome*	**gros** *big, fat*	**mauvais** *bad*
bon *good*	**jeune** *young*	**nouveau** *new*
gentil *nice, friendly*	**joli** *pretty*	**petit** *small*
grand *big*	**long** *long*	**vieux** *old*

PART 2

Nous sommes arrivés à ce **petit** hôtel après un **long** voyage.	*We arrived at this* ***small*** *hotel after a* ***long*** *trip.*

Special forms of **beau, nouveau,** and **vieux** are used before masculine singular nouns beginning with a vowel.

un **beau** bâtiment	un **nouveau** bâtiment	un **vieux** bâtiment
un **bel** immeuble	un **nouvel** immeuble	un **vieil** immeuble

Ordinal numbers and some other common adjectives usually precede the noun they modify.

autre *other*	**plusieurs** *several*	**quelques** *(pl.)* *a few*
chaque *each*	**premier** *first*	**tel** *such*

Prenez la **troisième** rue à gauche.	*Turn left at the* ***third*** *street.*
Chaque étudiant a **plusieurs** livres.	***Each*** *student has* ***several*** *books.*

When more than one adjective is used to describe a noun, each adjective is placed in its usual position. If two adjectives occupy the same position before or after the noun, they are joined by **et.**

un **bon** compte rendu **intéressant**	*a* ***good, interesting*** *report*
un compte rendu **intéressant et compréhensif**	*an* ***interesting, comprehensive*** *report*
un **long et mauvais** compte rendu	*a* ***long, bad*** *report*

Some adjectives can either follow or precede a noun, but their meaning changes depending on their position. Usually, they have a literal meaning when they follow the noun and a figurative meaning when they precede it.

un **ancien** combattant *a **former** soldier (veteran)*
une ville **ancienne** *an **old, ancient** city*

un **brave** homme *a **decent** man*
un soldat **brave** *a **brave** soldier*

certains pays ***certain (some)** countries*
un échec **certain** *a **sure** failure*

mon **cher** ami *my **dear** friend*
une voiture **chère** *an **expensive** car*

la **dernière** fois *the **last (final)** time*
l'année **dernière** ***last (preceding)** year*

la **même** idée *the **same** idea*
le jour **même** *the **very** day*

un **pauvre** homme *a **poor (unfortunate)** man*
un homme **pauvre** *a **poor (penniless)** man*

la **prochaine** fois *the **next (following)** time*
la semaine **prochaine** ***next** week*

ma **propre** chambre *my **own** room*
une chambre **propre** *a **clean** room*

un **sale** quartier *a **nasty (awful)** neighborhood*
un quartier **sale** *a **dirty** neighborhood*

la **seule** femme *the **only** woman*
une femme **seule** *a woman **alone***

un **simple** citoyen *an **ordinary** citizen*
un texte **simple** *a **simple** text*

un **vrai** ami *a **real** friend*
une histoire **vraie** *a **true** story*

CHAPTER 13

Note that the plural indefinite article **des** usually changes to **de** before an adjective.

de vrais amis *real friends* **de** jeunes hommes *young men*

Activité 6 **Identifiez.** Complétez les réponses de Micheline aux questions de son amie Solange en écrivant un des adjectifs de la liste ci-dessus dans le blanc convenable. Faites attention au placement de l'adjectif pour exprimer l'idée communiquée par chaque échange entre les deux amies.

MODÈLE Solange: Ta nouvelle jupe a coûté beaucoup d'argent?
Micheline: Oui, c'est une __________ jupe
chère.

1. Solange: Tu as déjà étudié avec M. Deschênes?
Micheline: Oui, c'est mon ____________________ professeur ____________________.

2. Solange: Tu es allée en Bretagne il y a un mois?
Micheline: Oui, j'y suis allée le ____________________ mois ____________________.

3. Solange: Tes voisins les Durand n'ont pas beaucoup d'argent, n'est-ce pas?
Micheline: C'est vrai. C'est une ____________________ famille ____________________.

4. Solange: Tu n'as pas fait de fautes à l'examen de maths?
   Micheline: J'étais la ______________________ étudiante / l'étudiante ______________________ à résoudre tous les problèmes.
5. Solange: Hélène est toujours disposée à nous aider.
   Micheline: Oui, c'est une ______________________ amie ______________________.
6. Solange: Olivier ne nettoie jamais son appartement.
   Micheline: Tu as raison. C'est un ______________________ appartement ______________________.
7. Solange: Tous les détails de l'histoire sont exacts.
   Micheline: Oui, c'est une ______________________ histoire ______________________.
8. Solange: Tes parents t'ont offert une bicyclette pour ton anniversaire, n'est-ce pas?
   Micheline: Oui, j'ai ma ______________________ bicyclette ______________________ maintenant.

PART 2

Activité 7 **Décrivons!** Formez des descriptions en partant des éléments donnés. Faites attention au genre, au nombre et aux formes spéciales des adjectifs.

MODÈLE jeune / professeurs
de jeunes professeurs

1. beau / terrasse
   ____
2. vieux / églises
   ____
3. vieux / objet
   ____
4. nouveau / ordinateur
   ____
5. nouveau / industrie
   ____
6. vieux / instruments
   ____
7. beau / accent
   ____

8. nouveau / usines

____

9. beau / animaux

____

10. vieux / assiette

____

11. nouveau / avions

____

Activité 8 **À l'école avec Odile** Odile décrit ses compagnons, ses professeurs, ses classes et le lycée où elle étudie. Pour voir ce qu'elle dit, ajoutez les adjectifs entre parenthèses aux phrases pour modifier les substantifs en italique. Faites attention à l'accord et au placement des adjectifs.

> **MODÈLE** Mon professeur de français est une *femme.* (intelligent, cultivé)
> Mon professeur de français est une femme intelligente et cultivée.

1. Nous assistons aux conférences dans une *salle.* (grand, ancien)

____

2. Pour la classe d'anglais nous préparons des *exposés.* (petit, intéressant)

____

3. Dans la classe de maths nous subissons des *épreuves.* (long, difficile)

____

4. Derrière le lycée il y a un *jardin.* (petit, joli)

____

5. J'y vais souvent avec mon ami Philippe. C'est un *garçon.* (beau, gentil)

____

6. Nous parlons des *poèmes* qu'il faut préparer. (nouveau, français)

____

7. Il y a des *professeurs* au lycée. (plusieurs, excellent)

____

8. Ils font des *cours.* (passionnant, utile)

____

Activité 9 **Et maintenant il s'agit de vous.** Décrivez ces aspects de votre vie en ajoutant deux adjectifs à chaque phrase pour modifier les substantifs en italique.

1. Mon ami ______________________ est un *garçon.*

   ____
2. Mon amie ______________________ est une *fille.*

   ____
3. Mon professeur d'anglais est un *homme* / une *femme.*

   ____
4. J'habite dans une *maison* / un *appartement.*

   ____
5. J'habite dans un *quartier.*

   ____
6. J'aime les *chansons.*

   ____
7. Mes amis et moi, nous aimons les *films.*

   ____
8. Je préfère les *conversations.*

   ____

PART 2

Comparison of adjectives, adverbs, nouns, and verbs

An object or a person may be seen as having more, less, or the same amount of a characteristic as another object or person. To express this, French and English use comparative constructions.

To make comparisons of superiority, French uses the construction ***plus*** + *adjective* + ***que.***

Le boulevard est **plus large que** notre rue.	*The boulevard is **wider than** our street.*

To make comparisons of inferiority, French uses the construction ***moins*** + *adjective* + ***que.***

Mais le boulevard est **moins large que** l'autoroute.	*But the boulevard is **less wide than (not as wide as)** the superhighway.*

To make comparisons of equality, French uses the construction ***aussi*** + *adjective* + ***que.***

Le boulevard est **aussi large que** l'avenue de la République.	*The boulevard is **as wide as** the Avenue of the Republic.*

The adjectives **bon** and **mauvais** have irregular comparative forms.

bon(ne)(s) → **meilleur(e)(s)**	mauvais(e)(s) → **pire(s) (plus mauvais)**
Ce restaurant est **meilleur que** l'autre.	*This restaurant is* ***better than*** *the other one.*
Le bruit est **pire (plus mauvais)** ici **que** dans mon quartier.	*The noise is* ***worse*** *here* ***than*** *in my neighborhood.*

Adverbs are compared in the same way as adjectives.

Elle répond **plus poliment que** lui.	*She answers* ***more politely than*** *he does.*
Elle répond **moins poliment que** lui.	*She answers* ***less politely than*** *he does.*
Elle répond **aussi poliment que** lui.	*She answers* ***as politely as*** *he does.*

The adverbs **bien** and **mal** have irregular comparative forms: **mieux** *(better)* and **pire** *(worse).* **Pire** may be replaced by **plus mal.** The comparative of **beaucoup** is **plus,** and the comparative of **peu** is **moins.**

On dit que M. Morot enseigne **mieux que** Mme Richard.	*They say that Mr. Morot teaches* ***better than*** *Mrs. Richard.*
J'en doute. Ses étudiants écrivent **pire (plus mal) que** les étudiants de Mme Richard.	*I doubt it. His students write* ***worse than*** *Mrs. Richard's students do.*

When verbs are compared, **autant** replaces **aussi** in comparisons of equality.

Je travaille **plus / moins que** toi.	*I work* ***more / less than*** *you do.*
Je travaille **autant que** toi.	*I work* ***as much as*** *you do.*

The comparison of nouns resembles the comparison of verbs. **De** is used before the noun.

Il a **plus / moins de soucis que** nous.	*He has* ***more / fewer worries than*** *we do.*
Il a **autant de soucis que** nous.	*He has* ***as many worries as*** *we do.*

In comparisons, **que** may be followed by a noun, a disjunctive pronoun, a demonstrative or possessive pronoun, a prepositional phrase, or an adjective. In the last case, the adjective functions as a noun.

Le chemisier jaune est plus chic que **le vert.**	*The yellow blouse is more stylish than* ***the green one.***
Les petits enfants étudient autant que **les grands.**	*The little children study as much as* ***the big ones.***
Ce roman est moins intéressant que **ceux de l'autre auteur.**	*This novel is not as interesting as* ***the ones by the other author.***

Activité 10 **Notre ville** Faites les comparaisons indiquées par le signe arithmétique.

> **MODÈLE** le lycée / – vieux / l'école primaire
> Le lycée est moins vieux que l'école primaire.

1. le stade / + grand / salle de concert
   Le stade est plus grand que la salle de concert.
2. les cinémas / + nombreux / les théâtres
   Les cinémas sont plus nombreux que les théâtres.
3. la faculté de médecine / = importante / la faculté de droit
   La faculté de médecine est aussi importante que la faculté de droit.
4. le jardin zoologique reçoit / = visiteurs / la bibliothèque municipale
   Le jardin zoologique reçoit autant de visiteurs que la bibliothèque municipale.
5. le musée scientifique / – grand / le musée d'art
   Le musée scientifique est moins grand que le musée d'art.
6. les restaurants ici / = chers / les restaurants parisiens
   Les restaurants ici sont aussi chers que les restaurants parisiens.
7. les rues de la vieille ville / + étroites / rues des quartiers modernes
   Les rues de la vieille ville sont plus étroites que les rues des quartiers modern-
8. le quartier des affaires / – animé / le quartier des étudiants
   Le quartier des affaires est moins animé que le quartier des étudiants.
9. la piscine municipale / + bonne / la plage au bord du fleuve
   La piscine municipale est meilleure que la plage au bord du fleuve.
10. la maison de la culture offre / = activités / le centre communautaire *(community center)*
    La maison de la culture offre autant d'activités que le centre communautaire.

Activité 11 **Un moment difficile au lycée** Ces lycéens sont très occupés. Exprimez ce qu'ils font en employant la comparaison des substantifs **(plus de, moins de, autant de).** Suivez le modèle.

> **MODÈLES** Richard lit trois romans. Odile en lit deux.
> Richard lit plus de romans qu'Odile.
>
> Richard lit trois romans. Odile en lit quatre.
> Richard lit moins de romans qu'Odile.
>
> Richard lit trois romans. Odile en lit trois aussi.
> Richard lit autant de romans qu'Odile.

1. Frédéric suit cinq cours. Marc en suit quatre.

   Frédéric suit plus de cours que Marc.

2. Sylvie écrit deux thèmes. Robert en écrit un.

   Sylvie écrit plus de thèmes que Robert.

3. Monique subit trois examens. Marcelle en subit quatre.

   Monique subit moins d'examens que Marcelle.

4. Maurice résoud *(solves)* trois problèmes de maths. Philippe en résoud trois aussi.

   Maurice résoud autant de problèmes de maths que Philippe

5. Marie-Laure étudie deux langues étrangères. Alfred en étudie deux aussi.

   Marie-Laure étudie autant de langues étrangères qu'Alfred

6. Claudine apprend trois poèmes. Chantal en apprend quatre.

   Claudine apprend moins de poèmes que Chantal.

7. Hervé analyse cinq œuvres. Charles en analyse quatre.

   Hervé analyse plus d'œuvres que Charles.

8. Julie fait six expériences de chimie. Serge en fait six aussi.

   Julie fait autant de expériences de chimie que Serge.

CHAPTER 13

Activité 12 **Les impressions** Un(e) ami(e) vous dit ses impressions. Vous les contredisez moyennant des comparaisons, selon les indications données. Faites attention aux signes arithmétiques et suivez le modèle.

MODÈLES J'ai l'impression que Corinne ne travaille pas beaucoup. (+ / les autres)
Ce n'est pas vrai. Elle travaille plus que les autres.

J'ai l'impression que Corinne ne travaille pas beaucoup. (= / les autres)
Ce n'est pas vrai. Elle travaille autant que les autres.

1. J'ai l'impression que ton frère dort trop. (– / moi)

   ____

2. J'ai l'impression que Danielle n'étudie pas beaucoup. (+ / Élaine)

   ____

3. J'ai l'impression que notre professeur parle trop. (– / le professeur de Justine)

   ____

4. J'ai l'impression que ton chien ne mange pas beaucoup. (= / les autres chiens)

____

5. J'ai l'impression que tu ne lis pas beaucoup. (+ / toi)

____

6. J'ai l'impression que Paul ne comprend pas beaucoup. (= / les autres étudiants)

____

PART 2

Activité 13 **Les professeurs parlent de leurs étudiants.** Exprimez ces idées avec le comparatif des adverbes en refaisant les phrases selon les modèles.

MODÈLES Jacques travaille sérieusement. Laurent, pas tellement.
Jacques travaille plus sérieusement que Laurent.

Jacques travaille sérieusement. Laurent, même plus.
Jacques travaille moins sérieusement que Laurent.

Jacques travaille sérieusement. Laurent aussi.
Jacques travaille aussi sérieusement que Laurent.

1. Monique répond intelligemment. Christine, même plus.

____

2. Édouard rédige soigneusement. Louis, pas tellement.

____

3. Nicole travaille rapidement. Lucien aussi.

____

4. Anne-Marie écoute attentivement. Guillaume aussi.

____

5. Gérard oublie souvent. Paulette, même plus.

____

6. François se comporte bien. Georges, pas tellement.

____

Activité 14 **Et vous?** Faites des comparaisons entre cette année à l'école et l'année dernière quant aux choses indiquées. Utilisez des pronoms démonstratifs après **que** et faites attention à la forme des adjectifs.

MODÈLE mes classes / difficile
Mes classes sont plus / moins / aussi difficiles que celles de l'année dernière.

1. nos manuels / intéressant

____

2. mes camarades de classe / sympathique

____

3. les professeurs / exigeant

____

4. les devoirs / facile

____

5. la nourriture qu'on sert à la cantine *(lunchroom)* / bon

____

6. mon horaire / commode

____

7. la classe de français / passionnant

____

8. les bals qu'on organise / amusant

____

CHAPTER 13

Activité 15 **Comparez.** Choisissez des élements des trois colonnes pour exprimer des comparaisons basées sur votre expérience personnelle.

ma chambre	grand	la chambre de ________________
ma maison	petit	la maison de ________________
mon appartement	joli	l'appartement de ________________
mes CD	laid	les CD de ________________
mon école	intéressant	l'école de ________________
mon quartier	bon	le quartier de ________________
mes amis	mauvais	les amis de ________________
mes professeurs	tranquille	les professeurs de l'année dernière
mes classes	bruyant	les classes de ________________
mes devoirs	propre	les devoirs de ________________
	gentil	
	passionnant	

1. ______________________________

2. ______________________________

3. ______________________________

4. ______________________________

5. ______________________________

6. ______________________________

7. ______________________________

8. ______________________________

PART 2

Activité 16 **Ces vacances—meilleures ou pires?** Les membres de la famille Grandet reviennent de leurs vacances en Auvergne. Ils les comparent avec les vacances en Bretagne l'année dernière. En partant des éléments donnés, écrivez les phrases qu'ils disent. L'élément après **que,** c'est-à-dire le deuxième terme de la comparaison, doit être un pronom.

> **MODÈLE** la piscine qu'on avait en Bretagne était / + grand / la piscine qu'on avait en Auvergne
> La piscine qu'on avait en Bretagne était plus grande que celle qu'on avait en Auvergne.

1. le voyage en train était / + long / le voyage de l'année dernière

   ____

2. l'hôtel en Auvergne était / + luxueux / l'hôtel où on est descendu en Bretagne

   ____

3. le paysage auvergnat était / + montagneux / le paysage de Bretagne

   ____

4. le poisson en Bretagne était / + bon / le poisson qu'on a servi en Auvergne

   ____

5. les grandes randonnées qu'on a faites en Auvergne étaient / + intéressant / les grandes randonnées qu'on a faites en Bretagne

   ____

6. les restaurants en Auvergne étaient / – cher / les restaurants de Bretagne

   ____

7. les nuits en Auvergne étaient / + frais / les nuits de Bretagne

   ____

Note culturelle

La Bretagne et l'Auvergne

La Bretagne est une région maritime de l'ouest de la France. C'est une région de langue celtique (le breton), peuplée au cinquième siècle par des réfugiés d'Angleterre. Le paysage contient des monuments mystérieux de pierre, les menhirs et les dolmens, qui sont du quatrième siècle. Traditionnellement une région peu industrialisée qui vivait de la pêche et de la forêt, la Bretagne subit maintenant une profonde transformation grâce à la technologie, aux entreprises et au tourisme.

L'Auvergne est une région montagneuse du Massif central. La ville la plus importante de la région est Clermont-Ferrand. Cette ville industrielle est le site d'usines et le centre d'une industrie pharmaceutique. Les touristes sont attirés par le paysage auvergnat, un paysage de montagnes, de plaines et de lacs, et aussi par les nombreuses stations thermales. Parmi les stations thermales, la plus connue est Vichy dont les eaux sont réputées très bonnes pour les maladies du foie et les maladies digestives en général.

Superlative of adjectives, adverbs, and nouns

The superlative of an adjective is formed by placing the definite article before **plus** or **moins** and the adjective. When the adjective follows the noun, the definite article appears both before the noun and before **plus** or **moins.**

Où se trouve **le restaurant le plus connu** ici?	*Where is **the most well-known restaurant** here?*
Les restaurants les plus célèbres et **les plus chers** se trouvent dans ce quartier.	***The most famous** and **the most expensive restaurants** are found in this neighborhood.*

The English preposition *in* after a superlative is translated by **de.**

Quel est le magasin le plus élégant **de** cette ville?	*What is the most elegant store **in** this city?*
On dit que «Chez Cartier» est un des magasins les plus élégants **du** pays.	*They say that «Chez Cartier» is one of the most elegant stores **in** the country.*

If an adjective usually precedes the noun, its superlative form also precedes the noun. Only one definite article is required.

Chantal est **la meilleure élève** de la classe.	*Chantal is **the best student** in the class.*
Paris est **la plus grande ville** de France.	*Paris is **the biggest city** in France.*

The superlative of an adverb is formed with **le plus** or **le moins.**

Lise s'exprime **le plus clairement de** tous les élèves.	*Lise expresses herself* ***the most clearly of*** *all the pupils.*
Et elle parle **le moins lentement** aussi.	*And she speaks* ***the least slowly,*** *too.*

The superlatives of **bien** and **mal** are irregular: **le mieux** *(the best),* **le pis** *(the worst).* In modern usage, **le plus mal** is used instead of **le pis.**

On dit que ce professeur enseigne **le mieux.**	*They say that this teacher teaches* ***best.***
J'en doute. Ses étudiants écrivent **le plus mal de** tous.	*I doubt it. His students write* ***the worst of*** *all.*

The phrases **le plus** *(the most)* and **le moins** *(the least)* can be used after verbs. These are the superlatives of **beaucoup** and **peu,** respectively.

C'est Alain qui travaille **le plus** et qui gagne **le moins.**	*Alain is the one who works* ***the most*** *and who earns* ***the least.***

The phrases **le plus de** *(the most)* and **le moins de** *(the least, the fewest)* are used before nouns.

Toi, tu manges **le plus de** viande.	*You eat* ***the most*** *meat.*
Et **le moins de** légumes.	*And* ***the fewest*** *vegetables.*

PART 2

Activité 17 **Notre classe** Formez des superlatifs pour décrire les étudiants de la classe. Faites attention aux signes arithmétiques.

MODÈLE Charles / - attentif
Charles est le moins attentif.

1. Marylène / + diligent
Marylène est la plus diligente.
2. Jacques et Pierre / – obéissant
Jacques et Pierre sont les moins obéissants.
3. Solange / + sympathique
Solange est la plus sympathique.
4. Irène et Marie / – travailleur
Irène et Marie sont les moins travailleures.
5. Olivier / + intelligent
Olivier est le plus intelligent.
6. Anne-Marie / + bavard
Anne-Marie est la plus bavarde.
7. Jean-Paul / + charmant
Jean-Paul est le plus charmant.
8. Colette et Brigitte / – préparé
Colette et Brigitte sont les moins préparées.

Activité 18 **Visite de la ville** Rachelle fait visiter sa ville à ses amis. Elle leur explique tout en employant des superlatifs. Écrivez ce qu'elle leur dit.

> **MODÈLE** c'est / bibliothèque / important / ville
> C'est la bibliothèque la plus importante de la ville.

1. voilà / place / imposant / ville
   Voilà la place la plus imposante de la ville.
2. ici vous voyez / cathédrale / ancien / région
   Ici vous voyez la cathédrale la plus ancienne du région
3. en face il y a / université / connu / pays
   En face il y a l'université la plus connue du pays.
4. c'est / rue / long / ville
   C'est la rue la plus longue de la ville.
5. dans cette rue il y a / magasins / beau / région
   Dans cette rue il y a les magasins les plus beaux du région
6. voilà / charcuterie / apprécié / quartier
   Voilà la charcuterie la plus appréciée de la quartier.
7. devant nous il y a / hôtel / élégant / pays
   Devant nous il y a l'hôtel la plus élégante du pays.
8. dans cette rue se trouvent / cafés / fréquenté / ville
   Dans cette rue se trouvent les cafés les plus fréquenté de la ville.
9. ici vous voyez / maison / vieux / ville
   Ici vous voyez la maison la plus vieil de la ville.
10. voilà / stade / grand / région
    Voilà le stade le plus grand deu région.

Activité 19 **La classe de littérature** Le professeur et les étudiants expliquent les aspects superlatifs des œuvres qu'ils lisent.

> **MODÈLE** roman / émouvant / siècle
> C'est le roman le plus émouvant du siècle.

1. poème / connu / littérature européenne

   ____
2. pièce de théâtre / représenté / année

   ____

3. comédie / applaudi / théâtre national

4. roman / vendu / la littérature moderne

5. tragédie / estimé / notre théâtre

6. poète / merveilleux / son siècle

7. romancier / lu / monde

8. dramaturge / apprécié / notre époque

PART 2

Activité 20 **Les meilleurs et les pires** Dans ce groupe d'étudiants il y a des jeunes extraordinaires. Exprimez leurs distinctions (pas toutes sont positives) avec le superlatif des adverbes. Faites attention aux signes arithmétiques et suivez le modèle.

> **MODÈLE** Jean / courir / vite (+)
> C'est Jean qui court le plus vite.

1. Lucie / parler / poliment (+)

2. Olivier / travailler / efficacement (–)

3. Albert / étudier / serieusement (–)

4. Suzanne / chanter / bien (+)

5. Hélène / arriver en retard / souvent (+)

6. Roger / répondre / calmement (+)

Activité 21 **Vos opinions** Écrivez des phrases en français pour identifier les choses ou les personnes spécifiées.

> **MODÈLE** the most interesting class this year
> La classe la plus intéressante de cette année est la classe de littérature américaine.

Subjonctif ou non?
?

1. the hardest book you are reading
L'Etranger est le livre le plus difficile que je lise

2. the worst song of the year → pas pire
La chanson la pire de cette année est « My humps ».

3. the student who studies most seriously
L'étudiant qui étudie le plus sérieusement est Amanda xi.

4. the member of your family who eats most quickly
Mon Père est le person dans ma famille qui mange le plus vite.

5. the friendliest teacher in the school
La prof la plus gentille dans l'école est Anne O'd...

6. the most expensive store in town
Le magasin le plus chère est !

7. the best CD you have
Le meilleur CD que j'aie ? est le mixage que Jochai m'a donné.

8. the restaurant you like the most
Le restaurant que j'aime le plus est Domo.

Activité 22 **Activité orale** Travaillez avec un(e) camarade de classe. Décrivez votre maison ou appartement, votre voiture, vos amis et votre école. Ne vous limitez pas à décrire—faites aussi des comparaisons entre les pièces de votre logement, entre votre voiture et celle des voisins, etc.

Activité 23 **La grammaire en action** Lisez les annonces et répondez aux questions suivantes.

Beynes centre Belle maison de 1984 : séjour cheminée, cuisine 18 m², 3 grandes chambres. Chauffage gaz. Sous-sol. Dépendances. Jardin. **213 400 €**
Beynes proche gare Joli pavillon sur sous-sol : séjour double. Expo. Cheminée. 3 chambres. Jardin 541 m². Au calme. **225 624 €**
Proche Orgerus Sur 1 000 m², pavillon traditionnel 140 m² : séjour cheminée, cuis. aménagée, 4 chbres. Grand sous-sol. Très bonnes prestations. **261 400 €**
Beynes Magnifique maison 150 m² : séjour en L 37 m², 4 grandes chbres, 2 en rdc, mezzanine. Sous-sol. Studio. Jardin 480 m². Vue vallée. **267 000 €**
Proche Orgerus Magnifique longère 200 m² : salon, cathédrale et séjour, cuisine 30 m², 4 chbres. Caves. Piscine. Jardin 750 m². **350 000 €**
Maule Superbe maison de 200 m², beaux volumes, très bonnes prestations : séjour en L, 4/5 chbres. Jardin 1 000 m². Libre rapidement. **427 000 €**

VOCABULAIRE

La maison

la cave *cellar*
le chauffage *heating*
les dépendances *other buildings on property*
la longère *farmhouse*
rdc (le rez-de-chaussée) *ground floor*

1. Quels sont les aspects de la maison les plus mentionnés dans les annonces?

2. Dans les annonces immobilières américaines, quels sont les aspects les plus mentionnés pour attirer les acheteurs?

3. Laquelle des maisons offre la possibilité de faire de la natation?

4. Laquelle va être libre sous peu de temps?

5. Combien de chambres à coucher y a-t-il dans ces maisons?

6. Laquelle des maisons préférez-vous? Pourquoi?

Activité 24 **La grammaire en action** Faites une liste des adjectifs utilisés et des substantifs qu'ils modifient. Changez le substantif associé à chaque adjectif. Faites attention à l'accord. Utilisez ces adjectifs et ces substantifs pour rédiger l'annonce de votre maison idéale.

CHAPTER 13 TEST

Adjectives, comparatives, and superlatives

Décrivez-les! Complétez les phrases suivantes avec la forme correcte de l'adjectif donné.

1. Ils ont trouvé un ______________________ appartement à Paris. (beau)
2. Je vais te faire écouter ma chanson ______________________. (favori)
3. On a construit de ______________________ immeubles dans le quartier. (nouveau)
4. Elle porte une jupe ______________________. (blanc)
5. Je cherche des chaussures ______________________. (marron)
6. Voici les légumes ______________________. (frais)
7. Vous avez des idées ______________________. (merveilleux)
8. Nous allons visiter trois pays ______________________. (européen)
9. C'est une personne très ______________________. (cultivé)
10. Il y a quatre examens ______________________. (final)
11. Je viens d'écrire des exposés ______________________. (intéressant)
12. Il ne connaît pas les ingénieurs ______________________. (étranger)
13. Elle porte des chaussures ______________________. (vert foncé)
14. Je cherche une voiture ______________________. (bon marché)
15. Mon ami s'est marié avec une jeune fille ______________________. (grec)
16. J'adore la cuisine ______________________. (chinois)
17. Notre voisine est très ______________________. (gentil)
18. Lui, il est brun, mais sa femme est ______________________. (roux)
19. Ta chemise est très ______________________. (chic)
20. Cette petite fille est ______________________. (mignon)
21. Ma sœur est ______________________. (inquiet)
22. Elle est très ______________________. (coquet)
23. J'ai mes examens ______________________ demain. (oral)
24. C'est une histoire ______________________. (fictif)
25. Que pensez-vous de la situation ______________________? (actuel)

CHAPTER 14

Adverbs

Adverbs of manner

Adverbs give information about verbs, adjectives, other adverbs, or entire sentences. Adverbs of manner tell how something is done. Most adverbs of manner are formed by adding **-ment** to the feminine form of the adjective.

Masculine	*Feminine*	*Adverb*
actif	**active**	**activement** *actively*
amer	**amère**	**amèrement** *bitterly*
certain	**certaine**	**certainement** *certainly*
cruel	**cruelle**	**cruellement** *cruelly*
doux	**douce**	**doucement** *gently, softly*
franc	**franche**	**franchement** *frankly*
lent	**lente**	**lentement** *slowly*
public	**publique**	**publiquement** *publicly*
sérieux	**sérieuse**	**sérieusement** *seriously*

If the masculine singular form of an adjective ends in a vowel, you add **-ment** to form the adverb.

Masculine	*Adverb*
absolu	**absolument** *absolutely*
facile	**facilement** *easily*
poli	**poliment** *politely*
sincère	**sincèrement** *sincerely*
vrai	**vraiment** *really, truly*

If the masculine singular form of an adjective ends in **-ant** or **-ent, -ant** is replaced by **-amment** and **-ent** is replaced by **-emment.**

Adjective	*Adverb*
constant	**constamment** *constantly*
courant	**couramment** *fluently*
prudent	**prudemment** *carefully*

Some adjectives form adverbs by adding **-ément** to the masculine form. Adjectives ending in **-e** drop the **-e** before **-ément** is added.

Adjective	*Adverb*
aveugle	**aveuglément** *blindly*
commun	**communément** *commonly*
confus	**confusément** *confusedly*
énorme	**énormément** *enormously*
intense	**intensément** *intensely*
obscur	**obscurément** *obscurely*
précis	**précisément** *precisely*
profond	**profondément** *profoundly, deeply*
uniforme	**uniformément** *uniformly*

A number of adjectives can be used as adverbs, mostly in set phrases. The masculine singular form of the adjective is used.

parler (tout) bas *to speak (very) softly*
sentir bon/mauvais *to smell good/bad*
acheter/vendre cher *to buy/sell at a high price*
coûter cher *to cost a lot*
payer cher *to pay a high price*
s'arrêter court *to stop short*
aller tout droit *to go straight ahead*
travailler dur *to work hard*
parler/crier fort *to speak/yell, cry out loudly*
lire tout haut *to read aloud*
mettre la radio plus haut *to turn the radio up louder*
chanter faux *to sing off key*
voir clair *to see clearly*
couper fin *to slice thin*
tenir ferme *to stand firm*
viser juste *to aim correctly*

Some adverbs are irregular.

Adjective	*Adverb*
gai	**gaiment** *happily*
gentil	**gentiment** *gently*
bref	**brièvement** *briefly*
bon	**bien** *well*
mauvais	**mal** *badly*
meilleur	**mieux** *better*
pire	**pis** *worse*

Some other common adverbs of manner do not end in **-ment.**

ainsi *thus*
debout *up, awake, standing up*
exprès *on purpose*
vite *quickly*
volontiers *gladly*

PART 2

Activité 1 **Pour décrire des actions** Formez les adverbes qui correspondent aux adjectifs suivants. Après cette activité, vous serez prêt(e) à décrire une vaste gamme d'actions.

MODÈLE personnel
personnellement

1. affreux ______________
2. intelligent ______________
3. correct ______________
4. possible ______________
5. gentil ______________
6. triste ______________
7. massif ______________
8. gai ______________
9. confus ______________
10. fréquent ______________
11. moral ______________
12. pratique ______________
13. généreux ______________
14. cruel ______________
15. évident ______________
16. léger ______________
17. long ______________
18. précis ______________
19. exact ______________
20. complet ______________

Activité 2 **Comment est-ce qu'ils ont parlé?** Formez des adverbes pour décrire comment ces personnes s'adressent au professeur.

MODÈLE Sarah est sincère quand elle parle avec le professeur?
Oui, elle lui parle sincèrement.

1. Frédéric est nerveux quand il parle avec le professeur?

____

2. Lise est confuse quand elle parle avec le professeur?

____

3. Paul est honnête quand il parle avec le professeur?

____

4. Anne et Barbara sont tristes quand elles parlent avec le professeur?

____

5. Luc et Jean-Claude sont furieux quand ils parlent avec le professeur?

____

6. Thérèse est patiente quand elle parle avec le professeur?

____

7. Odile et Marc sont polis quand ils parlent avec le professeur?

____

8. Fanny est discrète quand elle parle avec le professeur?

____

9. Éric et Jacques sont intenses quand ils parlent avec le professeur?

____

10. Serge est gentil quand il parle avec le professeur?

____

Activité 3 **Décrivez les actions.** Refaites les phrases suivantes en employant le verbe qui correspond au substantif et l'adverbe qui correspond à l'adjectif.

MODÈLE Est-ce que les réponses de Victor sont intelligentes?
Oui, il répond intelligemment.

1. Est-ce que le travail de Paulette est diligent?

____

2. Est-ce que les réactions de son frère sont violentes?

____

3. Est-ce que les dessins de cette artiste sont bons?

____

4. Est-ce que les sorties de votre sœur sont fréquentes?

____

5. Est-ce que la prononciation de ces élèves est mauvaise?

____

6. Est-ce que son amour pour elle est aveugle?

____

7. Est-ce que les punitions de l'institutrice sont uniformes?

____

8. Est-ce que les réflexions de ce philosophe sont profondes?

____

PART 2

The use and position of adverbs of manner

Adverbs of manner ending in **-ment** and the adverbs **bien, mal, mieux, pis,** and **vite** usually directly follow the verb they modify. In compound tenses, short adverbs usually follow the auxiliary verb, and longer adverbs usually follow the past participle.

Julie et Bruno se disputent **constammant.**	*Julie and Bruno argue **constantly.***
Après le dîner, ils se sont disputés **amèrement** et Julie a **vite** quitté le salon.	*After dinner, they argued **bitterly** and Julie **quickly** left the living room.*

When an adverb modifies an adjective or another adverb, it precedes the word it modifies.

Cette lettre est **très importante.**	*This letter is **very important.***
Les spectateurs étaient **profondément émus.**	*The audience was **deeply moved.***

Adverbs of manner ending in **-ment** can be replaced by **avec** plus the corresponding noun.

joyeusement → avec joie	**discrètement → avec discrétion**
violemment → avec violence	**amèrement → avec amertume**

Sans + *noun* is often the equivalent of English adverbs ending in *-lessly* or English adverbs formed from negative adjectives.

sans espoir *hopelessly*	**sans hésitation** *unhesitatingly*
sans honte *shamelessly*	**sans succès** *unsuccessfully*

D'une façon, d'une manière, d'un ton, or **d'un air** plus an adjective may be used in place of an adverb when no adverb exists.

d'une façon compétente *competently*	**d'un ton moqueur** *mockingly*
d'une manière compatible *compatibly*	**d'un air indécis** *indecisively*

Activité 4 **Formez vos phrases!** Mettez les éléments donnés en ordre pour former des phrases correctes. Faites attention à la position des adverbes.

MODÈLE expliqué / bien / problème / le / a / le professeur
Le professeur a bien expliqué le problème.

1. mal / le vocabulaire / prononces / tu

____

2. nettoie / la cuisine / elle / soigneusement

____

3. ridicule / trouvons / ce projet / complètement / nous

____

4. étroitement / sont / les membres de cette famille / unis

____

5. sans / marche / il / empressement

____

6. d'une façon / les enfants / se sont conduits / déplaisante

____

7. dur / Marcelle / à / travaille / la bibliothèque

____

8. une / acceptée / c'est / largement / idée

____

9. le / ont / ils / texte / compris / vite

____

10. m' / elle / répondu / a / brusquement

____

CHAPTER 14

Activité 5 **Pour reconnaître les adverbes** Les locutions suivantes peuvent être traduites par des adverbes en anglais. Écrivez à côté de chacune d'elles une traduction convenable.

1. d'un ton insultant _______________
2. sans doute _______________
3. avec gentillesse _______________
4. avec indignation _______________
5. d'un ton sec _______________
6. d'une façon extravagante _______________
7. avec décision _______________
8. avec intelligence _______________

Activité 6 **L'expression adverbiale** Consultez cette liste et employez les substantifs avec les prépositions **avec** et **sans** pour traduire les adverbes anglais.

la cérémonie *ceremony*	**l'imagination** *imagination*	**le goût** *taste*
la colère *anger*	**l'indifférence** *indifference*	**le tact** *tact*
l'effort *effort*	**la tolérance** *tolerance*	

1. effortlessly _______________
2. tastefully _______________

3. unimaginatively ________________________________
4. indifferently ________________________________
5. angrily ________________________________
6. tolerantly ________________________________
7. unceremoniously ________________________________
8. tactlessly ________________________________

Adverbs of time

Adverbs of time tell when or in what order something happens.

actuellement *at present*
alors *then*
après *after, afterwards*
après-demain *the day after tomorrow*
aujourd'hui *today*
auparavant *previously, beforehand*
aussitôt *immediately*
autrefois *formerly, in the past*
avant *before*
avant-hier *the day before yesterday*
bientôt *soon*
déjà *already, ever*
demain *tomorrow*
dernièrement *lately*
désormais *from now on*
encore *still, yet, again*
encore une fois *again*
enfin *at last, finally*
ensuite *next, following that*
hier *yesterday*
jamais *never*
longtemps *for a long time*
maintenant *now*
n'importe quand *anytime*
parfois *sometimes*
précédemment *previously*
quelquefois *sometimes*
rarement *rarely, seldom*
récemment *recently*
souvent *often*
tard *late*
tôt *early*
toujours *always*
tout à l'heure *a short while ago, very soon*
tout de suite *immediately*

Adverbs of time usually follow the verb, but they often occur at the beginning of a sentence.

Je vais **quelquefois** au théâtre.
Quelquefois je vais au théâtre.

Il travaillait **auparavant** à Lille.
Auparavant il travaillait à Lille.

Many phrases expressing points in time function as adverbial phrases.

le week-end
en semaine *during the week*
la semaine dernière/prochaine
le matin/l'après-midi
le soir/la nuit
tous les jours
toute la journée
tous les ans
tous les mois
toutes les semaines
le lendemain *the day after*
la veille *the evening before*
une fois, deux fois, *etc.*
une/deux fois par semaine/mois
mardi
le mardi
mardi prochain
mardi dernier

Activité 7 **Antonymes** Trouvez dans la deuxième colonne des antonymes pour les adverbes de temps de la première colonnne.

1. _______ tard	**a.** le soir
2. _______ aujourd'hui	**b.** avant
3. _______ le matin	**c.** jamais
4. _______ souvent	**d.** demain
5. _______ toujours	**e.** rarement
6. _______ après	**f.** tôt

Activité 8 **Qu'est-ce vous faites et quand?** En choisissant des éléments des trois groupes (ou en ajoutant d'autres éléments), écrivez dix phrases qui parlent de vos activités et de celles des gens que vous connaissez.

moi, je	arriver	tout de suite
nous	partir	_______ fois par semaine
mes parents	se lever	tous les jours
mon frère/ma sœur	se coucher	le matin/soir
mon/ma meilleur(e) ami(e) ______________________	faire ses devoirs	l'après-midi
mon/ma petit(e) ami(e) ______________________	rentrer	le samedi/dimanche
les autres étudiants	faire du sport	quelquefois
nous	aller au cinéma	dernièrement
tu	passer un examen	souvent
le professeur	sortir	hier/avant-hier
vous	travailler	demain/après demain
		désormais

1. ____
2. ____
3. ____
4. ____
5. ____
6. ____
7. ____
8. ____
9. ____
10. ____

PART 2

Adverbs of place

Adverbs of place tell where something happens.

ailleurs *elsewhere, somewhere else*
autour *around*
d'ailleurs *besides*
dedans *inside*
dehors *outside*
derrière *behind*
dessous *below, under*
dessus *above*
devant *in front*
en bas *down, downstairs*
en haut *up, upstairs*
ici *here*
là *there*
loin *far away*
n'importe où *anywhere*
nulle part *nowhere*
nulle part ailleurs *nowhere else*
partout *everywhere*
partout ailleurs *everywhere else*
près *near*
quelque part *somewhere*

NOTE

Nulle part is a negative expression similar to **ne... pas** and **ne... jamais**—the **ne** must be included before the conjugated verb.

Je **ne** le trouve **nulle part.** — *I can't find it **anywhere.***

In everyday language, both spoken and written, **ici** is often replaced by **là.**

Je regrette, mais Mme Poirier n'est pas **là.** — *I'm sorry, but Mrs. Poirier is not **here.***

Là- can be added to some of the above adverbs of place.

là-dedans *in there*
là-dessous *underneath there*
là-bas *over there*
là-dessus *on top of it, on it*
là-haut *up there*

Activité 9 **Antonymes** Trouvez dans la deuxième colonne des antonymes pour les adverbes de lieu de la première colonne.

1. _______ ici — **a.** dessus
2. _______ dedans — **b.** nulle part
3. _______ loin — **c.** derrière
4. _______ dessous — **d.** dehors
5. _______ partout — **e.** là
6. _______ devant — **f.** en haut
7. _______ en bas — **g.** près

Activité 10 **Une belle maison** Rendez plus précise cette description d'une belle maison en ajoutant les adverbes de lieu donnés entre parenthèses aux phrases. On peut placer ces adverbes à la fin de la phrase et parfois au début aussi.

MODÈLE Je remarque une maison. (là-bas)
Je remarque une maison là-bas.

1. Il y a des arbres. (autour)

 ____

2. Il y a un jardin. (derrière)

 ____

3. Je regarde le salon. (en bas)

 ____

4. Je voudrais voir les chambres. (en haut)

 ____

5. Je cherche les propriétaires. (partout)

 ____

6. Je ne les vois pas. (nulle part)

 ____

7. Travaillent-ils? (dehors)

 ____

8. Je les entends. (quelque part)

 ____

9. Il y a deux voix. (tout près)

 ____

10. Les voilà. (devant)

 ____

CHAPTER 14

Activité 11 **Du temps et du lieu** Traduisez les conversations suivantes en français en faisant attention aux adverbes de temps et de lieu.

1. Yesterday I looked for my watch everywhere.
 I saw it somewhere. Did you look (for it) upstairs?

 ____

 ____

2. It rains here every week.
I know. I wish I lived elsewhere.

____

____

3. I didn't go anywhere on Wednesday.
Neither did I. I seldom go out during the week.

____

____

4. Formerly I used to do the shopping **(faire le marché)** every day.
At present you do the shopping once a week, right?

____

____

5. I would go to see her anytime, anywhere.
You won't have to go far. There she is, over there.

____

____

PART 2

Adverbial phrases

Prepositional phrases often function as adverbs of manner, time, and place. The preposition **dès** and the compound preposition **à partir de** combine with time words to tell when something happened.

dès le matin *from the morning on*
dès le début *from the beginning*
dès mon retour *as soon as I get back*

à partir d'aujourd'hui *from today on*
à partir de demain *from tomorrow on*
à partir d'hier *starting yesterday*

Adverbial phrases of time with **dans** and **en**

dans l'avenir/le passé *in the futur, past*
dans un mois *in a month*
dans un moment *in a moment*
en ce moment *at this time*

dans cinq minutes *in five minutes (five minutes from now)*
en cinq minutes *in five minutes (time it takes to do something)*

d'aujourd'hui en huit *a week from today*
en avance *early (relative to a point in time)*
en retard *late (relative to a point in time)*

Adverbial phrases with **à**

à l'heure *on time*
à temps *in time*
à l'époque *at the time, at that time*
à l'époque où nous sommes *in this day and age*
à leur arrivée *when they arrived*
à leur retour *when they returned*
à 3 kilomètres de la ville *3 kilometers from the city*
à 3 heures de Paris *3 hours from Paris*
à droite/gauche *to, on the right/the left*
à merveille *wonderfully*
à pied *on foot*
à cheval *on horseback*
à la hâte *hastily, in a rush*
à peine *hardly*

Adverbial phrases with **de**

d'abord *at first*
d'habitude, d'ordinaire *usually*
de temps en temps *from time to time*
du matin au soir *from morning to night*
de bonne heure *early*
marcher d'un bon pas *to walk at a good pace*
de mois en mois/de jour en jour *from month to month/from day to day*

Adverbial phrases with **en**

en avant *in front, ahead*
en arrière *in back*
en face *opposite, across (the street)*
en tout cas *in any case*
en plus *moreover*
en train/autobus/avion/voiture *by train, bus, plane, car*
en désordre, en pagaille *in a mess*
en groupe *in a group*

Adverbial phrases with **par**

par hasard *by chance*
par la force *by force*
par écrit *in writing*
par terre *on the ground*
par ici/là *this way/that way*
par conséquent *consequently*
par intervalles *intermittently*
payer par chèque *to pay by check*
par la poste *through the mail, by mail*
par un temps pareil *in such weather*

Sur in phrases of time

sur les trois heures *at about three o'clock*
sur le moment *at first*
sur une année *over (over the period of) a year*
un jour sur deux *every other day*

The following miscellaneous phrases with **sans** are often translated by English adverbs.

sans but *aimlessly*	**sans faute** *without fail*
sans chaussures *barefoot*	**sans mal** *without any trouble, without difficulty*
sans doute *doubtless, probably*	

PART 2

Activité 12 **Mon rendez-vous** M. Perrin explique les difficultés qu'il a eues pour ne pas manquer son rendez-vous. Ajoutez les prépositions qui manquent pour savoir ce qui lui est arrivé.

J'avais rendez-vous à trois heures. Je ne voulais pas arriver ______ (1) *retard. Je suis donc parti* ______ (2) *les deux heures pour arriver un peu* ______ (3) *avance. Il pleuvait. Je ne pouvais pas aller* ______ (4) *pied* ______ (5) *un temps pareil. J'ai décidé d'aller* ______ (6) *autobus. Mais l'autobus n'est pas venu.* ______ (7) *conséquent, j'ai pris un taxi. Je m'étais* ______ (8) *peine assis quand le taxi a eu un pneu crevé. Je suis descendu du taxi et j'ai commencé à marcher* ______ (9) *un bon pas. Je me trouvais* ______ (10) *vingt minutes du bureau où on m'attendait. Tout à fait* ______ (11) *hasard mon ami Michel est passé dans sa voiture. Il a klaxonné pour attirer mon attention. Il m'a emmené* ______ (12) *voiture et on est arrivés* ______ (13) *cinq minutes. Je suis arrivé* ______ (14) *temps!*

Activité 13 **Les soucis d'un jeune professeur** Alfred Saint-Martin est un jeune professeur d'histoire dans un lycée à Tours. Il a une classe difficile. Pour savoir ce qu'il en pense et ce qu'il compte faire, refaites les phrases suivantes en y ajoutant la traduction française des phrases adverbiales données entre parenthèses.

1. J'ai fait un effort pour organiser la classe. (right from the start)

______

2. J'ai dit aux étudiants qu'il est défendu de venir en classe. (barefoot)

______

3. Je leur ai dit que je ne veux pas qu'ils laissent la salle de classe. (in a mess)

____

4. Ils ne doivent laisser ni leurs livres ni leurs papiers. (on the ground)

____

5. Jean-Claude Mercier vient au cours. (every other day)

____

6. Noëlle Chenu se promène dans les couloirs. (aimlessly)

____

7. Elle travaille un peu. (intermittently)

____

8. Elle prépare ses devoirs. (in a rush)

____

9. Lise Monnet est la meilleure étudiante de la classe. (doubtless)

____

10. Elle travaille. (wonderfully)

____

11. Les autres étudiants l'admirent. (usually)

____

12. Nous avons une semaine de congé. (starting tomorrow)

____

13. Je vais faire un effort pour améliorer cette classe. (as soon as we get back)

____

14. Nous allons faire des excursions. (from time to time)

____

15. Nous irons à Chambord. (in a group)

____

16. Les vieilles méthodes ne sont pas toujours bonnes. (in this day and age)

____

17. Je jugerai cette expérience. (over four months)

____

PART 2

Note culturelle

Chambord

Chambord est un des châteaux de la Loire les plus connus. Il a été construit par François 1er et est un magnifique example du style de la Renaissance. Chambord était un château de chasse. Maintenant les touristes visitent Chambord pour la centaine de tours et pour le grand escalier au centre. On dit que Léonard de Vinci a créé l'escalier à double hélice (double helix). *En montant ce double-escalier, on ne peut pas voir les gens qui descendent.*

Activité 14 **La grammaire en action** Lisez l'article et répondez aux questions suivantes.

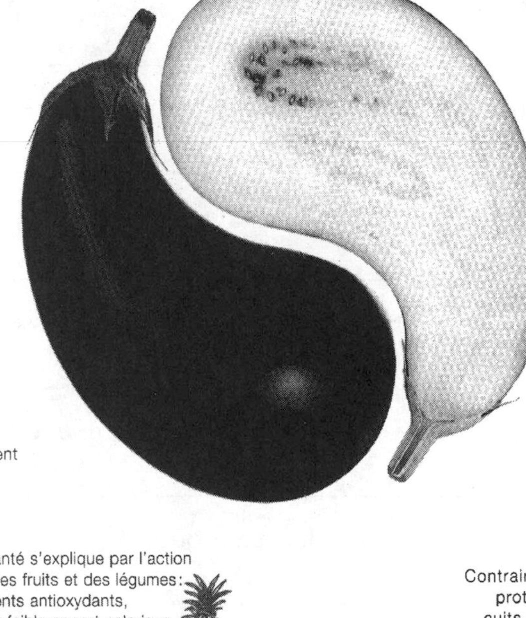

LES FRUITS ET LES LÉGUMES :
UNE PROTECTION CONTRE LES MALADIES CARDIOVASCULAIRES, LES CANCERS, L'OBÉSITÉ ET LE DIABÈTE.

Tous les scientifiques sont aujourd'hui d'accord pour dire que les personnes consommant suffisamment de fruits et légumes sont moins souvent atteintes de maladies cardiovasculaires, d'obésité, de cancers et de diabète.

Par exemple, les personnes qui consomment peu de fruits et légumes ont 1,5 à 2 fois plus de risques de développer certains types de cancers que celles qui en mangent beaucoup. Or, 60% des Français n'en consomment pas suffisamment.

Cet effet protecteur pour la santé s'explique par l'action de plusieurs composants des fruits et des légumes: fibres, vitamines et oligo-éléments antioxydants, polyphénols...et par leur faible apport calorique.

5 FRUITS ET LÉGUMES AU COURS DE LA JOURNÉE C'EST FACILE !

Pour une action bénéfique des fruits et légumes sur votre santé, il est souhaitable de manger au moins **5 fruits et légumes au cours de la journée**, soit par exemple :

-1 fruit au petit déjeuner, au goûter ou en cas de petite faim,
-1 légume et 1 fruit au déjeuner,
-1 légume et 1 fruit au dîner.

A vous de trouver la formule qui vous convient le mieux : l'objectif, c'est d'atteindre le chiffre minimum de 5...et de se faire plaisir !

DES FRUITS ET DES LÉGUMES VARIÉS SOUS TOUTES LEURS FORMES.

Contrairement aux idées reçues, les fruits et légumes protègent votre santé qu'ils soient cuits ou crus, frais, surgelés ou en conserve.

VOCABULAIRE

Le goûter

le chiffre *figure, number*
la conserve *can*
cru *raw*
cuit *cooked*
le goûter *snack*
l'oligo-élément *(m.) trace element*

1. Comment est-ce que les fruits et les légumes protègent la santé?

____

____

2. Combien de fruits et de légumes faut-il manger pour avoir cette protection?

____

____

3. Quelles sont les maladies que les personnes qui ne consomment pas suffisamment de fruits et de légumes risquent de développer?

____

____

4. Quels composants des fruits et des légumes aident à protéger la santé?

____

____

5. Quand est-ce qu'on doit manger ses fruits et ses légumes?

____

____

6. Est-ce qu'il faut ne consommer que des fruits et des légumes frais? Expliquez.

____

____

Activité 15 **La grammaire en action** Trouvez dans la colonne de droite l'antonyme de chacun des adverbes de la colonne de gauche.

1. _______ beaucoup	**a.** hier
2. _______ souvent	**b.** le pis
3. _______ le mieux	**c.** peu
4. _______ aujourd'hui	**d.** plus
5. _______ moins	**e.** conformément
6. _______ contrairement	**f.** rarement

CHAPTER 14 TEST

Adverbs

On le fait comment? Écrivez l'adverbe qui correspond à ces adjectifs.

1. ______________________ heureux
2. ______________________ courant
3. ______________________ confus
4. ______________________ facile
5. ______________________ intelligent
6. ______________________ récent
7. ______________________ sérieux
8. ______________________ doux
9. ______________________ certain
10. ______________________ actif
11. ______________________ constant
12. ______________________ public
13. ______________________ bon
14. ______________________ simple
15. ______________________ actuel
16. ______________________ fréquent
17. ______________________ léger
18. ______________________ pire
19. ______________________ complet
20. ______________________ généreux
21. ______________________ aveugle
22. ______________________ prudent
23. ______________________ franc
24. ______________________ vrai
25. ______________________ bref

CHAPTER 15

Disjunctive pronouns

Disjunctive pronouns—forms and usage

Disjunctive pronouns are used to emphasize a noun or a pronoun used as a subject or an object, or to replace a noun used as a subject or an object. Disjunctive pronouns can stand by themselves. Subject and object pronouns cannot.

	SINGULAR	PLURAL
FIRST PERSON	**moi**	**nous**
SECOND PERSON	**toi**	**vous**
THIRD PERSON	**lui / elle**	**eux / elles**

Moi, je fais du latin, mais **lui, il** fait du grec.	*I'm taking Latin, but* ***he****'s taking Greek.*
Nous, on travaille aujourd'hui. Et **toi?**	***We****'re working today. What about* ***you?***
Je vais à la plage, **moi.**	*I'm going to the beach.*

A disjunctive pronoun may stand alone in answer to a question.

Qui fait le ménage aujourd'hui? Toi?	*Who's doing the housework today? You?*
Pas moi. **Eux.**	*Not me.* ***They are.***

The disjunctive pronouns are used after **c'est** and **ce sont** to identify people.

C'est moi.	C'est nous.
C'est toi.	C'est vous.
C'est lui.	**Ce sont** eux.
C'est elle.	**Ce sont** elles.

NOTE Colloquially one says **c'est eux / c'est elles;** in the negative, **ce n'est pas eux / ce n'est pas elles.** Note also the questions **qui est-ce?** *(formal)* and **c'est qui?** *(informal).*

The disjunctive pronouns are used after prepositions.

Tu pars **sans elle?**	*Are you leaving **without her?***
Pas du tout. Elle vient **chez moi** et nous partons ensemble.	*Not at all. She's coming **to my house** and we're leaving together.*

The disjunctive pronouns are also used after **ne... que.**

Je **ne** connais **que toi** à Paris.	*You're the **only** one I know in Paris.*
Il **n'**aime **qu'eux.**	*He likes **only them.***

The disjunctive pronoun **soi** *(himself, herself, themselves)* is used with indefinite pronouns or to avoid ambiguity.

Chacun pour **soi.**	*Every man for **himself.***
Il ne faut pas parler toujours de **lui.**	*One shouldn't talk about **him** all the time.*
Il ne faut pas parler toujours de **soi.**	*One shouldn't talk about **oneself** all the time.*

PART 2

Activité 1 **Vacances** Formez des phrases exprimant un contraste avec les éléments proposés. Employez des pronoms disjoints *(disjunctive pronouns).*

> **MODÈLE** je / aller au bord de la mer / ils / aller à la montagne
> Moi, je vais au bord de la mer. Eux, ils vont à la montagne.

1. nous / partir en Italie / elles / partir en Grèce

   ____

   ____

2. je / prendre le train / ils / partir en voiture

   ____

   ____

3. tu / faire de l'alpinisme / il / faire de la natation

   ____

   ____

4. mes cousins / aller à la campagne / on /aller leur rendre visite

   ____

   ____

5. je / avoir trois semaines de vacances / vous / avoir un mois

   ____

   ____

6. je / préférer voyager seul / tu / préférer voyager en groupe

   ____

   ____

7. on / compter faire du cyclisme / il / vouloir faire du tourisme

____

____

8. elle / faire un stage linguistique en Allemagne / tu / te détendre

____

____

Note culturelle

Les traditions

C'était la tradition française que presque tous les employés et ouvriers prenaient leurs vacances au mois d'août, ce qui créait des embouteillages monstrueux sur la route et des entassements de voyageurs dans les trains. De nos jours, l'idée d'étaler les vacances fait des progrès.

Les vacances d'hiver sont très appréciées, surtout par les étudiants qui n'ont pas de cours entre Noël et le jour de l'An et qui peuvent profiter de cet intervalle pour faire du ski.

Les destinations de prédilection en France pour les vacanciers sont les côtes de Bretagne et la Côte d'Azur en été. Ceux qui aiment faire du camping peuvent se diriger vers le centre du pays. Pour les vacances d'hiver, les Alpes autour de Grenoble attirent des milliers de skieurs.

Activité 2 **Tu as tort!** Un copain vous dit des choses erronées sur vos habitudes, vos allées et venues, etc. Corrigez ses impressions en formant une phrase négative. Mettez le pronom **moi** à la fin de chaque phrase.

MODÈLE Je sais que tu aimes les films d'horreur.
Tu as tort! Je n'aime pas les films d'horreur, moi.

1. Je sais que tu sors avec Émilie.

____

2. Je sais que tu te lèves à huit heures.

____

3. Je sais que tu dors en classe.

____

4. Je sais que tu joues de la clarinette.

____

5. Je sais que tu cherches du travail.

____

6. Je sais que tu vas chez Olivier après les cours.

____

Activité 3 **Mon ami Philippe? Jamais!** Un copain a des impressions fausses sur votre ami Philippe. Corrigez ses idées avec une phrase négative au passé composé contenant le mot **jamais.** Mettez le pronom **lui** à la fin de vos phrases.

> **MODÈLE** Ton ami Philippe sort avec Odile.
> Qu'est-ce que tu dis? Il n'est jamais sorti avec Odile, lui.

1. Ton ami Philippe dort en classe.

____

2. Ton ami Philippe est toujours en retard.

____

3. Ton ami Philippe interrompt le professeur.

____

4. Ton ami Philippe se dispute avec Serge.

____

5. Ton ami Philippe se moque des cours.

____

6. Ton ami Philippe dérange les autres étudiants.

____

Activité 4 **Réponses mystérieuses** Un copain curieux vous pose beaucoup de questions. Répondez-lui au négatif, en remplaçant la personne en italique par le pronom disjoint convenable.

> **MODÈLE** Tu es arrivé avec *Richard?*
> Non, je ne suis pas arrivé avec lui.

1. Ce cadeau est pour *moi?*

____

2. Tu comptes dîner avec *Janine et François?*

____

3. Tu as l'intention de passer chez *Paulette?*

____

4. Je peux compter sur *toi?*

5. Est-ce que Suzanne a été invitée par *Jacques?*

6. Est-ce que le professeur est fâché contre *Alice et toi?*

7. Est-ce que tu t'assieds derrière *Adrienne?*

8. Est-ce que tu as une attitude hostile envers *mes copains?*

CHAPTER 15

Activité 5 **Qui est-ce?** Écrivez des échanges pour vérifier l'identité des gens que vous voyez. Employez **c'est / ce sont** et un pronom disjoint selon le modèle.

MODÈLE les Durand là-bas / les Devaux
Ce sont les Durand là-bas?
Non, ce n'est pas eux. Ce sont les Devaux.

1. toi sur la photo / ma sœur Barbara

2. moi le suivant *(next)* / lui

3. M. Charpentier assis sur le banc / notre voisin M. Beauchamp

4. Adèle Malmaison dans la boutique / Mlle Lachaux

5. nos amis là, à l'entrée du lycée / d'autres étudiants

6. Gisèle et Marie-Claire à l'arrêt d'autobus / Christine et Yvette

PART 2

Activité 6 **Il n'y a pas d'autres.** Répondez aux questions suivantes à l'affirmatif. Utilisez l'expression **ne... que** suivi d'un pronom disjoint pour indiquer que la personne (les personnes) mentionnée(s) est (sont) le seul objet du sentiment exprimé. Suivez le modèle.

> **MODÈLE** Elle invite M. Breuil?
> Oui. Elle n'invite que lui.

1. Tu m'aimes?

____

2. On respecte cet agent de police?

____

3. Les étudiants admirent le professeur Triquet?

____

4. Les juges estiment cette avocate?

____

5. Vous nous aidez?

____

6. Il apprécie les musiciens de cet orchestre?

____

7. Ils encouragent leurs filles?

____

8. Il amène sa sœur?

____

Activité 7 **Joyeux anniversaire!** Complétez ce paragraphe avec les pronoms qui manquent (disjoints et autres *[disjunctive pronouns and other pronouns]*) pour savoir ce qu'on a fait pour fêter l'anniversaire de Florence.

Demain, c'est l'anniversaire de Florence et moi, ______ (1) *voulais organiser une boum pour* ______ (2)*. J'ai téléphoné à mon amie Hélène.* ______ (3)*, elle adore les fêtes, et je savais qu'elle voudrait m'aider. «Qui est-ce que tu veux inviter?» m'a-t-elle demandé. «Aide-*______ (4) *à faire la liste, lui ai-je répondu. On invite Serge?»*

—Oui, ______ (5)*, il est très sympathique et il aime danser.*

—On invite Philippe et Charles?

—Oui, ____________________ (6), ce sont de grands blagueurs et ils font rire tout le monde.

—Et le cadeau de Florence? Qu'est-ce qu'on doit acheter pour ____________________ (7)? Je n'ai vraiment pas d'idées, ____________________ (8). Tu peux proposer quelque chose, ____________________ (9)?

—On va demander à Janine et à Claire. Elles, ____________________ (10) ont toujours de bonnes idées quand il s'agit de cadeaux.

Nous nous sommes réunies avec Janine et Claire et nous sommes allées avec ____________________ (11) aux grands magasins. Tout était très cher, et ____________________ (12), on n'avait pas beaucoup d'argent. Tout d'un coup, Janine a dit: «Regarde! Des foulards de soie en solde. Allons les regarder.» Nous en avons choisi un pour Florence et la vendeuse a fait un joli paquet.

La fête de Florence a été un grand succès. Nous avions invité une vingtaine d'amis et ils sont tous venus. Florence a été vraiment très émue, et le foulard lui a beaucoup plu.

—Vous êtes vraiment de très bonnes amies, ____________________ (13). Vous m'avez rendue très heureuse.

—Non, c'est ____________________ (14) la bonne amie, Florence. C'est un plaisir de faire tout ça pour ____________________ (15).

Subject-verb agreement with disjunctive pronouns

After the phrase ***c'est*** + *disjunctive pronoun* + ***qui,*** the verb agrees with the disjunctive pronoun.

C'est toi qui t'en vas?	***Are you the one who's leaving?***
Non. **C'est moi qui suis** de garde. **Ce sont eux qui partent.**	*No.* ***I'm the one who's*** *on duty.* ***They're the ones who are leaving.***
C'est vous qui faites du japonais?	***Are you the ones who are studying*** *Japanese?*
Non. **C'est nous qui étudions** le russe.	*No.* ***We're the ones who are studying*** *Russian.*

Activité 8 **En français!** Traduisez ces phrases en français.

1. He's buying bread. We're buying bottled water.

 ____

2. We saw Julien and Colette. We went over to (**s'approcher de**) them.

 ____

3. Gérard thinks only about himself.

 ____

4. We came in after him but before you *(sing.)*.

 ____

5. And I thought you were inviting only me!

 ____

6. You're *(informal)* the one who is working.

 ____

7. They're the ones who are leaving **(s'en aller).**

 ____

8. He's the one who knows the answer.

 ____

Activité 9 **Activité orale** Apportez des photos de famille pour montrer à un(e) camarade de classe. Il/Elle vous posera des questions au sujet des personnes photographiées: «C'est toi? C'est ta cousine Agnès?» Utilisez autant de pronoms disjoints que possible dans les questions et les réponses.

CHAPTER 15 TEST

Disjunctive pronouns

1 **Qui?** Complétez les phrases suivantes avec le pronom disjoint qui manque.

1. Je n'y vais jamais, ______________________.
2. ______________________, ils veulent sortir.
3. ______________________, on n'aime pas ça.
4. Et ______________________, où est-ce que vous habitez?
5. ______________________, elles préfèrent rester.
6. Tu sais nager, ______________________?
7. ______________________, elle n'a rien dit.
8. ______________________, nous refusons de le recevoir.
9. ______________________, je suis partie la première.
10. Ils sont contents, ______________________.
11. C'est ______________________ qui le connaissons.
12. C'est ______________________ qui le faites.
13. ______________________, on n'est pas très contents.
14. Et ______________________, où est-ce que tu vas?
15. Qu'est-ce qu'il veut, ______________________?
16. ______________________, il est toujours en retard.

2 **Pas moi!** Répondez aux questions suivantes au négatif en employant un pronom disjoint dans vos réponses.

1. Nous pouvons compter sur toi?

   ____

2. Est-ce que tu habites à côté de Julien?

   ____

3. Cette lettre est pour moi?

   ____

4. Tu as parlé avec mes amis?

   ____

5. Tu vas chez tes tantes?

   ____

CHAPTER 15 TEST

Disjunctive pronouns

6. Le chat a été chassé par ta grand-mère?

 ____

7. Tu veux sortir avec moi?

 ____

8. Il est arrivé après nous?

 ____

9. Ta cousine sort avec Jean-Christophe?

 ____

CHAPTER 16

Object pronouns

Direct object pronouns

A direct object is the person or thing that receives the action of a verb.

Je vois **Jean.**	*I see **John.***
Nous ne voyons pas **le magasin.**	*We don't see **the store.***
J'ouvre **mon livre.**	*I open **my book.***
Elle porte **ses lunettes.**	*She's wearing **her glasses.***

To avoid repetition, direct object nouns are often replaced by direct object pronouns.

	SINGULAR	PLURAL
FIRST PERSON	**me** *me*	**nous** *us*
SECOND PERSON	**te** *you*	**vous** *you*
THIRD PERSON	**le** *him, it*	**les** *them*
	la *her, it*	

Direct object pronouns precede the conjugated verb. Note that before a verb beginning with a vowel or mute **h, me, te, le, la** become **m', t', l'.**

Est-ce que tu achètes **ce livre?**	*Are you buying **that book?***
Non. Je **le** regarde tout simplement.	*No. I'm just looking at **it.***
Me retrouvez-vous en ville?	*Will you meet **me** in town?*
Oui. Nous **t'**attendons au Café de la Gare.	*Yes. We'll wait for **you** at the Café de la Gare.*
Tu aimes **ces nouvelles chansons?**	*Do you like **these new songs?***
Pas du tout. Je **les** déteste.	*Not at all. I hate **them.***

Direct object pronouns precede the auxiliary verb in compound tenses. Remember that a past participle agrees in gender and number with a direct object noun or pronoun that precedes it.

As-tu vu **Daniel?**	*Have you seen **Daniel?***
Je **l'**ai cherché, mais je ne **l'**ai pas trouvé.	*I looked for **him,** but I didn't find **him.***

Je **t'**ai appelé, mais tu ne **m'**as pas entendu. — *I called **you**, but you didn't hear **me**.*

Si, je **t'**ai salué, mais tu ne **m'**as pas vu. — *Yes, I waved hello to **you**, but you didn't see **me**.*

Et **les lettres?** Où est-ce que vous **les** avez mis**es?** — *What about **the letters?** Where did you put **them?***

Je **les** ai jet**ées** à la poubelle. Je croyais que vous **les** aviez déjà lu**es.** — *I threw **them** into the garbage. I thought that you had already read **them**.*

When a verb is followed by an infinitive, the direct object pronoun comes before the verb of which it is the direct object—usually the infinitive.

Vous pouvez **nous** déposer en ville? — *Can you drop **us** off downtown?*

Je regrette, mais je ne peux pas **vous** prendre. — *I'm sorry, but I can't take **you** (give **you** a lift).*

Je peux **t'**aider? — *Can I help **you?***

Oui, merci. Tu vois cette chaise? Tu peux **la** monter au deuxième étage. — *Yes, thank you. Do you see this chair? You can take **it** up to the third floor.*

Several verbs that take indirect objects in English take direct objects in French.

attendre quelqu'un/quelque chose *to wait for someone/something*
chercher quelqu'un/quelque chose *to look for someone/something*
demander quelque chose *to ask for something*
écouter quelqu'un/quelque chose *to listen to someone/something*
escalader quelque chose *to climb over something*
payer quelque chose *to pay for something*
regarder quelqu'un/quelque chose *to look at someone/something*

Activité 1 **Au magasin de vêtements** Ombeline est dans une boutique. Continuez le récit de ce qu'elle fait pour acheter les vêtements qu'il lui faut en utilisant les verbes entre parenthèses et les pronoms de complément direct. Suivez le modèle.

MODÈLE Voilà la porte du magasin. (ouvrir)
Elle l'ouvre.

1. Voilà les robes. (regarder)

____

2. Voilà une robe dans sa taille. (essayer)

____

3. La robe ne lui plaît pas. (ne pas prendre)

____

4. Elle aime ce chemisier. (acheter)

____

PART 2

5. Elle veut voir les foulards en soie. (chercher)

____

6. Elle trouve un foulard qui va bien avec son nouveau chemisier. (prendre)

____

7. Elle passe au rayon des chapeaux. (regarder)

____

8. Il y a deux chapeaux qui l'intéressent. (essayer)

____

9. Ils sont très chers. (ne pas acheter)

____

10. Mais elle va acheter le foulard. (payer)

____

CHAPTER 16

Note culturelle

La Haute Couture

La mode féminine est une des industries de luxe qui a fait la réputation de la France à l'étranger. Le monde de la mode s'appelle «la haute couture» et les noms des couturiers français comme Coco Chanel, Christian Dior, Pierre Cardin et Yves Saint-Laurent sont célèbres dans le monde entier, pas seulement pour les vêtements, mais pour les autres produits de luxe—parfums, eau de cologne, etc.

Il y a beaucoup de boutiques à Paris où on peut voir les créations de ces couturiers dans les vitrines. Elles se trouvent dans les beaux quartiers de la rive droite (entre l'Opéra et la place Charles de Gaulle) et à Saint-Germain-des-Prés (rive gauche).

Les défilés de mode à Paris, où les couturiers présentent leurs collections, sont de vrais événements mondains qui rassemblent une foule de gens élégants.

Activité 2 **Emménagement** La famille Jonquières est en train d'emménager dans leur nouvelle maison. Mme Jonquières répond aux questions des déménageurs sur l'emplacement des meubles. Employez les mots entre parenthèses pour écrire ses réponses et remplacez les compléments directs par des pronoms. Suivez le modèle.

MODÈLE Et le lave-vaisselle, Madame? (installer / cuisine)
Vous pouvez l'installer dans la cuisine.

PART 2

1. Et ce sofa, Madame? (mettre / salon)

___

2. Et ce lit, Madame? (monter / à la chambre de mon fils)

___

3. Et la machine à laver? (descendre / au sous-sol)

___

4. Et cette télévision? (laisser / salon)

___

5. Et cette table? (placer / salle à manger)

___

6. Et ces vêtements? (mettre / penderie)

___

7. Et cet ordinateur? (monter / à la chambre de ma fille)

___

8. Et ces fauteuils? (laisser / salon)

___

Activité 3 **Pas possible!** Michel répond au négatif aux questions de son ami. Écrivez ce qu'il dit avec le pronom convenable.

MODÈLE Tu m'aides?
Non, je ne peux pas t'aider.

1. Tu me déposes en ville?

___

2. Tu m'emmènes à la poste?

___

3. Tu me raccompagnes?

___

4. Tu m'attends?

___

5. Tu nous rejoins, Sara et moi?

___

6. Tu nous appelles?

___

7. Tu nous invites?

____

8. Tu nous présentes?

____

Activité 4 **On s'organise.** Les étudiants s'organisent pour nettoyer le foyer d'étudiants avant de partir pour l'été. Employez le(s) nom(s) entre parenthèses pour répondre aux questions. Remplacez les compléments directs des questions par des pronoms et employez la construction **aller** + *infinitive.* Suivez le modèle.

MODÈLE Qui fait le linge? (Jean-Claude)
Jean-Claude va le faire.

VOCABULAIRE

Le nettoyage

balayer *to sweep*
la casserole *pot*
épousseter *to dust*
faire le linge *to do the laundry*
faire le lit *to make the bed*
faire les carreaux *to wash the windows*
laver *to wash*
les meubles *(m.) furniture*
nettoyer *to clean*
les ordures *(f.) garbage*
le parquet *wooden floor*
passer l'aspirateur *to vacuum*
la poêle *frying pan*
récurer *to scour*
sortir *to take out*
les toilettes *(f.) bathroom*

1. Qui balaie la cuisine? (Sabine)

____

2. Qui lave les verres? (Marc et David)

____

3. Qui nettoie les toilettes? (Élisabeth et Stéphanie)

____

4. Qui fait les lits? (moi)

____

5. Qui sort les ordures? (Édouard)

____

6. Qui passe l'aspirateur? (Barbara)

____

7. Qui époussette les meubles? (Charles et Michèle)

____

8. Qui fait les carreaux? (Odile et François)

____

9. Qui récure les casseroles et les poêles? (Louis et Denis)

____

10. Et qui lave tous les parquets? (toi!)

____

Activité 5 **Tout est déjà fait.** Répondez au passé composé aux questions de votre ami(e) sur les devoirs. Remplacez les objets directs par des pronoms. Faites attention à l'accord du participe passé.

MODÈLE Tu ne lis pas le chapitre douze?
Je l'ai déjà lu.

1. Tu n'écris pas la composition?

____

2. Marc et Paul ne rédigent pas le thème?

____

3. Catherine et toi, vous ne faites pas les problèmes de maths?

____

4. Lise n'apprend pas les poèmes par cœur?

____

5. Tu n'étudies pas la pièce de théâtre?

____

6. Christine ne fait pas l'expérience au laboratoire?

____

7. Olivier ne révise pas les leçons d'histoire?

____

8. Baudouin et Philippe ne regardent pas les œuvres d'art?

____

9. Tu n'écoutes pas les CD pour le cours d'espagnol?

____

10. Tu ne relis pas tes notes de philosophie?

____

Indirect object pronouns

An indirect object is the person to whom or for whom an action is done. It is connected to its verb by the preposition **à**.

J'écris **à Jean.**	*I write* ***(to) John.***
Les élèves parlent **au professeur.**	*The students talk* ***to the teacher.***
Nous donnons des cadeaux **à nos amis.**	*We give gifts* ***to our friends.***

The French indirect object pronouns refer only to people. **Lui** means either *to/for him* or *to/for her,* depending on its context.

	SINGULAR	PLURAL
FIRST PERSON	me	nous
SECOND PERSON	te	vous
THIRD PERSON	lui	leur

The indirect object pronouns follow the same rules for position as the direct object pronouns.

Les parents de cet enfant ont de la chance. Il **leur** obéit toujours.	*That child's parents are lucky. He always obeys* ***them.***
C'est vrai. Il ne **leur** désobéit jamais.	*That's true. He never disobeys* ***them.***
Ce chapeau **vous** va très bien.	*That hat looks very good* ***on you.***
Il **vous** plaît?	*Do you like it?*
Et Louis? Il avait faim?	*What about Louis? Was he hungry?*
Oui. Je **lui** ai préparé un sandwich.	*Yes. I made a sandwich* ***for him.***
Je vais **leur** téléphoner ce soir.	*I'm going to call* ***them*** *this evening.*
S'ils ne sont pas là, tu peux **leur** laisser un message au répondeur.	*If they're not there, you can leave* ***them*** *a message on the answering machine.*

Several verbs that take direct objects or have other constructions in English take indirect objects in French.

aller bien à quelqu'un *to look nice on someone*
convenir à quelqu'un *to suit someone, be convenient for someone*
désobéir à quelqu'un *to disobey someone*
nuire à quelqu'un *to harm, hurt someone*
obéir à quelqu'un *to obey someone*
plaire à quelqu'un *to please someone*
répondre à quelqu'un *to answer someone*
ressembler à quelqu'un *to look like someone*
téléphoner à quelqu'un *to call, phone someone*

Many verbs take two objects: a direct object (a thing) and an indirect object (a person).

apporter quelque chose à quelqu'un *to bring something to someone*
dire quelque chose à quelqu'un *to tell/say something to someone*
donner quelque chose à quelqu'un *to give something to someone*
demander quelque chose à quelqu'un *to ask someone for something*

(continued)

envoyer quelque chose à quelqu'un *to send something to someone*
expliquer quelque chose à quelqu'un *to explain something to someone*
laisser quelque chose à quelqu'un *to leave something for someone*
montrer quelque chose à quelqu'un *to show something to someone*
offrir quelque chose à quelqu'un *to give something to someone (as a gift)*
passer quelque chose à quelqu'un *to pass something to someone*
permettre quelque chose à quelqu'un *to allow someone to do something*
promettre quelque chose à quelqu'un *to promise someone to do something*
prêter quelque chose à quelqu'un *to lend something to someone*
rendre quelque chose à quelqu'un *to give something back to someone*
vendre quelque chose à quelqu'un *to sell something to someone*

PART 2

NOTE In **présenter quelqu'un à quelqu'un** *(to introduce someone to someone)*, both the direct and the indirect objects refer to people.

With several French verbs, **à** is the equivalent of English *from.*

acheter quelque chose à quelqu'un *to buy something from someone*
arracher quelque chose à quelqu'un *to snatch something from someone*
cacher quelque chose à quelqu'un *to hide something from someone*
emprunter quelque chose à quelqu'un *to borrow something from someone*
enlever quelque chose à quelqu'un *to take something away from someone*
louer quelque chose à quelqu'un *to rent something from someone*
prendre quelque chose à quelqu'un *to take something from someone*
voler quelque chose à quelqu'un *to steal something from someone*

Sentences such as **Je lui ai acheté la voiture** mean either *I bought the car **from** him/her* or *I bought the car **for** him/her,* depending on the context.

Activité 6 **Oui et non** Employez les mots entre parenthèses et un pronom complément d'objet indirect pour dire dans chaque cas ce qu'on ne fait pas. Suivez le modèle.

MODÈLE Je prête mon crayon à Luc. (mon stylo)
Je ne lui prête pas mon stylo.

1. Nous donnons des conseils à nos voisins. (argent)

 ____

2. Annette me montre ses photos. (lettres)

 ____

3. J'ai écrit une carte postale à mes cousins. (lettre)

 ____

4. Les Dufau vendent leur maison aux Masson. (voiture)

____

5. Je vais offrir une montre à ma petite amie. (collier)

____

6. Vous envoyez des dessins à votre frère. (affiches)

____

7. Mon chien m'apporte le journal. (mes pantoufles)

____

8. Il a dit son adresse au médecin. (son numéro de téléphone)

____

9. Le professeur a expliqué les problèmes à ses étudiants. (la méthode)

____

10. Je vais demander la voiture à mon père. (argent pour l'essence)

____

Activité 7 **Ce qu'il faut faire** Les employés d'un grand bureau demandent à leur chef ce qu'ils doivent faire aujourd'hui. Il leur répond avec l'expression **il faut** et un pronom complément d'objet indirect. Suivez le modèle pour savoir exactement ce qu'il dit.

MODÈLE Et pour nos clients en Tunisie? (envoyer le rapport)
Il faut leur envoyer le rapport.

VOCABULAIRE

Les affaires

l'agence *(f.) agency*
l'annonce *(f.) ad*
le/la banquier(-ère) *banker*
la cargaison *shipment*
le/la fournisseur(-se) *supplier*
la gamme *range, line*
la note *bill*
le produit *product*
le rapport *report*
régler la note *to pay the bill, settle the account*
le/la représentant(e) *representative*
le/la vendeur(-se) *salesperson*

1. Et pour M. Delavigne? (écrire une lettre)

____

2. Et pour nos fournisseurs en Allemagne? (payer la dernière cargaison de marchandises)

____

3. Les Régnier n'ont pas encore réglé la note. (envoyer la note encore une fois)

____

4. M. Sarda a déjà appelé deux fois ce matin. (prêter trois cent mille euros)

____

5. L'agence Autos-Jour a téléphoné. (louer trois voitures et un camion)

____

6. Votre banquier a téléphoné. (emprunter un million d'euros)

____

7. La représentante du journal est arrivée. (montrer les nouvelles annonces)

____

8. Nos vendeurs vont arriver à onze heures. (présenter la nouvelle gamme de produits)

____

PART 2

Activité 8 **Conseils et recommandations** Un groupe de copains parlent des camarades qui avaient besoin d'aide. Écrivez les solutions qu'ils ont trouvées en formant des phrases au passé composé avec des pronoms compléments d'objet indirect. Suivez le modèle.

MODÈLE Émile aimait bien mon ordinateur.
tu donner / une heure au clavier *(keyboard)*
Tu lui as donné une heure au clavier.

1. Marguerite ne pouvait pas aller à pied au lycée.
son père / prêter la voiture

____

2. Albert a perdu sa montre.
nous / offrir une montre pour son anniversaire

____

3. Monique ne comprenait pas ce texte.
moi, je / expliquer les idées du livre

____

4. Richard et Serge voulaient jouer au football.
nous / demander de jouer avec nous

____

5. Nathalie est malade et ne peut pas sortir.
vous / apporter des revues et des journaux

____

6. Sylvie et Maude voulaient étudier pour l'examen d'histoire.
nous / rendre les livres que nous leur avions empruntés

____

7. Mathieu a été absent hier. Il a manqué tous ses cours.
   nous / montrer nos notes

   ____

8. Hélène et Robert sont maintenant en Corse.
   moi, je / envoyer une lettre

   ____

9. Solange nous a écrit il y a deux semaines.
   nous / répondre

   ____

10. Alfred et Gilles ne savaient pas qu'il y a une boum vendredi.
    nous / téléphoner

    ____

11. Monique veut apprendre l'allemand.
    son père / promettre des vacances en Allemagne

    ____

Pronoun y

A preposition of location **(à, en, dans, sur, sous, devant, derrière,** etc.) plus a noun referring to a place or thing can be replaced by the pronoun **y.**

Vous allez tous **à Paris?** Oui, nous **y** passons nos vacances.	*Are you all going* ***to Paris?*** *Yes, we're spending our vacation* ***there.***
As-tu répondu **à sa lettre?** Oui. J'**y** ai déjà répondu.	*Have you answered* ***his letter?*** *Yes. I have already answered* ***it.***
Tu travailles **dans ce bureau?** Non, je n'**y** travaille plus.	*Do you work* ***in this office?*** *No, I don't work* ***there*** *anymore.*
Où est la monnaie? **Sur la table?** Oui. J'**y** ai laissé l'argent.	*Where's the change?* ***On the table?*** *Yes. I left the money* ***there.***

Y may refer to an entire phrase, clause, or idea. Sometimes **y** has no precise English equivalent. The pronoun **y** follows the same rules for position as direct and indirect object pronouns.

Il est difficile de traverser la rue parce qu'il y a tant de voitures. Tu as raison. Il faut **y** prendre garde. **(y = aux voitures)**	*It's hard to cross the street because there are so many cars.* *You're right. We have to be careful* ***(of them).*** **(prendre garde à quelque chose)**
Alice n'aime pas son travail. Elle doit **y** renoncer. **(y = à son travail)**	*Alice doesn't like her work.* *She ought to quit.* **(renoncer à quelque chose)**
Les idées de cet auteur sont difficiles. J'**y** réfléchis beaucoup. **(y = aux idées)**	*This author's ideas are difficult.* *I think* ***about them*** *a lot.* **(réfléchir à quelque chose)**

PART 2

Activité 9 **Jamais de la vie!** Les gens ne font jamais ces activités. Dites-le en employant le pronom **y.**

> **MODÈLE** Tu vas souvent à Lille?
> Non, je n'y vais jamais.

1. Lucie travaille au sous-sol?

___

2. Maurice et François étudient à la terrasse du café du coin?

___

3. Ton petit ami attend devant le cinéma?

___

4. Vos parents passent leurs vacances au bord de la mer?

___

5. Vous achetez à manger dans cette charcuterie?

___

6. Les enfants jouent derrière l'immeuble?

___

7. Les voisins se réunissent sur le toit?

___

8. Tu laisses tes livres sur l'escalier?

___

9. Tu manges parfois dans la voiture?

___

10. Les étudiants viennent souvent à ce restaurant?

___

Activité 10 **Conseillez et rassurez.** Votre amie exprime ses doutes. Employez l'expression **il faut,** le pronom **y** et le verbe ou l'expression entre parenthèses pour lui donner un conseil ou pour la rassurer. Suivez le modèle.

> **MODÈLE** J'ai du mal à me concentrer sur le livre de philosophie.
> (faire attention)
> Il faut y faire attention.

1. Je n'ai pas encore fait de projets de vacances. (penser)

___

2. Je suis inquiète au sujet de mon avenir. (réfléchir)

___

3. On dit que les rues de cette ville sont dangereuses la nuit. (prendre garde)

____

4. Notre plan ne pourra pas réussir. (renoncer)

____

5. Cette matière m'ennuie. C'est pour ça que mes notes sont mauvaises. (s'intéresser)

____

6. Je ne sais pas si je pourrai devenir médecin. (rêver)

____

7. J'ai des doutes sur ses explications. (croire)

____

8. On m'attend au bureau du professeur. (aller)

____

CHAPTER 16

Pronoun en

An indefinite or a partitive article plus a noun can be replaced by the pronoun **en. En** often means *some* or *any* in this context.

Tu veux **du jus?** Non, je n'**en** veux pas.	*Do you want **any juice?*** *No, I don't want **any.***
Connaissez-vous **des professeurs** ici? Oui, j'**en** connais.	*Do you know **any teachers** here?* *Yes, I know **some.***

En may replace nouns used with expressions of quantity or numbers. In such cases, **en** may have no direct English equivalent.

As-tu beaucoup **de travail?** **J'en** ai trop. (**en = de travail**)	*Do you have a lot of **work?*** *I have too much.*
Robert a des frères? Oui, il **en** a trois.	*Does Robert have any brothers?* *Yes, he has three **(brothers).***
Tu n'as que trois cents euros? **J'en** ai perdu deux cents.	*You have only three hundred euros?* *I lost two hundred **(euros).***

En may replace the construction **de** + noun or infinitive.

Pauline est-elle revenue **de France?** Elle **en** revient jeudi.	*Has Pauline come back **from France?*** *She's coming back **(from there)** Thursday.*
Les étés passés en Bretagne étaient merveilleux, n'est-ce pas? Oui. Je m'**en** souviens. **(en = des étés)**	*The summers spent in Brittany were wonderful, weren't they?* *Yes. I remember **them.***
Ton fils a-t-il peur **de jouer avec mon chien?** Il **en** a peur.	*Is your son afraid **to play with my dog?*** *Yes. He's afraid (**to do it**).*

The pronoun **en** follows the same rules for position as direct and indirect object pronouns. In compound tenses, the past participle does not agree with **en.**

Activité 11 **Votre ville** Répondez aux questions suivantes. Employez le pronom **en** dans vos réponses. Vos réponses peuvent être négatives ou affirmatives, selon le cas.

VOCABULAIRE

La ville

bordé de *lined with*
de luxe *luxury (as adj.)*
encombré de *blocked by, congested with*
un espace vert *a green space, park*
manquer de *to lack, be short of*
se méfier de *to be wary of, distrustful of*
le promeneur *stroller, walker*
regorger de *to be bursting with*
la sécurité personnelle *personal safety*
se soucier de *to worry about*
se vanter de *to boast of*

1. Est-ce que la ville se vante de ses musées?

2. Est-ce que les magasins regorgent de vêtements de luxe?

3. Est-ce que les rues sont pleines de promeneurs?

4. Est-ce qu'il faut se soucier de sa sécurité personnelle?

5. Est-ce que vous vous méfiez de la ville la nuit?

6. Est-ce que les trottoirs sont bordés d'arbres?

7. Est-ce que les rues sont encombrées de véhicules?

8. Est-ce que votre ville manque d'espaces verts?

Activité 12 **Rectification** Votre ami(e) se trompe sur les quantités. Corrigez ce qu'il/elle vous dit avec les chiffres donnés et le pronom **en.**

> **MODÈLE** Paulette a deux frères, n'est-ce pas? (quatre)
> Non, elle en a quatre.

1. Il y a vingt élèves dans cette classe, n'est-ce pas? (trente-deux)

   ____

2. Stéphane gagne trois cents euros par semaine, n'est-ce pas? (quatre cents)

   ____

3. Vous avez cent vingt pages à lire, n'est-ce pas? (deux cent cinquante)

   ____

4. Nous avons parcouru *(covered, traveled)* quatre cents kilomètres, n'est-ce pas? (trois cents)

   ____

5. Tu as eu soixante-dix dollars d'amende *(fine),* n'est-ce pas? (quatre-vingt-dix)

   ____

6. Leur nouvelle maison a trois salles de bains, n'est-ce pas? (cinq)

   ____

7. Nous allons acheter dix biftecks, n'est-ce pas? (quinze)

   ____

8. Tu veux une douzaine d'œufs, n'est-ce pas? (deux douzaines)

   ____

Activité 13 **C'est déjà fait.** Répondez aux questions de votre ami(e) sur ce qui se passe à l'université en disant que tout s'est déjà accompli. Utilisez le pronom **en** dans chaque cas.

> **MODÈLE** Pierre va-t-il acheter des livres?
> Il en a déjà acheté.

1. Chantal et Odile comptent-elles suivre des cours de chimie?

   ____

2. L'étudiant va-t-il se plaindre de ses classes?

   ____

3. Est-ce que Bernard va être accablé de travail?

   ____

4. M. Dumarier va-t-il se charger des inscriptions?

____

5. Est-ce que Mme Martel va jouer du piano?

____

6. François va-t-il se mêler des affaires des autres étudiants?

____

7. Est-ce que Michel compte faire du japonais?

____

8. Anne-Marie peut-elle demander des conseils sur son programme d'études?

____

9. Est-ce que Gilbert va revenir de la faculté?

____

10. Le professeur Froissard va-t-il donner des devoirs?

____

PART 2

Double object pronouns

When a sentence contains two object pronouns, the pronouns appear in the following order.

me **te** **se** **nous** **vous**	*before*	**le** **la** **les**	*before*	**lui** **leur**	*before*	**y**	*before*	**en**

Double object pronouns follow the same rules as those for position as single object pronouns.

Est-ce que ton père te prête la voiture?	*Does your father lend you the car?*
Non, il ne **me la** prête jamais.	*No, he never lends* ***it to me.***
Tu vas donner les cadeaux aux enfants?	*Are you going to give the gifts to the children?*
Oui, je vais **les leur** donner.	*Yes, I'm going to give* ***them to them.***
Marcelle a sa calculatrice?	*Does Marcelle have her calculator?*
Oui, je **la lui** ai rendue hier.	*Yes, I returned* ***it to her*** *yesterday.*
Nos cousins ont besoin d'argent.	*Our cousins need money.*
Nous pouvons **leur en** envoyer.	*We can send* ***them some.***
C'est une très belle avenue.	*This is a very beautiful avenue.*
Oui, nous **nous y** promenons souvent.	*Yes, we often take a walk* ***here.***

Activité 14 **Ce qu'il faut faire** Employez les verbes entre parenthèses et deux pronoms compléments d'objet pour dire ce qu'il faut faire (ou ce qu'on va faire) dans chaque cas. Suivez le modèle.

> **MODÈLE** Odile ne sait pas l'adresse de Philippe. (je / aller / dire)
> Je vais la lui dire.

1. Marie-France ne reçoit pas de lettres. (nous / devoir / écrire)

   ____

2. Serge veut voir tes notes de physique. (je / aller / prêter)

   ____

3. Ousmane a besoin de son manuel de chimie. (nous / devoir / rendre)

   ____

4. Rachelle prend le déjeuner au bistrot d'en face. (tu / pouvoir / retrouver)

   ____

5. Suzanne et Ghislaine veulent voir tes photos. (je / avoir l'intention de / montrer)

   ____

6. Yves et Marc cherchent des affiches. (il faut / donner)

   ____

7. Je ne comprends pas ces mots. (je / aller / expliquer)

   ____

8. Nous voudrions du parfum de France. (Marguerite / pouvoir / rapporter)

   ____

9. Les enfants adorent le jardin. (vous / pouvoir / amener)

   ____

10. La vie ici n'est pas facile. (nous / devoir / s'habituer)

    ____

11. Je voudrais du sel. (je / aller / passer)

    ____

12. Ils ont besoin de ce logiciel. (il faut / apporter)

    ____

PART 2

Activité 15 **Mais si!** Votre ami se trompe. Les choses qui, selon lui, n'arrivent pas sont déjà arrivées. Dites-le-lui en employant le passé composé et deux pronoms compléments d'objet. Suivez le modèle.

MODÈLE Sabine n'offre jamais de cadeaux à ses frères.
Mais si! Elle leur en a déjà offert.

1. Albert ne sert jamais de boissons à ses invités.

   ____

2. Tu ne donnes jamais de conseils à Philippe.

   ____

3. Serge et Robert ne s'opposent pas au programme politique de notre parti.

   ____

4. Marc et Justine ne se servent jamais de cet ordinateur.

   ____

5. Louise et toi, vous ne vous rendez pas compte du problème.

   ____

6. Olivier ne nous rend jamais les choses qu'il nous emprunte.

   ____

7. Cette femme ne lit jamais de livres à ses enfants.

   ____

8. Ces parents n'enseignent pas le français à leurs enfants.

   ____

9. Ce professeur ne propose jamais de thèmes intéressants à ses étudiants.

   ____

10. Toi, tu ne m'envoies jamais de cartes postales.

    ____

11. Tu ne me permets jamais de sorties en semaine.

    ____

12. Ils ne nous promettent jamais leur appui.

    ____

Activité 16 **Proposons des solutions.** Employez **si** suivi de l'imparfait, les mots entre parenthèses et deux pronoms compléments d'objet pour proposer des solutions aux problèmes posés par votre ami(e).

MODÈLE Nathalie n'a pas de romans en français. (envoyer deux ou trois)
Si on lui en envoyait deux ou trois?

1. Maurice et Frédéric admirent nos CD. (prêter)

 ____

2. Monique est à la bibliothèque de Beaubourg. (retrouver)

 ____

3. Madeleine et Lise n'ont pas la voiture pour aller au travail aujourd'hui. (amener)

 ____

4. Jean-Paul aime les croissants que nous faisons. (apporter une demi-douzaine)

 ____

5. Agnès sort du bureau à cinq heures. (aller attendre)

 ____

6. Cette rue a l'air dangereux. (s'éloigner)

 ____

7. Nous avons une lettre à écrire et cet ordinateur est libre. (se servir pour la rédiger)

 ____

8. Philippe et son frère nous ont demandé le journal d'hier. (donner)

 ____

9. Eugénie a tous nos livres d'histoire. (demander)

 ____

10. Charles et sa femme s'intéressent à notre télé. (vendre)

 ____

Note culturelle

Le Centre Pompidou

Le Centre national d'art et de culture Georges-Pompidou est un bâtiment très moderne situé dans un des vieux quartiers de Paris. À cause de son adresse rue Beaubourg, on l'appelle souvent «Beaubourg» tout court. Beaubourg abrite un musée d'art moderne et une grande bibliothèque publique avec plus de cinq cent cinquante mille titres. Il y a aussi une médiathèque, *qui offre au public un laboratoire de langues spécialisé dans les méthodes audiovisuelles et des salles de musique.*

On y organise souvent des débats et des expositions. Le Centre Pompidou est un vrai centre culturel et reçoit plus de douze millions de visiteurs chaque année.

PART 2

Restrictions on the use of object pronouns

The object pronouns **me, te, nous, vous, lui, leur** cannot follow a reflexive pronoun. The preposition **à** or **de** plus a disjunctive pronoun is used instead. **En** does not replace **de** plus an animate noun when the **de** is part of a verbal expression, as in **s'approcher de** and **avoir peur de.** Compare the following examples.

Je me fie **à ce dictionnaire.** → Je m'**y** fie.
Je me fie **à ce médecin.** → Je me fie **à lui.**

J'ai peur **des avions.** → J'**en** ai peur.
J'ai peur **de nos professeurs.** → J'ai peur **d'eux.**

Nous nous approchons **de la ville.** → Nous nous **en** approchons.
Nous nous approchons **de notre père.** → Nous nous approchons **de lui.**

Activité 17 **Oui, bien sûr.** Répondez aux questions de votre ami(e) à l'affirmatif. Remplacez les mots en caractères gras **(bold)** par le pronom convenable.

MODÈLE Est-ce que vous vous fiez **à votre mémoire?**
Oui, nous nous y fions.

1. Est-ce que tu te fies **à tes amis?**

 ___

2. Est-ce que Paulette s'intéresse **à la géologie?**

 ___

3. Est-ce que Jean-Luc s'intéresse **à Paulette?**

 ___

4. Est-ce que le petit Victor a honte **de ce qu'il a fait?**

 ___

5. Est-ce que son père a honte **du petit Victor?**

____

6. Est-ce que tu te souviens **de ton séjour en Espagne?**

____

7. Est-ce que tu te souviens **des gens que tu y as connus?**

____

8. Est-ce que le détective doute **de l'explication de M. Arnaud?**

____

9. Est-ce que le détective se doute **de M. Arnaud?**

____

10. Est-ce que vous avez peur **des voyages en bateau?**

____

Object pronouns in affirmative commands

In affirmative commands, object pronouns follow the verb and are joined to it with a hyphen. **Me** and **te** become **moi** and **toi** after a command form.

Dites-**nous** ce qui est arrivé.	*Tell **us** what happened.*
Les journaux? Mettez-**les** sur la table.	*The newspapers? Put **them** on the table.*
Aide-**moi!**	*Help **me!***

Although the final **-s** of the **tu** form is usually dropped in the imperative of **-er** verbs, it is restored (and pronounced) before **y** and **en** in affirmative commands.

J'ai envie de manger des pommes. Achète**s-en.**	*I feel like eating apples.* *Buy **some.***
J'aime mes vacances en Bretagne. Reste**s-y** plus longtemps.	*I love my vacation in Brittany.* *Stay **there** longer.*

When an affirmative command contains two object pronouns, the pronouns take the order shown below. **Moi + en** becomes **m'en** and **toi + en** becomes **t'en** in affirmative commands.

le **la** **les**	*before*	**moi** **toi** **lui** **nous** **vous** **leur**	*before*	**y**	*before*	**en**

Je viens de recevoir mes photos. Montre-**les-moi.**	*I've just received my photos.* *Show **them to me.***
Regarde, j'ai du jus de fruits. Donne-**m'en.** J'ai très soif.	*Look, I have some fruit juice.* *Give **me some.** I'm very thirsty.*
Je peux me servir de ton stylo? Volontiers. Sers-**t'en.**	*May I use your pen?* *Gladly. Use **it.***

In affirmative commands, **y** is replaced by **là** or **là-bas** after **me/moi, te/toi, le, la** if **y** refers to a place.

Tu vas être à la bibliothèque? — *Are you going to be at the library?*
Oui, attends-**moi là-bas.** — *Yes, wait for **me there.***

Activité 18 **On donne des ordres.** Répondez aux questions avec l'impératif des verbes entre parenthèses, si possible. Remplacez les substantifs des questions par des pronoms compléments d'objet.

MODÈLE Ces bonbons ont l'air délicieux. (tu / prendre / plusieurs)
Prends-en plusieurs.

PART 2

1. Je ne veux plus rester ici. (tu / s'en aller)

   ____

2. Veux-tu que je te dépose devant la faculté? (tu / déposer)

   ____

3. J'ai de la salade. En veux-tu? (tu / donner)

   ____

4. Nous n'aimons pas le programme du nouveau directeur. (vous / s'opposer)

   ____

5. Ces gens me rendent nerveux. (tu / s'éloigner)

   ____

6. Je vais m'habiller dans la salle de bains. Ça va? (tu / s'habiller)

   ____

7. Devons-nous nous arrêter à côté du parc? (vous / s'arrêter)

   ____

8. Qui va s'occuper du dîner? (tu / se charger)

   ____

9. Je crois que j'ai votre disquette. (vous / rendre)

   ____

10. Ils veulent des olives? (vous / passer)

   ____

Activité 19 **En français** Exprimez les idées suivantes en français.

1. I asked him for his literature book, but he didn't give it to me.

 ____

2. He doesn't have his car anymore because someone stole it from him.

 ____

3. These people are interested in your house. Sell it to them. *(formal)*

 ____

4. We asked the teacher questions about the lesson, but he didn't answer them.

 ____

5. I looked for French newspapers and found two. I'll show them to you *(familiar)*.

 ____

6. She's on the third floor. Go up (there) and you'll see her. *(familiar)*

 ____

7. The children were playing on the roof but they have come down (from there).

 ____

8. You've made soup. Bring me some and I'll taste **(essayer)** it.

 ____

Activité 20 **Activité orale** Parlez avec un(e) camarade de classe au sujet des choses que vous avez et des plats que vous aimez manger. Formez des questions pour évoquer des réponses qui contiennent un ou deux pronoms compléments d'objet.

CHAPTER 16 TEST

Object pronouns

1 **Les pronoms** Complétez les phrases suivantes avec les pronoms qui manquent.

1. On m'a dit qu'il y a un pressing dans cette rue, mais je ne _____________ vois pas.
2. Voici les questions. Tu pourras _____________ répondre?
3. Nous avons beaucoup de livres à lire. J'_____________ ai déjà lu trois.

4–5. Je lui ai demandé les papiers, mais il ne _____________ _____________ a pas donnés.

6. Il y a du poulet dans le frigo. Tu peux _____________ prendre, si tu as faim.
7. Voici une photo de notre hôtel à Marseille. Vous vous _____________ souvenez?

8–9. Barbara n'a plus sa bicyclette. On _____________ _____________ a volée.

10–11. Les enfants adorent le musée scientifique. Je vais _____________ _____________ emmener.

12–13. Je veux du lait. Si tu descends au marché, tu peux _____________ _____________ rapporter.

14–15. Philippe et Sylvie ne comprennent pas ces mots. Explique-_____________-_____________.

CHAPTER 16 TEST

Object pronouns

2 **À compléter** Complétez les phrases suivantes avec les pronoms qui manquent.

1. Si tu veux parler avec le gérant il faut que tu ____________ cherches.
2. Tes parents n'ont pas de tes nouvelles. Tu dois ____________ téléphoner.
3. —Jean vous a prêté de l'argent?

   —Oui, je ____________ ai emprunté 1 500 euros.
4. Les parents de Christine lui ont dit de ne pas le faire, mais elle ne

   ____________ a pas obéi.
5. —Vous avez reçu des messages?

   —Oui, et nous ____________ avons déjà répondu.

6–7. —Paul et Jacqueline étaient au musée?

   —Oui, je ____________ ____________ ai vus.

8. Ils sont encore à Marseille? Je croyais qu'ils ____________ étaient revenus.
9. N'achète plus de fruit. Nous ____________ avons déjà trop.
10. Le prof n'est pas content de ton travail. Il te faut ____________ réfléchir un peu.

CHAPTER 17

Possessive and demonstrative adjectives and pronouns

Possessive adjectives

Possession in French is expressed by the preposition **de. De** is repeated before each owner.

la maison **de** mon oncle	*my uncle's house*
les cahiers **de** Janine et **d'**Alice	*Janine's and Alice's notebooks*

French possessive adjectives agree in gender and number with the nouns they modify.

BEFORE MASCULINE SINGULAR NOUNS	
mon vélo	**notre** vélo
ton vélo	**votre** vélo
son vélo	**leur** vélo

BEFORE FEMININE SINGULAR NOUNS	
ma cassette	**notre** cassette
ta cassette	**votre** cassette
sa cassette	**leur** cassette

BEFORE ALL PLURAL NOUNS	
mes vélos, **mes** cassettes	**nos** vélos, **nos** cassettes
tes vélos, **tes** cassettes	**vos** vélos, **vos** cassettes
ses vélos, **ses** cassettes	**leurs** vélos, **leurs** cassettes

The possessive adjectives **son, sa, ses** may mean *his, her,* or *its,* depending on the owner. The form of the adjective agrees with the noun possessed.

Marie a **son** vélo et Pierre a **sa** moto.	*Marie has* ***her*** *bike and Pierre has* ***his*** *motorcycle.*

Before a feminine noun beginning with a vowel or a mute **h, mon, ton, son** replace **ma, ta, sa.**

mon adresse	**ton** école	**son** histoire

To emphasize or clarify a possessor, French uses the preposition **à** plus a disjunctive pronoun.

Monique et Philippe ont pris sa voiture.	*Monique and Philippe took his/her car.*
Sa voiture **à lui** ou sa voiture **à elle?**	***His** car or **her** car?*
Mon ordinateur **à moi** est plus rapide que leur ordinateur **à eux.**	***My** computer is faster than **their** computer.*

The word **propre** *(own)* may also be used to add emphasis.

Je l'ai vu de mes **propres** yeux.	*I saw it with my **own** eyes.*

Activité 1 **Voilà** Utilisez **voilà** suivi d'un adjectif possessif pour signaler à votre ami(e) que les objets dont il/elle parle sont tout près.

> **MODÈLE** Tu as un livre?
> Oui. Voilà mon livre.

1. Édouard a une voiture?
____
2. Nous avons une calculatrice?
____
3. Nos copains ont des disques?
____
4. Tu as des cartes?
____
5. J'ai des lettres?
____
6. Odile a un chien?
____
7. Marc et Chantal ont des billets?
____
8. Les étudiants ont une salle de réunion?
____
9. Jean-Marc a un sac à dos?
____
10. Nathalie a un ordinateur?
____

Activité 2 **C'est sûrement à quelqu'un d'autre.** Dites dans chaque cas que le véhicule n'est pas à la personne proposée. Utilisez les adjectifs possessifs dans vos réponses.

MODÈLE Le quatre-quatre est à vous?
Non. Ce n'est pas mon quatre-quatre.

VOCABULAIRE

Les véhicules

un autobus *bus*
un bateau *boat*
une bicyclette *bicycle*
un camion *truck*
une caravane *trailer camper*
une vélomoteur *moped*
une moto *motorcycle*
un quatre-quatre (4x4) *sport-utility vehicle*
une voiture de sport *sports car*

1. La moto est à tes cousins?

____

2. Les voitures de sport sont à ton frère?

____

3. La caravane est à toi et à ta famille?

____

4. Le vélomoteur est à Paul?

____

5. L'autobus est à la compagnie?

____

6. Le camion est à vous deux?

____

7. Le bateau est à toi?

____

8. La bicyclette est à Yves?

____

Note culturelle

Dakar

Comment est-ce qu'on se déplace à Dakar, capitale du Sénégal? Prenez le bus! Le SOTRAC, Société des transports en commun du Cap-Vert met en service des bus qui desservent tous les quartiers de la ville. Un plan des routes est disponible, et très utile, surtout pour l'étranger désirant s'orienter dans cette ville intéressante. Dakar a aussi des taxis pour des trajets porte à porte et des trains qui desservent la banlieue. Il est donc facile de visiter Dakar Central, le nouveau musée d'art moderne, les quartiers élégants et les belles plages de Cap-Vert.

Activité 3 **À qui?** Vous entendez une phrase dans laquelle l'identité du possesseur est ambiguë. Demandez des précisions au moyen de la préposition **à** et d'un pronom disjoint. Suivez le modèle.

MODÈLE Christine et Maurice sont venus avec ses parents.
Ses parents à elle ou ses parents à lui?

1. Voilà Jacques et Madeleine avec sa mère.

   ____

2. Monsieur Lachaux et sa nouvelle épouse vivent avec ses enfants.

   ____

3. Les garçons et les filles sont arrivés dans leur voiture.

   ____

4. J'ai vu Olivier et Suzanne avec son cousin.

   ____

5. Quand je vous ai vus, Anne-Marie et toi, vous promeniez un chien.

   ____

6. Il veut revoir Paulette avant son départ.

   ____

Activité 4 **Le bureau du club des étudiants en biologie** Les étudiants en biologie ont organisé un club et l'école leur a donné une petite salle pour installer leur bureau. Annette raconte ce que chaque étudiant a apporté au bureau. Employez des adjectifs possessifs pour savoir ce qu'elle dit.

MODÈLE Georges / enveloppes
Georges a donné ses enveloppes.

VOCABULAIRE

Au bureau

une affiche *poster*
un annuaire *telephone book*
un calendrier *calendar*
un dictionnaire scientifique *science dictionary*
un feutre *felt-tipped pen*
une imprimante *printer*
du papier à lettres *stationery*
un répondeur *answering machine*

1. Roger / affiche

____

2. Louise et Simone / répondeur

____

3. Charles / feutres

____

4. Hélène / imprimante

____

5. le professeur de biologie / papier à lettres

____

6. Albert et vous / calendrier

____

7. moi / annuaire

____

8. toi / dictionnaire scientifique

____

Possessive pronouns

The English possessive pronouns are *mine, yours, his, hers, ours, theirs.* Those forms are used to replace a possessive adjective and noun. The French possessive pronouns consist of the definite article and a special possessive form. A possessive pronoun agrees in gender and number with the noun it replaces.

MASCULINE SINGULAR	FEMININE SINGULAR	MASCULINE PLURAL	FEMININE PLURAL
le mien	**la mienne**	**les miens**	**les miennes**
le tien	**la tienne**	**les tiens**	**les tiennes**
le sien	**la sienne**	**les siens**	**les siennes**
le nôtre	**la nôtre**	**les nôtres**	
le vôtre	**la vôtre**	**les vôtres**	
le leur	**la leur**	**les leurs**	

Le sien, la sienne, les siens, les siennes may mean *his, hers,* or *its,* depending on the owner. The form of the pronoun agrees with the noun it replaces.

Moi, j'ai **ma calculatrice,** mais Pierre n'a pas **la sienne.**	*I have **my calculator,** but Pierre doesn't have **his.***
Nous aimons **notre quartier,** mais elle préfère **le sien.**	*We like **our neighborhood,** but she prefers **hers.***

The articles **le** and **les** of the possessive pronouns contract with **à** and **de.**

Tu penses à mon problème? Non. Je pense **au mien.**	*Are you thinking about my problem?* *No. I'm thinking **about mine.***
Elle se souvient de nos idées? Non. Elle se souvient **des siennes.**	*Does she remember our ideas?* *No. She remembers **hers.***

Activité 5 **On a tout laissé au lycée.** Employez un pronom possessif dans chaque cas pour dire que tout le monde a laissé ses affaires au lycée.

MODÈLE toi / calculatrice / moi
Toi, tu as ta calculatrice, mais moi, j'ai laissé la mienne au lycée.

1. moi / cahier / Françoise

____

2. nous / stylos / nos copains

____

3. toi / carte / le professeur

____

4. David / sac à dos / Christine

____

5. Odile / bouquins / moi

____

6. vous / dictionnaire / nous

____

7. mes amis / agendas / vous

____

8. les enfants / crayons / toi

____

PART 2

Note culturelle

Le lycée

Dans le système éducatif français, le lycée représente la deuxième étape de la formation secondaire, la première étant le collège. D'habitude, au lycée, les étudiants préparent le baccalauréat en trois ans. À part du baccalauréat traditionnel, il existe depuis 1986 le baccalauréat professionnel donné aux étudiants spécialisés dans les études techniques.

Pendant la première année au lycée tous les étudiants étudient les mêmes matières, et l'étude de la langue française est considérée la plus importante. À la fin de cette première année au lycée (appelée «seconde» en France), les élèves peuvent choisir (basées sur un examen) entre plusieurs filières offertes. Par exemple ils peuvent choisir un bac économique et social, littéraire ou scientifique. Dans les lycées techniques on offre aussi différentes sections de spécialisation.

Activité 6 **Ici et en bas** La moitié des choses cherchées est ici, l'autre moitié est en bas. Employez des pronoms possessifs pour le dire, comme dans le modèle.

MODÈLE Je cherche tes livres et les livres de Jean-Pierre.
Les miens sont ici, les siens sont en bas.

1. Je cherche mes copies et les copies des élèves.

____

2. Je cherche votre carte de crédit et la carte de crédit de Renée.

____

3. Je cherche notre carnet de chèques et le carnet de chèques de Rémi.

____

4. Je cherche tes photographies et les photographies du professeur.

____

5. Je cherche mes clés et les clés de nos amis.

____

6. Je cherche mon manteau et le manteau de Jacqueline.

____

CHAPTER 17

Activité 7 **C'est le mien.** Répondez aux questions suivantes avec la préposition de la question et le pronom possessif correspondant. Suivez le modèle.

> **MODÈLE** Avec quel professeur parles-tu?
> Avec le mien.

1. À quels amis téléphones-tu?

____

2. Dans quel laboratoire travaillent-ils?

____

3. De quelles clarinettes jouez-vous, vous deux?

____

4. À quelle tragédie pense-t-il?

____

5. De quelles affaires s'occupe-t-elle?

____

6. Contre quels étudiants le professeur est-il fâché?

____

7. De quel stylo vous servez-vous?

____

Activité 8 **Contrastes** Un groupe de camarades de classe parle des différences qu'ils ont trouvées entre eux en faisant connaissance pendant la première semaine de l'année scolaire. Exprimez ce qu'ils disent en français.

1. Pierre and I use calculators. His is old, mine is new.

____

2. My English teacher is nice, yours is unpleasant.

____

3. Christine's backpack is red, mine is green.

____

4. My friends are better in math **(plus calés en maths)** than yours (are).

____

5. Your tests are hard. Ours are harder.

____

6. Solange's composition **(rédaction)** is long. Mine is longer.

____

7. My day **(journée)** is shorter than theirs.

____

8. The school's computers are more powerful **(puissants)** than his (are).

____

PART 2

Activité 9 **Activité orale** Avec un(e) camarade, jouez l'activité précédente. Trouvez les différences et les ressemblances entre vous deux. Après, présentez les résultats de votre discussion à un(e) troisième camarade en employant autant de possessifs que possible.

Demonstrative adjectives

A demonstrative adjective points out a specific person or thing (*this* book, *that* story, *these* cassettes, *those* stores). The French demonstrative adjective by itself does not distinguish between *this* and *that.*

The French demonstrative adjective has four forms. Each form agrees with the noun it modifies.

	MASCULINE		FEMININE	
SINGULAR	**ce** crayon	*this/that pencil*	**cette** table	*this/that table*
	cet homme	*this/that man*		
PLURAL	**ces** crayons	*these/those pencils*	**ces** tables	*these/those tables*

NOTE

Before a masculine singular noun beginning with a vowel or a mute **h,** the form **cet** is used.

To distinguish between *this* and *that,* **-ci** is added to a noun to mean *this* or *these* and **-là** is added to mean *that* or *those.* These suffixes are used mainly for emphasis or contrast.

Votre classe lit **ce** livre-**ci** ou **ce** livre-**là**?	*Is your class reading* **this** *book or* **that** *book?*
Nous lisons **ce** livre-**ci. Ces** romans-**là** sont pour l'année prochaine.	*We're reading* **this** *book.* **Those** *novels are for next year.*

Activité 10 **Dans le rayon d'informatique** Julie cherche un nouvel ordinateur et des accessoires. Elle demande au vendeur le prix de tout ce qu'elle voit. Écrivez ce qu'elle dit avec des adjectifs démonstratifs comme dans le modèle.

MODÈLE moniteur
Vous pouvez me dire le prix de ce moniteur, s'il vous plaît?

VOCABULAIRE

L'ordinateur

le clavier *keyboard*
le disque dur *hard drive*
la disquette *disquette*
le lecteur de CD-ROM *CD-ROM drive*
le logiciel *software package*
la souris *mouse*
l'unité de disque *(f.)* *disk drive*

1. ordinateur
____

2. unité de disque
____

3. disquettes
____

4. logiciel
____

5. lecteur de CD-ROM
____

6. disque dur
____

7. clavier
____

8. souris
____

CHAPTER 17

PART 2

Activité 11 **Préférences** Utilisez l'adjectif démonstratif convenable avec le suffixe **-là** pour indiquer quel objet on préfère dans chaque cas.

> **MODÈLE** Tu aimes la cravate de Jacques?
> Oui, mais je préfère cette cravate-là.

1. Les étudiants aiment les livres d'histoire?

   ____

2. Tu aimes l'anorak de Fabien?

   ____

3. Germaine aime le chapeau de Colette?

   ____

4. Ta copine et toi, vous aimez les bijoux de Mme Deschamps?

   ____

5. Les voisins aiment leur appartement?

   ____

6. Tu aimes les quartiers du centre?

   ____

7. Tu aimes l'immeuble où habite Jean-Claude?

   ____

Activité 12 **Choisissez!** Vous travaillez dans le rayon de vêtements d'un grand magasin. Utilisez les adjectifs démonstratifs suivis des suffixes **-ci** et **-là** pour demander des précisions aux clients quand ils veulent voir quelque chose. Suivez le modèle.

> **MODÈLE** Je voudrais voir un foulard, s'il vous plaît.
> Ce foulard-ci ou ce foulard-là?

1. Montrez-moi le pantalon, s'il vous plaît.

   ____

2. Je pourrais voir l'imperméable, s'il vous plaît?

   ____

3. Les chaussettes que vous avez derrière vous m'intéressent.

   ____

4. Voudriez-vous me montrer la robe bleue, s'il vous plaît?

   ____

5. Je voudrais essayer l'anorak, s'il vous plaît.

____

6. Un tee-shirt ferait mon affaire.

____

7. Je voudrais voir les sandales, s'il vous plaît.

____

8. Vous me permettez d'essayer la veste jaune, s'il vous plaît?

____

CHAPTER 17

Demonstrative pronouns

French demonstrative pronouns (English: *this one, that one, the one; these, those, the ones*) agree with the nouns they refer to.

	MASCULINE	FEMININE
SINGULAR	**celui**	**celle**
PLURAL	**ceux**	**celles**

As with demonstrative adjectives, **-ci** and **-là** can be added to the noun to distinguish between *this/that* and *these/those.*

Quel logiciel recommandez-vous? — *Which software package do you recommend?*

Celui-ci est plus utile que **celui-là.** — ***This one** is more useful than **that one.***

Quelle est la différence entre les imprimantes? — *What is the difference between these printers?*

Celles-ci sont plus chères que **celles-là.** — ***These** are more expensive than **those.***

Demonstrative pronoun + ***-ci*** and *demonstrative pronoun* + ***-là*** are also used to mean *the latter* and *the former,* respectively. The pronouns agree with the nouns they refer to. In French, *the latter* (**-ci**) precedes *the former* (**-là**).

L'industrie et l'agriculture sont importantes en France. **Celle-ci** emploie moins d'ouvriers que **celle-là.** — *Industry and agriculture are important in France. **The latter** employs fewer workers than **the former.***

A demonstrative pronoun may be followed by the relative pronoun **qui** or **que** to mean *the one(s).* The demonstrative pronoun may also be followed by **de** to signal possession.

Quel livre a-t-il pris? **Celui qui** était sur la chaise? — *Which book did he take? **The one that** was on the chair?*

Oui, c'était **celui qu'**il cherchait. — *Yes. That was **the one that** he was looking for.*

Mais c'était **celui de mon frère.** — *But it was **my brother's.***

J'ai lu les revues françaises—**celles qui** étaient sur votre bureau.	*I read the French magazines—**the ones that** were on your desk.*
Celles de la nouvelle étudiante française?	*The new **French student's?***
Oui. **Celles qu**'elle a apportées de France.	*Yes. **The ones that** she brought from France.*

The pronouns **ceci** *(this)* and **cela** *(that)* refer to situations rather than to specific nouns. In modern French, **cela** (or **ça** in the spoken language) tends to be used instead of **ceci.**

Et avec **ceci?**	*Anything else?*
Cela suffit, merci.	***That's** enough, thank you.*
Il a perdu son travail. C'est dur, **ça.**	*He lost his job. **That**'s a very difficult situation.*
Oui, mais c'est **ça,** la vie!	*Yes, but **that**'s life!*

PART 2

Activité 13 **Un client difficile** À la charcuterie, Jean-Marc n'aime rien de ce qu'on lui montre. Écrivez ce qu'il dit en utilisant les pronoms démonstratifs. Suivez le modèle.

MODÈLE Vous voulez un peu de ce fromage, monsieur?
Non, pas celui-là.

1. Vous voulez un peu de cette salade niçoise, monsieur?

____

2. Vous voulez un peu de ce jambon, monsieur?

____

3. Vous voulez un peu de ce saucisson, monsieur?

____

4. Vous aimez ces biscuits, monsieur?

____

5. Vous voulez quelques tranches *(slices)* de cette quiche, monsieur?

____

6. Vous voulez un peu de cette choucroute, monsieur?

____

7. Vous aimez les crudités, monsieur?

____

8. Vous voulez un peu de ce rosbif, monsieur?

____

Activité 14 **Les affaires qui traînent** Formez des échanges qui identifient les possesseurs des objets que les étudiants ont laissé traîner dans la salle de permanence *(study hall)*. Suivez le modèle.

> **MODÈLE** bonnet gris / Philippe / Stéphane
> Qui a oublié ce bonnet gris? Philippe?
> Non, je crois que c'est celui de Stéphane.

1. livre / Gisèle / Josette

   ____

   ____

2. stylo / Colin / Luc

   ____

   ____

3. chaussures / Fabien / Martin

   ____

   ____

4. gants / Julie / Hélène

   ____

   ____

5. cahiers / Eugénie et Colette / Élisabeth et Monique

   ____

   ____

6. calculatrice / Gérard / Paul

   ____

   ____

7. lunettes / Loïc / Thomas

   ____

   ____

CHAPTER 17

PART 2

Activité 15 **Quel bon goût!** Gabrielle aime tout ce que son amie Thérèse achète, possède, emploie, etc. Utilisez les pronoms démonstratifs et les verbes entre parenthèses pour voir ce qu'elle dit. Suivez le modèle.

> **MODÈLE** Tu aimes les pulls en coton? (porter)
> Pas tellement. Mais j'aime celui que tu portes.

1. Tu aimes les petits pois? (préparer)

 ____

2. Tu aimes la musique des années soixante? (jouer)

 ____

3. Tu aimes les voitures allemandes? (conduire)

 ____

4. Tu aimes la soupe à l'oignon? (servir)

 ____

5. Tu aimes les lunettes de soleil? (porter)

 ____

6. Tu aimes les spaghettis? (faire)

 ____

7. Tu aimes les sandales? (acheter)

 ____

Activité 16 **En français!** Écrivez l'équivalent français des phrases suivantes.

1. This exercise is not well done. This is unacceptable.

 ____

2. This book is more difficult than that one.

 ____

3. They always arrive late. I don't like that.

 ____

4. The port of Marseilles* and the port of Cherbourg are important. The former is bigger than the latter. *(Switch in French to:* ***The latter is less big than the former.****)*

 ____

 ____

5. —Whose suitcases are these?

—That one belongs to me.

____

____

6. I didn't say that. I don't think like that.

____

*Note: ENGLISH — FRENCH
Marseilles — Marseille
Lyons — Lyon

The names of these two cities have no final **s** in French.

CHAPTER 17

Activité 17 **Activité orale** Jouez une scène de départ. Un(e) ami(e) vous aide à faire les valises et vous demande s'il faut emporter les choses qu'il/elle voit dans votre chambre. Vous précisez dans chaque cas que vous emportez quelque chose d'autre. Employez autant d'adjectifs et de pronoms démonstratifs et possessifs que possible.

> **MODÈLE** Cette brosse-là n'est pas la mienne.
> Je vais emporter celle-ci.

Activité 18 **La grammaire en action** Lisez l'article et répondez aux questions suivantes.

Tunisie

Si accueillante, si proche.

En Tunisie, l'eau est aussi transparente que calme. Pour vous, elle multiplie les plaisirs… ceux des yeux mais aussi ceux du sport et de la détente.
Petites criques enchâssées dans un écrin de verdure, longs rivages de sable fin et doré, les 1300 kilomètres de côte ont tout pour vous séduire. Cette magie du bleu, mer et ciel confondus, se décline en nombreuses activités, toutes plus attrayantes les unes que les autres. Imaginez-vous installés dans l'un des très beaux hôtels de Yasmine Hammamet, cette nouvelle et très belle station balnéaire, de Tabarka, de Djerba, de Sousse ou de Zarzis, pour ne citer qu'eux. Thalasso, plongée, planche à voile, jet-ski… aucun des plaisirs de la Méditerranée ne vous sera refusé.

Tunisie, décline-moi les plaisirs de l'eau.

VOCABULAIRE

La Tunisie

accueillant *friendly, welcoming*
la détente *relaxation*
l'écrin *(m.) jewel box, case*
enchâsser *to set (jewel)*
la planche à voile *windsurfing*
la plongée *diving*
le rivage *shore*
le sable *sand*
la station balnéaire *seaside resort*
la thalasso (la thalassothérapie) *sea water therapy (a natural healing technique)*
la verdure *greenery*

PART 2

1. Où se trouve la Tunisie? Trouvez aussi sur une carte les villes mentionnées par l'annonce.

____

____

2. Quel aspect de la Tunisie est mis en relief par cette annonce?

____

____

3. Quelles attractions du paysage tunisien sont mentionnées?

____

____

4. Quelles activités s'offrent au visiteur?

____

____

5. Comment savez-vous qu'un voyage en Tunisie n'est pas long pour quelqu'un qui part de France?

____

____

Activité 19 **La grammaire en action** Travaillez avec le texte de l'annonce pour créer d'autres phrases utiles pour une annonce touristique. Complétez les phrases.

MODÈLE Elle multiplie les plaisirs... ____ceux____ du sport.

1. Elle multiplie les attractions... _______________ du sport.
2. Elle multiplie les spectacles... _______________ du sport.
3. Elle multiplie les possibilités... _______________ du sport.

Activité 20 **La grammaire en action** Utilisez les adjectifs démonstratifs pour expliquer aux touristes ce qu'ils voient en Tunisie.

1. ______________________ pays est accueillant.
2. Regardez ______________________ crique enchâssé dans ______________________ écrin de verdure.
3. Vous verrez ______________________ rivages de sable doré dont je vous ai parlé.
4. Ne trouvez-vous pas que ______________________ station balnéaire est merveilleuse?
5. ______________________ hôtel est très beau.

Activité 21 **La grammaire en action** Utilisez des adjectifs et des pronoms possessifs pour parler des vacances en Tunisie.

1. ______________________ hôtel est beau. ______________________ est beau aussi. (Your, Mine)
2. La planche à voile est ______________________ sport préféré. Est-ce que c'est ______________________ aussi? (my, yours)
3. Nous aimons ______________________ station balnéaire. Est-ce que vous aimez ______________________? (our, yours)
4. ______________________ activités sont plus intéressantes que ______________________. (Her, theirs)

CHAPTER 17 TEST

Possessive and demonstrative adjectives and pronouns

La possession Complétez les phases suivantes avec l'équivalent français des mots entre parenthèses.

1. Michèle a apporté son CD et Maurice a apporté ________________. (his)

2–4. —J'ai deux revues. Laquelle voulez-vous lire? ________________ ou ________________? (This one, that one)

—________________ que tu m'as montrée hier. (The one)

5. Nous ne comprenons pas ________________ articles. (these)

6–7. Où est ________________ assiette? Je ne vois que ________________. (my, yours)

8–9. Nous allons écouter ________________ CD et ________________ d'Odile. (our, the ones)

10. Les poèmes de Richard sont intéressants, mais ________________ sont meilleurs. (ours)

11. —Quelle chambre préférez-vous?

—________________ qui est au troisième étage. (The one)

12. ________________ ordinateur est très lent. (This)

13. —Tu as une nouvelle bicyclette?

—Non, j'ai pris ________________ de mon copain. (the one)

14–15. Il faut choisir entre ces deux hôtels. ________________ est plus élégant que ________________. (This one, that one)

16–17. —Entre tous ces logiciels, je préfère ________________. (yours)

—________________ de Nicole est très bon aussi. (The one)

18. Ces lunettes sont jolies, mais je préfère ________________ que j'ai choisies. (the ones)

19–20. Je ne peux pas soulever notre valise. Et ________________ est même plus lourde que ________________. (theirs, ours)

21–23. —Que penses-tu de ________________ appartements? (these)

—________________ des Dupont est plus commode que ________________. (The one, ours)

24–25. ________________ église est du onzième siècle, mais ________________ que nous avons vue hier est même plus ancienne. (That, the one)

CHAPTER 18

Relative pronouns and relative clauses

A relative clause describes someone or something mentioned in the main clause. A relative clause begins with a relative pronoun such as *who, whom, which,* or *that.* The noun that the relative pronoun refers to is called the antecedent. Relative clauses are in boldface in the following examples.

the woman **who *studies a lot***	*Who* is the relative pronoun, *woman* is the antecedent.
the students **whom *we helped***	*Whom* is the relative pronoun, *students* is the antecedent.
the computer **that *I use***	*That* is the relative pronoun, *computer* is the antecedent.

The relative pronouns qui and que

The French relative pronouns **qui** and **que** are used for both people and things. **Qui** is used when the relative pronoun is the subject of its clause. **Que** is used when the relative pronoun is the direct object of the verb in its clause.

la femme **qui étudie beaucoup**	**Qui** is the relative pronoun, subject of the verb **étudier.**
un ordinateur **qui est facile à utiliser**	**Qui** is the relative pronoun, subject of the verb **être.**
les étudiants **que nous avons aidés**	**Que** is the relative pronoun, direct object of the verb **aider.**
l'ordinateur **que j'ai utilisé**	**Que** is the relative pronoun, direct object of the verb **utiliser.**

NOTE

In relative clauses introduced by **qui,** the verb agrees with **qui,** which has the same person and number as the antecedent.

les amis **qui** vont avec nous	*the friends* ***who*** *are going with us*
C'est moi **qui** vous le dis.	*I'm telling you.*
C'est nous **qui** le savons.	*We're the ones* ***who*** *know it.*

Relative pronouns can never be omitted in French the way they often are in English.

l'homme **que** je connais	*the man* ***(whom)*** *I know*
les articles **que** je lis	*the articles* ***(that)*** *I read*

When the verb of the relative clause is in a compound tense conjugated with **avoir,** the past participle agrees with the relative pronoun **que,** which is a preceding direct object. The gender and number of **que** is determined by its antecedent.

les jeunes filles qu'il a invité**es**	***the girls whom*** *he invited*
la robe que tu as mis**e**	***the dress*** *you put on*

NOTE The relative pronoun **que** becomes **qu'** before a vowel or a mute **h.**

PART 2

When the verb of the relative clause is in a compound tense conjugated with **être,** the past participle agrees with the relative pronoun **qui** because **qui** is the subject of the verb in the relative clause. The antecedent determines the gender and number of **qui.**

les étudiantes qui sont arrivé**es**	***the students who*** *arrived*
l'assiette qui est tombé**e**	***the plate that*** *fell*

Activité 1 **Est-ce *qui* ou *que*?** Complétez les phrases suivantes avec **qui** ou **que.** Toutes les phrases ont quelque chose à voir avec le monde du lycée.

Le cours de philo

1. Voilà le professeur ______________ enseigne le cours de philosophie.
2. C'est un cours ______________ tout le monde aime bien.
3. Nous avons des lectures ______________ sont très difficiles, mais passionnantes.
4. Les questions ______________ le prof nous pose font penser.
5. Voilà Jean-Claude. C'est lui ______________ reçoit les meilleures notes en philo.
6. Il dit que c'est une matière ______________ le passionne.
7. Notre professeur est un homme ______________ Jean-Claude admire beaucoup.

Le cours de chimie

8. Ma meilleure amie est une fille ______________ s'appelle Géraldine.
9. C'est quelqu'un ______________ je connais depuis longtemps.
10. C'est le cours de chimie ______________ nous intéresse le plus.
11. Géraldine et moi, nous faisons tous les problèmes ______________ le prof nous donne à résoudre.
12. Notre professeur est une femme ______________ a écrit plusieurs livres de chimie.
13. Géraldine et moi, nous avons acheté un des bouquins ______________ elle a écrit.

14. C'est un livre ____________ est très utile pour l'étudiant.

15. C'est un livre ____________ nous avons recommandé à tous nos amis.

16. Le prof de chimie est une femme ____________ on respecte beaucoup.

Activité 2 **Des précisions** Les propositions relatives, comme les adjectifs, servent à préciser, à identifier. Formez des propositions relatives pour mieux expliquer à votre ami(e) de qui ou de quoi il s'agit.

> **MODÈLES** Quel livre veux-tu? (Il y a un livre sur la table.)
> Le livre qui est sur la table.
>
> Quels gants est-ce Paulette va mettre? (Son petit ami lui a acheté des gants.)
> Les gants que son petit ami lui a achetés.

VOCABULAIRE

La santé

agir *to work (in reference to medicines)*
le cabinet *doctor's office*
le centre diététique *health food store*
le comprimé *tablet*
conseiller *to advise, recommend*
la crème *cream*
donner le vertige à *to make dizzy*
l'infirmier(-ère) *nurse*
ordonner *to prescribe*
la pilule *pill*
la piqûre *injection*
le régime *diet*
le sirop pour la toux *cough syrup*
suivre un régime *to follow a diet*
le vertige *dizziness*
la vitamine *vitamin*

1. Quel médecin est-ce que je dois aller voir? (Il a son cabinet dans ce bâtiment.)

   ____

2. Quels comprimés prends-tu? (Mon médecin m'a ordonné ces comprimés.)

   ____

3. Quel régime est-ce qu'il faut suivre? (J'ai trouvé un régime au centre diététique.)

   ____

4. Quel sirop pour la toux agit vite? (J'ai laissé un sirop sur la table.)

   ____

5. Quelle piqûre t'a fait mal? (L'infirmière m'a fait une piqûre hier.)

   ____

6. Quelles pilules t'ont donné le vertige? (J'ai pris les pilules hier.)

   ____

7. Quelle crème utilises-tu pour la peau? (Le pharmacien m'a conseillé une crème.)

____

8. Quelles vitamines prends-tu? (Les vitamines sont bonnes pour le cœur.)

____

Activité 3 **Encore des précisions** La personne qui parle emploie des propositions relatives pour identifier la personne ou la chose à laquelle elle fait allusion. Suivez les modèles.

MODÈLES Quel ordinateur?
a. Olivier l'utilise.
L'ordinateur qu'Olivier utilise.
b. Il a beaucoup de mémoire.
L'ordinateur qui a beaucoup de mémoire.

1. Quel professeur?

a. Tous les étudiants l'adorent.

____

b. Il enseigne le français et l'espagnol.

____

c. Il vient de se marier.

____

d. Mes parents le connaissent.

____

2. Quelle maison?

a. Jeanne et Richard l'ont achetée.

____

b. Elle a un jardin et une piscine.

____

c. On l'a construite en 1975.

____

d. Elle est en briques.

____

3. Quels cadeaux?

a. Mon frère et moi, nous les avons reçus il y a une semaine.

____

b. Mon oncle et ma tante nous les ont envoyés.

____

c. Je te les ai montrés hier.

____

d. Ils t'ont beaucoup plu.

____

4. Quel restaurant?

a. Nos amis l'ont ouvert l'année dernière.

____

b. Il a une ambiance alsacienne.

____

c. Il a des nappes rouges.

____

d. Beaucoup d'artistes le fréquentent.

____

5. Quel sénateur?

a. Le peuple l'a élu l'année dernière.

____

b. Il a promis de combattre l'inflation.

____

c. Il est marié avec une journaliste.

____

d. Les ouvriers l'appuient.

____

CHAPTER 18

Relative pronouns preceded by à

The relative pronoun **qui,** preceded by the preposition **à,** refers only to people. There is no agreement of the past participle in compound tenses.

l'homme **à qui** je donne le livre	*the man I'm giving the book* ***to***
la femme **à qui** nous pensons	*the woman* ***that*** *we're thinking* ***of***
les étudiants **à qui** j'ai parlé	*the students* ***whom*** *I spoke* ***to***

Lequel is the relative pronoun that refers primarily to things after a preposition. It agrees in gender and number with its antecedent.

	MASCULINE	FEMININE
SINGULAR	**lequel**	**laquelle**
PLURAL	**lesquels**	**lesquelles**

The preposition **à** combines with the forms of **lequel** as follows. The forms of **à + lequel** are used when the verb or expression in the relative clause requires the preposition **à** before an object.

	MASCULINE	FEMININE
SINGULAR	**auquel**	**à laquelle**
PLURAL	**auxquels**	**auxquelles**

l'examen **auquel** j'ai réussi	*the test I passed* ***(réussir à)***
la matière **à laquelle** je m'intéresse	*the subject I'm interested* ***in*** ***(s'intéresser à)***
les bureaux **auxquels** vous téléphonez	*the offices you telephone* ***(téléphoner à)***
les études **auxquelles** il s'applique	*the studies he applies himself* ***to*** ***(s'appliquer à)***

PART 2

Activité 4 **Continuons à préciser.** Formez des phrases qui ont des propositions relatives commençant par **à.** N'oubliez pas la différence de construction qu'il faut respecter entre les antécédents animés et inanimés.

MODÈLE Quel cours est bon? (J'ai assisté à un cours.)
Le cours auquel j'ai assisté.

1. Avec quelle fille Roland va-t-il sortir? (Il pense à une fille tout le temps.)

 ____

2. Quelle lettre vas-tu me montrer? (J'ai répondu à cette lettre.)

 ____

3. Quel débat as-tu écouté? (Nos copains ont pris part à ce débat.)

 ____

4. De quelles habitudes le médecin parle-t-il? (Il faut renoncer à ces habitudes.)

 ____

5. Avec quel homme est-ce qu'elle s'est mariée? (Elle se fiait à cet homme.)

 ____

6. Quels clients sont venus? (Nous avons téléphoné à ces clients.)

 ____

7. Quels détails aimez-vous? (Vous avez veillé à ces détails.)

 ____

8. Quelles méthodes as-tu recommandées? (Je crois à ces méthodes.)

 ____

Activité 5 **Quel drame!** Complétez les phrases suivantes avec le pronom relatif convenable. Toutes les phrases font allusion aux éléments d'une histoire d'amour entre Élisabeth et Antoine.

1. la lettre ______________ Élisabeth a répondu
2. les parents ______________ les deux jeunes gens n'ont pas obéi
3. le concert de rock ______________ ils ont assisté
4. Georges, l'ami ______________ Antoine se confiait
5. Odile, la fille ______________ Antoine a connue dans la classe d'éducation civique
6. les rapports entre les deux ______________ la jalousie d'Élisabeth a nui
7. les conversations avec Odile ______________ Antoine a dû renoncer
8. la querelle d'amour ______________ Georges s'est mêlé
9. la mauvaise situation ______________ l'intervention de Georges a remédié
10. le rapprochement ______________ a eu lieu entre Élisabeth et Antoine

CHAPTER 18

Dont and relative pronouns preceded by de

The relative pronoun **dont** replaces the preposition **de** plus a relative pronoun. **Dont** must immediately follow its antecedent and can refer to either people or things.

Dont is used when the verb or expression in the relative clause requires the preposition **de** before an object.

un professeur **dont** je me souviens	*a teacher **(whom)** I remember* ***(se souvenir de)***
les affaires **dont** il s'occupe	*the matters **that** he's taking care of* ***(s'occuper de)***
les employés **dont** j'ai besoin	*the employees **that** I need* ***(avoir besoin de)***

Dont is used when **de** introduces a phrase that modifies another noun. (The English equivalent is usually *whose* or *of which.*)

un étudiant **dont** je connais les parents	*a student **whose** parents I know* **(les parents de l'étudiant)**
une idée **dont** on comprend l'importance	*an idea **whose** importance (the importance **of which**) we understand* **(l'importance de l'idée)**
un auteur **dont** j'ai lu tous les livres	*an author, all of **whose** books I have read* **(tous les livres de l'auteur)**

Notice the word order in the clause introduced by **dont.** Also notice that when **dont** is used to express possession, the definite article is used in place of a possessive adjective.

Dont is used with numbers and expressions of quantity.

des articles **dont** j'ai lu **quelques-uns**	*articles, **some of which** I've read* **(quelques-uns des articles)**
des étudiants **dont une dizaine** sont français	*some students, **about ten of whom** are French* **(une dizaine des étudiants)**
trois hommes **dont deux** médecins	*three men, **of whom two** doctors* **(deux des trois hommes)**

De qui may also be used to refer to people, but **dont** is usually the preferred form.

les étudiants **de qui** je parle	*the students **about whom** I'm speaking*

De + **lequel** may also be used to refer to things. Note that **dont** is preferred.

	MASCULINE	FEMININE
SINGULAR	duquel	de laquelle
PLURAL	desquels	desquelles

L'histoire **de laquelle** je me souviens est bonne.	*The story **that** I remember is good.*

After a compound preposition ending in **de** (such as **à cause de**) or a noun phrase ending in **de** (such as **dans la classe de), dont** must be replaced by **qui** (for people) or a form of **de + lequel** (for both things and people).

la gare près de laquelle je travaille	***the station** I work **near***
l'étudiante au sujet de qui je vous ai parlé	***the student about whom** I spoke to you*
les voisins à cause de qui nous avons dû déménager	***the neighbors because of whom** we had to move*

Activité 6 **De qui s'agit-il exactement?** Précisez de qui il s'agit en employant une proposition relative qui commence par **dont.** Dans chaque cas, l'équivalent anglais commence par le mot *whose.*

> **MODÈLE** Quel journaliste? (Tout le monde lit ses articles.)
> Le journaliste dont tout le monde lit les articles.

1. Quelle fille? (Sa mère est médecin.)

   ____

2. Quel ami? (Son oncle travaille au ministère.)

   ____

3. Quel sénateur? (Le pays entier a écouté son discours.)

   ____

4. Quels ouvriers? (Leur syndicat compte entreprendre une grève.)

   ____

5. Quels étudiants? (On a publié leur rapport.)

____

6. Quel professeur? (Son cours est toujours plein.)

____

7. Quelle infirmière? (Tout le monde admire son travail.)

____

8. Quelle programmeuse? (Ses logiciels se vendent très bien.)

____

9. Quels voisins? (Leurs enfants assistent à cette école.)

____

10. Quel groupe de rock? (Tous les jeunes écoutent ses chansons.)

____

CHAPTER 18

Activité 7 **En une seule phrase, s'il vous plaît!** Faites de chaque paire de phrases une seule phrase en vous servant du pronom relatif convenable. Choisissez entre **qui, que, à qui, auquel** et **dont.**

MODÈLE La cordonnerie est le métier. Ils vivent de ce métier.
La cordonnerie est le métier dont ils vivent.

Un séjour dans une ville de province

1. Notre guide nous a montré un paysage. Nous nous sommes émerveillés de ce paysage.

____

2. Nous avons visité les murailles. La vieille ville est entourée de ces murailles.

____

3. Une amie nous a invités au festival de danse. Elle prenait part à ce festival.

____

4. Nous sommes allés voir une rue. On transformait cette rue en rue piétonne.

____

5. On est allés voir une comédie. On a beaucoup ri de cette comédie.

____

6. Nous avons essayé la cuisine régionale. La ville se vante de sa cuisine.

____

7. On nous a signalé l'absence d'une université. Nous nous sommes aperçus de cette absence.

___

8. C'est la vie universitaire. La ville manquait de vie universitaire.

___

9. Nous avions des amis dans la région. Nous avons téléphoné à ces amis.

___

10. Nous avons passé une belle journée avec eux. Nous nous souvenons encore de cette journée.

___

PART 2

Une crise dans l'administration nationale

11. La crise est arrivée. Tout le monde avait peur de cette crise.

___

12. Un ministre faisait mal les fonctions. Il était responsable de ces fonctions.

___

13. C'était un homme respecté. Personne ne se doutait de lui.

___

14. Ce ministre est un homme bien en vue *(prominent)*. La nation entière se fiait à lui.

___

15. On dit qu'il a donné des emplois à des gens non qualifiés. Plusieurs de ces gens étaient ses parents et amis.

___

16. Ils faisaient un travail. On commençait à se plaindre de ce travail.

___

17. Il y avait cent employés au ministère. On a congédié une trentaine de ces employés.

___

18. C'est la confiance de la nation. Le ministre a abusé de la confiance de la nation.

___

Activité 8 **Le style soutenu** Traduisez les phrases suivantes en anglais. Elles ont toutes des propositions subordonnées compliquées et sont typiques du style journalistique ou littéraire.

VOCABULAIRE

La conférence de presse

à la suite de *following*
au bout de *at the end of (space)*
au cours de *during, during the course of*
le chômage *unemployment*
la coutume *custom*
défavorisé *underprivileged*
la démarche *step, measure*
se démettre de *to resign from*
fonder *to found*
prédire *to predict*
routier *pertaining to roads*

1. Le gouvernement a fait une démarche dont les conséquences sont à regretter.

    ____

2. Les agents de police ont fait un effort dont notre équipe reconnaît l'importance.

    ____

3. C'est une crise économique en conséquence de laquelle le chômage a augmenté.

    ____

4. On attend une déclaration du général sous les ordres de qui l'armée combattait.

    ____

5. Notre pays participe à un effort international dont on prédit le succès.

    ____

6. Elle a eu une maladie à la suite de laquelle elle a dû se démettre de son poste.

    ____

7. Nous assistions à la conférence de presse au cours de laquelle on a annoncé les nouveaux projets de construction routière.

    ____

Relative pronouns preceded by other prepositions

Relative pronouns may follow other prepositions, such as **avec, pour, dans, devant, sur, chez, etc.** After the prepositions **entre** and **parmi,** a form of **lequel** must be used to refer to both people and things.

Referring to people

les amis sur qui je compte	***the friends*** *I rely on*
mon ami **pour qui** je fais le marché	*my friend* ***for whom*** *I go to the market*
le cousin chez qui j'habite	***the cousin at whose house*** *I live*
les deux jeunes filles entre lesquelles il s'est assis	***the two girls*** *he sat* ***between***
les quatre garçons parmi lesquels Janine a choisi	***the four boys among whom*** *Janine chose*

Referring to things

la table sur laquelle j'ai posé mes affaires	***the table** I put my things **on***
l'immeuble dans lequel elle habite	***the apartment house that** she lives **in***
la tente sous laquelle j'ai dormi	***the tent that** I slept **in***
la raison **pour laquelle** nous disputons	*the reason **for which** we argue*

Prepositions of location and direction plus a relative pronoun can be replaced by **où.**

la table **où** j'ai posé mes affaires	***the table where** I put my things*
l'immeuble **où** elle habite	***the apartment house where** she lives*

Où can also be used as a relative pronoun after expressions of time. It is also possible to substitute **que** in similar situations.

le jour où elle est partie **le jour qu'**elle est partie	***the day** she left*

PART 2

Activité 9 **Gestion critiquée** Ajoutez le pronom relatif convenable à ces phrases pour savoir pourquoi Philippe Duhamel et Micheline Arnaud ne sont pas d'accord avec les plans de leur entreprise. Dans plusieurs cas il faut ajouter aussi la préposition qui manque.

VOCABULAIRE

Avec et sur

être d'accord avec *to be in agreement with*
se familiariser avec *to familiarize oneself with*
insister sur *to insist on*
se renseigner sur *to get information about*

1. Nous n'avons pas assisté à la réunion pendant ______________________ on a pris la décision.
2. Ils commencent un programme d'action ______________________ nous ne sommes pas d'accord.
3. Nous croyons qu'il produira des résultats ______________________ on ne s'attend pas.
4. Ils ne peuvent pas assurer la qualité ______________________ nous insistons.
5. Ils ne connaissent pas le marché ______________________ nous nous sommes familiarisés.
6. Il y a trop de choses ______________________ ils ne se sont pas renseignés.
7. C'est un projet ______________________ nous allons protester.
8. On va exposer toutes les mauvaises conséquences ______________________ nous nous méfions.

Activité 10 **Au pays de mes ancêtres** Christine montre à son amie Julie le village où elle est née et où sa famille a toujours vécu. Ajoutez le pronom relatif convenable à la conversation entre les deux filles. Dans plusieurs cas il faut ajouter aussi la préposition qui manque.

VOCABULAIRE

À la campagne

au cours de *in the course of, during*
le chêne *oak tree*
la clôture *fence*
l'étang *(m.)* *pond*
grimper aux arbres *to climb trees*
le jardin potager *vegetable garden*
le long de *along (the river)*
le peuplier *poplar tree*

Christine: Viens, je vais te montrer la maison dans ________ (1) on habitait. La voilà.

Julie: La maison à côté de ________ (2) il y a deux chênes?

Christine: Justement. Ce sont les arbres ___que l'___ (3) on grimpait, mes frères et moi, quand on était petits et entre ↑for pronociation ________ (4) il y avait avant un petit banc en bois.

Julie: Est-ce que je peux voir ta chambre?

Christine: Oui, montons. La voilà, la chambre dans ________ (5) je couchais. Et voilà la fenêtre par ________ (6) je regardais la neige en hiver.

Julie: Et cette clôture?

Christine: C'est la clôture derrière ________ (7) il y a un champ.

Julie: Je vois un chemin à gauche.

Christine: Oui, c'est un chemin le long ________ (8) il y a des peupliers.

Julie: Tu ne m'as pas dit qu'il y avait aussi un étang?

Christine: Ah, oui, l'étang sur ________ (9) on patinait en hiver. On peut y aller, ce n'est pas loin. Et chemin faisant, je te présenterais aux voisins chez ________ (10) je passais beaucoup de temps. Ils avaient un fils ___dont___ (11) j'étais amoureuse.

Julie: Et qu'est-ce qu'il est devenu, ce fils?

Christine: Il était beaucoup plus âgé que moi. Il a passé plusieurs années à Lyon au cours ________ (12) il s'est marié.

CHAPTER 18

Relative pronouns without antecedents

When there is no antecedent in the main clause, French uses **ce qui** if the relative pronoun is the subject of its clause or **ce que** if it is the direct object. The English equivalent is *what* or *that which.*

Je ne vois pas **ce qui** t'inquiète.	*I don't see **what's** upsetting you.*
Ce qui reste à faire me tracasse.	***What** there is left to do is worrying me.*
Dis-moi **ce que** tu veux.	*Tell me **what** you want.*
Ce que je préfère, c'est de partir.	***What** I prefer is to leave.*

When the verb of the relative clause requires the preposition **de** before an object, **ce dont** is used.

Je n'ai pas trouvé **ce dont** j'avais besoin.	*I haven't found **what** I needed. **(avoir besoin de)***
Tu veux que je te prête **ce dont** je me sers?	*Do you want me to lend you **what** I use? **(se servir de)***

Ce qui, ce que, and **ce dont** can also refer to a preceding clause. When the verb of the relative clause requires **à** before an object, **ce à quoi** is used.

Il arrive toujours à l'heure, **ce qui** me plaît.	*He always arrives on time, **which** I like.*
Il parle trois langues, **ce que** j'admire.	*He speaks three languages, **which** I admire.*
Il est très travailleur, **ce dont** on s'est aperçu.	*He's very hard-working, **which** people have noticed.*
Je vais t'expliquer **ce à quoi** il tient.	*I'm going to explain to you **what** he insists **on.***

Ce qui and **ce que** are used after **tout** to express *all that, everything that.*

Il m'a montré **tout ce qu'**il a écrit.	*He showed me **everything that** he wrote.*
Tout ce qui est sur la table est pour toi.	***All that** is on the table is for you.*

The demonstrative pronouns **celui, celle, ceux, celles** are common before the relative pronouns **qui** and **que,** and mean *he/she who, they who, the one(s) who, those who.*

Ceux qui le connaissent l'estiment.	***Those who** know him admire him.*
Celui qui désobéit sera puni.	***He who** disobeys will be punished.*
Il y a plusieurs étudiantes françaises, mais il faut parler avec **celles qui** connaissent Marseille.	*There are several (female) French students here, but you have to speak with **the ones who** are familiar with Marseilles.*

Note that in proverbs **qui** is often used by itself to mean *he who.*

Rira bien **qui** rira le dernier.	***He who** laughs last laughs best.*
Qui aime bien châtie bien.	*Spare the rod, spoil the child. **(He who** loves, punishes.)*

PART 2

Activité 11 **À compléter** Complétez les phrases suivantes avec les pronoms relatifs qui manquent. Parfois l'équivalent anglais sera donné pour vous aider.

1. —Avec qui comptes-tu parler? Avec Daniel ou Baudouin?
   —Peu importe. Avec ______________________ *(the one who)* je trouverai à la fac.
2. Tu veux un peu de ______________________ je mange?
3. ______________________ s'est passé est merveilleux.
4. Je trouve bête ______________________ *(everything that)* il dit.
5. Il s'est marié avec ______________________ *(the one who)* il a connue l'été dernier.
6. Il faut cacher ______________________ les enfants ont peur.
7. Nous n'avons pas accepté ______________________ ils nous ont offert.
8. Il dit qu'il aura de bonnes notes, ______________________ je doute.
9. Elle est très cultivée, ______________________ nous plaît.
10. Je ne comprends pas ______________________ vous allez étudier en Belgique.
11. On se demande ______________________ a pu l'offenser.
12. Je te remercie de tout ______________________ tu as fait pour moi.

Activité 12 **Jacqueline est amoureuse.** Jacqueline a un petit ami, Luc, dont elle est amoureuse. Voici la lettre qu'elle écrit à son sujet à son amie Éliane. Complétez-la avec **ce qui, ce que** ou **ce dont.**

Ma chère Éliane:

Je te remercie de ta lettre. Luc et moi, on continue à sortir ensemble. Tu m'as demandé ______________________ (1) *il fait. Il est étudiant en sciences.* ______________________ (2) *l'intéresse, c'est la chimie. Je comprends* ______________________ (3) *Luc étudie parce que je m'intéresse à la chimie aussi.*

Je vais t'expliquer ______________________ (4) *nous faisons quand nous sortons. Nous allons beaucoup au cinéma et au théâtre.* ______________________ (5) *nous attire, ce sont les films étrangers. Nous en voyons beaucoup.* ______________________ (6) *nous avons besoin est un bon DVD pour pouvoir en regarder à la maison aussi. Tu comprends que Luc et moi, nous avons les mêmes goûts,* ______________________ (7) *est une bonne chose.*

CHAPTER 18

Je ne sais pas ________ (8) *nous allons faire pendant l'été. Luc veut faire un stage dans une entreprise à Singapour, mais moi, je dois travailler ici. C'est-à-dire que nous ne nous verrons pas pendant deux mois,* ________ (9) *j'ai peur. Luc me rassure en disant que deux mois, ce n'est pas l'éternité,* ________ (10) *est vrai.*

Bon, Éliane, écris-moi et dis-moi tout ________ (11) *tu fais maintenant. Tu m'as écrit que tu penses changer de faculté,* ________ (12) *je me doutais. Je sais que tu trouves la médecine moins intéressante maintenant. Qu'est-ce que tu comptes faire, alors? Écris-moi dès que tu auras une petite minute de libre.*

Je t'embrasse,
Jacqueline

PART 2

Activité 13 **Activité d'ensemble** Joignez les deux phrases françaises en une seule au moyen d'un pronom relatif. Suivez le modèle.

MODÈLE J'ai écouté un CD. Je vais te le prêter.
J'ai écouté un CD que je vais te prêter.

À la recherche d'un nouvel emploi

1. Élisabeth a un poste. Elle veut en démissionner.

____

2. Il y a d'autres emplois. Elle essaie de se renseigner là-dessus.

____

3. Elle manque de qualifications. Nous ne pouvons pas nous en passer dans mon bureau.

____

4. Elle a téléphoné à d'autres entreprises. Je lui en ai donné le nom.

____

5. Il y a des cours d'orientation *(guidance)*. Elle y assiste.

____

6. Il y a de nouveaux logiciels *(software)* pour le bureau. Élisabeth se familiarise avec eux.

____

7. Elle a déjà trouvé une entreprise. Elle voudrait travailler pour cette entreprise.

____

Mon petit déjeuner

8. Je vais te montrer les choses. J'ai besoin de ces choses pour préparer mon petit déjeuner.

____

9. Voilà le réchaud *(hot plate)*. Je fais mon café sur ce réchaud.

____

10. Voici le bol. Je bois mon café du matin dans un bol.

____

11. Voilà la boulangerie. J'achète mes croissants et mon pain dans cette boulangerie.

____

12. Voilà la porte de la boutique. Il y a une enseigne *(sign)* au-dessus de la porte.

____

CHAPTER 18

Note culturelle

Le petit déjeuner

Le petit déjeuner typique des Français est très simple: du café et du pain, avec du beurre ou de la confiture. Le café du matin ne se sert pas traditionnellement dans une tasse, mais dans un bol sans anse (handle). *Le café du matin se boit en général sans lait, mais avec du sucre. Aujourd'hui, il y a beaucoup de Français (surtout les enfants) qui mangent des céréales le matin.*

Le pain qu'on mange le matin est souvent le pain qui reste du jour antérieur et qu'on fait griller. Si on veut du pain frais, les boulangeries sont ouvertes très tôt, et on peut descendre acheter une baguette encore chaude pour prendre avec son café.

Si l'on prend le petit déjeuner dans un café ou dans un hôtel, on trouvera non seulement du pain mais aussi des croissants et des brioches avec le café du matin, et le café se boit le plus souvent dans une tasse.

PART 2

Activité 14 **Activité d'ensemble** Exprimez les idées suivantes en français.

1. I understood everything that they said.

   ____

2. Those who came early found seats.

   ____

3. There's the station near which she works.

   ____

4. Here is the café in front of which I saw her.

   ____

5. This is a book without which I can't finish my work.

   ____

6. I don't see the park which we are going toward.

   ____

7. We went to the city where she works.

   ____

8. We met the teacher our friend had talked about.

   ____

9. What he remembers is a secret.

   ____

10. What he participates in is interesting.

    ____

Activité 15 **La grammaire en action** Lisez l'article et répondez aux questions suivantes.

Fnac Direct, la Fnac à domicile

◆ **Le prix Fnac**
Vous pouvez commander les produits qui vous intéressent tout en bénéficiant du prix Fnac.

◆ **La Fnac à votre écoute**
Le vendeur qui vous accueille saura vous conseiller et vous aider à trouver le titre que vous recherchez...

◆ **Livraison à domicile**
Votre commande vous est livrée par la Poste. Les frais d'envoi sont limités à 25 F en colissimo simple quel que soit le nombre de produits commandés et à 39 F en colissimo recommandé*. Vous pouvez vous faire livrer à l'étranger : les frais d'envoi sont calculés selon la commande et la destination.
*Tarifs en vigueur au 23 mai 1998

◆ **Service cadeau**
Vous pouvez faire livrer l'article que vous souhaitez offrir, sous papier cadeau et avec un mot personnel, à l'adresse de votre choix.

◆ **Avantages adhérents**
Les adhérents de la Fnac bénéficient de tous leurs avantages : points Fidélité, paiement par carte Fnac, offres spéciales, etc.

Pour commander vos livres, CD, vidéos et cédéroms :

Paiement par carte bancaire, carte Fnac ou chèque.

VOCABULAIRE

FNAC

l'adhérent *(m.) member*
le Colissimo rapide *package delivery service of French postal service*
le Colissimo recommandé *package delivery with receipt*
le papier cadeau *gift paper*

1. Qu'est-ce que le service cadeau inclut?

 ____

2. Comment est-ce qu'on peut contacter la FNAC si on veut commander de chez soi?

 ____

3. Est-ce que les produits coûtent plus cher quand on commande par téléphone ou par Internet?

 ____

4. Comment est-ce que vos commandes vous sont livrées?

 ____

5. Est-ce que le service de livraison à domicile est limité à la France?

 ____

6. Quels avantages y a-t-il pour les adhérents de la FNAC?

 ____

 ____

PART 2

Activité 16 **La grammaire en action** Faites de la pub! Modifiez cette phrase tirée de l'annonce selon les indications proposées: **Vous pouvez commander les produits qui vous intéressent.**

1. Vous pouvez commander les produits ______________ vous attirent.
2. Vous pouvez commander les produits ______________ vous désirez.
3. Vous pouvez commander les produits ______________ vous rêvez.
4. Vous pouvez commander les produits ______________ vous vous intéressez.

CHAPTER 18 TEST

Relative pronouns and relative clauses

Qui? Lequel? Complétez les phrases suivantes avec les pronoms relatifs qui manquent.

1. Je ne connais pas l'acteur ____________________ joue dans cette pièce.
2. Expliquez-moi ____________________ il s'agit.
3. C'est un cours ____________________ me donne beaucoup de mal.
4. Je vais t'emmener chez un médecin ____________________ je connais.
5. Nous ne comprenons pas très bien ____________________ vous voulez dire.
6. Il a réussi à trouver tout ____________________ manquait.
7. Voici l'ordinateur ____________________ je me sers pour rédiger.
8. C'est un client ____________________ je téléphone tous les mois.
9. La table sur ____________________ je travaille est dans la cuisine.
10. C'est le problème à cause ____________________ il a renoncé à son poste.
11. Il m'a donné tout ____________________ je voulais.
12. Je n'ai pas entendu ____________________ il a dit.
13. Vous savez peut-être ____________________ il s'intéresse?
14. Voici la chaise sous ____________________ le chat aime dormir.
15. ____________________ aime bien, châtie bien.
16. ____________________ m'intéresse le plus, c'est la biologie.
17. C'est la conférence ____________________ je compte assister.
18. Elle habite un quartier ____________________ elle se plaît.
19. Je vous enverrai tout ____________________ vous avez besoin.
20. Ce n'est pas ____________________ je m'attendais.
21. C'est un étudiant ____________________ ne suit pas très bien en classe.
22. C'est un étudiant ____________________ vous devez aider.
23. Allons voir le film ____________________ on nous a parlé.
24. C'est l'impôt ____________________ on se plaint le plus.
25. C'est un voyage ____________________ nous nous souvenons encore.

PART THREE

Interrogatives and Negatives

jamais

toujours

Allez-vous à Nice?

PART THREE
Interrogatives and Negatives

CHAPTERS

Chapter 19	Interrogative sentences	325
Chapter 20	Interrogative adjectives and pronouns	337
Chapter 21	Negative sentences	351
Chapter 22	Negatives and indefinites	362

CHAPTER 19

Interrogative sentences

Question formation

There are three ways to change a statement into a question.

In spoken French, statements are turned into questions by raising the pitch of the voice at the end of the sentence. The word order is the same as that of a statement.

Tu descends avec moi?	*Are you coming downstairs with me?*
Non, je reste ici. Tu retournes avant le dîner?	*No, I'm staying here. Are you coming back before dinner?*
Non. Je dîne en ville.	*No, I'm having dinner in town.*

NOTE

Negative questions formed with rising intonation expect the answer to be *no.*

Tu ne regardes pas la télé?	*You're not watching TV?*
Non, je téléphone.	*No, I'm making a phone call.*

In both spoken and formal French, **est-ce que** may be placed at the beginning of a statement to turn it into a question.

Est-ce que vous écoutez souvent les concerts à la radio?	*Do you often listen to the concerts on the radio?*
Oui, toujours. **Est-ce que** vous aimez la musique classique aussi?	*Yes, all the time. Do you like classical music, too?*

In formal French, especially in writing, statements are turned into questions by placing the subject pronoun after the verb and joining the two with a hyphen. This is called *inversion* of the subject and verb.

Travaillez-vous ici, Madame?	***Do you work** here, ma'am?*
Oui, Monsieur. **Cherchez-vous** un emploi?	*Yes, sir. **Are you looking for** a job?*

NOTES

- The pronoun **je** is not used in inverted questions.
- If the third person singular form of a verb ends in a vowel, **-t-** is added between the verb form and the inverted subject pronoun **il, elle,** or **on**.

Parle-**t**-il français?	*Does he speak French?*
A-**t**-elle envie de sortir?	*Does she feel like going out?*
Salue-**t**-on le professeur en anglais?	*Does one greet the teacher in English?*

NOTES

- In an inverted question, a noun subject remains before the verb, and the corresponding pronoun is added after the verb.

Les étudiants tutoient-**ils** leur professeur?	*Do the students use the* ***tu*** *form to their teacher?*
Jamais. Ils vouvoient le professeur.	*Never. They use the* ***vous*** *form to the teacher.*
Le professeur tutoie-**t-il** les étudiants? Quelquefois.	*Does the teacher use the* ***tu*** *form to the students? Sometimes.*

- Negative questions with inversion are used mainly in formal style. The **ne** and **pas** surround the inverted pronoun and verb. These questions imply that the speaker expects the answer yes.

N'appuie-**t-il pas** notre candidat?	*Doesn't he support our candidate?*
Si, bien sûr. **Ne** partage-**t-il pas** nos idées?	*Yes, of course. Doesn't he share our ideas?*

- If the subject of a negative question is a noun, it remains in its position before **ne** and the corresponding pronoun is added after the verb.

Les musiciens de cet orchestre **ne** jouent-**ils pas** merveilleusement?	*Don't the musicians in this orchestra play wonderfully?*
Si. Et regardez. **Le public n'**écoute-**t-il pas** avec beaucoup de plaisir?	*Yes. And look. Isn't the public listening with great delight?*

- **Si**, not **oui**, is used to answer *yes* to a negative question.
- **N'est-ce pas** can be added to the end of any statement to ask a question to which the speaker expects the answer *yes.* The meaning is similar to that of negative questions.

Les musiciens jouent bien, **n'est-ce pas?**	*The musicians play well,* ***don't they?***

PART 3

Activité 1 **Pour faire connaissance** Vous faites la connaissance d'un vieux monsieur. Vous lui posez des questions en employant l'inversion. Après, vous posez les mêmes questions à une nouvelle étudiante. Formez-les avec **est-ce que.**

> **MODÈLE** parler français
> a. Parlez-vous français?
> b. Est-ce que vous parlez français?

1. inviter souvent vos amis à dîner

   a. ______________________________

   b. ______________________________

2. apprécier la musique classique

a. ______________________________

b. ______________________________

3. habiter un beau quartier

a. ______________________________

b. ______________________________

4. chercher une maison à la campagne

a. ______________________________

b. ______________________________

5. travailler près de votre appartement

a. ______________________________

b. ______________________________

6. dîner généralement au restaurant

a. ______________________________

b. ______________________________

Activité 2 **L'amoureux** Robert s'est entiché de *(has fallen for)* Chantal. Il se pose toutes sortes de questions à son sujet. Formez ses questions en employant l'inversion.

MODÈLE jouer au tennis
Joue-t-elle au tennis?

1. aimer les maths comme moi

____

2. étudier les mêmes matières que moi

____

3. habiter près du lycée

____

4. penser à moi de temps en temps

____

5. travailler à la bibliothèque

____

6. déjeuner à la cantine du lycée

____

Activité 3 **L'ami de l'amoureux** Robert confie son amour à son ami Philippe. Philippe lui pose des questions sur Chantal. Formez ses questions avec **est-ce que.**

> **MODÈLE** tu / penser constamment à Chantal
> Est-ce que tu penses constamment à Chantal?

1. Chantal / habiter près de chez toi

____

2. tu / arriver au lycée à la même heure que Chantal

____

3. tu / saluer Chantal

____

4. Chantal / aimer les mêmes activités que toi

____

5. tu / déjeuner avec elle

____

6. Chantal / bavarder avec toi de temps en temps

____

PART 3

Activité 4 **La section française** Marie-Claire pose des questions à son conseiller d'orientation sur la section française de son lycée. Elle emploie l'inversion. Que dit-elle?

> **MODÈLE** M. Leclerc / apprécier la littérature française
> M. Leclerc apprécie-t-il la littérature française?

1. Mme Savignac / prononcer parfaitement l'anglais

____

2. M. Paul / enseigner l'espagnol aussi

____

3. Mlle Moreau / répondre toujours aux questions des étudiants

____

4. M. Michelet / arriver au lycée à sept heures du matin

____

5. M. et Mme Lamoureux / enseigner dans le même lycée

____

6. Mme Leboucher / choisir des textes intéressants pour sa classe

____

7. les professeurs / organiser des activités pour les étudiants

____

8. les étudiants / aimer les cours de français

____

Activité 5 **Des explications** Le conseiller d'orientation explique à ses collègues ses idées sur les difficultés scolaires de certains étudiants. Il emploie des questions négatives, formées avec inversion du sujet. Suivez le modèle pour écrire ce qu'il a dit.

> **MODÈLE** regarder trop la télé
> Ne regardent-ils pas trop la télé?

1. déranger tout le monde

____

2. désobéir au professeur

____

3. perdre souvent leurs cahiers

____

4. bavarder trop en classe

____

5. confondre les dates

____

6. travailler sans intérêt

____

CHAPTER 19

Activité 6 **Un succès sûr** Dans une réunion d'affaires M. Bertin explique à ses collègues les raisons pour lesquelles il croit que leur nouvelle affaire va réussir. Écrivez ce qu'il leur dit en employant des questions négatives formées avec inversion du sujet. Le sujet est **nous** dans chaque cas. Suivez le modèle.

> **MODÈLE** placer notre argent dans une excellente affaire
> Ne plaçons-nous pas notre argent dans une excellente affaire?

1. lancer une bonne affaire

____

2. diriger la compagnie d'une façon intelligente

____

3. engager de bons travailleurs

____

4. aménager les bureaux

____

5. changer nos stratégies selon chaque situation

____

6. commencer à gagner de l'argent

____

Activité 7 **Après la réunion** Nous retrouvons M. Bertin avec un ami. Il lui explique les raisons pour lesquelles il croit que sa nouvelle affaire va réussir. Il utilise des questions négatives avec **on** au lieu de **nous.** Son ami lui répond avec **si.** Suivez le modèle.

> **MODÈLE** placer notre argent dans une excellente affaire
> a. On ne place pas notre argent dans une excellente affaire?
> b. Si, on place notre argent dans une excellente affaire.

1. lancer une bonne affaire
   a. _______________
   b. _______________
2. diriger la compagnie d'une façon intelligente
   a. _______________
   b. _______________
3. engager de bons travailleurs
   a. _______________
   b. _______________
4. aménager les bureaux
   a. _______________
   b. _______________
5. changer nos stratégies selon chaque situation
   a. _______________
   b. _______________
6. commencer à gagner de l'argent
   a. _______________
   b. _______________

PART 3

Note culturelle

La France

La France se classe au sixième rang mondial pour le produit intérieur brut (GNP). *Cela signifie que la France est une des grandes puissances industrielles du monde.*

La France est un grand producteur d'acier et d'aluminium. Dans la production de l'automobile la France se trouve dans les rangs mondiaux. Les différentes industries chimiques sont aussi très importantes et les noms de plusieurs entreprises sont connus dans le monde entier.

Les industries de pointe qui exploitent les nouvelles technologies sont importantes dans l'économie française. L'industrie nucléaire française joue un rôle important dans la production d'électricité. La France est un grand exportateur d'armements et est très avancée sur le plan de l'aérospatiale. La technologie française a produit le T.G.V. (train à grande vitesse) qui a transformé le réseau ferroviaire en France et en Europe. Dans le domaine de l'informatique la diffusion du Minitel, le micro-ordinateur possédé par 7 000 000 de Français, est un exemple important du progrès de la technologie.

Les industries de luxe restent importantes: le cristal de Baccarat, la porcelaine de Limoges et les parfums de Grasse sont appréciés dans tous les pays du monde. Il ne faut pas oublier l'industrie agro-alimentaire. La France se classe au premier rang parmi les pays de l'Union européenne pour sa production agricole. Les étrangers pensent toujours aux vins et aux fromages, mais la campagne française produit aussi de la viande et cultive une grande variété de fruits et de légumes. La pêche et l'exploitation des forêts sont aussi importantes.

Activité 8 **Au contraire** Quelle confusion! Alain pose des questions, mais dans chaque cas, c'est le contraire qui est vrai. Écrivez des échanges composés d'une question négative et de la réponse qui indique l'inverse. Suivez le modèle.

MODÈLE les élèves / être en retard / être en avance
—Les élèves ne sont-ils pas en retard?
—Non, ils sont en avance.

1. Claire / arriver ce matin / arriver ce soir

____

____

2. Marc et Geneviève / être en classe / être malades

3. Richard / avoir sommeil / avoir envie de sortir

4. ma famille / avoir raison / avoir tort

5. ton frère et toi / prendre le petit déjeuner à la maison / prendre un café à l'université

6. Lise / suivre un régime / prendre du poids

7. vos parents / être en colère / être de bonne humeur

8. Christophe / sortir / rester à la maison

PART 3

Activité 9 **Et en plus** Écrivez de petits échanges composés d'une question négative et d'une réponse affirmative. Ajoutez à la réponse l'élément proposé entre parenthèses. Suivez le modèle.

MODÈLE toi / avoir faim (avoir soif)
—Tu n'as pas faim?
—Si, et j'ai soif aussi.

1. il / avoir mal au dos (avoir mal aux jambes)

2. faire du vent (faire froid)

3. toi / faire les lits chez toi (faire le linge)

____

____

4. Marianne / jouer du violon (chanter)

____

____

5. ta sœur et toi / apprendre à parler chinois (apprendre à écrire)

____

____

6. moi / assister à la conférence (pouvoir aller au concert)

____

____

Activité 10 **Comment est-ce que ça se dit?** Traduisez les questions suivantes en français. Employez l'inversion.

1. Is ecology important?

____

2. Do animals play an important role in our lives *(singular in French)*?

____

3. Do people suffer because of pollution?

____

4. Are vegetables good for one's health?

____

5. Are cigarettes harmful **(faire mal)**?

____

Activité 11 **Activité orale** Quelles questions poseriez-vous à un(e) nouvel(le) étudiant(e) pour parvenir à le (la) connaître? Avec un(e) camarade de classe jouez cette conversation entre deux jeunes qui font connaissance.

Activité 12 **La grammaire en action** Voici de grands titres à l'interrogatif relevés dans des journaux et des revues français. Remarquez qu'ils emploient tous l'inversion caractéristique du français littéraire. Refaites chaque question avec **est-ce que.**

1. **NOTRE RÉGION A-T-ELLE ASSEZ D'ÉLECTRICITÉ CET ÉTÉ?**

____

____

2. LE JAZZ EST-IL TOUJOURS CONTEMPORAIN?

____

____

3. *NOS ENTREPRISES EXPORTENT-ELLES ASSEZ?*

____

____

4. ***Y AURA-T-IL DES EMBOUTEILLAGES SUR LES ROUTES CE WEEK-END?***

____

____

5. **LES NOUVELLES MÉTHODES SCOLAIRES SONT-ELLES VRAIMENT BONNES?**

____

____

CHAPTER 19 TEST

Interrogative sentences

1 **L'inversion** Faites des éléments donnés une question en employant l'inversion.

MODÈLE ils / suivent / ces cours
Suivent-ils ces cours?

1. vous / regarder / la télé

____

2. il / travailler / encore au hypermarché

____

3. elles / avoir / envie de voir ce film

____

4. on / manger / bien en ville

____

5. tu / aller / à la charcuterie

____

6. je / devoir / suivre ce cours

____

7. vous / aimer / mieux la musique de Debussy

____

8. elle / étudier / la physqiue

____

9. tes amis / chercher / un appartement

____

10. vous / savoir / nager

____

CHAPTER 19 TEST

Interrogative sentences

2 **Est-ce que** Transformez ces phrases en questions moyennant **est-ce que.**

1. Elle chante bien.

   ____

2. Vous faites le ménage.

   ____

3. Je peux t'aider.

   ____

4. Nous sommes en retard.

   ____

5. Tu te lèves de bonne heure.

   ____

6. Ils se passionnent pour les gâteaux.

   ____

7. Il s'est deja lavé.

   ____

8. Vous attendez les invités.

   ____

9. Elles se voient tous les jours.

   ____

10. Tu peux t'amuser.

    ____

CHAPTER 20

Interrogative adjectives and pronouns

Interrogative adjectives

The interrogative adjective **quel** *(which, what)* agrees in gender and number with the noun it modifies.

	MASCULINE		FEMININE	
SINGULAR	**Quel** train?	*Which train?*	**Quelle classe?**	*Which class?*
PLURAL	**Quels** trains?	*Which trains?*	**Quelles classes?**	*Which classes?*

Quel(le)(s) may be preceded by a preposition.

De quel livre est-ce que vous parlez? — ***What*** *book are you talking* ***about****?*
Pour quelle compagnie travaille-t-il? — ***What*** *company does he work* ***for****?*

Quel(le)(s) is used before forms of **être** in sentences where English uses *what.*

Quelle est la différence? — ***What****'s the difference?*
Quelles sont vos idées? — ***What*** *are your ideas?*

Quel(le)(s) may also be used in exclamations. The implication may be either positive or negative.

Quelle catastrophe! — ***What a*** *catastrophe!*
Quels restaurants! — ***What*** *restaurants!*

CHAPTER 20

Activité 1 **Pour préciser** Utilisez l'adjectif interrogatif **quel** pour demander des précisions sur les objets qu'on mentionne. Suivez le modèle.

MODÈLE Jacqueline m'a montré les livres.
Quels livres?

1. Philippe m'a prêté le vélo.

____

2. Jocelyne et Vivienne ont écouté les CD.

____

3. Lucette a joué avec la raquette.

____

4. J'ai conduit la voiture.

____

5. Tu me donnes la carte, s'il te plaît.

____

6. Marc est sur la moto.

____

7. Montrez-moi la chambre.

____

8. J'ai perdu les jumelles.

____

9. Serge se sert de la caméra.

____

10. Moi, je me sers de l'appareil-photo.

____

PART 3

Activité 2 **Des précisions** Dans chaque cas, demandez qu'on précise de quel article il s'agit. Utilisez l'adjectif interrogatif **quel** et faites attention à l'accord du participe passé. Suivez le modèle.

MODÈLE Simone a acheté des livres.
Quels livres a-t-elle achetés?

1. Monique a pris des billets.

____

2. Alain et Crispin sont entrés dans un restaurant.

____

3. Gabrielle a besoin d'une revue.

____

4. Les étudiants ont parlé avec un de leurs professeurs.

____

5. Marguerite a fait un exercice difficile.

____

6. Yves a reçu une mauvaise note dans une de ses classes.

____

7. Mes parents ont acheté des médicaments.

____

8. Les enfants ont regardé des émissions à la télé.

____

Activité 3 **Exclamations** Formez l'exclamation convenable dans chaque cas en écrivant la forme correcte de **quel** devant un des deux substantifs proposés.

1. Le cousin de Marie-Christine est blessé dans un accident de la route.

   a. ____________________ tragédie!

   b. ________________ courage!

2. Eugène a gagné 40 000 euros à la loterie!

   a. ____________________ horreur!

   b. ____________________ chance!

3. Le toit de leur maison s'est effondré *(caved in)*.

   a. ____________________ malheur!

   b. ____________________ merveille!

4. Germaine a séché *(cut)* tous ses cours cette semaine.

   a. ____________________ bêtise!

   b. ____________________ diligence!

5. Il y a eu un tremblement de terre en Italie.

   a. ____________________ plaisir!

   b. ____________________ catastrophe!

6. Les grands-parents de François lui ont donné de l'argent pour acheter ses livres.

   a. ____________________ générosité!

   b. ____________________ politesse!

7. Julien refuse de travailler.

   a. ____________________ paresse!

   b. ____________________ talent!

Activité 4 **Une touriste pleine d'admiration** Odile Jobert montre sa ville, Québec, à Élisabeth, une étudiante américaine. Élisabeth aime tout ce qu'elle voit. Exprimez son admiration avec **quel** et l'adjectif proposé. Suivez le modèle.

MODÈLE le château Frontenac / très joli
Voilà le château Frontenac.
Quel château! Il est très joli.

1. les rues piétonnes / très animé

2. les cafés / charmant

3. le pont / énorme

4. le jardin public / beau

5. la cathédrale / magnifique

6. les librairies / intéressant

7. le musée / très connu

8. les grands magasins / élégant

PART 3

Note culturelle

Québec

La ville de Québec est un des trésors du Canada. Samuel de Champlain fonde la ville de Québec en 1608, et elle prépare maintenant la célébration de son quatrième centenaire en 2008. Avec une population de plus de 600 000 personnes, Québec est une ville importante au Canada. Appelé la ville la plus européenne du continent, Québec est aussi la plus vieille ville fortifiée d'Amérique du Nord. L'ambiance de la vieille ville de Québec est unique. Des rues étroites situées sur des pentes raides des collines, des maisons de l'époque coloniale, des boutiques et des restaurants élégants font de Québec une ville extraordinaire. Québec n'est pas seulement une ville touristique, mais aussi un centre économique et culturel important. Québec a des parcs industriels et commerciaux, des centres de recherche scientifique et de haute technologie, et l'université Laval, une des plus connues du Canada.

Interrogative pronoun **lequel**

French interrogative pronouns agree in gender and number with the noun they refer to.

	MASCULINE		FEMININE	
SINGULAR	**lequel**	*which (one)*	**laquelle**	*which (one)*
PLURAL	**lesquels**	*which (ones)*	**lesquelles**	*which (ones)*

Un de nos élèves est tombé malade. **Lequel?**	*One of our students got sick.* ***Which one?***
Mon frère travaille dans une banque. **Dans laquelle?**	*My brother works in a bank.* ***In which one?***
Il y a deux robes qui sont pour toi. **Lesquelles?**	*There are two dresses that are for you.* ***Which ones?***

CHAPTER 20

The prepositions **à** and **de** contract with the interrogative pronoun.

Nous allons à un pays étranger. **Auquel?**	*We are going to a foreign country.* ***To which one?***
J'ai besoin de ces journaux. **Desquels?** Il y en a tant.	*I need those newspapers.* ***Which ones?*** *There are so many.*

Activité 5 **Ça m'intéresse.** Demandez à votre ami(e) quel objet l'intéresse. Employez le pronom interrogatif dans vos réponses comme dans le modèle.

MODÈLE Ce livre m'intéresse.
Lequel? Celui-là?

1. Ce film m'intéresse.

____

2. Ces revues m'intéressent.

____

3. Ce cours m'intéresse.

____

4. Ces émissions m'intéressent.

____

5. Cette photo m'intéresse.

____

6. Ces disques m'intéressent.

____

7. Cet itinéraire m'intéresse.

____

Activité 6 **Exactement** Posez des questions avec le pronom interrogatif **lequel** pour savoir exactement de quel objet il s'agit. Suivez le modèle et faites attention aux contractions obligatoires.

MODÈLE Il cherche les chaussures de sport.
Lesquelles cherche-t-il exactement?

1. Je veux l'anorak.

____

2. Elle met les bottes.

____

3. Nous lavons les pulls.

____

4. J'ai besoin des chaussettes de laine.

____

5. Elle cherche les collants.

____

6. Ils pensent aux vêtements.

____

7. Je prends le blue-jean.

____

Activité 7 **En colonie de vacances** Les affaires des enfants qui font un séjour dans cette colonie de vacances sont en pagaille. Les animateurs essaient de les restituer, ce qui n'est pas facile. Utilisez les pronoms interrogatifs, démonstratifs et possessifs pour écrire les réponses des enfants aux questions des animateurs. Suivez le modèle.

MODÈLE Ce sont tes valises, Claudette?
Lesquelles? Ah, non. Celles-là ne sont pas les miennes.

VOCABULAIRE

On part en colonie.

la colonie de vacances *summer camp*
le couteau de poche *pocketknife*
la couverture *blanket*
les jumelles *binoculars*
la lampe de poche *flashlight*
la raquette de tennis *tennis racket*
le sac à dos *backpack*
le sac de couchage *sleeping bag*
la tente *tent*

1. C'est ta raquette de tennis, Baudouin?

____

2. Ce sont tes pulls, Richard?

____

3. C'est le sac à dos d'Yvette?

____

4. Ce sont vos sacs de couchage, Marc et Paul?

____

5. Ce sont les lettres de Christine et Mireille?

____

6. C'est ta lampe de poche, Colin?

____

7. Ce sont vos couvertures, Ombeline et Josette?

____

8. Ce sont tes jumelles, Alice?

____

9. C'est ton couteau de poche, Serge?

____

10. C'est la tente de Michèle?

____

PART 3

Interrogative pronouns *who, whom, what* and other question words

When *who* is the subject of the verb, it is usually rendered by **qui** in questions.

Qui habite dans cet immeuble?	***Who** lives in that apartment house?*
Qui veut de l'eau minérale?	***Who** wants some mineral water?*

No inversion of subject and verb takes place in this case.

Qui as a subject of the sentence may be replaced by **qui est-ce qui.**

Qui est-ce qui me demande au téléphone?	***Who** wants to speak to me on the phone?*

Whom as direct object of the verb is rendered by **qui** followed by an inverted subject and verb when the subject is a pronoun. This construction, like all constructions using inversion, is characteristic of formal style.

Qui voulez-vous voir?	***Whom do you wish** to see?*
Qui cherche-t-il?	***Whom is he looking for?***

Whom as direct object of the verb in all styles may be rendered by **qui est-ce que.** The subject and verb are not inverted after **qui est-ce que.**

Qui est-ce que vous connaissez ici?	***Whom*** *do you know here?*
Qui est-ce qu'ils ont appelé?	***Whom*** *did they call?*

What as subject of the sentence is **qu'est-ce qui.**

Qu'est-ce qui te fait mal?	***What*** *hurts you?*
Qu'est-ce qui t'a embêté?	***What*** *annoyed you?*

What as object of the sentence is **qu'est-ce que.** The subject and verb are not inverted after **qu'est-ce que.**

Qu'est-ce que vous avez acheté?	***What*** *did you buy?*
Qu'est-ce que j'ai fait?	***What*** *did I do?*
Qu'est-ce que tu as pris comme dessert?	***What*** *did you have for dessert?*

In formal style, **qu'est-ce que** may be replaced by **que** if the subject is a pronoun. Inversion of subject and verb takes place after **que.**

Que désirez-vous?	***What would you like?***
Qu'ont-ils décidé?	***What have they decided?***

If the subject is a noun, **qu'est-ce que** and not **que** must be used.

Qu'est-ce que les touristes ont vu?	***What*** *did the tourists see?*
Qu'est-ce que le professeur a dit?	***What*** *did the teacher say?*

After prepositions **qui** remains, but **que** changes to **quoi.**

À qui avez-vous demandé le chemin? **À qui** est-ce que vous avez demandé le chemin?	***Who(m)*** *did you ask directions of?*
Sur qui peut-elle compter? **Sur qui** est-ce qu'elle peut compter?	***Who(m)*** *can she rely on?*
À quoi pensez-vous? **À quoi** est-ce que vous pensez?	***What*** *are you thinking about?*
De quoi ont-ils besoin? **De quoi** est-ce qu'ils ont besoin?	***What*** *do they need?*

Here is a summary of the words for *who(m)* and *what.*

	SUBJECT	OBJECT	AFTER PREPOSITION
WHO(M)	Qui?/Qui est-ce qui?	Qui?/Qui est-ce que?	qui
WHAT	Qu'est-ce qui?	Que?/Qu'est-ce que?	quoi

CHAPTER 20

Other question words in French

Quand? *When?*
Où? *Where?*
D'où? *From where?*
Comment? *How?*
Pourquoi? *Why?*

Combien? *How many? How much?*
Depuis quand? *Since when?*
Depuis combien de temps? *How long?*

Quel + noun? *Which?*
Lequel?/Laquelle?/ Lesquel(le)s? *Which one(s)?*

Other question words can be used with inversion or **est-ce que.**

Quand est-ce que vous viendrez? **Quand** viendrez-vous?	*__When__ will you come?*
Comment est-ce qu'il le fera? **Comment** le fera-t-il?	*__How__ will he do it?*
Combien est-ce que vous me devez? **Combien** me devez-vous?	*__How much__ do you owe me?*
Pourquoi est-ce que tu ne l'as pas vendu? **Pourquoi** ne l'as-tu pas vendu?	*__Why__ didn't you sell it?*

The forms with inversion are characteristic of formal style.

In very formal style, a noun subject followed by an inverted pronoun and verb may follow a question word.

Qui le juge a-t-il accusé?	***Whom has the judge** accused?*
Pourquoi ce candidat n'a-t-il pas été élu?	***Why wasn't this candidate** elected?*
Dans quelle revue cet article sera-t-il publié?	***In which magazine will this article be** published?*

In short sentences consisting of a noun subject and a verb, French allows inversion of the subject and verb without adding a pronoun after all question words except **pourquoi.**

Quand **viendra Lise?**	*When **will Lise arrive?***
Depuis quand **étudie votre frère?**	*How long **has your brother been studying?***
Combien de parfums **produit la France?**	*How many perfumes **does France produce?***
Quelle langue **parlent vos amis?**	*What language **do your friends speak?***

PART 3

But

Pourquoi est-ce que Jean est sorti? — ***Why did Jean go out?***

Or

Pourquoi Jean est-il sorti? — ***Why did Jean go out?***

In informal French there are different rules for question formation. These patterns are not acceptable in formal situations or in writing, but are extremely common in speech.

Est-ce que is dropped, but no inversion takes place.

Quand tu viens?	*When are you coming?*
Pourquoi tu dis ça?	*Why do you say that?*
Comment ils vont faire ça?	*How are they going to do that?*
Où tu les as retrouvés?	*Where did you meet up with them?*

Que cannot be used in the above construction.

The question word is not placed at the front of the sentence but left where the element it asks about would be. **Que** is replaced by **quoi** in this structure.

Il vient **à trois heures.**	*He's coming at three o'clock.*
Il vient **à quelle heure?**	***What time** is he coming?*
Il part **demain.**	*He's leaving tomorrow.*
Il part **quand?**	***When** is he leaving?*
Ça coûte **cent** euros.	*It costs one hundred euros.*
Ça coûte **combien?**	***How much** does it cost?*
Ils font **leurs devoirs.**	*They're doing their homework.*
Ils font **quoi?**	***What** are they doing?*
Il veut **une tarte.**	*He wants a pastry.*
Il veut **quoi?**	***What** does he want?*

CHAPTER 20

Activité 8 **Des questions** Complétez les questions suivantes avec le pronom qui manque.

1. ______________________ travaille ici? (Who)
2. ______________________ tu as fait hier? (What)
3. ______________________ vous avez acheté pour le déjeuner? (What)
4. ______________________ vous intéresse? (What)
5. Avec ______________________ tu es sorti? (whom)
6. Sur ______________________ avez-vous écrit? (what)

Activité 9 **Posez vos questions.** Indiquez le mot qui manque pour former une question correcte.

1. ______________ voyez-vous?

   a. Qui est-ce que **b.** Qui est-ce qui **c.** Qui **d.** Qu'est-ce que

2. ______________ tu cherches dans ce tiroir?

   a. Qu'est-ce que **b.** Que **c.** Quoi **d.** Qu'est-ce qui

3. Sur ______________ insiste-t-elle?

   a. que **b.** qu'est-ce que **c.** qu'est-ce qui **d.** quoi

4. À quelle heure ______________ le train?

   a. part-il **b.** part **c.** il part **d.** est-ce que part

5. Tu as acheté ______________?

   a. que **b.** qu'est-ce que **c.** est-ce que **d.** quoi

6. ______________ allé ______________?

   a. Est-il / où **b.** Où / est-il **c.** Il est / où **d.** Où est / il

7. De ______________ parlez-vous?

   a. quoi **b.** quoi est-ce que **c.** que **d.** qu'est-ce que

8. ______________ commandent ces clients?

   a. Qu'est-ce que **b.** Que **c.** Quoi **d.** Qui

PART 3

Activité 10 **Le style soutenu** Refaites chaque question dans un style plus soigné en enlevant **est-ce que.** Faites toutes les modifications nécessaires.

1. Où est-ce qu'elle habite?

   ____

2. Qu'est-ce qu'ils ont préparé?

   ____

3. Qui est-ce que Marie a vu?

   ____

4. Quand est-ce que vos amis ont loué cet appartement?

   ____

5. Quel livre est-ce que tu recommandes?

   ____

6. Dans quel hôtel est-ce qu'elle sera logée?

   ____

7. Pourquoi est-ce que cet enfant pleure?

____

8. Combien est-ce qu'elles ont payé?

____

Activité 11 **Oh, Jacqueline!** Jean-Claude s'intéresse à Jacqueline, la cousine de son ami Gérard. Il veut se renseigner sur elle, sur ses goûts, etc. Lisez les informations que Gérard lui a données. Écrivez les questions que Jean-Claude a posées pour obtenir ces réponses. Utilisez un style familier.

MODÈLE Ma cousine s'appelle Jacqueline.
Ta cousine s'appelle comment?

1. Elle habite Paris.

____

2. Elle arrive dans une semaine.

____

3. Jacqueline voyage avec son frère.

____

4. Elle va rester un mois avec nous.

____

5. Jacqueline s'intéresse à la chimie.

____

6. Elle aime la cuisine japonaise.

____

7. Elle aime faire de la voile.

____

8. Jacqueline a besoin d'une voiture.

____

Activité 12 **Activité orale** Jouez l'Activité 7 avec un(e) camarade en employant les objets qu'on trouve dans la salle de classe et vos affaires personnelles. Vous pouvez varier la structure des questions et des réponses pourvu que vous utilisiez tous les pronoms que vous avez appris.

CHAPTER 20 TEST

Interrogative adjectives and pronouns

1 **Quel?** Complétez les questions suivantes avec la forme correcte de l'adjectif interrogatif **quel.**

1. ______________________ est la raison?
2. ______________________ sont tes passe-temps?
3. ______________________ heure est-il?
4. ______________________ ordinateurs achetez-vous?
5. ______________________ âge as-tu?
6. ______________________ train est-ce qu'ils ont pris?
7. ______________________ revues veux-tu lire?
8. ______________________ est votre nom?
9. ______________________ sont les problèmes?
10. ______________________ supermarché est-ce que tu préfères?
11. ______________________ couleurs aimez-vous?
12. ______________________ est la différence?
13. ______________________ boum!
14. ______________________ musées!
15. ______________________ repas!

2 **Lequel?** Complétez les questions suivantes avec la forme correcte du pronom interrogatif **lequel.** N'oubliez pas les contractions.

1. —Un de tes amis est arrivé.

   —______________________?

2. —J'achète des galettes.

   —______________________?

3. —Nous allons à une librairie.

   —______________________?

4. —Elle travaille dans un théâtre.

   —Dans ________________?

5. —Il y a trois livres qui m'intéressent.

   —______________________?

6. —Ils sont allées à un hôtel.

   —______________________?

7. —Un des bureaux est encore fermé.

   —______________________?

8. —Nous préférons une des plages.

   —______________________?

9. —J'ai besoin de quelques livres d'histoire.

   —______________________?

10. —Il avait besoin de deux des cartes de crédit.

    —______________________?

CHAPTER 21

Negative sentences

Basic negative structures

Verbs are made negative in French by placing **ne** before the verb and **pas** after it.

Je **ne** dîne **pas** au restaurant ce soir. Et toi?	*I'm **not** having dinner at the restaurant this evening. And you?*
Moi, je **ne** travaille **pas**. Donc, je sors.	*I'm **not** working. So, I'm going out.*

NOTE

Ne becomes **n'** before a vowel.

Je **n'**aime pas écouter cette musique.	*I **don't** like listening to this music.*

Note the similar negative constructions **ne** + *verb* + **jamais** meaning *never* and **ne** + *verb* + **plus** meaning *not anymore, no more.*

Tu **n'**invites **plus** Jeanine.	*You **don't** ask Jeanine out **anymore**.*
Ce n'est pas la peine. Elle **n'**accepte **jamais.**	*It doesn't pay to. She **never** accepts.*

Ne + *verb* + **personne** means *no one, nobody* and **ne** + *verb* + **rien** means *nothing.*

Vous cherchez quelqu'un, Monsieur?	*Are you looking for someone, sir?*
Non, Madame. Je **ne** cherche **personne.**	*No, ma'am. I'm **not** looking for **anyone**.*
J'entends un bruit.	*I hear a noise.*
Moi, je **n'**entends **rien.**	*I **don't** hear **anything**.*

Personne and **rien** may be used as subjects. In this case, they precede the verb and are followed by **ne.**

Rien ne change ici.	***Nothing** changes here.*
C'est vrai. **Personne ne** déménage. Tout reste comme avant.	*It's true. **No one** moves out. Everything remains just as it was before.*

Positive and corresponding negative words

encore, toujours *still*	**plus** *no more*
encore, davantage *more*	**plus** *no more, not anymore*
quelquefois *sometimes*	**jamais** *never*
toujours *always*	**jamais** *never*
souvent *often*	**jamais** *never*
quelqu'un *someone, somebody*	**personne** *no one, nobody*
quelque chose *something*	**rien** *nothing*
quelque part *somewhere*	**nulle part** *nowhere*

Activité 1 **Comme c'est triste** Pierrot n'est pas tout à fait content pendant ses premiers jours à l'université. Écrivez ses réponses négatives aux questions, en employant le mot négatif correspondant.

MODÈLE Est-ce que tu connais beaucoup de monde?
Non, je ne connais personne.

1. Est-ce que ta petite amie te téléphone tous les jours?

____

2. Est-ce que tu manges avec quelqu'un?

____

3. Est-ce que tu regardes souvent la télé?

____

4. Est-ce que tu travailles encore?

____

5. Est-ce que quelqu'un organise des activités pour les nouveaux étudiants?

____

6. Est-ce que tu aimes quelque chose ici?

____

Activité 2 **Ça va mieux**. Pierrot est content à l'université maintenant. Écrivez ses réponses négatives aux questions, en employant le mot négatif correspondant.

1. Est-ce que tu es encore seul?

____

2. Est-ce que tu es triste quelquefois?

____

3. Est-ce que tu désires encore rentrer chez toi?

____

4. Est-ce que quelqu'un dérange les étudiants quand ils travaillent?

____

5. Est-ce que tu trouves quelque chose à critiquer?

____

6. Est-ce que quelque chose t'effraie maintenant?

____

Note culturelle

Les universités françaises

L'enseignement supérieur en France offre plusieurs filières aux étudiants. La plupart des étudiants assistent aux universités, dont on compte plus de quatre-vingt-cinq en France. Il y a des universités techniques, des études universitaires générales et des études universitaires qui préparent les étudiants pour les professions de santé. L'admission à l'université est ouverte à tout étudiant ayant son baccalauréat (diplôme donné à la fin des études secondaires à ceux qui réussissent à l'examen du bac).

Les universités sont organisées en U.F.R., c'est-à-dire, unités de formation et de recherche. L'U.F.R. est à peu près l'équivalent du département universitaire américain.

Les grandes écoles sont des institutions d'élite. L'entrée est par un concours très difficile. Parmi les grandes écoles les plus connues sont l'École nationale d'administration, l'École polytechnique, le Conservatoire national de musique, l'École des ponts et chaussées et les Écoles normales supérieures spécialisées dans différentes matières.

La première université française est l'université de Paris, fondée en 1215. L'université de Paris attirait des étudiants de toute l'Europe et la langue qu'ils parlaient entre eux et la langue d'enseignement était le latin-d'où vient le nom du Quartier latin à Paris.

Activité 3 **Jamais!** Les étudiants racontent ce qu'ils ne font jamais à l'école. Écrivez ce qu'ils disent en employant **ne... jamais.**

> **MODÈLE** fumer en classe
> Nous ne fumons jamais en classe.

1. arriver en retard

   ____

2. interrompre le professeur

   ____

3. oublier nos devoirs

   ____

4. perdre nos livres

   ____

5. applaudir après la classe

   ____

6. jeter nos stylos en l'air

   ____

7. confondre les rois de France dans la classe d'histoire

   ____

8. jouer aux cartes en classe

   ____

PART 3

Activité 4 **Tout change.** Josette retourne à son quartier après plusieurs années d'absence. Son amie Valérie lui raconte comment les choses ont changé. Écrivez ce qu'elle dit à Josette en employant **ne... plus.**

> **MODÈLE** mon frère / travailler à la bibliothèque
> Mon frère ne travaille plus à la bibliothèque.

1. les Dulac / habiter l'immeuble en face

   ____

2. M. Beauchamp / vendre sa poterie aux voisins

   ____

3. nous / acheter le journal au kiosque du coin

   ____

4. ma mère / descendre faire les courses tous les jours

   ____

5. moi / jouer du piano

____

6. Mme Duverger / enseigner au lycée du quartier

____

7. nos amis / passer beaucoup de temps dans le quartier

____

Activité 5 **Quelle école!** Dans cette école on ne s'occupe pas des étudiants. Écrivez des phrases avec le mot **personne** comme sujet pour expliquer tout ce qu'on ne fait pas.

MODÈLE aider les étudiants
Personne n'aide les étudiants.

1. avertir les étudiants

____

2. parler avec les étudiants

____

3. écouter les étudiants

____

4. saluer les étudiants

____

5. encourager les étudiants

____

6. donner des conseils aux étudiants

____

CHAPTER 21

Activité 6 **Et vous?** Écrivez si vous faites ces activités **souvent, quelquefois, jamais,** ou si vous ne les faites **plus.**

1. jouer au volley-ball

____

2. étudier toute la nuit

____

3. parler au téléphone

____

4. regarder la télé

____

5. assister aux concerts de musique classique

____

6. dîner au restaurant avec tes amis

____

7. descendre à la rue en pyjama à quatre heures du matin

____

8. arriver en retard à l'école

____

Other negative structures

Aucun(e) meaning *no, not any* precedes a noun. **Ne** precedes the verb.

Tu crois qu'il va rentrer? Je **n'**ai **aucune idée.**	*Do you think he's coming back?* *I have **no idea.***
Ce cours est très difficile. C'est que le professeur **ne** nous donne **aucun exemple.**	*This course is very difficult.* *That's because the teacher **doesn't** give us **any examples.***

NOTE

Aucun(e) is always used in the singular.

PART 3

Aucun(e) + *noun* or **aucun(e) des** + *plural noun*, meaning *no, none* may function as the subject of a sentence. **Ne** precedes the verb.

Aucun ami n'accepte son invitation. **Aucun de ses amis n'**accepte son invitation.	***No friend** accepts his invitation.* ***None of his friends** accepts his invitation.*

Ni... ni... means *neither. . . nor. . . .* Like **aucun(e), personne,** and **rien,** it may either follow or precede the verb. **Ne** precedes the verb in both cases. When **ni... ni...** refers to the subject of the sentence, a plural verb is used.

Je **ne** vois **ni Charles ni Hélène.** **Ni Charles ni Hélène ne** sont là.	*I don't see **either Charles or Hélène.*** ***Neither Charles nor Hélène** is here.*
Je **n'**aime **ni** le café **ni** le thé.	*I like **neither** coffee **nor** tea.*

(Ni)... non plus is used to mean *neither* or *not either* in a sentence where the French equivalent of *nor* does not appear.

Charles n'est pas là. **(Ni) Hélène non plus**.	*Charles isn't here.* ***Neither is Hélène. (Hélène isn't either.)***
Je n'aime pas le professeur d'informatique. **Moi non plus.**	*I don't like the computer science teacher.* ***Neither do I.***

Ne + *verb* + **guère** means *hardly.*

Il **n'**est **guère** content.	*He's **hardly** happy.*

Activité 7 **Un étudiant en difficulté** Jean-Marc a beaucoup de problèmes au lycée. Décrivez-les en employant **ni... ni...** dans chaque cas, selon le modèle.

> **MODÈLE** arriver / en avance / à l'heure
> Il n'arrive ni en avance ni à l'heure.

1. aimer / la physique / la littérature

 ____

2. finir / ses devoirs / ses compositions

 ____

3. étudier / à la bibliothèque / à la maison

 ____

4. réfléchir / à son travail / à son avenir

 ____

5. demander des conseils / à ses amis / à ses professeurs

 ____

6. écouter / les conférences / les discussions

 ____

Activité 8 **Un professeur paresseux** Utilisez **ne... aucun** pour savoir pourquoi les étudiants ne sont pas contents dans la classe du professeur Malherbe.

> **MODÈLE** donner / devoir
> Il ne donne aucun devoir.

1. expliquer / texte

 ____

2. corriger / composition

 ____

3. recommander / livre

 ____

4. proposer / thème de discussion

 ____

5. présenter / idée

 ____

6. analyser / problème

 ____

Ne... que and ne... pas que

Ne... que means *only*. **Ne** precedes the verb and **que** precedes the word or words emphasized.

Paulette aime la musique classique?	*Does Paulette like classical music?*
Non, elle **n'**écoute **que** des chansons populaires.	*No, she listens **only** to popular songs.*
Tu veux aller à Avignon par le train?	*Do you want to go by train to Avignon?*
Je **ne** voyage **qu'**en voiture.	*I travel **only** by car.*

Ne... pas que means *not only*.

Il **n'**y a **pas que** le travail. Il faut vivre aussi.	*Work **isn't all there is**. You have to live too.*
Il **n'**aime **pas que** la physique. Il adore la géographie aussi.	*He not **only** likes physics. He loves geography, too.*

Activité 9 **Il n'y en a pas d'autre.** Refaites les phrases suivantes avec **ne... que,** selon le modèle.

MODÈLE La chimie est la seule classe que j'aime.
Je n'aime que la chimie.

1. Philippe est la seule personne que je respecte ici.

____

2. Ma chambre est la seule que je nettoie.

____

3. Alice est la seule personne que j'invite.

____

4. La littérature française est la seule qu'elle apprécie.

____

5. L'avenir est la seule chose à laquelle ils réfléchissent.

____

6. Odile est la seule personne à qui je téléphone.

____

7. Le football est le seul sport auquel je joue.

____

8. Le dîner est le seul repas qu'elle prépare à la maison.

____

Activité 10 **Comment est-ce que ça se dit?** Traduisez en français.

1. We're not making any plans because we're not taking a trip.

   ____

2. No one feels like leaving on vacation.

   ____

3. So **(Donc),** we're not going anywhere.

   ____

4. We're not going either to the beach or to the mountains. Or to Paris either.

   ____

5. And we don't want to go abroad anymore.

   ____

Activité 11 **Activité orale** Avec un(e) camarade de classe, discutez des choses que vous ne faites pas chez vous. Comparez les règles. Présentez à la classe les choses à ne pas faire que votre camarade et vous partagez.

CHAPTER 21 TEST

Negative sentences

1 **Au négatif** Refaites ces phrases au négatif.

1. Vous êtes de bonne humeur.

____

2. On irait au café.

____

3. J'ai assisté au concert.

____

4. Il est venu nous voir.

____

5. Nous étions à la page.

____

2 **Jamais!** Refaites ses phrases au négatif en employant les mots entre parenthèses.

1. Vous faites toujours attendre. (jamais)

____

2. Ils sont encore à la faculté. (plus)

____

3. Il nous emmène quelque part. (nulle part)

____

4. Nous nous téléphonons tous les jours. (jamais)

____

5. Quelqu'un a lu cet article. (Personne)

____

6. Tu cherches quelque chose. (rien)

____

CHAPTER 21 TEST

Negative sentences

7. Je me réveille toujours à sept heures. (plus)

____

8. Tu voudrais parler avec quelqu'un. (personne)

____

9. Vous ferez les courses quelquefois. (jamais)

____

10. Quelque chose leur plaira. (Rien)

____

3 **Aucun** Complétez les phrases suivantes avec la forme correcte du mot **aucun.**

1. Vous n'y aviez ____________________ intérêt.
2. Il n'y a ____________________ difficulté.
3. ____________________ de ses livres de poèmes n'est bon.
4. Nous n'avons ____________________ idée.
5. ____________________ étudiante n'a pu trouver la solution.

CHAPTER

22

Negatives and indefinites

Negative words—forms and uses

In Chapter 21 we reviewed the following positive and corresponding negative words.

encore, toujours *still*	**plus** *no more*
encore, davantage *more*	**plus** *no more, not anymore*
quelquefois *sometimes*	**jamais** *never*
toujours *always*	**jamais** *never*
souvent *often*	**jamais** *never*
quelqu'un *someone, somebody*	**personne** *no one, nobody*
quelque chose *something*	**rien** *nothing*
quelque part *somewhere*	**nulle part** *nowhere*

Here are some additional pairs of corresponding positive and negative expressions.

déjà *ever*	**jamais** *never*
déjà *already*	**pas encore** *not yet*
soit... soit / soit... ou *either . . . or*	**ni... ni** *neither. . . nor*
ou *or*	**ni** *neither, nor*

In both simple and compound tenses, **ne** precedes the conjugated verb and the negative word usually follows the conjugated verb.

Est-ce que tu as déjà été en Belgique?	*Have you ever been to Belgium?*
Non, je **n**'y suis **jamais** allé.	*No, I've **never** gone there.*
Nous passerons l'été soit à Nice, soit en Espagne. Et vous?	*We'll spend the summer **either** in Nice **or** in Spain. How about you?*
Nous **ne** partons **ni** dans le Midi, **ni** à l'étranger. Nous travaillons cet été.	*We won't be going **either** to the south of France **or** abroad. We're working this summer.*

Both **ne** and the negative words **pas, rien, jamais,** and **plus** precede an infinitive. **Personne,** however, follows an infinitive.

Je vous conseille de **ne pas** y **aller.**	*I advise you **not to go** there.*
Il m'a dit de **ne jamais revenir.**	*He told me **never to come back.***
On passe la journée à **ne rien faire.**	*We spend the day **doing nothing.***
Je préfère **ne voir personne.**	*I prefer **not to see anyone.***

More than one negative word can be used in a sentence: **ne... plus jamais** *or* **ne... jamais plus** *(never again),* **ne... plus rien** *(nothing else, nothing more),* **ne... plus personne** *(nobody else, no one anymore),* etc.

Il **n'**y a **jamais personne** ici.	*There's **never anyone** here.*
C'est qu'il **n'**y a **plus rien** à faire.	*That's because there's **nothing more** to do.*

Negative words can stand by themselves.

Connais-tu beaucoup de monde ici?	*Do you know a lot of people here?*
Personne.	***No one.***
Qu'est-ce que vous cherchez?	*What are you looking for?*
Rien.	***Nothing.***

After the word **que** in comparisons, French uses negative words.

J'ai l'impression que Vincent est **plus paresseux que jamais.**	*I have the impression that Vincent is **lazier than ever.***
Vous vous trompez. Il travaille **mieux que personne.**	*You're mistaken. He works **better than anyone.***

Before adjectives, nouns, pronouns, or adverbs, **non** or **pas** is usually used. **Non** is more formal, **pas** is more colloquial.

Tu es éreinté?	*Are you exhausted?*
Pas éreinté (Non éreinté) mais un peu fatigué.	***Not exhausted** but a little tired.*
Il travaille mardi, **pas jeudi (non jeudi).**	*He's working Tuesday, **not Thursday.***

CHAPTER 22

Activité 1 **Hubert le rêveur** Hubert passe son temps à rêver. Essayez de le ramener à la réalité en employant les mots négatifs nécessaires.

> **MODÈLE** Je gagne toujours à la loterie.
> Ne dis pas d'idioties! Tu ne gagnes jamais à la loterie.

1. Quelqu'un me donnera un million d'euros.

   ____

2. Quelques filles me croient le plus beau garçon du lycée.

   ____

3. J'ai souvent vingt à l'examen de philo.

   ____

4. La femme du président de la République m'a envoyé quelque chose.

____

5. Mon père va m'offrir soit une voiture soit une moto.

____

6. Il me reste toujours quelque chose de l'argent que j'ai reçu pour mon anniversaire.

____

7. Je connais quelqu'un à Casablanca.

____

8. Je connais quelqu'un à Rabat aussi.

____

9. J'irai au Maroc avec Solange.

____

10. Si je n'aime pas mes cadeaux, on m'offrira quelque chose d'autre.

____

PART 3

Note culturelle

Le Maroc

Le Maroc est un pays situé au coin nord-ouest de l'Afrique. La population est d'origine berbère, nom de la langue et culture des premiers habitants. Cette population s'islamise à la suite des invasions arabes qui commencent en 700. Presque toute la population aujourd'hui est de religion musulmane, mais un tiers des Marocains parlent encore le berbère.

En 1912, le Maroc accepte le protectorat français, statut qui durera jusqu'à l'indépendance en 1956. La langue française reste importante au Maroc, et beaucoup de Marocains émigrent en France pour travailler.

La capitale de ce pays de plus de trente millions d'habitants est Rabat, située sur la côte atlantique. Les villes de Casablanca, de Fès, de Tanger et d'Agadir sont très connues, comme l'est aussi le centre touristique de Marrakech.

Activité 2 **Marceline la trouble-fête** ***(party-pooper)*** Marceline est tellement pessimiste au sujet de la boum qu'on a organisée qu'elle donne le cafard *(depresses)* à tout le monde. Écrivez les réactions de Marceline aux idées de ses copains en employant les mots négatifs convenables.

> **MODÈLE** Tout le monde viendra à notre boum.
> Personne ne viendra à notre boum.

1. Chacun apportera quelque chose à manger.

 ___

2. Nous boirons quelque chose.

 ___

3. Nous écouterons soit des cassettes soit des CD.

 ___

4. Jeanine a déjà acheté du jus de fruits.

 ___

5. Olivier a un nouveau DVD.

 ___

6. Odile amène toujours quelqu'un d'intéressant.

 ___

7. Ces boums sont toujours amusantes.

 ___

8. Après la boum, nous irons nous promener quelque part.

 ___

Activité 3 **Comment est-ce que cela se dit?** Traduisez les échanges suivants en français en faisant attention à l'emploi des mots négatifs.

1. Don't you have any more packages?
 No. I don't have anything else.

 ___

 ___

2. That pastry cook makes cakes better than anyone.
 Yes. That's why he has more clients than ever.

 ___

 ___

3. He never brings anything when we invite him to dinner.
   Don't invite him ever again.

   ___

   ___

4. Have you ever spoken with Alfred?
   No. He doesn't understand either English or French. I prefer not to speak to him.

   ___

   ___

Activité 4 **Tout change.** Quels changements y a-t-il eu à l'école depuis que vous y allez? Faites une liste de cinq choses **qu'on n'y fait plus.** Par exemple, **On ne sert plus de bonbons à la cantine.**

1. ___
2. ___
3. ___
4. ___
5. ___

PART 3

Activité 5 **Jamais de la vie!** Quelles choses sont interdites à l'école? Chez vous en famille? Au travail, si vous travaillez? Faites une liste de cinq choses **qu'on n'y fait jamais.** Par exemple, **On ne fume jamais en classe.**

1. ___
2. ___
3. ___
4. ___
5. ___

Activité 6 **Les coutumes** Il y a des choses qu'on ne fait pas, non pas parce qu'elles sont interdites, mais parce que nos coutumes nous empêchent de les faire. Faites une liste de cinq choses **que personne ne ferait.** Par exemple, **Personne ne viendrait à l'école en pyjama.** Le ridicule n'est pas exclu, bien sûr.

1. ___
2. ___
3. ___
4. ___
5. ___

Indefinite words and expressions

Many English indefinite expressions begin with the word *some*. They are often the positive counterparts of negative words.

quelquefois *sometimes*	**quelque chose** *something*
quelqu'un *someone, somebody*	**quelque part** *somewhere*

The word *some* before a noun is expressed in French either by the partitive article or by **quelques,** which is more emphatic.

Je n'ai que **quelques** mots à vous dire.	*I have only* ***a few*** *words to say to you.*
Vous trouverez **quelques** idées intéressantes dans cet article.	*You'll find* ***some*** *interesting ideas in this article.*

The pronoun *some* when used emphatically is rendered by **quelques-uns, quelques-unes.** The pronoun **en** usually appears in the sentence.

As-tu acheté des journaux français?	*Did you buy any French newspapers?*
J'**en** ai acheté **quelques-uns.**	*I bought* ***some (a few).***
As-tu acheté des revues françaises?	*Did you buy any French magazines?*
J'**en** ai acheté **quelques-unes.**	*I bought* ***some (a few).***

When *some* is the subject of the sentence and means *some people,* its French equivalent is **certains.** It often occurs in conjunction with **d'autres** *(others).*

Certains appuient cette nouvelle loi, **d'autres** sont contre.	***Some*** *support this new law,* ***others*** *are against (it).*

In everyday French, **certains** and **d'autres** as subjects are often replaced by **il y en a qui** and **il y en a d'autres qui,** respectively.

Il y en a qui appuient cette nouvelle loi, **il y en a d'autres qui** sont contre.

To express *someone or other, somewhere or other, something or other,* etc., French uses **je ne sais** plus the appropriate interrogative word.

je ne sais qui *someone or other*	**je ne sais quand** *sometime or other*
je ne sais quoi *something or other*	**je ne sais pourquoi** *for some reason or other*
je ne sais où *somewhere or other*	**je ne sais combien** *I'm not sure how much / many*
je ne sais comment *somehow*	
je ne sais quel + *noun* *some + (noun) or other*	

Jacqueline est allée **je ne sais où** aujourd'hui.	*Jacqueline went* ***somewhere or other*** *today.*
Oui. Le dimanche elle va rendre visite à **je ne sais qui** à Fontainebleau.	*Yes. On Sundays she goes to visit* ***someone*** *in Fontainebleau.*

CHAPTER 22

Il s'est sauvé de **l'accident je ne sais comment.** — *Somehow or other he saved himself from the crash.*

Quelle chance! Cette tragédie a fait **je ne sais combien** de victimes. — *What luck! That tragedy caused **I don't know how many** deaths.*

Any in the sense of *it doesn't matter which one* is expressed in French by **n'importe** followed by the appropriate interrogative word.

n'importe qui *anyone*	**n'importe lequel, laquelle, lesquels, lesquelles** *whichever one(s), any one(s)*
n'importe quoi, quoi que ce soit *anything*	**n'importe quand** *at any time*
n'importe où *anywhere*	**n'importe combien** *any amount, no matter how much, how many*
n'importe comment *anyhow*	
n'importe quel + *noun* *any + noun*	

Qu'est-ce que tu veux manger? — *What do you want to eat?*
N'importe quoi. — ***Anything.***
Et où est-ce que tu veux aller après? — *And where do you want to go afterwards?*
N'importe où. — ***Anywhere.***

Remember that the English word *any* and the words it appears in *(anyone, anything, anywhere)* are translated by negative words in French if the sentence is negative, and by indefinite words and expressions if the sentence is positive. Contrast the following pairs of sentences.

Est-ce qu'il en sait **quelque chose?** — *Does he know **anything** about it?*
Non. Il **n'**en sait **rien.** — *No. He **doesn't** know **anything** about it.*

Allez-vous **quelque part** cette semaine? — *Are you going **anywhere** this week?*
Non, nous **n'**allons **nulle part.** — *No, we're **not** going **anywhere.***

Sometimes when English *any* is used in a negative sentence, its French equivalent is one of the expressions with **n'importe.** The word *just* often appears before *any* in the English sentence in this case.

Je ne vais pas offrir **n'importe quoi.** — *I'm not going to give **just anything** as a gift.*

Nous ne voulons pas passer le temps avec **n'importe qui.** — *We don't want to spend time with **just anyone.***

PART 3

Activité 7 **Exprimez votre indifférence.** Répondez aux questions suivantes en employant une des expressions avec **n'importe.** Par vos réponses vous montrez que le choix entre les possibilités vous est égal.

MODÈLE Avec qui est-ce que je dois parler?
Avec n'importe qui.

1. Qu'est-ce que tu veux boire?

____

2. Où est-ce que tu veux manger?

___

3. Quel journal est-ce que je dois acheter?

___

4. Quand est-ce que tu veux partir?

___

5. À quel cinéma veux-tu aller?

___

6. Combien d'argent vas-tu payer?

___

7. Comment est-ce que tu comptes le convaincre?

___

8. À qui est-ce que nous pouvons demander le chemin?

___

Activité 8 **On n'est pas au courant.** Refaites les phrases suivantes en employant une des expressions avec **je ne sais.** Les deux phrases doivent signifier plus ou moins la même chose.

MODÈLE Je n'ai pas la moindre idée de ce qu'elle va nous offrir.
Elle va nous offrir je ne sais quoi.

1. Marc ne se souvient pas de la personne à qui il a donné le message.

___

2. On ignore avec quel professeur elle va parler.

___

3. Personne ne comprend pourquoi elles se sont mises en colère.

___

4. Personne ne savait combien de gâteaux le malade avait mangés.

___

5. Je ne vois pas comment il a réussi aux examens.

___

6. On ne nous a pas dit quand nos cousins arriveraient.

___

Activité 9 **En français, s'il vous plaît.** Exprimez les idées suivantes en français. Faites attention aux particularités des mots indéfinis et négatifs.

1. a. You can find that bread in any bakery.

   ____

   b. There isn't any bakery around here.

   ____

   c. He works in some bakery.

   ____

   d. There are *some* bakeries in this neighborhood. Some are very good.

   ____

2. a. They're buying something.

   ____

   b. Are they buying anything?

   ____

   c. They're not buying anything.

   ____

   d. They're buying something (or other).

   ____

   e. They're not buying just anything.

   ____

3. a. We love these songs and are learning some of them.

   ____

   b. We're learning *some* songs.

   ____

   c. We can learn any songs.

   ____

   d. We can learn any one.

   ____

   e. We didn't learn any song (at all).

   ____

4. a. We can leave anytime.

   ____

   b. They're going to leave at sometime or other.

   ____

PART 3

5. a. Anyone can do that.

____

b. No one can do that.

____

c. Some can do that, others can't.

____

Expressions with indefinite words

When an indefinite or negative word is followed by an adjective, the preposition **de** is placed between them. The adjective is always masculine singular.

quelqu'un/personne d'intelligent	*someone/no one intelligent*
quelque chose/rien de délicieux	*something/nothing delicious*
un je ne sais quoi de fascinant	*something fascinating*

The indefinite and negative words **quelqu'un, quelque chose, personne, rien** can also be modified by **d'autre.**

quelqu'un d'autre *somebody else*	**personne d'autre** *nobody/no one else*
quelque chose d'autre *something else*	**rien d'autre** *nothing else*

NOTE

Different parts of speech, like interrogatives, can also be modified by **de** + *adjective.*

Qu'est-ce qu'il y a de plus amusant pour les enfants que le guignol?	***What is more fun*** *for children than a puppet show?*
C'est **ce qu'il y a de** plus **intéressant.**	*That's* ***what's*** *most* ***interesting.***
Quoi de neuf?	***What's new?***
Quoi d'autre?	***What else?***

The indefinite word **chaque** means *each.*

Avez-vous apporté quelque chose pour **chaque** enfant?	*Have you brought something for* ***each*** *child?*

The word **tout** has several uses in French. As an indefinite adjective it has four forms: **tout, toute, tous, toutes.**

- When it directly precedes a singular noun, it means *every.*

Tout enfant doit aller à l'école.	***Every child*** *must go to school.*

CHAPTER 22

- **Tout/toute** + *definite article* + *singular noun* means *all the, the whole.*

toute la ville	*the whole city*
Tous les enfants doivent aller à l'école.	***All children** must go to school.*

- Study the meanings of **tous/toutes les** + *number.*

Il vient **tous les trois mois.**	*He comes **every three months (every third month).***
Prenez. C'est pour **tous les deux.**	*Take it. It's for **both of you.***
Nous sommes sortis **tous les quatre.**	***All four of us** went out.*

NOTE

Tout and its forms can also be nouns, pronouns, adjectives, and adverbs.

- **Tout** as a pronoun means *everything.*

J'espère que **tout** va bien.	*I hope **everything** is all right.*
Tout est en règle.	***Everything** is in order.*
Ils sont **tous** revenus.	*They **all** came back.*
Tous ont demandé de vous voir.	***Everyone** has asked to see you.*

- **Tout le monde** + *singular verb* is the most common way to express *everyone.* To express *the whole world,* French uses **le monde entier.**

Tout le monde a demandé de te voir.	***Everyone** has asked to see you.*

PART 3

Activité 10 **À compléter** Choisissez parmi les possibilités proposées celle qui complète correctement la phrase.

1. Le médecin m'a dit de ne rien manger ______________________ sucré. (quelque chose / de / *no word required*)
2. Si Jean-Marc ne peut pas le faire, on va demander à quelqu'un ______________________. (d'autre / autre / ailleurs)
3. ______________________ étudiante doit rédiger une composition. (Quelqu'un / Toutes les / Chaque)
4. Je veux ______________________ de bon. (chaque / quelque chose / d'autre)
5. Il y a trois belles églises dans la ville et nous les avons visitées ______________________. (tous / toutes / tout)

Activité 11 **En français, s'il vous plaît!** Exprimez les phrases suivantes en français.

1. Everyone is happy now.

   ____

2. He takes a business trip every three weeks.

   ____

3. Give us something good to eat, Mom!

____

4. You should contact someone else.

____

5. I want to buy a present for each person.

____

6. Every café serves croissants.

____

7. There's something frightening (**effrayant**) about him.

____

Idioms and expressions with negative and indefinite words

Expressions with **jamais**

Jamais deux sans trois. *Misfortunes always come in threes.*
à jamais *forever*
à tout jamais *forever and ever*
Jamais de la vie! *Not on your life!*
Il n'en manque jamais une! *He's always blundering. He always puts his foot in it.*

Expressions with **quelque(s)**

Il est trois heures et quelques. *It's a little past three.*
Je suis quelque peu déçu. *I'm a little disappointed.*

Expressions with **ni... ni**

Cette histoire n'a ni queue ni tête. *This story doesn't make any sense at all.*
Cela ne me fait ni chaud ni froid. *It's all the same to me. I don't feel strongly about it.*

Expressions with **rien**

De rien. *You're welcome.*
Ça ne fait rien. *It doesn't matter. That's OK. (Answer to* **Pardon.***)*
Comme si de rien n'était. *As if nothing had happened.*
Si cela ne vous fait rien. *If you don't mind.*
Rien qu'à le voir, on sait qu'il est gentil. *Just by looking at him you know he's nice.*
Je veux te parler, rien que cinq minutes. *I want to talk to you, just five minutes.*
Tu dis ça rien que pour m'embêter. *You're saying that just to annoy me.*
Ce n'est pas pour rien qu'il t'a dit ça. *It's not without good reason that he told you that.*
Rien ne sert de pleurer. *It's no use crying.*
Cet article n'a rien à voir avec nos recherches. *This article has nothing to do with our research.*
Il a peur d'un rien. *He's afraid of every little thing.*
Un rien la fait rire. *She laughs at every little thing.*
Moi, j'y mettrais un rien de poivre. *I'd add a dash of pepper.*
C'est un/une rien du tout. *He/She is a nobody or He/She is a worthless person.*
L'enfant pleure pour un rien. *The child is crying over nothing.*

Expressions with **chacun**

Chacun son goût./Chacun ses goûts. *Everyone to his/her own taste.*
Chacun pour soi! *Every man for himself!*
Chacun à son tour. *Each one in his turn.*

Expressions with **certain**

d'un certain âge *middle-aged*
Elle a un certain charme. *She has a certain charm.*

Expressions with **ailleurs**

Il est ailleurs./Il a l'esprit ailleurs. *He's miles away (not paying attention).*
d'ailleurs *moreover, besides*
partout ailleurs *everywhere else*

Expressions with **nul**

Il est nul/Elle est nulle en philosophie. *He/She's a very poor philosophy student.*
C'est une vraie nullité. *He's/She's a real washout.*
un travail nul, une composition nulle *a worthless piece of work, a worthless composition*
faire match nul *to tie (sports)*

Activité 12 **Comment l'exprimer?** Choisissez la possibilité qui exprime l'idée indiquée.

1. You want to tell a friend that he's not paying attention.
   a. Tu es une vraie nullité.
   b. Tu as l'esprit ailleurs.
2. You want to say that a certain place is not very selective in its admission policies.
   a. On admet tout un chacun.
   b. C'est un rien du tout.
3. You want to say that a friend is always putting his foot in his mouth.
   a. Rien qu'à le voir, on s'en rend compte.
   b. Il n'en manque jamais une.
4. You react to a story that makes no sense to you.
   a. Cette histoire n'a ni queue ni tête.
   b. Cette histoire ne me fait ni chaud ni froid.
5. You reassure someone who said "excuse me" because he thought he stepped on your toe.
   a. Si cela ne vous fait rien.
   b. Cela ne fait rien.
6. You tell someone that you won't take much of her time.
   a. Rien que cinq minutes.
   b. Une heure et quelques.
7. You tell someone it's no use crying.
   a. Rien ne sert de pleurer.
   b. Tu pleures pour un rien.
8. You want to say that Mr. _______ is a nobody.
   a. C'est un rien du tout.
   b. C'est un travail nul.
9. You want to express a categorical refusal.
   a. Comme si de rien n'était.
   b. Jamais de la vie!
10. You want to deny any connection between something and yourself.
    a. Cela ne me fait rien du tout.
    b. Ça n'a rien à voir avec moi.

Activité 13 **Qu'est-ce que cela veut dire?** Choisissez la possibilité qui exprime la même idée que la première phrase.

1. Un rien l'effraie.
   a. Rien ne l'effraie.
   b. Tout l'effraie.
2. Mets un rien de sel dans la soupe.
   a. La soupe a besoin d'un peu de sel.
   b. Ne mets plus de sel dans la soupe.
3. C'est un homme d'un certain âge.
   a. Il a environ cinquante ans.
   b. Je sais exactement quel âge il a.
4. Il fait ça rien que pour nous faire peur.
   a. Il évite de faire des choses qui nous feraient peur.
   b. La seule raison pour laquelle il fait ça est pour nous faire peur.
5. Ils ont fait match nul.
   a. Les deux équipes n'ont pas joué.
   b. Les deux équipes ont eu le même nombre de points.
6. Rien qu'à l'entendre, on sait qu'elle a du talent.
   a. Si tu l'entendais seulement, tu te rendrais compte de son talent.
   b. En l'entendant, tu te rends compte qu'elle n'a pas de talent.
7. Il est trois heures et quelques.
   a. Il est presque quatre heures.
   b. Il est entre trois heures et trois heures dix.
8. Ce n'est pas pour rien que je t'ai dit ça.
   a. Je n'ai dit ça pour aucune raison.
   b. J'avais une très bonne raision pour te le dire.

CHAPTER 22 TEST

Negatives and indefinites

1 **Au négatif** Écrivez ces phrases au négatif.

MODÈLE Il a quelque chose.
Il n'a rien.

1. Il va quelque part.

____

2. On se voit quelquefois.

____

3. Il y a quelqu'un ici.

____

4. J'y vais souvent.

____

5. Nous connaissons Jean et Claude.

____

6. Elles sont déjà parties.

____

2 **Choisissez.** Complétez ces phrases en choisissant entre les possibilités suivantes.

n'importe quoi	**d'autre**	**de**
quelques-unes	**certains**	**je ne sais**

1. Quand j'ai vu ces tartes aux fraises, j'en ai acheté ____________________.
2. Elle suit ____________________ combien de cours ce semestre.
3. Notre chien est très facile. Il mange ____________________.
4. ____________________ aiment ce cours, d'autres le détestent.
5. J'ai quelque chose ____________________ très intéressant à te raconter.
6. Vous n'avez rien ____________________ à me dire?
7. Qu'est-que vous avez fait ____________________ beau?
8. Luc sort avec ____________________ qui en ce moment.
9. Mon amie dit ____________________ pour me faire rire.

CHAPTER 22 TEST

Negatives and indefinites

3 **Tout** Complétez ces phrases avec la forme correcte de **tout** ou de **tout** + *article.*

1. Il m'a montré ______________________ ses photos.
2. ______________________ étudiant a droit à une réduction.
3. ______________________ églises de cette ville sont anciennes.
4. Il a visité ______________________ pays d'Europe.
5. Vous pouvez passer. ______________________ est en règle.

PART FOUR

Prepositions

PART FOUR
Prepositions

CHAPTER

Chapter 23 Prepositions 381

CHAPTER 23

Prepositions

A preposition is a word that links two elements of a sentence: **le livre *de* Janine, entrer *dans* la cuisine, parler *à* lui, finir *de* travailler.**

The preposition à

The preposition **à** has many uses in French. Remember its contractions are **à** + **le** → **au; à** + **les** → **aux. À** is also used before infinitives as presented in Chapter 10.

The preposition **à** expresses direction and location in space.

aller **à la banque**	*to go* ***to the bank***
être **à la banque**	*to be* ***at the bank***

À labels distance in time and space.

habiter **à quinze kilomètres** de Paris	*to live* ***fifteen kilometers*** *from Paris*
être **à trois heures** de Marseille	*to be* ***three hours*** *from Marseilles*

It expresses the point in time at which something happens (clock time, age).

À quelle heure le train part-il?	***What time*** *does the train leave?*
arriver **à sept heures du soir**	*to arrive* ***at seven in the evening***
à dix-huit ans	***at (the age of) eighteen***

À expresses the manner or style in which something is done.

manger **à la française**	*to eat* ***French style***
coucher **à quatre dans une chambre**	*to sleep* ***four to a room***

À labels the principal ingredient in a dish or a characteristic feature.

un sandwich **au fromage**	*a* ***cheese*** *sandwich*
une glace **aux fraises**	***strawberry*** *ice cream*
la femme **au chapeau**	*the woman* ***in (wearing) a hat***
une chemise **à manches longues**	*a* ***long-sleeved*** *shirt*

It expresses possession or belonging to someone.

Ce stylo est **au prof.**	*This pen is* ***the teacher's.***
C'est bien gentil **à toi.**	*That's really nice* ***of you.***

It expresses the means by which something is done.

fait **à la main**	*made* ***by hand***
aller **à bicyclette, à pied**	*to go* ***by bike, on foot***
écrire **au crayon**	*to write* ***in pencil***

À is used in expressions of measurement.

faire du 70 **à l'heure**	*to do 70 kilometers* ***an hour***
vendre **au kilo, au mètre**	*to sell* ***by the kilogram, by the meter***
être payé **au mois**	*to be paid* ***by the month***
un à un, peu à peu	***one by one, little by little***
tour à tour	***alternately, in turn***

It indicates the purpose for which an object is intended.

une tasse **à** thé	*a teacup*
sandwichs **à** emporter	*sandwiches to take out*

The preposition **à** is used with nouns derived from verbs or with infinitives as a replacement for a subordinate clause.

à mon arrivée	*when I got there (upon my arrival)*
à notre retour	*when we got back (upon our return)*
à l'entendre chanter	*when I heard him/her sing (upon hearing him/her sing)*
à la réflexion	*if you think about it (upon second thought)*

À translates as *at* and *to* with certain nouns.

à ma grande surprise, joie	*to my great surprise, joy*
à sa consternation	*to his dismay*
à la demande de tous	*at everyone's request*

À expresses a standard for judging or knowing (and means *by, according to, from*).

reconnaître quelqu'un **à sa voix**	*to recognize someone* ***by his/her voice***
À ce que j'ai compris, il ne viendra pas.	***From what I understood,*** *he won't come.*
juger quelque chose **aux résultats**	*to judge something* ***by the results***

Idioms and expressions with à

PART 4

Location (spatial and figurative)

Qui est à l'appareil? *Who's calling?*
à côté *next door, nearby*
à côté de *next to*
à deux pas de chez moi *right near my house*
Je ne me sens pas à la hauteur. *I don't feel up to the task.*
être à la page *to be up-to-date*
à la une *on the front page (of a newspaper)*

Time

à la fois *at the same time, at once*
à l'instant *a moment ago*
à ses heures (libres) *in one's free time*
à plusieurs reprises *several times*
à tout moment *all the time*

Manner

à souhait *to perfection*
aimer quelqu'un à la folie *to be mad, wild about someone*
à juste titre *rightfully*
à l'endroit *right side out (of clothing)*
à l'envers *inside out (of clothing)*
être à l'étroit *to be cramped for space*
étudier quelque chose à fond *to study something thoroughly*
lire à haute voix *to read aloud*
un vol à main armée *armed robbery*
à la perfection *perfectly, just right*
à titre confidentiel *off the record*
à titre de père/mère *as a father/mother, in my role as a father/mother*
à tort *wrongfully*
à tour de rôle *in turn*

Price, purpose, and degree

avoir quelque chose à bon compte *to get something cheap*
faire les choses à moitié *to do things halfway*
à peine *hardly*
à la longue *in the long run*
acheter quelque chose à prix d'or *to pay through the nose for something*
à tout prix *at all costs*
tout au plus *at the very most*

Sentences, interjections, and exclamations

À votre santé! *To your health!*
À la poubelle! *Get rid of it!, Throw it out!*
Au feu! *Fire!*
Au voleur! *Thief!*
au fait *by the way*
À la ligne. *New paragraph (in dictation).*
à propos *by the way*
À quoi bon? *What's the use?*
Au secours! *Help!*
À suivre. *To be continued.*
Au suivant! *Next!, Who's next?*

Activité 1 **Expliquez les différences.** Comprenez-vous la différence de sens qui existe entre les deux expressions de chaque paire? Expliquez-la en anglais.

1. à la une / à la page
____
2. à plusieurs reprises / à la fois
____
3. à l'étroit / à la hauteur
____
4. une bouteille à lait / une tasse à thé
____
5. au suivant / à suivre
____

Activité 2 **Synonymes ou antonymes?** Indiquez si les expressions suivantes sont synonymes ou antonymes.

	synonymes	*antonymes*
1. à juste titre / à tort	____________	____________
2. à souhait / à la perfection	____________	____________
3. à l'appareil / au téléphone	____________	____________
4. à l'endroit / à l'envers	____________	____________
5. à propos / au fait	____________	____________
6. à bon compte / à prix d'or	____________	____________
7. à tour de rôle / tour à tour	____________	____________

Activité 3 **Comment est-ce que cela se dit?** Écrivez ces expressions en français.

1. chocolate ice cream ____________________________
2. the man in the blue suit ____________________________
3. to our great sadness ____________________________
4. to sell by the pound ____________________________
5. to recognize someone by his voice ____________________________
6. off the record ____________________________
7. in one's free time ____________________________
8. to read aloud ____________________________
9. 200 meters from the movie theater ____________________________
10. the girl with blond hair ____________________________
11. What's the use? ____________________________
12. at the very most ____________________________

Activité 4 **On cause.** Complétez ces échanges avec les expressions qui manquent.

1. a. —Tu as le journal. Qu'est-ce qu'il y a ____________________ (on the front page)?
   b. —Un vol ____________________ (armed) dans le métro.
2. a. —Tu sais, papa, j'aime Philippe ____________________ (madly).
   b. —Babette, ma fille, ____________________ (as a father), je te dirai que tu es trop jeune.

PART 4

3. a. —Tu as eu cette robe ______________ ?
   at a good price

   b. —Au contraire! Je l'ai payée ______________ !
   through the nose

4. a. —Marie-Claude a appris son rôle ______________ .
   perfectly

   b. —Oui, elle ne fait pas les choses ______________ .
   halfway

The preposition de

Like **à,** the preposition **de** has many uses in French. Remember its two contractions: **de + le → du; de + les → des. De** is also used as the partitive article (see Chapter 12) and before infinitives in many constructions (see Chapter 10).

De expresses possession.

le livre **de l'étudiant**	*the **student's** book*
les rues **de Paris**	*the streets **of Paris***
le contenu **du livre**	*the contents **of the book***

The preposition **de** expresses starting point or origin.

partir **de Paris**	*to leave **from Paris***
sortir **de la boutique**	*to go out **of the shop***
Il est **du Sénégal.**	*He's **from Senegal.***
le train **de Lyon**	*the train **from/to Lyons***

It expresses the contents of something.

une tasse **de thé**	*a cup **of tea***
une collection **de poupées**	*a **doll** collection*

De labels the characteristic feature. The English equivalent is often a compound noun (noun + noun).

la société **de consommation**	*the **consumer** society*
une classe **d'anglais**	*an **English** class*

It labels the cause.

mourir **de** faim	*to die **of hunger***
fatigué **du voyage**	*tired **from the trip***

The preposition **de** is used with **changer de** + singular noun to express *to change* + singular or plural noun.

changer **de train, d'avion**	*to change **trains, planes***
changer **de direction**	*to change **direction***
changer **d'avis, d'idée**	*to change **one's mind***

It labels the means by which something is done.

écrire **de la main gauche**	*to write **with one's left hand***
faire quelque chose **de ses propres mains**	*to do something **with one's own hands***

De is used in many expressions of measurement.

un bifteck **de 500 grammes**	***a 500-gram*** *steak*
une route longue **de 30 kilomètres**	***a 30-kilometer****-long road*
augmenter son salaire **de 100 euros**	*to raise someone's salary* ***by 100 euros***
plus grand(e) **d'une tête**	***a head*** *taller*
Ce fleuve a **850 mètres de large** et **100 mètres de profondeur.**	*This river is* ***850 meters wide*** *and* ***100 meters deep.***

De introduces phrases that express the manner in which something is done.

connaître quelqu'un **de vue**	*to know someone* ***by sight***
répéter **de mémoire**	*to repeat* ***from memory***

It introduces nouns in apposition.

la région **de Bourgogne**	*the* ***Burgundy*** *region*
le nom **de Maubrey**	*the name* ***Maubrey***
Quel temps **de chien!**	*What* ***lousy*** *weather!*

De is used in some expressions of place and time.

de ce côté	***on this side***
de l'autre côté	***on the other side***
du côté de la bibliothèque	***in the direction of*** *the library*
de côté et d'autre	***here and there; on both sides***
du temps de Napoléon	***in*** *Napoleon's time*
de nos jours	***in*** *our day*
travailler **de** jour, **de** nuit	*to work days, nights*
Ils n'ont rien fait **de** toute l'année.	*They've done nothing all year.*
Je n'ai rien fait de pareil **de** toute ma vie.	*I've done nothing like that* ***in*** *my entire life.*

Idioms and expressions with de

Time

d'abord *first*
trois jours de suite *three days in a row*
de bonne heure *early*
de bon matin *early in the morning*

Appositions

C'est un drôle de numéro. *He/She is a strange character.*
C'est une drôle d'idée. *It's a strange idea.*

PART 4

Origin, manner, and other categories

C'est de la part de qui, s'il vous plaît? *Who's calling, please?*
du coup *as a result*
ne pas être d'attaque *not to feel up to it*
d'autre part *on the other hand*
poser une question de but en blanc *to ask a question just like that, point-blank, suddenly*
se heurter de face, de front *to collide head-on*
un billet de faveur *complimentary ticket*
du reste *moreover*
Cette pièce sert d'étude. *This room is used as a study.*

Note culturelle

Sénégal

Le Sénégal est un des pays francophones situés sur la côte occidentale du continent africain. La colonisation française commence au dix-septième siècle; le pays devient indépendant en 1960 sous le président Léopold Senghor, connu aussi comme poète. L'économie tourne autour de l'agriculture (cacahouètes, millet, canne à sucre) et de l'élevage (vaches, chèvres, cochons, moutons). La pêche et les mines sont aussi importantes. Le développement de l'industrie comprend le traitement des produits agricoles, la production du ciment et d'autres matériaux de construction. La population est plus de dix millions; la capitale est Dakar.

Activité 5 **Est-ce *à* ou *de*?** Complétez ces phrases avec **à** ou **de.** Si aucune préposition n'est nécessaire, marquez l'espace d'un X. N'oubliez pas que dans certains cas il faudra employer les contractions **au, aux, du, des.**

1. Elle est contente __de__ notre travail.
2. J'ai soif. Je vais acheter une bouteille __de__ jus de pomme.
3. Tu prends ta soupe dans une tasse __de__ thé? Comme c'est bizarre.
4. Si tu veux écrire à tes parents, je te donnerai du papier __à__ lettres.
5. Je lui ai demandé s'il voulait m'accompagner. Il a fait «non» __de__ la tête.
6. __aux__ secours! Je suis tombé et je ne peux pas me lever!
7. Nous n'avons rien fait __de__ toute la semaine.
8. Nous allons __à__ côté de la place. Tu viens avec nous?
9. Ma chambre est longue __de__ quatre mètres et a trois mètres __de__ large.

CHAPTER 23

Activité 6 **Expliquez les différences.** Comprenez-vous la différence de sens qui existe entre les deux expressions de chaque paire? Expliquez-la en anglais.

1. de suite / à suivre

   ____

2. de hauteur / à la hauteur

   ____

3. à côté / de côté

   ____

4. Il est au Japon. / Il est du Japon.

   ____

5. une corbeille à papier / une corbeille de papier

   ____

6. travailler de jour / travailler à la journée

   ____

Activité 7 **La vie en famille** Mme Gilbert écrit à son amie Vivienne Mauriac pour lui donner des nouvelles de sa famille. Pour savoir ce qu'elle dit, complétez sa lettre avec des prépositions ou des phrases qui contiennent **à** ou **de.**

Ma chère Vivienne:

Tu me pardonneras de ne pas avoir écrit avant. Tout va très bien ici. Les enfants grandissent. Mon fils Paul est déjà plus grand que moi ______________ (1) by a head*. Il dit qu'il veut être pilote. C'est une* ______________ (2) strange idea*, n'est-ce pas? J'espère qu'il va* ______________ (3) change his mind*.*

Brigitte étudie à la ______________ (4) medical school*. Elle se lève tous les jours* ______________ (5) early in the morning *pour lire. Ses cours sont difficiles et il faut qu'elle étudie tout* ______________ (6) thoroughly*. Paul va au lycée qui est* ______________ (7) right near *de chez nous.*

Mon mari voyage beaucoup pour affaires. Demain il revient ______________ (8) from *New York et la semaine prochaine il prend le train* ______________ (9) for *Genève où il va passer une semaine. Il n'a jamais*

PART 4

autant voyagé ______________ (10) in his whole life.

Et toi, qu'est-ce que tu deviens? J'attends tes nouvelles avec impatience.

Écris-moi.

Toutes mes amitiés,

Sylvie

Activité 8 **Comprenez-vous?** Laquelle des deux possibilités signifie plus ou moins la même chose que l'expression donnée?

1. C'est un drôle de numéro.
   a. C'est une personne bizarre.
   b. Elle n'a pas de numéro de téléphone.
2. Je la connais de vue.
   a. Je la vois.
   b. Je sais qui c'est quand je la vois.
3. Jacquot est plus petit de trois centimètres.
   a. Jacquot mesure trois centimètres de moins que quelqu'un.
   b. Jacquot mesure moins de trois centimètres.
4. Il fait un temps de chien.
   a. Il ne fait pas du tout beau.
   b. Il fait les choses en peu de temps.
5. du côté de la gare
   a. tout près de la gare
   b. vers la gare
6. On a donné un billet de faveur à Marc.
   a. Le billet était un cadeau.
   b. Marc n'a pas voulu le billet.
7. Il m'a posé la question de but en blanc.
   a. Il a hésité à me poser la question.
   b. Il m'a posé la question brusquement.
8. Mon oncle m'a servi de professeur de maths.
   a. Mon oncle a trouvé quelqu'un pour m'enseigner les maths.
   b. Mon oncle m'a enseigné les maths lui-même.
9. C'est une classe d'arabe.
   a. Les étudiants sont arabes.
   b. On y enseigne l'arabe.
10. C'est de la part de qui?
    a. Qui est à l'appareil?
    b. Qui est celui qui part?

The prepositions **avec** and **sans**

The preposition **avec** expresses accompaniment, much like English *with.*

Attends, j'irai **avec toi.**	*Wait, I'll go* ***with you.***
Je suis d'accord **avec vous.**	*I agree* ***with you.***

Avec labels the cause.

Avec l'inflation, tout le monde parle des prix.	***With inflation,*** *everyone is talking about prices.*
J'ai peur de conduire **avec toute cette neige.**	*I'm afraid to drive* ***with all of this snow.***

Avec expresses *in addition to.*

Et **avec cela (ça),** Madame?	***Anything else,*** *madam? (in a store)*
Il n'a pas étudié et **avec ça** il a séché le cours.	*He didn't study, and* ***on top of that*** *he cut class.*

Avec + noun is often the equivalent of an English adverb, as reviewed in Chapter 14.

avec joie, **avec** colère	*joyfully, angrily*

The preposition **sans** is the equivalent of English *without.*

Notre équipe a dû jouer **sans** notre meilleur joueur.	*Our team had to play* ***without*** *our best player.*
Sans argent on ne peut rien faire.	***Without*** *money you can't do anything.*
Je me suis couché **sans** avoir fini mon travail.	*I went to bed* ***without*** *having finished my work.*

Sans can mean *if it weren't for . . . , but for . . . .*

Sans ce plan, on se serait perdus.	***If it weren't for this street map,*** *we would have gotten lost.*

The preposition **sans** + noun is often the equivalent of an English adjective ending in *-less* or an adjective with a negative prefix such as *un-* or *in-.*

sans abri, sans domicile fixe (S.D.F.)	***homeless***
une situation **sans remède**	*a* ***hopeless*** *situation*
un film **sans intérêt**	*an* ***uninteresting*** *film*
une femme **sans préjugés**	*an* ***unprejudiced, unbiased*** *woman*
sans doute, sans effort	***doubtless, effortless***

The use of **sans** with negative words eliminates the need for **ne.** The partitive article often becomes **de** after **sans** because of the implied negative meaning of the preposition.

sans parler à personne	***without*** *speaking to anyone*
sans rien faire	***without*** *doing anything*
sans jamais l'avoir vu	***without*** *ever having seen him*
sortir **sans** faire **de** bruit	*to go out* ***without*** *making* ***any*** *noise*

Idioms and expressions with **avec** and **sans**

se lever avec le jour	*to get up at the crack of dawn*
se fâcher avec quelqu'un	*to get angry with someone*
prendre des gants avec quelqu'un	*to handle someone with kid gloves*
se mettre en rapport/en relation avec	*to get in touch with*
être sans le sou	*to be broke*
être sans travail, sans emploi	*to be out of work, unemployed*
les sans-emploi	*the unemployed*
sans faute	*without fail*
sans plus	*that's all, nothing more*
sans aucun doute	*without a doubt*
Sans façons!	*Sincerely!, Let's not stand on ceremony!, I really mean it!*
sans ça	*otherwise*
être un sans-gêne	*to be inconsiderate*
sans oublier	*last but not least*
sans broncher	*without flinching*

Activité 9 ***Sans* ou *avec?*** Complétez les phrases françaises avec la préposition **sans** ou **avec** pour qu'elles aient à peu près le même sens que leur traduction anglaise.

1. *He's an unimaginative man.* C'est un homme ____________________ imagination.
2. *She answered bitterly.* Elle a répondu ____________________ amertume.
3. *They write effortlessly.* Ils écrivent ____________________ effort.
4. *Come eat with us! I really mean it!* Viens manger avec nous! ____________________ façons!
5. *If it weren't for her, we wouldn't have finished the job.* ____________________ elle, nous n'aurions pas fini le travail.
6. *With the ice on the road, driving is difficult.* ____________________ le verglas, il est difficile de conduire.
7. *You have to handle him carefully.* Il faut prendre des gants ____________________ lui.
8. *You have to speak sweetly to her.* Il faut lui parler ____________________ douceur.
9. *He threw himself into the fray unflinchingly.* Il s'est lancé au combat ____________________ broncher.

Activité 10 **En français, s'il vous plaît!** Donnez l'équivalent français de ces expressions. Utilisez **avec** ou **sans** dans chaque cas.

1. doubtless ______________________________
2. otherwise ______________________________
3. to get up at the crack of dawn ______________________________
4. heartless ______________________________
5. the unemployed ______________________________
6. lovingly ______________________________
7. kindly ______________________________
8. broke ______________________________
9. Anything else? ______________________________
10. unhesitatingly ______________________________

The prepositions en and dans

The prepositions **en** and **dans** both mean *in.* **En** is used directly before a noun; **dans** must be followed by an article (definite, indefinite, or partitive) or by some other determiner, such as a possessive or demonstrative adjective.

aller **en ville**	*to go* ***downtown***
dans la ville	***in the*** *city*
être **en prison**	*to be* ***in jail***
dans cette prison	***in this*** *jail*
habiter **en banlieue**	*to live in* ***the suburbs***
dans une banlieue éloignée	***in a*** *distant suburb*

En is used to mean *as* or *like.*

Je te parle **en ami.**	*I'm speaking to you* ***as a friend.***
Il agit **en prince.**	*He's acting* ***like a prince.***

En is used to express location within a period of time.

en automne, **en** juillet, **en** 2005	***in*** *the fall,* ***in*** *July,* ***in*** *2005*
faire quelque chose **en** deux semaines	*to do something* ***in*** *two weeks*
de jour **en** jour	***from*** *day* ***to*** *day, daily*

En labels the means of transportation.

voyager **en** train, **en** avion	*to travel* ***by*** *train,* ***by*** *plane*
rentrer **en** taxi, **en** car	*to go back* ***by*** *cab,* ***by*** *intercity bus*

En marks the condition or appearance of something.

être **en** nage	*to be sweaty*
être **en** bonne santé	*to be in good health*
être **en** pyjama	*to be in one's pajamas*
être **en** guerre	*to be at war*
en hâte	*in a hurry*
en désordre, **en** pagaille	*in disorder, in a mess*

En marks transformation into something else.

transformer la ferme **en** atelier	*to transform the farm* ***into*** *a workshop*
se déguiser **en** avocat	*to disguise oneself* ***as*** *a lawyer*
casser quelque chose **en** morceaux	*to break something* ***into*** *pieces*
traduire **en** italien	*to translate* ***into*** *Italian*

En marks the material of which something is made (as does **de**).

un collier **en or**	*a* ***gold*** *necklace*
un couteau **en acier inoxidable**	*a* ***stainless steel*** *knife*
une jupe **en laine**	*a* ***woolen*** *skirt*
C'est **en quoi?**	***What****'s it* ***made of?***

En is used before **plein** to mean *in the middle of.*

en pleine ville	***right in the middle of*** *the city*
en plein hiver	***in the middle of*** *winter*
être **en plein** travail	*to be* ***in the middle of*** *one's work*

En is used to form some common adverbial expressions.

en haut, **en** bas	*upstairs, downstairs*
en avant, **en** arrière	*forward, backward*
en face	*opposite*
en tout cas	*in any case*
en plus	*besides, in addition*

En is followed by an article or determiner in some expressions.

en l'honneur de	*in honor of*
en l'absence de	*in the absence of*
en mon nom	*in my name*
en sa faveur	*in his/her favor*

Dans is used to express location (English *in*).

dans la boîte	***in*** *the box*
dans la rue	***in*** *the street*
dans le train	***in*** *the train*

Dans is used to express location in time (English *in, in the course of, during*).

dans la semaine	***during*** *the week (cf.* ***en semaine****)*
dans la journée, la soirée	***during*** *the course of the day, the evening*
dans la matinée, l'après-midi	***during*** *the morning, afternoon*
Tout sera prêt **dans** cinq jours.	*Everything will be ready* ***in*** *five days.*

Dans is used to express figurative location.

dans la situation actuelle	***in*** *the present situation*
dans ces conditions	***given*** *these conditions*
être **dans** les affaires	*to be* ***in*** *business*

Dans is used in contexts where English uses *from, on,* or *into.*

boire **dans** une tasse	*to drink* ***from*** *a cup*
prendre quelque chose **dans** une boîte	*to take something* ***from*** *a box*
copier quelque chose **dans** un livre	*to copy something* ***from*** *a book*
dans l'avion	***on*** *the plane*
mettre quelque chose **dans** le tiroir	*to put something* ***into*** *the drawer*
monter **dans** le train	*to get* ***on*** *the train*
On s'est croisés **dans** l'escalier.	*We ran into each other* ***on*** *the stairs.*

Dans is used for approximations or estimates.

Il a payé **dans** les dix mille euros.	*He paid something* ***in the area of*** *ten thousand euros.*

Idioms and expressions with **en** and **dans**

être en garde	*to be on guard*
être en tournée	*to be on tour (a performer)*
être en vacances, en voyage	*to be on vacation, on a trip*
en moyenne	*on the average*
avoir confiance en quelqu'un	*to have confidence in someone*
C'est sa mère en plus jeune.	*She's a younger version of her mother.*
Avez-vous cette serviette en cuir noir?	*Do you have this briefcase in black leather?*
en direct	*live (TV, radio broadcast)*
en différé	*recorded (TV, radio broadcast)*
en danger	*in danger*
en semaine	*during the week, on weekdays*
être en pleine forme	*to be in good physical shape*
Ce n'est pas dans mes projets.	*I'm not planning to do that.*
Qu'est-ce qui se passe dans sa tête?	*What's gotten into him? What can he be thinking of?*
partir/aller passer ses vacances dans les Alpes	*to leave for/spend one's vacation in the Alps*
errer dans les rues/dans la ville	*to wander through the streets/through the city*
dans les coulisses	*behind the scenes*
dans le doute	*when in doubt*
être dans le pétrin	*to be in a jam, in a fix*
dans le sens de la longueur	*lengthwise*

Activité 11 **Est-ce *en* ou *dans*?** Complétez les paragraphes suivants avec **en** ou **dans.**

Le nouvel appartement des Truffaut

Les Truffaut ont acheté un nouvel appartement. Je crois qu'il leur a coûté ______(1) les cent mille euros. L'appartement n'est pas ______(2) la ville de Paris parce qu'ils préfèrent habiter ______(3) banlieue. Mais leur bureau est ______(4) ville. Ils y vont ______(5) train.

Christine Urbain parle de ses vacances.

J'ai envie de partir ______(6) vacances. J'aime passer mes vacances ______(7) les Alpes. J'adore partir ______(8) été. Il fait beau et je mets un short ______(9) coton tous les jours. Je commence à faire mes préparatifs. Tout sera prêt ______(10) cinq jours et je pourrai partir!

Un collègue en difficulté

Je ne sais pas ce qui se passe avec Édouard. Son bureau est ______(11) pagaille. Lui qui était toujours ______(12) pleine forme ne fait plus d'exercice. Je me demande ce qui se passe ______(13) sa tête. Le chef n'a plus confiance ______(14) lui. J'ai l'impression que son poste est ______(15) jeu et Édouard ne semble pas s'en rendre compte.

Une réception diplomatique

Dimanche il y aura une réception ______(16) l'honneur de l'ambassadeur du Maroc. La réception aura lieu ______(17) l'après-midi. On invite ______(18) moyenne une quarantaine de personnes. ______(19) la situation actuelle, ces réceptions sont importantes. L'ambassade se trouve ______(20) une rue tranquille.

Activité 12 **Comment est-ce que cela se dit?** Exprimez les phrases suivantes en français.

1. on the stairs ______________________________
2. to be sweaty ______________________________
3. a taller version of his father ______________________________
4. behind the scenes ______________________________
5. upstairs ______________________________
6. in the middle of the night ______________________________
7. lengthwise ______________________________
8. to be in a fix ______________________________
9. to be in business ______________________________
10. to be in pajamas ______________________________
11. at war ______________________________
12. What's it made of? ______________________________

Sous, sur, and related prepositions

Sous corresponds to English *under* and **sur** usually corresponds to English *on*. However, there are cases where the two French prepositions have unexpected English equivalents.

Sous may correspond to English *at* or *in*.

sous l'équateur	***at*** *the equator*
sous la tente	***in*** *the tent*
sous la pluie	***in*** *the rain*
sous le soleil	***in*** *the sunshine*
avoir quelque chose **sous** les yeux	*to have something* ***before*** *one's eyes*
avoir quelque chose **sous** la main	*to have something* ***at*** *hand*

Sous may express location in time, usually within a period or historical event.

sous la Révolution	***at the time of*** *the Revolution*
sous le règne de Napoléon	***in*** *Napoleon's reign*
sous peu	***shortly***

Sur may correspond to English *at* or *in* in an expression of position.

sur le stade	***at*** *the stadium*
sur la place (du marché)	***at*** *the marketplace*
sur la chaussée	***in*** *the roadway*
sur le journal *(colloquial)*	***in*** *the newspaper*
acheter quelque chose **sur** le marché	*to buy something* ***at*** *the market*
Il pleut **sur** toute la France.	*It's raining all* ***over*** *France.*

Sur expresses approximate time.

arriver **sur** les trois heures	*to arrive at **around** three o'clock*
Elle va **sur** ses dix-huit ans.	*She's going **on** eighteen.*

Sur expresses English *out of* in statements of proportion and measure.

deux fois **sur** trois	*two times **out of** three*
une femme **sur** dix	*one woman **in** ten*
un jour **sur** trois	*every third day*
un lundi **sur** deux	*every other Monday*

Sur labels the subject of a piece of writing or conversation (English *about*).

un article **sur** la santé	*an article **about** health*
interroger le soldat **sur** son régiment	*to question the soldier **about** his regiment*

Idioms and expressions with **sous** and **sur**

présenter **sous** un jour favorable	*to present **in** a favorable light*
sous peine d'amende	***on** penalty of a fine*
sous l'influence de	***under** the influence of*
sous une identité d'emprunt	***under** an assumed identity*
étudier la question **sous** tous les angles	*to study the question **from** every angle*
La clé est restée **sur** la porte.	*The key was left **in** the door.*
Je n'ai pas les documents **sur** moi.	*I don't have the documents **on** me.*
revenir **sur** ses pas	*to retrace one's steps*
être **sur** la bonne/mauvaise piste	*to be **on** the right/wrong track*
vivre les uns **sur** les autres	*to live one **on top of** the other*
Cet enfant a eu grippe **sur** grippe.	*This child has had **one** flu **after another.***
Il revient toujours **sur** la même question.	*He keeps going back **to** the same matter.*
Elle est revenue **sur** son idée.	*She thought better of it.*

Dessus and dessous

Sur and **sous** have corresponding adverbs—**dessus** *(over it, on top of it)* and **dessous** *(beneath it, underneath it).*

La chaise boite. Ne mets pas ta valise **dessus.**	*The chair is uneven. Don't put your suitcase **on top of it.***
Tu vois tous ces papiers? La lettre est **dessous.**	*Do you see all those papers? The letter is **underneath them.***

The adverbs have compound forms **au-dessus** and **au-dessous.**

habiter **au-dessus/au-dessous**	*to live **upstairs/downstairs***

Au-dessus de and **au-dessous de** are compound prepositions.

les enfants **au-dessus de** dix ans	*children **over** ten years of age*
Il fait dix degrés **au-dessus de** zéro.	*It's ten degrees **above** zero.*
rien **au-dessus de** cent euros	*nothing **over** one hundred euros*
C'est **au-dessus de** mes forces.	*It's **too much** for me.*

les jeunes **au-dessous de** dix-huit ans	*young people* ***under*** *eighteen years old*
être **au-dessous de** sa tâche	*not to be* ***up*** *to one's task*
Il croit que c'est **au-dessous de** lui de faire le ménage.	*He thinks that it's* ***beneath*** *him to do the housework.*

Par-dessus de and **en dessous de** also appear in some expressions.

J'en ai **par-dessus** la tête.	*I'm fed up with it.*
par-dessus le marché	*on top of everything, in addition to everything*
faire quelque chose en dessous	*to do something underhanded*
être en dessous de la moyenne	*to be below average*

Some common expressions with **dessus** and **dessous**

aller bras dessus, bras dessous	*to walk arm in arm*
sens dessus-dessous	*topsy-turvy, in complete disorder*

Activité 13 **Exprimez en français!** Écrivez les phrases suivantes en français.

1. I'm fed up with it.

____

2. Jacques and Marie walk arm in arm.

____

3. These students are below average.

____

4. The detective is on the right track.

____

5. We bought apples at the marketplace.

____

6. I like to take walks in the rain.

____

7. I'm free every other Saturday.

____

8. He works under an assumed identity.

____

9. She thinks work is beneath her.

____

10. Children below ten years of age don't pay.

____

PART 4

11. It's too much for me.

___

12. He wrote an article about Tunisia.

___

The prepositions entre, pour, and par

The preposition **entre** means *between.*

Il y a un jardin **entre** les deux maisons.	*There is a garden* ***between*** *the two houses.*

Entre has many figurative uses.

entre parenthèses/guillemets	***in*** *parentheses/quotation marks*
entouré **entre** quatre murs	*shut* ***in***
entre nous	***just between*** *us*
Il n'y a rien de commun **entre** eux.	*They have nothing* ***in*** *common.*
J'ai cette revue **entre** les mains.	*I have that magazine* ***in*** *my hands.*

Entre appears in some important idioms.

entre chien et loup	*at twilight*
entre la poire et le fromage	*at the end of a meal*
parler **entre** ses dents	*to mumble*

Note the use of **d'entre** to translate *of* before a disjunctive pronoun after expressions of quantity, numbers, negative words, and interrogatives.

beaucoup **d'entre** nous	*many* ***of*** *us*
deux **d'entre** eux	*two* ***of*** *them*
personne **d'entre** nous	*none* ***of*** *us*
Qui **d'entre** vous?	*Who* ***among*** *you?*

The preposition **pour** usually translates into English as *for.*

J'ai apporté quelque chose **pour** toi.	*I've brought something* ***for*** *you.*

The preposition **pour** means *for* with expressions of time. It usually indicates future time.

Je pars **pour** trois jours.	*I'm leaving* ***for*** *three days.*
J'en ai **pour** cinq minutes.	*I'll be done* ***in*** *five minutes.*

Pour means *to* or *in order* to before an infinitive.

Tu ne dis ça que **pour** me fâcher.	*You're only saying that* **to** *make me angry.*

Pour occurs in idiomatic expressions.

Tant d'histoires **pour** si peu de chose!	*So much fuss* ***over*** *such a small thing!*
garder le meilleur **pour** la fin	*to save the best* ***for*** *last*
un sirop **pour** la toux	*a cough syrup*
être **pour** la peine de mort	*to be* ***for (in favor of)*** *the death penalty*
Et **pour** cause!	*And* ***for*** *good reason!*
Pour être fâché, je le suis!	*Talk about being angry, I am angry!*

Par usually translates into English as *through* or *by*, especially with the passive voice.

Il est sortie **par** la porte de devant.	*He went out* ***through*** *the front door.*
jeter quelque chose **par** la fenêtre	*to throw something* ***out*** *the window*
un tableau peint **par** Louis David	*a picture painted* ***by*** *Louis David*
obtenir quelque chose **par** la force	*to get something* ***by*** *force*

Par is used to denote position in certain expressions of place and time.

Tu ne vas pas sortir **par** un temps pareil!	*You're not going to go out* ***in*** *weather like this!*
être/tomber **par** terre	*to be/fall* ***on*** *the ground*
deux fois **par** mois	*twice a month*
par les temps qui courent	*these days*

Par occurs in idiomatic expressions.

par ici, par là	*this way, that way*
par conséquent	*consequently*
par mégarde	***by*** *accident*
par intervalles	*intermittently*
par cœur	***by*** *heart*
faire quelque chose **par** amitié, **par** amour	*to do something* ***out of*** *friendship,* ***out of*** *love*
Il a fini **par** ennuyer tout le monde.	*He wound up annoying everyone.*

Activité 14 **La vie est parfois compliquée.** Complétez les narrations suivantes avec les prépositions **entre, pour** ou **par.**

La mère de Maurice est furieuse!

Ma mère est furieuse. ________ (1) *être furieuse, elle l'est! Elle dit que c'est* ________ (2) *cause. Je vais vous dire ce qui s'est passé. J'étais avec mes amis. Il faisait très mauvais. Plusieurs* ________ (3) *nous sommes sortis* ________ (4) *la tempête. Moi, je me suis enrhumé. Maintenant je prends du sirop* ________ (5) *la toux et des pastilles* ________ (6) *la grippe. Et je garde le meilleur* ________ (7) *la fin. Ma mère a attrapé mon rhume.* ________ (8) *conséquent, elle prend le sirop et les pastilles avec moi.*

Les problèmes de Philippe

________ (9) *nous, je crois que Philippe est déprimé. Il dit des bêtises* ________ (10) *mégarde et parle souvent* ________ (11) *ses dents. Il laisse ses papiers* ________ (12) *terre et il se fâche* ________ (13) *un rien. Il va finir* ________ (14) *ennuyer tout le monde.*

PART 4

Other prepositions

Devant *(in front of)* and **derrière** *(behind)* are used to express position and location.

devant le lycée	***in front of*** *the high school*
derrière l'arbre	***behind*** *the tree*

Avant *(before)*, like **après** *(after)*, is used to talk about time.

avant huit heures	***before*** *eight o'clock*
après l'examen	***after*** *the test*

Avant becomes **avant de** before an infinitive.

avant de partir	***before*** *leaving*

Après is usually used with the perfect infinitive (**avoir** or **être** + past participle).

après avoir fini le travail	***after finishing*** *the work*
après être sorti(e)(s)	***after going out***

À travers means *through, across.*

partir **à travers** champs/bois	*to set off* ***across*** *country,* ***through*** *the woods*
voir le paysage **à travers** la vitre	*to see the scenery* ***through*** *the window*

Chez means *at the house of, at the store of,* or, figuratively, *with, among.*

passer le dimanche **chez mon oncle**	*to spend Sunday* ***at my uncle's house***
acheter du poulet **chez le boucher**	*to buy chicken* ***at the butcher's***
aller **chez le dentiste**	*to go* ***to the dentist***
C'est une coutume **chez les Allemands.**	*It's a custom* ***among the Germans.***

Contre means *against.*

s'appuyer **contre** le mur	*to lean* ***against*** *the wall*

Contre has other English equivalents in certain contexts.

se fâcher/être en colère **contre** quelqu'un	*to get/be angry* ***with*** *someone*
Nous sommes tout à fait **contre.**	*We're totally* ***against (it).***
dix voix **contre** cinq	*ten votes* ***to*** *five*
échanger/troquer un livre **contre** un logiciel	*to exchange/swap a book* ***for*** *a software program*

Vers means *toward* in space and time; **envers** means *toward* figuratively, in the sense of an attitude or gesture toward someone.

aller **vers** Lille	*to go* ***toward*** *Lille*
vers cinq heures	***around*** *five o'clock*
votre gentillesse **envers** moi	*your kindness* ***toward*** *me*

Hors de and **en dehors de** mean *outside* of when referring to spatial position.

hors de/en dehors de l'appartement — ***out of, outside of*** *the apartment*

Hors de and **hors** (in certain fixed expressions only) can be used figuratively.

hors d'haleine	***out of*** *breath*
hors de danger	***out of*** *danger*
hors jeu	***offside***

More prepositions

à cause de	*because of*
au sujet de	*about (on the subject of)*
d'après	*according to*
durant	*during*
environ	*about (approximately)*
loin de	*far from*
malgré	*in spite of*
parmi	*among*
pendant	*during*
près de	*near*
quant à	*as for*
selon	*according to*
suivant	*according to*

Activité 15 **Comprenez-vous?** Écrivez l'équivalent anglais de ces phrases.

1. On se verra vers six heures.

   ____

2. D'après le médecin, il n'est pas hors de danger.

   ____

3. On vit mieux en dehors de la ville.

   ____

4. Il a été très généreux envers ses enfants.

   ____

5. Elle regarde à travers la fenêtre.

   ____

6. Le professeur a parlé au sujet de l'examen.

   ____

7. Il me faut passer chez mon avocat.

   ____

8. Je te donne ces timbres contre cette pièce.

   ____

Activité 16 **Et en français?** Écrivez ces phrases en français.

1. according to the newspapers ______
2. during the class ______
3. in spite of the difficulty ______
4. near the station ______
5. as for me ______
6. three votes to two ______
7. about ten students ______
8. offside (out of play) ______
9. across country ______
10. with, among French people ______
11. before going downstairs ______
12. after going downstairs ______

Prepositions with geographical names

French uses the definite article before names of countries, provinces, regions, and continents.

la France *France*	**le Midi** *the south of France*
la Bretagne *Brittany*	**l'Europe** *Europe*

French uses the preposition **en** to express motion toward or location in a country (or province or region) if the place name is feminine singular. The definite article is not used.

aller **en** Italie	*to go **to** Italy*
partir **en** Pologne	*to leave **for** Poland*
faire un voyage **en** Chine	*to take a trip **to** China*

En is also used before masculine singular countries beginning with a vowel. The definite article is not used.

émigrer **en** Israël	*to emigrate **to** Israel*

NOTE **Israël** is not usually accompanied by the definite article: **Israël est un pays du Moyen-Orient.**

To express *from* with the above place names, **de** or **d'** is substituted for **en.**

revenir **d'**Italie	*to return **from** Italy*
être **de** Pologne	*to be **from** Poland*
partir **d'**Israël	*to leave **from** Israel*
arriver **d'**Haïti	*to arrive **from** Haiti*

For masculine singular place names that do not begin with a vowel, and masculine and feminine plural place names, *to* or *in* is expressed by **à** plus the definite article (**au** or **aux**).

aller/être **au** Pougal	*to go to/be* ***in*** *Portugal*
aller/être **au** Japon	*to go to/be* ***in*** *Japan*
aller/être **aux** États-Unis	*to go to/be* ***in*** *the United States*
aller/être **aux** Antilles	*to go to/be* ***in*** *the West Indies*

To express *from* with the above place names, **de** plus the definite article (**du** or **des**) is used.

revenir **du** Danemark	*to come back* ***from*** *Denmark*
revenir **du** Canada	*to come back* ***from*** *Canada*
revenir **du** Viêt Nam	*to come back* ***from*** *Vietnam*
revenir **des** Pays-Bas	*to come back* ***from*** *the Netherlands*

With the names of most islands, French uses **à** (sometimes **à la** for feminine names) to express *to* and **de** (sometimes **de la**) to express *from.*

à (l'île) Maurice, **de** (**l'**île) Maurice	***to/from*** *Mauritius*
à la Réunion, **de la** Réunion	***to/from*** *Reunion Island*
à Porto Rico, **de** Porto Rico	***to/from*** *Puerto Rico*
à la Guadeloupe, **de la** Guadeloupe	***to/from*** *Guadeloupe*
à la Martinique, **de la** Martinique	***to/from*** *Martinique*

NOTE Some islands, however, take **en: en Sicile, en Corse, en Sardaigne.**

Before names of cities, French uses **à** to express *to* or *in* and **de** to express *from.*

à Montréal, **de** Montréal	***to/in*** *Montreal,* ***from*** *Montreal*
à Genève, **de** Genève	***to/in*** *Geneva,* ***from*** *Geneva*
à New York, **de** New York	***to/in*** *New York,* ***from*** *New York*
à Dakar, **de** Dakar	***to/in*** *Dakar,* ***from*** *Dakar*

Some cities have a definite article as part of their name: **Le Havre, La Rochelle, Le Caire** *(Cairo),* **La Havane** *(Havana),* **La Nouvelle-Orléans** *(New Orleans).* The article is kept when **à** or **de** is used with these names and the appropriate contractions are made.

Le Havre: **au, du** Havre	*Le Havre:* ***to/in, from*** *Le Havre*
La Rochelle: **à La, de La** Rochelle	*La Rochelle:* ***to/in, from*** *La Rochelle*

All place names take the definite article when modified. **En** becomes **dans** when the article is used. The preposition **à** also changes to **dans** when the place name is modified.

dans l'Europe du vingtième siècle	***in*** *twentieth-century Europe*

French uses **en** to express *in* or *to* and **de** to express *from* before the following states that are grammatically feminine: **Californie, Caroline du Nord/Sud, Géorgie, Floride, Louisiane, Pennsylvanie, Virginie, Virginie-Occidentale.** The rest of the states are grammatically masculine, and either **dans le** or **au** may be used. Before states beginning with a vowel, **dans l'** or **en** may be used.

dans le Texas, **au** Texas, **du** Texas
dans l'Alabama, **en** Alabama, **de l'**Alabama, **d'**Alabama

Notice the differences in the prepositions used with provinces or states and cities with the same name.

le Québec, Québec	*Quebec Province, Quebec City*
au Québec, **à** Québec	***to/in*** *Quebec Province,* ***to/in*** *Quebec City*
du Québec, **de** Québec	***from*** *Quebec Province,* ***from*** *Quebec City*

Note also **le New York** *(New York State)* and **New York** *(New York City),* and **le Mexique** *(Mexico)* and **Mexico** *(Mexico City).*

Feminine countries

l'Europe

l'Allemagne *Germany*
l'Angleterre *England*
l'Autriche *Austria*
la Belgique *Belgium*
la Bosnie *Bosnia*
la Croatie *Croatia*
l'Écosse *Scotland*
l'Espagne *Spain*
la France *France*
la Grèce *Greece*
l'Irlande *Ireland*
l'Italie *Italy*
la Norvège *Norway*
la Pologne *Poland*
la République tchèque *Czech Republic*
la Russie *Russia*
la Serbie *Serbia*
la Slovaquie *Slovakia*
la Suède *Sweden*
la Suisse *Switzerland*

l'Afrique

l'Afrique du Sud *South Africa*
l'Algérie *Algeria*
la Côte d'Ivoire *Ivory Coast*
l'Égypte *Egypt*
la Libye *Libya*
la Mauritanie *Mauretania*
la Mozambique *Mozambique*
la République démocratique du Congo *Democratic Republic of Congo*
la Tunisie *Tunisia*

l'Asie et l'Océanie

l'Arabie saoudite *Saudi Arabia*
l'Australie *Australia*
la Chine *China*
la Corée (du Nord, du Sud) *Korea (North, South)*
l'Inde *India*
la Jordanie *Jordan*
la Nouvelle-Zélande *New Zealand*
les Philippines *the Philippines*
la Syrie *Syria*
la Thaïlande *Thailand*
la Turquie *Turkey*

l'Amérique

les Antilles *West Indies*
l'Argentine *Argentina*
la Colombie *Colombia*
la République dominicaine *Dominican Republic*

Masculine countries

l'Europe

le Danemark *Denmark*
le Luxembourg *Luxemburg*
les Pays-Bas *Netherlands*
le Portugal *Portugal*

l'Afrique

le Congo *the Congo*
le Mali *Mali*
le Maroc *Morocco*
le Sénégal *Senegal*
le Soudan *Sudan*

l'Asie et l'Océanie

l'Afghanistan *Afghanistan*
le Cambodge *Cambodia*
l'Irak *Iraq*
l'Iran *Iran*
Israël *Israel*
le Japon *Japan*
le Koweït *Kuwait*
le Liban *Lebanon*
le Pakistan *Pakistan*
le Viêt Nam *Vietnam*

l'Amérique

le Brésil *Brazil*
le Canada *Canada*
le Chili *Chile*
les États-Unis *United States*
le Guatemala *Guatemala*
Haïti *Haiti*
le Mexique *Mexico*
le Pérou *Peru*
le Salvador *El Salvador*

Activité 17 **Des étudiants à l'étranger** Un groupe de jeunes Belges fait un stage d'un an dans différents pays. Dites en chaque cas le pays et la ville où ils se trouvent.

MODÈLE Willie / France / Paris
Willie travaille en France, à Paris.

1. Monique / Canada / Québec
____
2. Olivier / États-Unis / La Nouvelle-Orléans
____
3. Mariek / Japon / Tokyo
____
4. Fernand / Brésil / São Paulo
____
5. Gérard / Mexique / Mexico
____

6. Stella / Haïti / Port-au-Prince

____

7. Luc / Sénégal / Dakar

____

8. Brigitte / Pays-Bas / Amsterdam

____

9. Sylvie / Égypte / Le Caire

____

10. Béatrice / Portugal / Lisbonne

____

11. Jan / Viêt Nam / Hô Chi Minh-Ville

____

12. Raymond / Israël / Jérusalem

____

Activité 18 **D'où sont-ils?** Faites des phrases pour exprimer l'origine de ces étudiants internationaux.

MODÈLE Jacques / France
Jacques est de France.

1. Fatima / Irak

____

2. Lise / Bruxelles

____

3. Martin et Santos / Chili

____

4. Sven / Danemark

____

5. Rosa et Laura / Naples

____

6. Mei-Li / Chine

____

7. Amalia / Mexico

____

8. Fred et Jane / Californie

____

9. Kimberly / Vermont

____

10. Odile / Luxembourg

____

11. Corazon / Philippines

____

12. Mies / Pays-Bas

____

13. Hanako et Hiro / Japon

____

14. Bill / États-Unis

____

15. Olivier / Le Havre

____

CHAPTER 23 TEST

Prepositions

À compléter Complétez les phrases suivantes avec les prépositions qui manquent. N'oubliez pas les contractions **au, aux, du, des.**

1. Je vais au lycée ____________ pied.
2. Un sandwich ____________ saucisson, s'il vous plaît.
3. J'ai changé ____________ avis.
4. Je ne savais pas qu'il était fâché, mais il m'a répondu ____________ colère.
5. Les enfants adorent voyager ____________ avion.
6. Nous avons passé les vacances ____________ Haïti.
7. La salle à manger est longue ____________ 5 mètres.
8. Tu peux me prêter de l'argent? Je suis ____________ le sou.
9. Fais-moi confiance. Je te parle ____________ ami.
10. Qui est ____________ l'appareil?
11. Mon beau-frère travaille ____________ Japon.
12. J'ai envie de faire un stage ____________ Allemagne.
13. Il travaille ____________ États-Unis.
14. Il n'y a rien de commun ____________ eux.
15. J'en ai ____________ une demi-heure.
16. Il a tout obtenu ____________ la force.
17. Son père est ____________ les affaires.
18. Une voiture comme ça coûte ____________ les trente mille euros, je crois.
19. Il faut changer ____________ train à Lyon.
20. On meurt ____________ envie d'y aller.
21. Je le connais ____________ vue.
22. Ce poème a été écrit ____________ un étudiant de notre école.
23. Il neige ____________ tout le nord du pays.
24. Elle est toute mouillée. Elle est sortie ____________ la pluie.
25. J'ai besoin d'une chemise ____________ manches longues.

PART FIVE

Numbers

PART FIVE
Numbers

CHAPTER

Chapter 24 Numbers, time, and dates 413

CHAPTER 24

Numbers, time, and dates

Cardinal numbers 0 to 99

The cardinal numbers from 0 to 20

0	zéro	**7**	sept	**14**	quatorze
1	un, une	**8**	huit	**15**	quinze
2	deux	**9**	neuf	**16**	seize
3	trois	**10**	dix	**17**	dix-sept
4	quatre	**11**	onze	**18**	dix-huit
5	cinq	**12**	douze	**19**	dix-neuf
6	six	**13**	treize	**20**	vingt

Un and **une** are the only numbers that agree in gender with a following noun. The forms for *one* are the same as the indefinite article.

From 20 to 59 French counts by tens as does English. Note that **un(e)** is joined to the multiples of ten by **et.** The other units (2 through 9) are joined by a hyphen.

21	vingt et un(e)	**28**	vingt-huit	**41**	quarante et un(e)
22	vingt-deux	**29**	vingt-neuf	**42**	quarante-deux
23	vingt-trois	**30**	trente	**43**	quarante-trois
24	vingt-quatre	**31**	trente et un(e)	**50**	cinquante
25	vingt-cinq	**32**	trente-deux	**51**	cinquante et un(e)
26	vingt-six	**33**	trente-trois	**52**	cinquante-deux
27	vingt-sept	**40**	quarante	**53**	cinquante-trois

In numbers ending with **-un, -un** changes to **-une** before a feminine noun.

vingt et une pages **cinquante et une femmes**

PART 5

From 60 to 99 French counts by twenties. The units 1 through 19 are added to the multiple of twenty. **Un(e)** is joined by a hyphen, not by **et,** to **quatre-vingts.** Note also that **quatre-vingts** loses its final **-s** before another number.

60	soixante	**74**	soixante-quatorze	**88**	quatre-vingt-huit
61	soixante et un(e)	**75**	soixante-quinze	**89**	quatre-vingt-neuf
62	soixante-deux	**76**	soixante-seize	**90**	quatre-vingt-dix
63	soixante-trois	**77**	soixante-dix-sept	**91**	quatre-vingt-onze
64	soixante-quatre	**78**	soixante-dix-huit	**92**	quatre-vingt-douze
65	soixante-cinq	**79**	soixante-dix-neuf	**93**	quatre-vingt-treize
66	soixante-six	**80**	quatre-vingts	**94**	quatre-vingt-quatorze
67	soixante-sept	**81**	quatre-vingt-un(e)	**95**	quatre-vingt-quinze
68	soixante-huit	**82**	quatre-vingt-deux	**96**	quatre-vingt-seize
69	soixante-neuf	**83**	quatre-vingt-trois	**97**	quatre-vingt-dix-sept
70	soixante-dix	**84**	quatre-vingt-quatre	**98**	quatre-vingt-dix-huit
71	soixante et onze	**85**	quatre-vingt-cinq	**99**	quatre-vingt-dix-neuf
72	soixante-douze	**86**	quatre-vingt-six		
73	soixante-treize	**87**	quatre-vingt-sept		

Activité 1 **Dix de plus** Votre ami(e) se trompe. Chaque chiffre qu'il/elle mentionne doit être majorée de dix. Corrigez ses calculs.

MODÈLE Je crois qu'il y a vingt-deux étudiants dans cette classe.
Non. Il y a trente-deux étudiants.

1. Je crois que nous avons besoin de soixante et un livres.

____

2. Je crois que ça coûte soixante-neuf euros.

____

3. Je crois que cette ville est à quarante-huit kilomètres d'ici.

____

4. Je crois que son oncle a cinquante-six ans.

____

5. Je crois qu'ils ont passé soixante-treize jours en Suisse.

____

6. Je crois que tu as reçu un chèque pour quatre-vingts euros.

____

7. Je crois que je dois téléphoner à quatre-vingt-une personnes.

____

8. Je crois que nos amis arrivent le seize avril.

____

Activité 2 **Corrections** Corrigez les numéros selon les indications données entre parenthèses. Écrivez les numéros en lettres.

> **MODÈLE** Il habite 23, rue de la Paix. (33)
> Non. Il habite trente-trois, rue de la Paix.

1. Son numéro de téléphone est le 03.87.34.44.56. (03.87.34.44.57)

 ____

2. Il a payé 77 euros. (99)

 ____

3. La grand-mère d'Yvette a 65 ans. (76)

 ____

4. Ils ont invité 60 personnes à la réception. (82)

 ____

5. Dans cette cité *(housing development)* il y a 82 appartements. (95)

 ____

6. Nous avons fait 68 kilomètres à vélo. (74)

 ____

7. La charcuterie a coûté 70 euros. (80)

 ____

8. Des représentants de 85 pays sont venus au congrès *(convention)* international. (98)

 ____

Cardinal numbers 100 and above

Round multiples of 100 are written with a final **-s.** However, the final **-s** of **cents** drops before another number.

100 cent	**300** trois cents	**326** trois cent vingt-six
200 deux cents	**201** deux cent un	**572** cinq cent soixante-douze

The word for *thousand,* **mille,** is invariable. Note that neither **cent** *(100)* nor **mille** *(1000)* is preceded by **un.** (Compare English ***one** hundred, **one** thousand.*) French allows counting by hundreds from 1100 to 1900, but not beyond.

1.000	mille	**10.000**	dix mille
1.001	mille un	**100 000**	cent mille
1.200	mille deux cents, douze cents	**200 000**	deux cent mille
2.000	deux mille	**582 478**	cinq cent quatre-vingt-deux mille quatre cent soixante-dix-huit
3.500	trois mille cinq cents		

French uses a period or a space to separate thousands where English uses a comma. The comma is used in French numbers as a decimal point; **2,5 = deux virgule cinq.**

The French word **million** is a noun and is followed by **de** before another noun. However, if other numbers come between **million** and the noun, **de** is not used. Note that **cent** is pluralized directly before the word **million** in the phrases **deux cents, trois cents,** etc.

un million de livres
deux millions d'habitants
trois millions trois cent mille étudiants
cent millions de Mexicains
deux cents millions de Russes
deux cent quatre-vingts millions d'Américains

The French word for *billion* is **un milliard. Milliard** is a noun like **million; cinq milliards d'êtres humains.** The French term **un billion** means *a trillion.*

Activité 3 **Autour du monde** Voici les chiffres de la population de plusieurs pays. Écrivez ces chiffres en lettres.

MODÈLE La France: 59 700 000
La France a cinquante-neuf millions sept cent mille d'habitants.

1. l'Espagne: 40 000 000

____

2. le Danemark: 5 300 000

____

3. le Japon: 127 100 000

____

4. la Chine: 1 300 000 000

____

5. l'Argentine: 37 000 000

____

6. la Suisse: 7 200 000

____

7. le Nigeria: 130 500 000

____

8. le Viêt Nam: 81 600 000

____

Activité 4 **La population urbaine française** Employez les chiffres pour comparer la population des villes avec celle de l'agglomération urbaine *(metropolitan area)*. Écrivez les nombres en lettres.

MODÈLE	*ville*	*agglomération urbaine*	*ville*
	Reims	210 437	187 206

L'agglomération urbaine de Reims a deux cent dix mille quatre cent trente-sept habitants dont cent quatre-vingt-sept mille deux cent six habitent dans la ville même.

	ville	*agglomération urbaine*	*ville*
1.	Paris	9 644 507	2 152 423
2.	Lyon	1 348 832	445 452
3.	Marseille	1 349 772	798 430
4.	Lille	1 000 900	184 493

	ville	*agglomération urbaine*	*ville*
5.	Bordeaux	753 931	215 363
6.	Toulouse	761 090	390 350
7.	Nice	888 784	342 738
8.	Nantes	544 932	270 251

1. ____

____

____

2. ____

____

____

PART 5

3. ______________________________

____

____

4. ______________________________

____

____

5. ______________________________

____

____

6. ______________________________

____

____

7. ______________________________

____

____

8. ______________________________

____

____

Activité 5 **Maintenant c'est à vous de faire des recherches démographiques.** Trouvez la population de six villes américaines ou canadiennes, dont trois au-dessus d'un million d'habitants et trois au-dessous. Écrivez le nom de chaque ville et sa population en chiffres et en lettres.

1. ______________________________
2. ______________________________
3. ______________________________
4. ______________________________
5. ______________________________
6. ______________________________

Ordinal numbers

To form ordinal numbers, the suffix **-ième** is added to the cardinal number. One exception is **un/une,** for which the ordinal number is **premier/première** *(first).* Numbers ending in **-e** drop the **-e** before adding **-ième.** The ordinal **second(e)** is synonymous with **deuxième.** Note the spellings of the words for *fifth* and *ninth.*

deuxième *second*	**dixième** *tenth*	**millième** *thousandth*
quatrième *fourth*	**quatorzième** *fourteenth*	**quatorze centième** *fourteen-hundredth*
cinquième *fifth*	**dix-septième** *seventeenth*	**trois mille cinq centième** *thirty-five hundredth*
huitième *eighth*	**vingtième** *twentieth*	
neuvième *ninth*	**centième** *hundredth*	

The word **premier/première** is only used to mean *first*. Ordinals such as *twenty-first* and *one hundred and first* are formed regularly.

vingt et unième *twenty-first*	**quatre-vingt-unième** *eighty-first*	**cent unième** *one hundred and first*
soixante et onzième *seventy-first*		

Ordinal numbers are abbreviated as follows: **1er, 1ère, 2e, 3e,** etc.

Ordinal numbers are used to express fractions, except for **la moitié** *(half)*, **le tiers** *(third)*, and **le quart** *(fourth)*.

le quart des élèves	***a quarter*** *of the students*
les cinq sixièmes des enseignants	***five-sixths*** *of the teaching staff*

French uses cardinal numbers, not ordinal numbers, for dates and after the names of kings and queens (except for *first*, when **premier/première** is used).

le premier juin	Henri **IV** (Quatre)
le vingt-cinq août	Charles **II** (Deux)

French uses the suffix **-aine** to create nouns designating approximate numbers.

une dixaine de lettres	***about ten*** *letters*
une vingtaine d'étudiants	***about twenty*** *students*
des centaines de gagnants	***hundreds*** *of winners*

Activité 6 **Mon Dieu, que c'est haut!** Un groupe de jeunes Français fait un stage à Chicago. Ils travaillent tous dans un énorme gratte-ciel. L'un d'eux, Gilbert, écrit à sa famille à Paris et donne des précisions «d'altitude» sur lui-même et sur ses amis. Attention—dans les bâtiments français, **le premier étage** est l'équivalent du deuxième étage aux États-Unis. L'étage qui est au niveau du trottoir s'appelle **le rez-de-chaussée.** Albert emploie le système français.

MODÈLE Alberte / 13
Alberte travaille au douzième étage.

1. moi / 74

____

2. Gilles / 22

____

PART 5

3. Dorothée / 96

4. Richard et Maurice / 40

5. Paulette / 19

6. Suzanne et Émilie / 85

7. Marc / 46

8. Josette / 80

Activité 7 **En français!** Traduisez les phrases suivantes en français.

1. the forty-fifth day

2. a third of the children

3. the fifty-ninth lesson

4. the hundredth letter

5. three-eighths of the students

6. about thirty books

7. the three-thousandth issue **(le numéro)**

8. Louis the Ninth

Note culturelle

Au collège et au lycée

On emploie les nombres ordinaux en France pour les années d'éducation secondaire, mais à l'inverse de l'anglais. Au point de vue d'un Américain, on compte à rebours. Les étudiants commencent le collège en sixième et terminent en troisième. Le lycée va de la seconde à la première et la dernière année s'appelle «terminale».

Telling time

To ask the time in French the question **Quelle heure est-il?** (or more colloquially, **Il est quelle heure?**) is used. The response is the phrase **il est** followed by the hour.

Il est **une heure.**	*It's **one o'clock.***
Il est **onze heures.**	*It's **eleven o'clock.***

Minutes past the hour until the half hour are added directly to the hour. The words **quart** and **demie** are joined by **et.**

Il est **quatre heures cinq.**	*It's **five past four.***
Il est **quatre heures et quart.**	*It's **a quarter past four.***
Il est **quatre heures vingt.**	*It's **twenty past four.***
Il est **quatre heures et demie.**	*It's **four-thirty.***

Minutes before the hour are expressed by the word **moins. Moins le quart** means *a quarter to the hour.*

Il est cinq heures **moins vingt.**	*It's **twenty to** five.*
Il est cinq heures **moins le quart.**	*It's **a quarter to** five.*

French also states the hour according to the reading of digital clocks.

Il est onze heures trente-et-un.	*It's eleven-thirty-one.*
Il est quatre heures cinquante-cinq.	*It's four-fifty-five.*

For *noon,* French uses **il est midi,** and for *midnight,* **il est minuit.** Minutes past these hours are expressed as above. However, when **demie** is used with **midi** and **minuit,** the final **-e** is dropped—**demi.**

Il est **midi moins le quart.**	*It's **a quarter to twelve** (A.M.).*
Il est **midi et demi.**	*It's **twelve-thirty** (P.M.).*
Il est **minuit dix.**	*It's **ten past twelve** (A.M.).*
Il est **minuit et quart.**	*It's **a quarter past twelve** (A.M.).*

The preposition **à** is used to indicate the time at which something happens.

À quelle heure est-elle arrivée?	*What time did she arrive?*
À huit heures moins le quart.	***At** a quarter to eight.*

Expressions relating to time

Il est six heures **pile.**	*It's six o'clock **sharp.***
Il est **tard/tôt.**	*It's **late/early.***
Il se lève **tard.**	*He gets up **late.***
Il se couche **tôt/de bonne heure.**	*He goes to bed **early.***
Je suis **en retard/en avance.**	*I'm **late/early.***
Je suis **à l'heure.**	*I'm **on time.***
Ma montre **avance** (de cinq minutes).	*My watch **is** (five minutes) **fast.***
Ma montre **retarde** (de cinq minutes).	*My watch **is** (five minutes) **slow.***
être matinal(e)	*to be an early riser*
faire la grasse matinée	*to sleep late, sleep in*
se coucher tôt/tard	*to go to bed early/late*

French also uses a twenty-four-hour clock for official purposes, such as transportation and entertainment schedules. In this system of telling time, **douze heures** and **vingt-quatre heures** replace **midi** and **minuit,** respectively. Minutes after the hour are counted from one to fifty-nine. **Et, moins, quart,** and **demie** are not used. Phrases such as **du matin, de l'après-midi, du soir,** and **de la nuit,** which are French equivalents of A.M. and P.M., are also not used in the twenty-four-hour system.

La première séance du film est à **18 h 14.**	*The first showing of the film is at **6:14 P.M.***
Le train pour Berlin part à **13 h 48.**	*The train for Berlin leaves at **1:48 P.M.***
Le départ est prévu pour **0 h 35.**	*Departure is scheduled for **12:35 A.M.***
Boutique fermée entre **12 h et 14 h.**	*Shop closed between **12 P.M.** and **2 P.M.***

Activité 8 **La famille Raynaud revient des vacances.** Le jour du retour des Raynaud a été très mouvementé. Écrivez ce qui s'est passé et à quelle heure. Suivez le modèle.

MODÈLE 6 h / les enfants / se lever
Il est six heures. Les enfants se lèvent.

1. 7 h / Mme Raynaud / mettre les dernières choses dans les valises

 ____

2. 7 h 30 / les Raynaud / prendre le petit déjeuner à l'hôtel

 ____

3. 8 h 20 / le chasseur *(bellhop)* / descendre leurs bagages

 ____

4. 8 h 35 / M. Raynaud / appeler un taxi

 ____

5. 9 h 05 / les Raynaud / arriver à la gare

 ____

6. 9 h 15 / le petit Charles / tomber et se faire mal au genou

____

7. 9 h 30 / le pharmacien de la gare / mettre un pansement sur le genou de Charles

____

8. 9 h 45 / les Raynaud / prendre leurs places dans le train pour Paris

____

9. 9 h 55 / le train / partir

____

10. 3 h 20 / ils / arriver à Paris

____

Activité 9 **La journée de M. Cavalli, épicier** M. Léon Cavalli est propriétaire d'une épicerie à Lille. Il décrit sa journée. Reconstruisez ces phrases en partant des éléments donnés pour savoir ce qui est arrivé et à quelle heure.

MODÈLE moi / se lever / 5 h 30
Je me suis levé à cinq heures et demie.

1. moi / arriver à la boutique / 6 h 15

____

2. la livraison *(delivery)* du lait et des œufs / venir / 6 h 35

____

3. mes commis *(clerks)* / arriver / 6 h 50

____

4. nous / ouvrir l'épicerie / 7 h pile

____

5. la première cliente / franchir le seuil *(cross the threshold)* / 7 h 10

____

6. ma sœur / passer me voir / 10 h 45

____

7. nous / fermer pour le déjeuner / 1 h 40

____

8. moi / rouvrir ma boutique / 3 h 30

____

Note culturelle

Lille

Lille est une importante ville française située dans le nord du pays tout près de la frontière belge. Avec les villes de Tourcoing et de Roubaix, Lille forme une grande agglomération de presque un million de personnes. Comme Lyon, Lille rêve d'un rôle européen. Sa situation lui offre cette possibilité. Pour s'équiper pour l'avenir, les Lillois construisent un nouveau métro et développent leurs universités. Lille a aussi un splendide musée des beaux-arts.

Activité 10 **À la gare de Genève** Voici une liste de départs des trains en gare de Genève. Lisez la liste et répondez aux questions en employant l'heure officielle.

Heure	Pour	Voie
05 58	Zurich	4
09 05	Genève-Aéroport	3
10 22	Lyon-Perrache	7
13 08	Dortmund (Allemagne)	6
14 06	La Plaine	5
15 35	Milan (Italie)	8
16 50	Paris	8
17 22	Lausanne	4
19 10	Paris	8
19 25	Zurich	4
20 25	Naples (Italie)	2
21 58	Bern	4
22 50	Barcelone (Espagne)	7
23 02	Zagreb (Croatie)	4
23 12	Nice	1
23 15	Genève-Aéroport	3

1. Quels trains y a-t-il pour Paris?

____

2. À quelle heure y a-t-il un train pour La Plaine?

____

3. À quelle heure part le train pour Zurich?

____

CHAPTER 24

4. Quels trains y a-t-il pour l'Italie?

____

5. À quelle heure peut-on prendre le train pour Bern?

____

6. Quels trains y a-t-il pour des villes françaises à part de Paris?

____

7. À quelle heure doit-on prendre le train s'il faut prendre un avion de Genève à onze heures du matin?

____

8. Quel train y a-t-il pour l'Allemagne?

____

9. Vous voulez arriver à Zurich le soir. Quel train prendrez-vous?

____

10. Quand y a-t-il un train pour Barcelone?

____

Days, months, and seasons

Here are the words for the days of the week and the months and seasons of the year.

Les jours de la semaine

lundi *Monday*
mardi *Tuesday*
mercredi *Wednesday*
jeudi *Thursday*
vendredi *Friday*
samedi *Saturday*
dimanche *Sunday*

Les mois de l'année

janvier *January*
février *February*
mars *March*
avril *April*
mai *May*
juin *June*
juillet *July*
août *August*
septembre *September*
octobre *October*
novembre *November*
décembre *December*

Les saisons

le printemps *spring*
l'été *summer*
l'automne *fall, autumn*
l'hiver *winter*

To specify *when* something happens, French uses several patterns.

- No preposition is used before days of the week.

Il arrivera **lundi.**	*He'll arrive on* ***Monday.***
Je l'ai vue **dimanche.**	*I saw her* ***on Sunday.***

- **Le** is used before the days of the week to indicate repeated or regular action.

Je n'ai pas de cours **le mardi.**	*I don't have classes* ***on Tuesdays.***
Et moi, je travaille **le vendredi.**	*And I work on* ***Fridays.***

- The preposition **en** is used before months of the year and the names of the seasons, except for **au printemps.**

Tu prends tes vacances **en juillet?**	*Are you taking your vacation* ***in July?***
Non. Je n'aime pas partir **en été.** Je prends mes vacances **en mai.**	*No. I don't like to go on vacation* ***in the summer.*** *I take my vacation* ***in May.***
Tu as raison. C'est agréable, les vacances **au printemps.**	*You're right. Vacationing* ***in the spring*** *is very pleasant.*

Dates and years

To express dates, French uses cardinal numbers except for **le premier.** The definite article **le** precedes the date. Note that as with days of the week, no preposition is used before the date to mean *on.*

Je croyais que tes cousins arrivaient **le trente novembre.**	*I thought your cousins were arriving* ***on November thirtieth.***
Non, c'était prévu pour **le premier décembre.**	*No, it was scheduled* ***for the first of December.***

When dates are written in figures, the day precedes the month.

4.3.05	*March 4, 2005*

Years are usually expressed in hundreds, although **mil** may also be used. **En** is used to express the year in which something happened.

en dix sept-cent quatre-vingt-neuf **en mil sept cent quatre-vingt-neuf**	} *in 1789*

Je suis né **en dix-neuf cent quatre-vingt-cinq.**	*I was born* ***in 1985.***

As in English, the last two numbers are often used in speech to express the years of the twentieth century. To date, this pattern has not been universally adopted for expressing dates in the twenty-first century. However, in some regions **'04, etc.,** is acceptable in speaking but never when writing.

Elle est partie en **quatre-vingt-onze.**	*She left in* ***'91.***

Expressions relating to the days and dates

Quelle est la date (aujourd'hui)?	*What's today's date?*
Le combien sommes-nous?	*What's today's date?*

(continued)

C'est le premier juin.	*It's June first.*
Nous sommes le premier juin.	*It's June first.*
Quel jour sommes-nous?	*What day is it?*
C'est mercredi.	*It's Wednesday.*
Nous sommes mercredi aujourd'hui.	*It's Wednesday today.*
au début de juin	*at the beginning of June*
à la mi-juin	*in the middle of June*
vers la fin de juin	*toward the end of June*
Il te rendra ton argent la semaine des quatre jeudis.	*You'll never get your money back from him. (English: in a month of Sundays)*
des gens endimanchés	*people dressed in their Sunday best*
un peintre du dimanche	*an amateur painter*
Poisson d'avril!	*April fool!*

Activité 11 **L'année de Francine** Francine est une étudiante américaine qui écrit à Anne-Marie, son amie française. Dans sa lettre elle lui raconte tout ce qui s'est passé dans l'année. Avant d'écrire, elle fait une liste des dates importantes. Aidez-la en traduisant les dates en français.

1. January 2: retour des vacances ______
2. January 24: examens finals ______
3. February 14: la Saint-Valentin—dîner avec Jean-Claude
______
4. March 10: bal au centre communautaire ______
5. April 1: Poisson d'avril ______
6. May 28: fête pour mon anniversaire ______
7. June 24: dernier jour de classes ______
8. July 4: Jour de l'Indépendence (fête nationale) ______
9. July 16: boulot *(job)* commence au restaurant ______
10. August 30: j'ai rompu avec Jean-Claude ______
11. September 6: premier jour de cours—j'ai connu Philippe
______
12. November 25: Thanksgiving ______

Activité 12 **Histoire de France du neuvième au dix-neuvième siècle** Écrivez ces dates importantes de l'histoire française.

> **MODÈLE** Charlemagne couronné «empereur des Romains» par le pape Léon III: 25.12.800
> le vingt-cinq décembre huit cents

1. Hugues Capet élu roi à Noyon: 1.7.987

___

2. commencement de la première croisade: départ des croisés armés: 15.8.1096

___

3. bataille de Bouvines: Philippe Auguste bat Jean sans Terre et ses alliés: 27.7.1214

___

4. Jeanne d'Arc brûlée à Rouen: 30.5.1431

___

5. édit de Nantes: 13.4.1598

___

6. Louis XIV devient roi de France: 14.5.1643

___

7. prise de la Bastille: 14.7.1789

___

8. Napoléon devient empereur de France: 2.12.1804

___

9. création de la Troisième République: 4.9.1870

___

Activité 13 **Examen d'histoire** Françoise étudie pour l'examen d'histoire contemporaine. Aidez-la en choisissant l'année correcte pour chaque événement donné. Écrivez votre réponse en lettres.

1. début de la Première Guerre mondiale (1914 ou 1960)

___

2. fin de la Première Guerre mondiale (1918 ou 1962)

___

3. début de la crise économique mondiale (1886 ou 1929)

___

4. commencement de la Seconde Guerre mondiale (1925 ou 1939)

___

5. chute *(fall)* de Paris (1940 ou 1997)

___

6. fin de la Seconde Guerre mondiale (1945 ou 1953)

___

7. De Gaulle devient président de la Cinquième République (1900 ou 1958)

____

8. l'Algérie indépendante (1962 ou 2002)

____

CHAPTER 24

Note culturelle

Les études françaises

*Le général Charles de Gaulle a dirigé les **Forces françaises libres** (c'est-à-dire, l'armée française en exil) pendant la Seconde Guerre mondiale. En 1958, en pleine crise économique et coloniale (soulèvement de l'Algérie), de Gaulle est élu président de la Cinquième République. Il a participé à la rédaction de la constitution de la Cinquième République qui a donné à la France un régime présidentiel.*

Activité 14 **Et maintenant il s'agit de vous.** Faites une liste des dates de naissance (jour, mois, année) de vos frères et sœurs, de vos parents, de vos meilleurs amis. Écrivez les dates en lettres.

1. _______________
2. _______________
3. _______________
4. _______________
5. _______________
6. _______________
7. _______________
8. _______________

Activité 15 **En français!** Exprimez ces idées en français.

1. What's today's date?
   It's March twenty-first.

   ____

   ____

2. He'll never come to see us. (He'll come to see us in a month of Sundays.)

   ____

   ____

3. I'm only an amateur painter.

4. What day is it?
It's Saturday.

5. You *(plural)* are all dressed up *(in your Sunday best).*

6. I'm going to Italy in the spring.

7. What time is it?
It's eight o'clock sharp.
Good. I'm early.

8. Has John gotten up already?
No. He's not an early riser, you know.
I know he likes to sleep in.

Activité 16 **Activité orale** Travaillez avec un(e) camarade. Posez des questions sur les grands moments de sa vie: Quand est-il/elle né(e), quand a-t-il/elle emménagé ici, quand compte-t-il/elle commencer à travailler, etc. Votre camarade vous posera le même genre de questions.

Activité 17 **La grammaire en action** Lisez l'article et répondez aux questions suivantes.

¿Habla Usted español? O italiano? Oder Deutsch?

La rentrée d'automne est pour bien des gens l'occasion, à l'école ou en cours aux adultes, d'apprendre une nouvelle langue, qu'on pourra utiliser pour le travail ou à l'occasion de ce voyage qu'on rêve de faire depuis longtemps.

Quelle langue apprendre? À moins d'un intérêt ou d'un besoin particulier, on peut miser sur deux valeurs sûres en Amérique: l'espagnol, parlé par 358 millions de personnes dans le monde, ou l'anglais, utilisé par 322 millions de personnes. D'autres choix populaires: l'allemand (98 millions) et l'italien (37 millions).

Combien de temps faudra-t-il? À moins d'être surdoué, aucune langue ne s'apprend en quelques mois. Il faut plutôt compter un an et demi à deux ans, à raison de 3 à 6 heures de cours et d'exercices par semaine, avant de pouvoir se débrouiller et près de trois ans pour «maîtriser» une nouvelle langue. Cela dit, il est moins difficile d'apprendre une langue du même groupe linguistique que la nôtre qu'une langue n'ayant pas la même racine. Ainsi, une francophone aura plus de facilité à apprendre l'espagnol ou l'italien (langues latines) que l'anglais ou l'allemand (langues germaniques).

VOCABULAIRE

Les langues étrangères

le locuteur *speaker*
miser sur *to bet on, count on*
la racine *root, origin*
surdoué *especially gifted*

PART 5

1. Pourquoi est-ce que l'automne est souvent l'occasion d'apprendre une nouvelle langue?

2. Pour quelles raisons est-ce qu'on étudie une langue étrangère?

3. Quelles sont les deux langues parlées en Amérique les plus étudiées? Les deux langues européennes?

4. Combien de temps faut-il compter pour pouvoir se débrouiller dans une langue étrangère? Combien de temps faut-il pour en maîtriser une?

5. Quelles sont les langues les plus faciles à apprendre pour quelqu'un de langue française?

Activité 18 **La grammaire en action** Écrivez les chiffres en lettres.

1. Combien de gens parlent l'espagnol comme langue maternelle? L'anglais?

2. Combien de germanophones et italophones y a-t-il?

3. Cherchez le nombre de locuteurs pour les langues suivantes et écrivez les informations que vous trouvez en chiffres et en lettres: le chinois, le japonais, le hindi-ourdou, le portugais, le russe, l'arabe et le français.

CHAPTER 24 TEST

Numbers, time, and dates

1 **Les numéros** Complétez ces phrases en écrivant l'équivalent français des mots ou des chiffres entre parenthèses.

1. ______________________________ étudiants (80)
2. ______________________________ habitants (300)
3. ______________________________ kilomètres (810)
4. arriver à ______________________________ (12:30 P.M.)
5. La réunion est prévue pour ______________________________. (April 10)
6. Le voyage coûte ______________________________ euros. (10.450)
7. La guerre commence en ______________________________. (1914)
8. Christophe Colomb découvre l'Amérique en ______________________________. (1492)
9. Le bébé est né ______________________________. (June 1)
10. Ces livres coûtent ______________________________ dollars. (71)
11. Vous êtes dans la chambre ______________________________. (181)
12. Il y a ______________________________ dans ce lycée. (4.396)
13. Cette ville a ______________________________ habitants. (2 000 000)

2 **Des expressions** Complétez les phrases suivantes.

1. Le ____________________ sommes-nous?
2. Il a gagné dix millions ____________________ euros à la loterie.
3. Nous ____________________ mercredi aujourd'hui.
4. Il prend ses vacances ____________________ août.
5. Je préfère prendre mes vacances ____________________ printemps.
6. Et eux, ils partent toujours ____________________ hiver.
7. Nous reviendrons ____________________ vingt-cinq septembre.

Numbers, time, and dates

PART SIX

Subjunctive: Forms and Uses

pour que

le subjonctif

Il faut que tu ailles à la Martinique.

PART SIX
Subjunctive: Forms and Uses

CHAPTERS

Chapter 25	Present subjunctive	437
Chapter 26	Past, imperfect, and pluperfect subjunctive	462
Chapter 27	Other uses of the subjunctive	471

CHAPTER 25

Present subjunctive

Moods of verbs

The mood of a verb indicates how the speaker views a statement. The indicative mood is used to express facts and describe reality. The imperative mood is used to express commands. The subjunctive mood is used to express wishes, desires, necessities, emotions, opinions, doubts, suppositions, and other more subjective conditions.

Indicative mood

Nous faisons nos devoirs.	***We do** our homework.*

Imperative mood

Faisons nos devoirs tout de suite!	***Let's do** our homework right away!*

Subjunctive mood

Le professeur exige **que nous fassions** nos devoirs tous les soirs.	*The teacher demands **that we do** our homework every night.*

The subjunctive mood is used much more frequently in French than in English. It typically appears in dependent and relative clauses.

Forms of the present subjunctive

To form the present subjunctive of most verbs, drop the **-ent** ending from the present tense **ils/elles** form and add the endings **-e, -es, -e, -ions, -iez, -ent.**

RENTRER			
que je	rentr**e**	que nous	rentr**ions**
que tu	rentr**es**	que vous	rentr**iez**
qu'il/qu'elle	rentr**e**	qu'ils/qu'elles	rentr**ent**

FINIR			
que je	finiss**e**	que nous	finiss**ions**
que tu	finiss**es**	que vous	finiss**iez**
qu'il/qu'elle	finiss**e**	qu'ils/qu'elles	finiss**ent**

VENDRE			
que je	vend**e**	que nous	vend**ions**
que tu	vend**es**	que vous	vend**iez**
qu'il/qu'elle	vend**e**	qu'ils/qu'elles	vend**ent**

PART 6

Regular **-er** verbs that have changes in the vowel in the present tense stem, such as **acheter** and **compléter,** have those changes in the subjunctive as well.

que j'ach**è**te / que nous ach**e**tions

que je compl**è**te / que nous compl**é**tions

Most irregular verbs follow the same pattern as the regular verbs: the endings of the present subjunctive are added to the stem. Study the subjunctive of **lire, écrire,** and **joindre.**

LIRE			
que je	lise	que nous	lisions
que tu	lises	que vous	lisiez
qu'il/qu'elle	lise	qu'ils/qu'elles	lisent

ÉCRIRE			
que j'	écrive	que nous	écrivions
que tu	écrives	que vous	écriviez
qu'il/qu'elle	écrive	qu'ils/qu'elles	écrivent

JOINDRE			
que je	joigne	que nous	joignions
que tu	joignes	que vous	joigniez
qu'il/qu'elle	joigne	qu'ils/qu'elles	joignent

Irregular verbs such as **boire, venir,** and **prendre,** which have variations in the stem in the present indicative, show the same changes in the present subjunctive.

BOIRE			
que je	boive	que nous	buvions
que tu	boives	que vous	buviez
qu'il/qu'elle	boive	qu'ils/qu'elles	boivent

VENIR			
que je	vienne	que nous	venions
que tu	viennes	que vous	veniez
qu'il/qu'elle	vienne	qu'ils/qu'elles	viennent

PRENDRE			
que je	prenne	que nous	prenions
que tu	prennes	que vous	preniez
qu'il/qu'elle	prenne	qu'ils/qu'elles	prennent

The verbs **aller, avoir, être, vouloir, faire, pouvoir,** and **savoir** are irregular in the subjunctive.

ALLER			
que j'	**aille**	que nous	**allions**
que tu	**ailles**	que vous	**alliez**
qu'il/qu'elle	**aille**	qu'ils/qu'elles	**aillent**

AVOIR			
que j'	**aie**	que nous	**ayons**
que tu	**aies**	que vous	**ayez**
qu'il/qu'elle	**ait**	qu'ils/qu'elles	**aient**

PART 6

ÊTRE			
que je	**sois**	que nous	**soyons**
que tu	**sois**	que vous	**soyez**
qu'il/qu'elle	**soit**	qu'ils/qu'elles	**soient**

VOULOIR			
que je	**veuille**	que nous	**voulions**
que tu	**veuilles**	que vous	**vouliez**
qu'il/qu'elle	**veuille**	qu'ils/qu'elles	**veuillent**

FAIRE			
que je	**fasse**	que nous	**fassions**
que tu	**fasses**	que vous	**fassiez**
qu'il/qu'elle	**fasse**	qu'ils/qu'elles	**fassent**

POUVOIR			
que je	**puisse**	que nous	**puissions**
que tu	**puisses**	que vous	**puissiez**
qu'il/qu'elle	**puisse**	qu'ils/qu'elles	**puissent**

SAVOIR			
que je	**sache**	que nous	**sachions**
que tu	**saches**	que vous	**sachiez**
qu'il/qu'elle	**sache**	qu'ils/qu'elles	**sachent**

The verb **valoir** is conjugated like **aller** in the present subjunctive: que **je vaille,** que **nous valions.**

Uses of the subjunctive: getting or wanting someone to do something

The subjunctive is used after verbs that express wanting, preferring, needing, making, or forcing someone to do something.

Je ne **veux** pas **qu'il parte.**	*I don't **want him to leave.***
Alors **je vais empêcher qu'il s'en aille.**	*Then **I'll keep him from going away.***

J'exige que Baudouin soit là.	***I demand that Baudoin be*** *here.*
Il faut que nous l'invitions, alors.	***We must invite him*** *then.*
Je suggère que vous traduisiez l'article.	***I suggest that you translate*** *the article.*
Il est nécessaire que vous m'**aidiez.**	***It's necessary for you to help*** *me.*

The following verbs and expressions are followed by the subjunctive because they express an imposition of will or necessity.

aimer mieux que *to prefer*
attendre que *to wait until, wait for*
avoir besoin que *to need*
demander que *to request, ask*
désirer que *to desire, want, wish*
empêcher que *to prevent, keep*
exiger que *to demand*
ordonner que *to order*
permettre que *to allow*
préférer que *to prefer*
recommander que *to recommend*
souhaiter que *to wish*
suggérer que *to suggest*
vouloir que *to want*

The following impersonal expressions signifying imposition of will are followed by the subjunctive.

il est nécessaire/urgent que *it is necessary/urgent that*
il est essentiel/important que *it is essential/important that*
il est indispensable/utile que *it is indispensable/useful that*
il faut que *it is necessary that, one has to*

For the subjunctive to be used, the subjects of the main clause and the subordinate clause have to be different. If the subjects of the two clauses are the same, the infinitive is used in the subordinate clause.

Je veux que **tu** reviennes.	***I*** *want* ***you*** *to come back.*
Je veux revenir.	***I*** *want to come back.*
Ils préfèrent que **nous** restions.	***They*** *prefer that* ***we*** *stay.*
Ils préfèrent rester.	***They*** *prefer to stay.*

The present subjunctive can be used after any tense.

Je voulais qu'il **vienne.**	*I wanted him to come.*
Il voudra que nous le **fassions.**	*He'll want us to do it.*
Nous aurions voulu que vous **puissiez venir.**	*We would have wanted you to be able to come.*

Activité 1 **Moi, je ne veux pas.** Un ami vous dit ce que font les autres. Répondez-lui dans chaque cas que vous, vous ne voulez pas que les autres fassent ces choses. Employez le subjonctif dans la proposition subordonnée.

MODÈLE Marie étudie huit heures par jour.
Moi, je ne veux pas qu'elle étudie huit heures par jour.

PART 6

1. Serge fait du japonais.

____

2. Élisabeth laisse les fenêtres ouvertes.

____

3. Richard sort avec Hélène.

____

4. Louis boit du coca.

____

5. Je vois un vieux film.

____

6. Michel sait ton adresse.

____

7. Chantal est triste.

____

8. Robert et Thérèse ont peur.

____

9. Daniel maigrit.

____

10. Moi, je grossis.

____

Activité 2 **La boum de samedi soir** C'est à vous d'organiser la boum de samedi. Dites ce que chacun doit faire.

> **MODÈLE** je veux / Marie / inviter ses cousins
> Je veux que Marie invite ses cousins.

1. je préfère / Marc / choisir le gâteau

____

2. il est nécessaire / Lise et Rachelle / aller chercher les boissons

____

3. il est important / Roland et Jacqueline / pouvoir venir

____

4. je veux / Janine / faire les amuse-gueules

____

5. il faut / tu / faire quelques coups de fil

____

6. il est essentiel / Olivier / venir

____

7. je préfère / nous / acheter des plats préparés chez le charcutier

____

8. je veux / tu / venir m'aider samedi après-midi

____

Activité 3 **Des étudiants à Paris** Un groupe d'étudiants de province vont passer une semaine à Paris. Où est-ce qu'ils veulent aller? Ils ne sont pas d'accord. Construisez des phrases avec les éléments donnés pour savoir ce que chacun souhaite faire. Employez le subjonctif dans les propositions subordonnées.

MODÈLE Paul / vouloir / on / aller / d'abord / aux Champs-Élysées
Paul veut qu'on aille d'abord aux Champs-Élysées.

1. le professeur / exiger / nous / visiter tous les monuments de Paris

____

2. Barbara / souhaiter / nous / commencer / par la visite du Louvre

____

3. Martin / désirer / le groupe / faire / le tour de Paris en autobus

____

4. Monique / demander / on / voir / les Tuileries

____

5. Georges / recommander / nous / aller / à l'Arc de Triomphe

____

6. Gustave / suggérer / nous / monter / à Montmartre

____

7. Diane / ordonner / tout le monde / suivre l'itinéraire

____

8. Édouard / aimer mieux / on / faire une promenade à pied dans le Marais

____

9. Renée / vouloir / nous / prendre le déjeuner

____

10. Véronique / ne pas vouloir / nous / passer / toute la journée à discuter

____

PART 6

Note culturelle

Paris

Les Champs-Élysées *Grande et belle avenue qui va de l'Arc de Triomphe à la place de la Concorde. Cette avenue imposante est un grand centre commercial.*

Le Louvre *Un des plus célèbres musées d'art du monde. À son origine un palais royal, le Louvre est devenu musée en 1793, après la Révolution. Sa collection comprend plus de six mille tableaux et plus de cent cinquante mille pièces de l'antiquité égyptienne, grecque et romaine.*

Les Tuileries *Aujourd'hui un jardin public, c'était le site d'un palais construit pour Catherine de Médicis, incendié en 1871 pendant la Guerre civile de la Commune.*

L'Arc de Triomphe *La construction de cet arc monumental a été initiée en 1806 sous les ordres de Napoléon. L'arc commémore les victoires militaires de l'Empereur.*

Montmartre *Quartier charmant situé sur la Butte Montmartre dans le nord de la ville de Paris. C'est ici qu'on a construit la fameuse église blanche du Sacré-Cœur qui domine le panorama de Paris. Montmartre était pendant longtemps le quartier des artistes et est un des endroits que les touristes ne manquent jamais de visiter.*

Le Marais *Ce quartier de la rive droite au nord de l'île-de-la-Cité doit son nom aux inondations de la Seine. Pendant le dix-septième siècle c'était le quartier où habitait la noblesse dans de petits palais splendides appelés* ***hôtels.*** *De nos jours, plusieurs de vieux hôtels ont été restaurés pour devenir des musées. La nuit, l'illumination des hôtels rend ce quartier un des plus beaux et des plus intéressants de Paris.*

Activité 4 **Nos souhaits et désirs** Joignez les éléments donnés en une seule phrase qui exprime le désir que les actions se réalisent. Employez le subjonctif dans la proposition subordonnée.

MODÈLE Tu fais le linge. (j'ai besoin)
J'ai besoin que tu fasses le linge.

1. Tout est en règle. (j'exige)

____

2. Les enfants ont peur. (je ne veux pas)

____

3. Cette famille vit mal. (nous ne voulons pas)

____

4. Il boit trop de coca. (ses parents empêcheront)

____

5. Il sait les réponses. (je recommande)

____

6. Ils conduisent prudemment. (je demande)

____

7. Elle rejoint son fiancé. (ses parents aiment mieux)

____

8. Elle sort avec Jean-Philippe. (ses parents ne permettent pas)

____

Activité 5 **Une lettre** Rozianne, qui habite Québec, écrit à son amie Isabelle, à Paris. Pour savoir ce que Rozianne écrit dans sa lettre, complétez le texte avec la forme correcte des verbes entre parenthèses. Choisissez entre le subjonctif, l'indicatif et l'infinitif.

Ma chère Isabelle,

J'espère que tu vas bien. Mes parents et moi, nous (être) ______ (1) en bonne santé. J'ai reçu ta lettre hier et je suis vraiment contente que tu puisses venir me voir pendant les vacances. Je préfère que tu (venir) ______ (2) au mois de juillet. Mes parents demandent que tes parents t' (accompagner) ______ (3). Je recommande que vous (prendre) ______ (4) les billets d'avion aussitôt que possible. Je suggère aussi que vous (mettre) ______ (5) quelques pulls dans les valises. À Québec il fait souvent frais le soir, même en été. Je voudrais que nous (aller) ______ (6) tous aux Laurentides et que nous (visiter) ______ (7) ensemble la vieille ville de Québec. Mes parents et moi, nous désirons (passer) ______ (8) un mois merveilleux ici au Canada avec vous.

Amitiés,

Rozianne

PART 6

Note culturelle

Québec et les Laurentides

C'est l'explorateur Jacques Cartier qui a découvert la Terre-Neuve et qui a remonté le fleuve Saint-Laurent. Il prend possession du Canada pour la France en 1534. La colonisation française commence en 1605. La ville de Québec est fondée par Samuel de Champlain en 1608. Montréal est fondée en 1642.

Le Québec s'appelle au début la Nouvelle-France, nom qu'elle gardera jusqu'à la défaite française le treize septembre 1759 quand la France cède le Canada à l'Angleterre sur les plaines d'Abraham.

Les Laurentides sont des montagnes célèbres pour leurs stations de ski et jolis paysages. C'est aussi le nom d'une région de Québec.

Aujourd'hui, le Canada est officiellement un pays bilingue. L'anglais et le français sont les deux langues officielles. Le quart de la population est francophone, concentrée au Québec et dans le Nouveau-Brunswick. Un mouvement sécessionniste a dominé la politique au Québec. En 1995, un référendum sur l'indépendance du Québec a préservé l'unité du Canada, mais par très peu de voix.

Activité 6 **À vous de vous exprimer sur l'avenir de votre école** Quels changements sont nécessaires pour améliorer votre école? Exprimez-les dans des termes de désirs ou de souhaits. Utilisez le vocabulaire donné ou ajoutez d'autres idées qui reflètent la réalité de votre école. Exprimez ces changements souhaités comme des désirs à vous ou comme la volonté de vos amis.

VOCABULAIRE

Pour améliorer *(improve)* l'école

acheter des ordinateurs *to buy computers*
aménager le terrain de sports *to fix up the playing field*
donner des bourses d'études à tous les étudiants *to give all students scholarships*
embaucher de nouveaux professeurs *to hire new teachers*
faciliter l'accès à la bibliothèque *to make it easier to use the library*
inaugurer un festival de cinéma *to start a film festival*
offrir des cours du soir *to offer evening classes*
renforcer le programme d'orientation *to strengthen the guidance program*
servir de bons desserts à la cantine *to serve good desserts in the cafeteria*
trouver des stages pour les étudiants *to find internships for students*

MODÈLES Je veux (voudrais) qu'il y ait moins d'élèves dans chaque classe.
Les étudiants demandent qu'on améliore la qualité des sandwichs qu'on sert à la cantine.
Mes amis souhaitent qu'on offre des cours d'informatique.

1. ______________________________

2. ______________________________

3. ______________________________

4. ______________________________

5. ______________________________

6. ______________________________

7. ______________________________

8. ______________________________

9. ______________________________

10. ______________________________

CHAPTER 25

Uses of the subjunctive: emotion and opinion

The subjunctive is used following verbs and impersonal expressions that express emotion.

Fear

avoir peur que *to be afraid that*
craindre que *to fear that*

Surprise or curiosity

s'étonner que *to be surprised that*
cela m'étonne que *I'm surprised that*
il est étonnant que *it's surprising that*
il est bizarre/curieux/extraordinaire que *it's strange/ extraordinary that*

Happiness and sadness

être content(e)/heureux(-se)/triste que *to be happy/sad that*
être ravi(e)/satisfait(e)/désolé(e) que *to be delighted/satisfied/sorry that*
regretter que *to be sorry that*
se réjouir que *to rejoice, be glad that*

Annoyance

cela m'ennuie/m'agace/m'énerve que *it annoys me that*
se plaindre que *to complain that*
se fâcher que *to get angry that, because*
être fâché(e)/furieux(-se) que *to be angry/furious that*
avoir honte que *to be ashamed that*
il est ennuyeux/agaçant/énervant que *it's annoying/irritating that*

PART 6

Le chef est ravi que vous puissiez l'aider.	***The boss is delighted that you can*** *help him.*
Je suis heureux qu'il ait confiance en moi.	***I'm happy that he has confidence*** *in me.*
Je **m'étonne que le travail ne soit pas** fini.	***I'm surpised that the work is not*** *finished.*
Cela m'ennuie qu'il nous **fasse** attendre.	***I'm annoyed that he's keeping*** *us waiting.*

The subjunctive is used after verbs and impersonal expressions that show that the action of the subordinate clause is an opinion, an evaluation, or a possibility.

Opinion and evaluation

accepter que *to accept that*
approuver que *to approve of someone's doing something*
désapprouver que *to disapprove of someone's doing something*
il convient que *it is suitable, advisable that*
il importe que *it matters that, is important that*
peu importe que *it matters little that*
il suffit que *it is enough that*
il vaut mieux que *it is better that*
il est logique/normal/naturel/juste que *it's logical/normal/natural/right that*
c'est une chance que *it's lucky that*
ce n'est pas la peine que *it's not worth it that*
il est rare que *it is not often that*

Possibility

il se peut que *it's possible that*
il est possible/impossible que *it's possible/impossible that*
il n'y a aucune chance que *there's no chance that*
il n'y a pas de danger que *there's no danger that*

Activité 7 **C'est bien.** On raconte à Marcelle tout ce qu'il y a de neuf. Dans chaque cas elle exprime sa satisfaction en disant qu'elle est contente de ce qui arrive. Écrivez ce que dit Marcelle en employant le subjonctif dans la proposition subordonnée.

> **MODÈLE** Pierre ne travaille pas aujourd'hui.
> Je suis contente qu'il ne travaille pas aujourd'hui.

1. Marianne et Justine sont là.

____

2. Gérard vend sa bicyclette.

____

3. Mes parents partent en vacances.

____

4. Jean-Claude nous attend.

____

5. Le petit Charles ne désobéit jamais.

____

6. Christine et moi, nous dînons ensemble.

____

7. Toi et moi, nous complétons le programme cette année.

____

8. Frédéric connaît Odile.

____

Activité 8 **En une seule phrase, s'il vous plaît.** Changez l'ordre des deux phrases données pour en faire une seule. Faites les modifications nécessaires.

> **MODÈLES** Il n'est pas encore là. C'est étonnant.
> Il est étonnant qu'il ne soit pas encore là.
>
> Je maigris. Le médecin se réjouit.
> Le médecin se réjouit que je maigrisse.

1. Tu comprends tout. Je suis ravi.

____

2. Ils ne veulent pas nous aider. Nous sommes furieux.

____

3. Le prof ne nous reconnaît pas. Cela m'étonne.

____

4. Il y a un accident. J'ai peur.

____

5. Tu ne peux pas venir. Elle est désolée.

____

6. Elle met le foulard que je lui ai offert. Je suis content.

____

7. Philippe n'apprend pas beaucoup. Son professeur se plaint.

____

8. Ces enfants se battent tout le temps. Je suis fâchée.

____

9. Un professeur perd son travail. C'est rare.

____

10. Vous me le dites. Cela suffit.

____

11. Il ne s'aperçoit pas du problème. Nous craignons.

____

12. Elle sait conduire un camion. C'est extraordinaire.

____

Activité 9 **Vos réactions, s'il vous plaît!** Voici une liste de faits et d'événements. Exprimez votre opinion ou votre réaction dans chaque cas. Commencez par un des verbes ou une des expressions de cette section.

MODÈLE La bibliothèque est fermée le dimanche.
Je désapprouve que / Cela m'ennuie que / Je suis fâché(e) que la bibliothèque soit fermée le dimanche.

1. On augmente les prix à la cantine.

____

2. Le latin et le grec sont obligatoires.

____

3. On ne peut pas passer le permis de conduire à quatorze ans.

____

4. On interdit l'emploi des gros mots *(vulgar words)* dans les chansons de rock.

____

5. On abolit la peine de mort.

____

6. Les professeurs font grève demain.

____

7. Mon ami Serge perd toujours ses affaires.

____

8. Le port de la cravate est obligatoire à l'école.

____

9. Le professeur d'anglais n'écrit jamais rien au tableau.

____

10. Nous lisons trois cents pages par semaine pour le cours d'histoire.

____

Activité 10 **Quel fouillis! Et voilà maman qui arrive!** Vous habitez un appartement avec trois camarades de chambre. Cette fin de semaine les parents viennent voir leurs enfants à l'université. Vous êtes contents de voir vos parents, mais l'état de l'appartement vous inquiète un peu. L'appartement est sale! Pour décrire la situation, joignez les verbes et les expressions entre parenthèses aux phrases.

> **MODÈLE** Nos parents viennent nous rendre visite.
> (nous sommes contents)
> Nous sommes contents que nos parents viennent nous rendre visite.

VOCABULAIRE

Pour une demeure propre

balayer le parquet *to sweep the floor*
la bibliothèque *bookcase*
cirer le parquet *to wax the floor*
épousseter les meubles (j'époussette) *to dust the furniture*
faire le ménage *to do the housework*
le fouillis *mess*
ranger *to put away*
récurer les casseroles *to scour the pots*
la toile d'araignée *spiderweb, cobweb*

PART 6

1. Je vis dans le désordre. (ma mère n'acceptera pas)

____

2. Nous faisons le ménage. (il est essentiel)

____

3. Nous époussetons les meubles. (il faut que)

____

4. Bernard et toi, vous récurez les casseroles. (je suis content[e])

____

5. Toi et moi, nous balayons le parquet. (il convient que)

____

6. Nous cirons le parquet aussi. (il est possible)

____

7. Paul et Marc, vous rangez les livres dans les bibliothèques. (il vaut mieux)

____

8. Bernard enlève les toiles d'araignée. (je me réjouis)

____

Activité 11 **La flemme *(laziness)* de fin de cours** C'est le mois de juin et tout le monde a la flemme, sauf vous. Vous essayez de remonter leur morale *(motivate them, get them going again)* en leur conseillant de travailler avec un peu de diligence. Employez le subjonctif dans l'expression de vos conseils.

MODÈLE Charles: Je ne veux pas assister au cours de chimie aujourd'hui. (il est important)
Vous: Écoute, Charles. Il est important que tu assistes au cours.

1. Annette: Je n'étudie pas pour les examens. (il est bizarre)

____

2. Michel: Je n'ai aucune envie de travailler à la bibliothèque. (ça m'étonne)

____

3. Françoise: Je n'écris pas la dissertation de philosophie. (il vaut mieux que)

____

4. André: Je n'écoute pas les cassettes au laboratoire de langues. (il est utile)

____

5. Sylvie: Je ne prends plus de notes dans la classe d'histoire. (il est indispensable)

____

6. Albert: Je ne fais pas mes devoirs. (les profs seront fâchés)

____

7. Catherine: Je ne lis plus le livre de biologie. (je regrette)

____

8. Corine: Je m'endors dans la classe d'anglais. (je n'approuve pas)

____

9. Sébastien: Je fais des dessins dans mon cahier dans la classe de maths. (il n'est pas normal)

____

10. Bruno: Je perds mes cahiers. (il est agaçant)

____

CHAPTER 25

Uses of the subjunctive: negation of fact and opinion

The subjunctive is used after verbs and expressions that negate the action or idea of the subordinate clause.

nier *to deny* **douter** *to doubt*	**il est douteux que** *it is doubtful that*	**il est exclu que** *it's out of the question that*

Je doute qu'il sache le faire. — ***I doubt that he knows** how to do it.*

Mais il n'est pas exclu qu'il puisse nous aider. — ***But it isn't out of the question that he can** help us.*

NOTE The indicative is usually used after the *negative* of **nier** and **douter,** since when those verbs are used in the negative, they no longer negate facts.

Je ne doute pas qu'il sait le faire. — *I don't doubt he knows how to do it.*

When the following verbs and expressions are negative, they are followed by the subjunctive. When they are affirmative, they are followed by the indicative.

il n'est pas certain que *it's not certain that*	**il n'est pas exact que** *it's not correct, accurate that*	**je ne suis pas sûr(e) que** *I'm not sure that*
il n'est pas sûr que *it's not sure that*	**il n'est pas vrai que** *it's not true that*	**je ne dis pas que** *I'm not saying that*
il n'est pas évident que *it's not evident, obvious that*	**il est peu probable que** *it's not probable that*	**ça ne veut pas dire que** *it doesn't mean that*
il n'est pas clair que *it's not clear that*	**il ne paraît pas que** *it doesn't seem that*	**ce n'est pas que** *it's not that*

Il n'est pas certain qu'il vienne. — ***It's not certain that he's coming.***
Ça ne veut pas dire qu'il ne veuille pas nous voir. — ***That doesn't mean that he doesn't want*** *to see us.*

Il n'est pas évident qu'elle sache la réponse. — ***It is not evident that she knows*** *the answer.*
Moi, **je suis sûr qu'elle** la **sait.** — ***I'm sure that she knows*** *it.*

The verbs **penser, croire,** and **espérer** are followed by the indicative when affirmative, but by the subjunctive when negative or interrogative.

Je ne crois pas que cet étranger te **comprenne.** — ***I don't think that that foreigner understands*** *you.*
Penses-tu que je doive tout répéter? — ***Do you think that I ought*** *to repeat everything?*
Oui, je crois que c'est nécessaire. — ***Yes, I think it's*** *necessary.*

The indicative may be used after the negative and interrogative of **penser** and **croire** instead of the subjunctive to convey that the speaker is certain about the action.

Je ne crois pas que tu as raison. — ***I don't think you're right.*** *(I think you're wrong.)*

Je ne crois pas que tu aies raison. — ***I don't think you're right.*** *(But I'm not sure.)*

Activité 12 **Conversation** Pierrette et Joceline causent ensemble. Pierrette demande à son amie si elle sait ce que leurs amis vont faire. Joceline répond dans chaque cas qu'elle ne croit pas que leurs amis comptent faire tout ça. Reconstruisez leur conversation en employant le subjonctif dans la proposition subordonnée de la réponse de Joceline.

MODÈLE Stéphane / arriver aujourd'hui
Pierrette: Tu sais si Stéphane arrivera aujourd'hui?
Joceline: Je ne crois pas qu'il arrive aujourd'hui.

1. notre professeur / finir la leçon

   Pierrette: ____

   Joceline: ____

2. Ghislaine / rompre avec son petit ami

   Pierrette: ____

   Joceline: ____

3. ton cousin / revenir cette semaine

   Pierrette: ____

   Joceline: ____

4. Nadine / servir de la pizza à la boum

   Pierrette: ____

   Joceline: ____

5. Philippe / sortir avec Mireille

   Pierrette: ____

   Joceline: ____

6. Paul / pouvoir nous rejoindre

   Pierrette: ____

   Joceline: ____

7. Alice / être ici ce soir

   Pierrette: ____

   Joceline: ____

8. toi et moi / étudier assez

   Pierrette: ____

   Joceline: ____

9. Chloë / aller au concert

   Pierrette: ____

   Joceline: ____

10. Daniel / prendre un taxi

    Pierrette: ____

    Joceline: ____

PART 6

Activité 13 **Exprimez vos doutes.** Utilisez les expressions données entre parenthèses pour exprimer vos doutes sur les faits suivants.

> **MODÈLE** Nous avons un examen aujourd'hui. (je ne crois pas)
> Je ne crois pas que nous ayons un examen aujourd'hui.

1. Laurence réussit à tous ses examens. (il n'est pas clair)

   ____

2. Nous offrons des CD à Renée. (il est douteux)

   ____

3. Tu suis un cours d'histoire. (il n'est pas exclu)

   ____

4. Il fait des progrès en anglais. (ça ne veut pas dire)

   ____

5. Lucette t'écrit. (il est peu probable)

   ____

6. Il nous connaît. (je ne suis pas sûr)

   ____

7. L'élève apprend tout ça. (je doute)

   ____

8. Elle descend faire les courses. (je ne crois pas)

   ____

9. Son père vit très mal. (il nie)

   ____

10. Ce pays produit des voitures. (il ne paraît pas)

   ____

Activité 14 **Au sujet des amis** Deux étudiants parlent de leurs amis au lycée. Ils confirment et nient ce qu'on dit à leur sujet. Écrivez ce qu'ils disent en joignant les deux phrases données en une seule. Choisissez entre l'indicatif et le subjonctif dans les propositions subordonnées.

> **MODÈLE** Marcelle suit un cours de maths. (je crois)
> Je crois que Marcelle suit un cours de maths.

1. La voiture de Jean-François est toujours en panne. (je ne pense pas)

   ____

2. Gisèle compte abandonner le lycée. (il est évident)

___

3. Marc et Luc peuvent s'acheter un ordinateur. (je doute)

___

4. Michèle sort avec Hervé Duclos. (tout le monde sait)

___

5. Paul ne fait pas attention en classe. (son frère nie)

___

6. Chantal se plaint de tout. (il n'est pas exact)

___

7. Martin étudie beaucoup. (je suis sûr que)

___

8. Éliane va en France cette année. (il est peu probable)

___

Uses of the subjunctive: special cases

After expressions of fear, after **empêcher que,** and after the interrogative of **douter,** the word **ne** may be placed before the verb in the subjunctive. This **ne** does not make the verb negative, but rather makes the style more formal. This **ne explétif** is omitted in informal speech and writing.

J'ai peur qu'il **ne** comprenne.	***I'm afraid*** *he understands.*
J'ai empêché qu'il **ne** sorte.	***I kept him from*** *going out.*
Doutez-vous que ce livre **ne** soit utile?	***Do you doubt that*** *this book is useful?*

The subjunctive can be used to express an indirect command for third person subjects. The English equivalent is *have* or *let him/her/them do something.*

Suzanne a besoin de nous parler. **Qu'elle vienne** nous voir, alors.	*Suzanne needs to speak to us.* ***Let her come*** *see us then.*
Monsieur, l'avocat est arrivé. Je descends tout suite. **Qu'il attende** dans mon bureau.	*Sir, the lawyer is here.* *I'm coming right down.* ***Have him wait*** *in my office.*
Les étudiants ne comprennent pas vos conférences, monsieur. **Qu'ils fassent** attention.	*The students don't understand your lectures, sir.* ***Let them pay*** *attention.*

Activité 15 **Le style soutenu** Refaites les phrases suivantes dans le style soutenu en ajoutant le **ne** explétif.

1. J'ai peur que vous preniez un rhume.

____

2. Elle craint que nous soyons en colère.

____

3. Doutez-vous qu'il soit d'accord?

____

4. Elle empêche que nous finissions notre travail.

____

PART 6

Activité 16 **C'est aux autres de le faire!** Employez **que** suivi du subjonctif pour donner des ordres à une troisième personne. Remplacez les compléments directs et indirects par les pronoms convenables.

MODÈLE Marc veut suivre le cours de philosophie.
Qu'il le suive alors.

1. Marianne et Lisette veulent apprendre le japonais.

____

2. Serge veut rejoindre ses amis.

____

3. Simone doit faire son linge.

____

4. Alexandre doit prendre le train.

____

5. Les Durand veulent vendre leur voiture.

____

6. Monique peut nous rendre l'argent.

____

7. Christian veut traduire le poème.

____

8. Stéphane doit finir le travail.

____

Activité 17 **En français, s'il vous plaît!** Traduisez ces phrases en français. Faites attention à l'emploi du subjonctif.

1. We want you **(tu)** to come.

   ____

2. Let him phone me if he wants to speak to me.

   ____

3. The mother allows the children to go down(stairs) alone.

   ____

4. I need you **(vous)** to help me.

   ____

5. I'm afraid the child has a fever.

   ____

6. It's surprising that this country produces so many trucks.

   ____

7. It's improbable that the weather will be nice.

   ____

8. It's not true that she's a doctor. I'm sure that she's a lawyer.

   ____

Activité 18 **Activité orale: Impressions et réactions** Avec un(e) camarade, parlez de ce qui vous surprend à l'école, de ce qui vous rend heureux(-se) ou triste, de ce qui vous paraît bizarre, des changements que vous voudriez voir. Parlez aussi de vos craintes et doutes. Employez le subjonctif autant que possible.

CHAPTER 25 TEST

Present subjunctive

1 **Au présent** Complétez les phrases suivantes avec la forme correcte du présent du subjonctif du verbe entre parenthèses.

1. Nous voulons que vous ______________________ ce week-end. (venir)
2. Je suggère que tu ______________________ savoir la nouvelle. (faire)
3. Il est nécessaire que nous ______________________ à l'heure. (être)
4. Préférez-vous que j'______________________ avec vous? (aller)
5. Il faut qu'elle ______________________ les documents. (ranger)
6. Je ne crois pas qu'ils ______________________ au bureau aujourd'hui. (rentrer)
7. Il n'est pas certain que nous ______________________ le projet par avril. (finir)
8. Tu doutes qu'elle ne ______________________ pas? (savoir)
9. Il vaut mieux que nous ______________________ le train. (prendre)
10. Je suis ravie que vous ______________________ m'emmener. (pouvoir)

2 **L'indicatif ou le subjonctif** Choisissez entre le présent de l'indicatif et le présent du subjonctif des verbes entre parenthèses pour compléter ces phrases.

1. Je crois qu'il ______________________ à onze heures. (arriver)
2. Il n'est pas clair que vous ______________________ le problème. (comprendre)
3. Nous exigeons que tu ______________________ la vérité. (dire)
4. Ils savent que j'______________________ en ville. (habiter)
5. Elle est sûre que nous ______________________ l'accompagner. (pouvoir)

CHAPTER 25 TEST

Present subjunctive

6. Vous doutez qu'ils ______________________ la maison? (acheter)
7. Je pense que vous ______________________ de tous les détails. (se occuper)
8. Nous ne croyons pas qu'il y ______________________ un examen demain. (avoir)
9. Il convient que la bibliothèque ______________________ ouverte jusqu'à minuit. (être)
10. Il paraît qu'il ______________________ pleuvoir samedi. (aller)
11. Il est possible qu'il ______________________ un sale temps toute la journée. (faire)
12. Elles veulent que j'______________________ un essai. (écrire)
13. Tu comprends que nous ______________________ avec toi. (s'impatienter)
14. Est-ce que vous voulez que nous ______________________ avec vous ce soir? (sortir)
15. Je suis contente que mon cadeau te ______________________. (plaire)

CHAPTER 26

Past, imperfect, and pluperfect subjunctive

Forms and uses of the past subjunctive

The past subjunctive in French is composed of the subjunctive of the auxiliary verb **(avoir** or **être)** plus the past participle. The same rules of agreement apply as in the passé composé.

Verbs conjugated with **avoir**	Verbs conjugated with **être**
que j'**aie parlé, fini, perdu**	que je **sois parti(e)**
que tu **aies parlé, fini, perdu**	que tu **sois parti(e)**
qu'il/qu'elle **ait parlé, fini, perdu**	qu'il **soit parti**
	qu'elle **soit partie**
que nous **ayons parlé, fini, perdu**	que nous **soyons parti(e)s**
que vous **ayez parlé, fini, perdu**	que vous **soyez parti(e)(s)**
qu'ils/qu'elles **aient parlé, fini, perdu**	qu'ils **soient partis**
	qu'elles **soient parties**

The past subjunctive is used to indicate that the action of the subordinate clause happened before the action of the main clause. Compare the following pairs of sentences.

Je suis désolé **que tu perdes.**	*I'm sorry **that you're losing.***
Je suis désolé **que tu aies perdu.**	*I'm sorry **that you lost.***
Tu crains **qu'elle ne** te **comprenne pas.**	*You fear that **she won't understand** you.*
Tu crains **qu'elle ne** t'**ait pas compris.**	*You fear that **she didn't understand** you.*
Il est content **que nous venions.**	*He's happy **that we're coming.***
Il est content **que nous soyons venus.**	*He's happy **that we've come.***

Activité 1 **Les sentiments** Claudine est en train de vivre un moment difficile. Elle exprime ses sentiments dans cette situation. Écrivez ce qu'elle dit en formant une seule phrase avec les éléments donnés. Employez le passé du subjonctif dans les propositions subordonnées.

> **MODÈLE** Mon petit ami Jacques est tombé malade. (je suis désolée)
> Je suis désolée que mon petit ami Jacques soit tombé malade.

1. a. Il a pris une bronchite. (je crains)

   ____

   b. Il est allé voir le médecin. (je doute)

   ____

2. a. Ma sœur a reçu une mauvaise note en français. (j'ai peur)

   ____

   b. Elle a étudié pour l'examen. (je ne crois pas)

   ____

   c. Elle a eu des ennuis avec son petit ami. (je soupçonne)

   ____

   d. Elle ne nous a pas montré son examen. (je n'approuve pas)

   ____

   e. Sylvie ne nous en a pas parlé. (ma mère se plaint)

   ____

3. a. Mon père a perdu son emploi. (je suis étonnée)

   ____

   b. Il en a trouvé un autre. (il est possible)

   ____

   c. Il l'a déjà accepté. (il est peu probable)

   ____

4. a. Le prof d'histoire nous a demandé une dissertation de quinze pages. (je suis furieuse)

   ____

   b. Il ne nous en a pas demandé deux! (c'est une chance que)

   ____

Activité 2 **Au passé!** Refaites les échanges suivants en changeant le verbe de la proposition subordonnée au passé du subjonctif. Ensuite, traduisez ce que vous avez écrit en anglais.

> **MODÈLE** —Je suis content que tu reviennes.
> —Et moi, je suis contente que tu m'attendes.
> Je suis content que tu sois revenue.
> Et moi, je suis contente que tu m'aies attendue.
> *I'm happy that you came back (that you've come back).*
> *And I'm happy that you waited for me.*

1. —Le prof est content que Jacquot réponde.
—Ça ne veut pas dire qu'il comprenne.

—____

—____

____

____

2. —Je suis ravi qu'elle puisse venir.
—Mais il est agaçant que son mari ne vienne pas avec elle.

—____

—____

____

____

3. —Colette se réjouit que son chef ait confiance en elle.
—Il faut qu'elle soit très capable.

—____

—____

____

____

4. —Ma mère regrette que ma sœur ne mette pas son nouveau pull.
—Il est curieux que ce pull ne plaise pas à ta sœur.

—____

—____

____

____

5. —Je suis surpris qu'Irène ne m'attende pas.
—Ça ne veut pas dire qu'elle sorte.

—____

—____

____

____

Activité 3 **Contrastes** Traduisez ces paires de phrases en français en faisant attention à l'emploi du présent et du passé du subjonctif.

1. a. I'm happy that they're leaving.

   ____

   b. I'm happy that they left.

   ____

2. a. It's not that she's going out.

   ____

   b. It's not that she went out.

   ____

3. a. I'm not sure that she's taking a course.

   ____

   b. I'm not sure that she took a course.

   ____

4. a. I don't think the boy is reading the book.

   ____

   b. I don't think the boy read the book.

   ____

5. a. It's improbable that they're on vacation.

   ____

   b. It's improbable that they were on vacation.

   ____

6. a. We're surprised that the children don't fight **(se battre)**.

   ____

   b. We're surprised that the children didn't fight.

   ____

Forms and uses of the imperfect subjunctive*

The imperfect subjunctive is a literary form, reserved for formal writing. It is formed by adding the following endings to the stem of **-er** verbs: **-asse, -asses, -ât, -assions, -assiez, -assent.**

For **-ir** and **-re** verbs and for irregular verbs, the endings of the imperfect subjunctive are added to the **tu** form of the **passé simple** minus the final **-s**. The imperfect subjunctive endings for this group of verbs are **-sse, -sses, -^t, -ssions, -ssiez, -ssent.**

PARLER			
que je	**parlasse**	que nous	**parlassions**
que tu	**parlasses**	que vous	**parlassiez**
qu'il/qu'elle	**parlât**	qu'ils/qu'elles	**parlassent**

FINIR			
que je	**finisse**	que nous	**finissions**
que tu	**finisses**	que vous	**finissiez**
qu'il/qu'elle	**finît**	qu'ils/qu'elles	**finissent**

VENDRE			
que je	**vendisse**	que nous	**vendissions**
que tu	**vendisses**	que vous	**vendissiez**
qu'il/qu'elle	**vendît**	qu'ils/qu'elles	**vendissent**

NOTE Verbs such as **commencer** and **manger** have their respective spelling changes in all persons of the imperfect subjunctive: **que je commençasse, que tu mangeasses.**

Study the imperfect subjunctive forms of **avoir, être, faire,** and **venir.**

AVOIR			
que j'	**eusse**	que nous	**eussions**
que tu	**eusses**	que vous	**eussiez**
qu'il/qu'elle	**eût**	qu'ils/qu'elles	**eussent**

*For recognition only

ÊTRE			
que je	**fusse**	que nous	**fussions**
que tu	**fusses**	que vous	**fussiez**
qu'il/qu'elle	**fût**	qu'ils/qu'elles	**fussent**

FAIRE			
que je	**fisse**	que nous	**fissions**
que tu	**fisses**	que vous	**fissiez**
qu'il/qu'elle	**fît**	qu'ils/qu'elles	**fissent**

VENIR			
que je	**vinsse**	que nous	**vinssions**
que tu	**vinsses**	que vous	**vinssiez**
qu'il/qu'elle	**vînt**	qu'ils/qu'elles	**vinssent**

CHAPTER 26

In formal written French the imperfect subjunctive is used in a subordinate clause when the subjunctive is required and the main verb is in a past tense.

Everyday French	Formal French
Je veux **qu'il vienne**.	Je veux **qu'il vienne**.
Je voulais **qu'il vienne**.	Je voulais **qu'il vînt**.
Je ne crois pas **qu'il puisse** le faire.	Je ne crois pas **qu'il puisse** le faire.
Je ne croyais pas **qu'il puisse** le faire.	Je ne croyais pas **qu'il pût** le faire.
Il faut **qu'il réponde**.	Il faut **qu'il réponde**.
Il a fallu **qu'il réponde.**	Il a fallu **qu'il répondît**.

An inverted third person singular imperfect subjunctive (especially of **être**) often means *even if*. This construction is commonly used for stylistic effect in newspaper writing.

Il ne pourrait pas agir seul, **fût-il** le président. — *He couldn't act alone, **even if he were** the president.*
Elle rêvait d'être à Paris, ne **fût-ce** que pour deux ou trois jours. — *She dreamed of being in Paris, **even if it were** only for two or three days.*

In everyday French the preceding sentences would be phrased as follows:

Il ne pourrait pas agir seul, **même s'il était** le président.
Elle rêvait d'être à Paris, **même si ce n'était que** pour deux ou trois jours.

Activité 4 **Dans le style de tous les jours** Refaites ces phrases en français courant en éliminant l'imparfait du subjonctif.

> **MODÈLE** Je n'ai pas voulu qu'il vous parlât.
> Je n'ai pas voulu qu'il vous parle.

1. Je tenais à ce qu'il finît son travail.

   ____

2. Il n'y a eu aucune chance qu'elle comprît.

   ____

3. J'avais peur que l'enfant ne tombât.

   ____

4. Il valait mieux que le chef lût le compte rendu.

   ____

5. Il fallait travailler tous les jours, fût-ce un jour de fête.

   ____

PART 6

Forms and uses of the pluperfect subjunctive*

The pluperfect subjunctive consists of the imperfect subjunctive of the auxiliary verb **(avoir** or **être)** plus the past participle.

Verbs conjugated with **avoir**	Verbs conjugated with **être**
que j'**eusse parlé, fini, perdu**	que je **fusse parti(e)**
que tu **eusses parlé, fini, perdu**	que tu **fusses parti(e)**
qu'il/qu'elle **eût parlé, fini, perdu**	qu'il/qu'elle **fût parti(e)**
que nous **eussions parlé, fini, perdu**	que nous **fussions parti(e)s**
que vous **eussiez parlé, fini, perdu**	que vous **fussiez parti(e)(s)**
qu'ils/qu'elles **eussent parlé, fini, perdu**	qu'ils/qu'elles **fussent parti(e)s**

The pluperfect subjunctive is used to indicate that the action of the subordinate clause happened before the action of the main clause when the verb of the main clause is in the past. Compare the following pairs of sentences in formal language.

J'étais heureux **qu'il fût** là.	*I was happy* ***that he was there.***
J'étais heureux **qu'il eût été** là.	*I was happy* ***that he had been*** *there.*
On ne croyait pas **qu'il partît.**	*We didn't think* ***he was leaving.***
On ne croyait pas **qu'il fût parti.**	*We didn't think* ***he had left.***

*For recognition only

Those same sentences in less formal French are:

J'étais heureux **qu'il soit** là.
J'étais heureux **qu'il ait été** là.

On ne croyait pas **qu'il parte**.
On ne croyait pas **qu'il soit parti**.

The pluperfect subjunctive can also replace the pluperfect and the conditional perfect in both parts of a conditional sentence.

S'**il** me l'**eût dit, j'eusse compris**.	*If **he had told** me, **I would have understood**.*
S'**il fût venu, nous eussions parlé**.	***If he had come, we would have talked.***

Those same sentences in less formal French are:

S'il me l'**avait dit, j'aurais compris**.
S'il **était venu, nous aurions parlé**.

As in the case of the imperfect subjunctive, you only need to recognize the forms of the pluperfect subjunctive.

Activité 5 **À refaire en français moderne** Voici des phrases littéraires, d'un style très surveillé. Refaites-les dans la langue courante.

MODÈLES Je ne pensais pas qu'il fût revenu.
Je ne pensais pas qu'il soit revenu.

Si vous eussiez vécu en Chine pendant la guerre, vous eussiez beaucoup souffert.
Si vous aviez vécu en Chine pendant la guerre, vous auriez beaucoup souffert.

1. Si la France eût modernisé son armée, elle n'eût pas perdu la Seconde Guerre mondiale.

____

2. Si cet écrivain ne fût pas mort à l'âge de trente ans, il eût été un des grands romanciers de notre littérature.

____

3. Si les étrangers eussent parlé en français, nous eussions compris.

____

4. Si la ligne aérienne n'eût pas fait grève, ils fussent partis en vacances.

____

5. Si les soldats se fussent approchés de cette maison, ils eussent été tués.

____

CHAPTER 26

CHAPTER 26 TEST

Past, imperfect, and pluperfect subjunctive

Au passé Complétez les phrases suivantes avec la forme correcte du passé du subjonctif du verbe entre parenthèses.

1. Je regrette qu'il ______________________. (partir)
2. Nous sommes desolés que notre équipe ______________________ le match. (perdre)
3. Il se rejouit qu'elles ______________________. (revenir)
4. Il craint que vous ne/n' ______________________ la leçon. (apprendre)
5. Elle ne croit pas que tu ______________________ les paquets. (recevoir)
6. Je suis content qu'ils ______________________ mes livres. (lire)
7. Il n'est pas sûr qu'elle ______________________ ses opinions. (comprendre)
8. Vous ne croyez pas que nous ______________________ parler avec eux? (vouloir)
9. Ce n'est pas que je/j' ______________________ sur lui. (compter)
10. Je m'étonne que vous ne/n' ______________________. (sortir)
11. Nous craignons qu'elle ______________________. (tomber)
12. Il est peu probable qu'elles ______________________ avant nous. (arriver)
13. Il est possible que son père lui ______________________ de l'argent. (prêter)
14. Ma grand-mère se plaint que nous ne/n' ______________________. (téléphoner)
15. Tu as de la chance qu'il te/t' ______________________. (entendre)
16. Il est curieux qu'elle te/t'______________________ ça. (dire)
17. Tu t'étonnes que je/j' ______________________ ma chambre? (peindre)
18. Il est agaçant qu'ils ______________________ d'une façon si offensive. (répondre)
19. Je n'approuve pas que vous ______________________ la table. (mettre)
20. Je ne pense pas qu'il ______________________ son travail. (finir)

CHAPTER 27

Other uses of the subjunctive

The subjunctive after certain conjunctions

The subjunctive is used after the following conjunctions.

pour que *so that, in order that*	**sans que** *without*	**pourvu que** *provided that, as long as*
afin que *so that, in order that (formal)*	**avant que** *before*	**à condition que** *on the condition that, provided that*
de façon que *so that, in order that*	**jusqu'à ce que** *until*	**malgré que** *in spite of the fact that*
bien que/quoique *although*	**en attendant que** *until*	
encore que *although (literary)*	**de peur que/de crainte que** *for fear that*	
	à moins que *unless*	

Partons **sans que personne ne s'en rende compte.**	*Let's leave* ***without anyone's realizing.***
Alors, parlons tout bas **pour qu'on ne nous entende pas.**	*Then let's speak very softly* ***so that people don't hear us.***
Il faut continuer à travailler **bien qu'il fasse chaud.**	*It's necessary to continue working* ***although it's hot.***
Je vais t'aider **pour que tu puisses** finir.	*I'll help you* ***so that you can*** *finish.*
Allons-nous-en **avant que Paul revienne.**	*Let's go away* ***before Paul comes back.***
Je préfère rester **jusqu'à ce qu'il vienne.**	*I prefer to stay* ***until he comes.***
J'irai **pourvu que vous puissiez** m'accompagner.	*I'll go* ***as long as you can*** *accompany me.*
D'accord. Je vais chercher mon parapluie **de peur qu'il pleuve.**	*OK. I'll go get my umbrella* ***for fear that it may rain.***

In formal style **le ne explétif** may precede the subjunctive after **avant que, de peur que, de crainte que,** and **à moins que.**

Allons-nous-en **avant que** Paul **ne** revienne.	*Let's go* ***before*** *Paul comes back.*
Je vais chercher mon parapluie **de peur qu'**il **ne** pleuve.	*I'm going to look for my umbrella* ***for fear that*** *it will rain.*
Il viendra **à moins qu'**il **ne** soit malade.	*He'll come* ***unless*** *he's sick.*

An infinitive construction replaces the subjunctive if the subject of both clauses is the same.

J'écris l'adresse **pour que tu ne l'oublies pas.**	*I'll write down the address* ***so that you won't forget it.***
J'écris l'adresse **pour ne pas l'oublier.**	*I'll write down the address* ***so that I won't forget it.***
Il mangera **avant que nous partions.**	*He'll eat* ***before we leave.***
Il mangera **avant de partir.**	*He'll eat* ***before he leaves.***

Activité 1 **Jusqu'à quand?** Un groupe de garçons attendent leurs petites amies, mais elles sont en retard. Ils parlent entre eux pour décider combien de temps ils vont attendre. Écrivez ce qu'ils disent en utilisant la conjonction **jusqu'à ce que**.

PART 6

MODÈLE Marc: j'attendrai / Cybèle / arriver
Marc: J'attendrai jusqu'à ce que Cybèle arrive.

1. Paul: j'attendrai / Marie-Claire / m'appeler
____
2. Philippe: j'attendrai / Yvette / venir
____
3. Serge: j'attendrai / l'autobus / arriver pour me ramener
____
4. Luc: j'attendrai / Robert / revenir de la cabine téléphonique
____
5. Baudouin: j'attendrai / vous / s'en aller
____
6. Maurice: j'attendrai / nous / pouvoir vérifier où elles sont
____
7. Daniel: j'attendrai / nous / savoir quelque chose
____
8. Richard: j'attendrai / ma petite amie / apparaître
____

Activité 2 **À ceci près *(with this exception)*** Un groupe d'amis parlent de ce qu'ils feront, mais posent dans chaque cas une condition qui pourrait les en empêcher. Écrivez ce qu'ils disent en employant **à moins que.**

MODÈLE Marc: J'irai au cinéma.
Lise: Mais si nous avons une composition à rédiger...
Marc: Oui. J'irai au cinéma à moins que nous ayons une composition à rédiger.

1. Renée: Hélène sortira avec Nicolas.

   Marie: Mais si elle est occupée...

   Renée: ______________________________

2. David: Jocelyne partira en Italie.

   Alice: Mais si son père lui défend d'y aller...

   David: ______________________________

3. Paul: Christophe t'expliquera la leçon.

   Luc: Mais s'il ne fait pas attention en classe...

   Paul: ______________________________

4. Julie: Michel veut inviter tous ses amis chez lui.

   Sara: Mais si ses parents reviennent...

   Julie: ______________________________

5. Papa: On peut aller chez les Laurentin.

   Maman: Mais s'ils ont des choses à faire...

   Papa: ______________________________

6. Odile: Il faudra partir sans Jacqueline.

   Diane: Mais si elle peut aller avec nous...

   Odile: ______________________________

7. Joseph: Nous pouvons faire un pique-nique demain.

   André: Mais s'il fait mauvais...

   Joseph: ______________________________

Activité 3 **Des événements qui nous empêchent de faire des choses** Lucille rappelle à ses amis toutes les choses qu'il faut faire. Mais dans chaque cas son amie Odile lui rappelle une possibilité qui les empêcherait de faire ces choses. Exprimez ces possibilités posées par les amis de Lucille avec **à moins que** suivi du passé du subjonctif.

MODÈLE Lucille: Nous devons aller voir Agnès. (mais si elle est partie...)
Odile: À moins qu'elle soit partie.

1. Lucille: Nous pouvons aller au cinéma. (mais si Gérard a vu le film...)

   Odile: ______________________________

2. Lucille: Il nous faut faire les courses. (mais si on a déjà fermé les magasins...)

   Odile: ______________________________

3. Lucille: Nous devons attendre Vincent. (mais s'il a oublié notre rendez-vous...)

   Odile: ____

4. Lucille: Alain nous emmènera au stade. (mais si sa voiture est tombée en panne...)

   Odile: ____

5. Lucille: On peut aller écouter des disques chez Henri. (mais s'il est allé à la bibliothèque...)

   Odile: ____

6. Lucille: Christian peut nous prêter son livre d'histoire. (mais s'il l'a perdu...)

   Odile: ____

7. Lucille: Je dois téléphoner à Lise. (mais si elle n'est pas encore rentrée...)

   Odile: ____

PART 6

Activité 4 **Pas si vite!** Jacquot veut sortir, voir ses amis, etc., mais sa mère pose des conditions. Écrivez ce que sa mère lui dit en formant des phrases avec **pourvu que.**

> **MODÈLE** Maman, je vais au cinéma avec Albert ce soir.
> (tu / finir tes devoirs avant)
> Oui, pourvu que tu finisses tes devoirs avant.

1. Maman, je sors prendre un café avec Éloïse ce soir. (tu / prendre le dessert avec nous)

   ____

2. Maman, je vais à la boum de Victor. (tu / être de retour avant minuit)

   ____

3. Maman, je veux aller voir le match de football dimanche. (ton frère / pouvoir t'accompagner)

   ____

4. Maman, je dois aller à la bibliothèque. (tu / mettre de l'ordre dans ta chambre)

   ____

5. Maman, Guy m'invite à passer l'après-midi chez lui. (tu / faire les courses avant)

   ____

6. Maman, je veux inviter Lise à prendre le goûter avec nous. (elle / ne pas venir avant quatre heures)

   ____

7. Maman, je peux prendre la voiture ce soir? (ton père / te permettre)

____

8. Maman, je peux dîner dans un restaurant de luxe? (nous / pouvoir aller avec toi)

____

Activité 5 **C'est pour ça.** Formez des phrases avec **pour que** qui expliquent le pourquoi des actions.

> **MODÈLE** L'agent de police parle lentement. (l'étranger / le comprendre)
> L'agent de police parle lentement pour que l'étranger le comprenne.

François est souffrant.

1. Le médecin lui ordonne des antibiotiques. (il / se remettre *[recover]*)

____

2. Sa mère a baissé les stores *(blinds)*. (François / dormir)

____

3. Elle prépare une bonne soupe. (il / prendre quelque chose de chaud)

____

4. On lui donne trois couvertures *(blankets)*. (il / ne pas avoir froid)

____

M. et Mme Durand essaient d'orienter un étudiant étranger qui habite chez eux.

5. Nous allons t'acheter un poste de télé. (tu / regarder des émissions en français)

____

6. On va te dessiner un petit plan du quartier. (tu / ne pas te perdre)

____

7. On te donne une carte avec notre numéro de téléphone. (tu / pouvoir nous appeler)

____

8. Nous allons inviter nos neveux et nos nièces. (tu / faire leur connaissance)

____

Activité 6 **Courage!** Vous encouragez votre ami à faire ce qu'il doit faire malgré les ennuis qui se présentent. Employez une proposition avec **bien que** pour lui dire qu'il faut surmonter les obstacles.

MODÈLE —Tu ne sors pas?
—Il pleut.
—Tu dois sortir bien qu'il pleuve.

1. —Tu ne fais pas tes devoirs?

   —Je suis fatigué.

   ____

2. —Tu ne descends pas faire les courses?

   —Il fait mauvais.

   ____

3. —Tu ne lis pas le livre de chimie?

   —Je n'en ai pas envie.

   ____

4. —Tu ne téléphones pas à Renée?

   —Nous sommes brouillés *(mad at each other)*.

   ____

5. —Tu ne vas pas au cours?

   —Je ne me sens pas bien.

   ____

6. —Tu ne mets pas de cravate?

   —J'ai chaud.

   ____

7. —Tu n'écris rien?

   —Je ne sais pas la réponse.

   ____

8. —Tu ne finis pas ta rédaction?

   —Il est tard.

   ____

Activité 7 **Sans ça** Joignez chaque paire de phrases en une seule avec la conjonction **sans que** de façon à ce que la nouvelle phrase exprime la même idée.

MODÈLES Elle part. Je ne la vois pas.
Elle part sans que je la voie.

Elle est partie. Je ne l'ai pas vue.
Elle est partie sans que je l'aie vue.

1. Il entre doucement. On ne s'en aperçoit pas.

____

2. Cet étudiant copie. Le professeur ne s'en rend pas compte.

____

3. Marc a eu des ennuis avec la police. Ses parents ne sont pas au courant.

____

4. Il parle au téléphone. Je ne peux pas entendre ce qu'il dit.

____

5. Je te passerai un petit mot *(note)*. Le prof ne me verra pas.

____

6. Il est parti. Nous ne le savions pas.

____

7. Il est rentré. Nous ne l'avons pas vu.

____

8. Elle s'est fâchée. Je ne lui ai rien dit.

____

Activité 8 **On fait les courses.** Un groupe d'amis est en train de faire leurs courses. Décrivez leur activité en formant des phrases avec une proposition adverbiale. Employez les conjonctions indiquées.

MODÈLE j'irai à la boucherie / avant / vous / revenir / de la charcuterie
J'irai à la boucherie avant que vous (ne) reveniez de la charcuterie.

VOCABULAIRE

Les boutiques/les commerçants

Les boutiques	Les commerçants
la bijouterie *jewelry store*	**le bijoutier/la bijoutière**
la blanchisserie *laundry*	**le blanchisseur/la blanchisseuse**
la boucherie *butcher shop*	**le boucher/la bouchère**
la boulangerie *bakery*	**le boulanger/la boulangère**
la boutique du coiffeur *barbershop*	**le coiffeur/la coiffeuse**
la charcuterie *delicatessen*	**le charcutier/la charcutière**
la crémerie *dairy*	**le crémier/la crémière**
la droguerie *drugstore*	**le/la droguiste**
l'épicerie *grocery*	**l'épicier/l'épicière**
le kiosque (à journaux) *newsstand*	**le vendeur/la vendeuse de journaux**
la librairie *bookstore*	**le/la libraire**
la pâtisserie *pastry shop*	**le pâtissier/la pâtissière**
la pharmacie *drugstore (pharmacy)*	**le pharmacien/la pharmacienne**
le pressing *dry cleaners*	**le teinturier/la teinturière**
le salon de coiffure *beauty salon*	**le coiffeur/la coiffeuse**
la station-service *gas station*	**le/la pompiste, le mécanicien/la mécanicienne**

PART 6

1. je ne passerai pas à la blanchisserie / jusqu'à / Louise / descendre au marché

   ____

2. Marc ira à la pâtisserie / pour / nous / prendre un bon dessert ce soir

   ____

3. Claire ira au kiosque du coin / pourvu / nous / l'accompagner

   ____

4. je vais vite au pressing / de peur / ils / fermer pour le déjeuner

   ____

5. nous attendrons Chantal à la station-service / jusqu'à / elle / faire le plein

   ____

6. Philippe attendra à la station-service / jusqu'à / le mécanicien / changer l'huile

   ____

7. nous regarderons l'étalage de la librairie / en attendant / Jean / sortir de chez le coiffeur

   ____

8. Odile veut passer à la droguerie / à moins / vous / être pressés pour rentrer

   ____

Note culturelle

Des achats

Bien que les Français fassent la plupart de leurs achats dans les supermarchés et les hypermarchés, dans le centre des villes le système commercial traditionnel des petites boutiques spécialisées continue. Il y a des boulangeries où l'on ne fait que du pain, et des pâtisseries où l'on ne fait que des tartes et des gâteaux, mais il y a aussi beaucoup de boulangeries-pâtisseries où l'on vend tout ce qu'on trouve dans un bakery *américain.*

Les Français font une distinction entre la pharmacie, où on va avec l'ordonnance du médecin, et la droguerie où on achète les articles de toilette. Les pharmacies sont indiquées par une croix verte.

L'influence anglo-américaine se fait sentir même dans le petit commerce français. La boutique du teinturier s'appelle de nos jours «le pressing» et non «la teinturerie».

Activité 9 **Vos idées** Complétez ces phrases selon vos idées, vos opinions et vos projets. Choisissez une des conjonctions proposées pour former votre phrase.

1. Le prof continuera à parler (sans que / jusqu'à ce que)

   ____

2. Je m'achèterai de nouveaux CD (pourvu que / de façon que)

   ____

3. Je sortirai ce week-end (bien que / pour que)

   ____

4. Sophie nous attendra devant le lycée (jusqu'à ce que / malgré que)

   ____

5. Les étudiants doivent se tenir *(behave)* (de peur de / pour que)

   ____

6. Je retrouverai mes amis après les cours (à moins que / quoique)

   ____

7. Je finirai de rédiger cette composition (avant que / bien que)

   ____

8. Il faut prendre de l'essence (avant que / pour que)

   ____

Activité 10 **En français, s'il vous plaît.** Traduisez ces phrases en français.

1. I'll call them before I get to the airport.

   ____

2. We'll watch the soccer match until it begins to rain.

   ____

3. Mrs. Dulac set the table an hour before her friends arrived.

   ____

4. They stood in line **(faire la queue)** in order to buy **(prendre)** tickets.

   ____

5. You **(vous)** didn't want to go to the department store without our going too.

   ____

6. Although it's cold, we should take a walk.

   ____

7. I'll lend you **(tu)** the book unless you have already bought it.

   ____

8. You **(tu)** can go as long as your brother goes with you.

   ____

The subjunctive in relative clauses

The subjunctive is used in a relative clause if the antecedent in the main clause does not exist, is sought but not yet found, or is indefinite.

Il n'y a **personne qui** me **comprenne.**	*There's* ***no one who understands*** *me.*
Je ne vois **pas d'endroit où nous puissions** nous asseoir.	*I don't see* ***anyplace where we can*** *sit down.*
L'entreprise a besoin de **secrétaires qui sachent** trois langues.	*The firm needs* ***secretaries who know*** *three languages.*
Je cherche **une voiture qui fasse** du cent cinquante à l'heure.	*I'm looking for* ***a car that does*** *one hundred fifty kilometers per hour.*
Connaissez-vous **quelqu'un qui puisse** nous aider?	*Do you know* ***someone who can*** *help us?*

If the antecedent in the main clause actually exists, the indicative is used in the relative clause.

J'ai besoin **des secrétaires qui savent** trois langues.	*I need* ***the secretaries who know*** *three languages.*
J'ai acheté **la voiture qui fait** du cent cinquante à l'heure.	*I bought* ***the car that does*** *one hundred fifty kilometers per hour.*
Voilà **quelqu'un qui peut** nous aider.	*There's* ***someone who can*** *help us.*

Activité 11 **On cherche un logement.** Jacquot cherche un appartement avec trois autres étudiants. Il décrit ce que chacun désire dans un logement. À partir des éléments donnés, formez des phrases qui expriment ce qu'il dit.

> **MODÈLE** nous / chercher un appartement / avoir quatre chambres à coucher
> Nous cherchons un appartement qui ait quatre chambres à coucher.

1. toi, tu / vouloir un appartement / avoir deux salles de bains

   ____

2. Mathieu / avoir besoin d'un appartement / être climatisé

   ____

3. Philippe et moi, nous / préférer un appartement / être près de la faculté

   ____

4. nous / vouloir un appartement / ne pas avoir besoin de beaucoup de rénovation

   ____

5. moi, je / chercher un appartement / avoir le confort moderne

   ____

6. Charles / désirer un appartement / se trouver dans un immeuble neuf

   ____

7. Mathieu et Philippe / chercher un appartement / être en face de l'arrêt d'autobus

   ____

8. nous / chercher un voisin / ne pas se plaindre des boums

   ____

Activité 12 **L'ami idéal** Pour savoir ce que Stéphane dit sur l'ami idéal qu'il cherche, complétez les propositions relatives avec le subjonctif du verbe entre parenthèses.

1. Je veux trouver un ami avec qui je ________________ parler facilement. (pouvoir)
2. J'ai besoin d'un ami qui me ________________. (comprendre)
3. Je préférerais un ami qui ________________ très intelligent. (être)
4. Je veux un ami qui ________________ de l'humour. (avoir)
5. J'ai besoin d'un ami qui me ________________ toujours la vérité. (dire)
6. Je cherche un ami qui ________________ des études dans notre faculté. (faire)

CHAPTER 27

Note culturelle

Le Louvre

Le Louvre est un des plus grands musées d'art du monde. Vous y trouverez une sélection internationale de peintures comme «La Gioconde» (Mona Lisa) *de Léonardo da Vinci, «La Dentellière» de Jan Vermeer et le portrait de la Marquise de Solana de l'artiste espagnol Francisco Goya. La France est représentée par le tableau de Delacroix «La liberté guidant le peuple» et par les paysannes dépeintes dans «Les glaneuses» de Jean-François Millet.*

PART 6

Activité 13 **Au bureau** La compagnie où travaille Chantal cherche des employés. Complétez les phrases suivantes avec le subjonctif ou l'indicatif, selon le cas, pour savoir quels candidats doivent faire une demande d'emploi auprès de son bureau.

VOCABULAIRE V

Le bureau moderne

l'interconnexion de réseau *(f.) networking*
l'infographie *(f.) computer graphics*
le représentant / la représentante de commerce *traveling salesperson*
le traitement de données *data processing*
le traitement de texte *word processing*

1. Nous avons une représentante de commerce qui ______________ l'espagnol. (savoir)
2. Nous cherchons quelqu'un qui ______________ l'italien. (savoir)
3. Nous avons besoin d'un secrétaire qui ______________ bien les programmes pour le traitement de texte. (connaître)
4. Il faut trouver quelqu'un qui ______________ des connaissances d'infographie. (avoir)
5. Nous n'avons personne qui ______________ mettre à jour nos systèmes de traitement de données. (pouvoir)
6. Nous n'avons pas encore de collègue qui ______________ spécialisé dans l'interconnexion de réseau. (être)
7. Nous avons des employés qui ______________ une expérience internationale. (avoir)
8. Mais il n'y a personne qui ______________ capable d'ouvrir des bureaux en Asie. (être)

The subjunctive after superlatives

The subjunctive is used in clauses after superlatives. These sentences usually express a subjective or personal opinion or evaluation.

C'est l'entreprise **la plus dynamique que je connaisse.**	*It's **the most dynamic** company **that I am acquainted with.***
Et ses produits sont **les plus solides qu'on puisse** trouver.	*And its products are **the most solid ones that you can** find.*
C'est **le meilleur** livre **que j'aie lu.**	*It's **the best** book **that I have read.***
Et la dissertation **la plus difficile que** nous **ayons écrite.**	*And **the hardest** term paper **that we have written.***

The subjunctive is also used after **seul, unique, dernier,** and **premier**.

Vous êtes la **seule** personne **qui puisse** comprendre.	*You're the **only** person **who can** understand.*
C'est le **premier** livre **qui soit** utile.	*It's the **first** book **that is** useful.*

CHAPTER 27

Activité 14 **Un peu d'enthousiasme!** Joignez les deux phrases en une seule. Employez un superlatif (ou un de ces adjectifs: **seul, unique, dernier, premier**). Utilisez le subjonctif dans la proposition subordonnée.

MODÈLES Ce roman est facile. Nous le lisons.
C'est le roman le plus facile que nous lisions.

Vous êtes la seule personne. Vous m'avez téléphoné.
Vous êtes la seule personne qui m'ait téléphoné.

1. Cette fille est belle. Je la connais.

 ____

2. Ce cours est ennuyeux. Je le suis.

 ____

3. Ce compte-rendu est intéressant. Marc l'écrit.

 ____

4. Ce village est joli. Vous le visitez.

 ____

5. Ce patient est le premier. Il vient au cabinet du dentiste.

 ____

6. Vous êtes la seule étudiante. Vous faites du chinois.

 ____

7. Cette employée est la dernière. Elle s'en va du bureau.

 ____

8. Ce repas est mauvais. On l'a servi à la cantine.

____

9. Ce restaurant est bon. Nous le fréquentons.

____

10. Ce tableau est beau. Tu l'as peint.

____

11. Ce loyer est élevé. Je l'ai payé.

____

12. Tu es le seul ami. Tu me comprends.

____

PART 6

Activité 15 **Et maintenant il s'agit de vous.** Puisez dans *(draw on)* vos expériences personnelles pour parler de vos opinions et de vos impressions. Utilisez des superlatifs ou des adjectifs comme **seul, unique, dernier, premier.** Employez le subjonctif dans les propositions subordonnées s'il le faut.

MODÈLE le meilleur livre que vous ayez lu cette année
La peste de Camus est le meilleur livre que j'aie lu cette année.

1. le cours le plus intéressant que vous suiviez

____

2. l'émission *(TV show)* la plus amusante que vous regardiez

____

3. la première fois que vous êtes sorti(e) avec votre petit(e) ami(e)

____

4. l'affiche la plus jolie que vous ayez achetée

____

5. la personne la plus intéressante que vous connaissiez

____

6. le garçon le plus charmant ou la fille la plus charmante que vous connaissiez

____

7. le meilleur film que vous ayez vu cette année

____

8. l'excursion la plus amusante que vous ayez faite cette année

____

9. le vêtement le plus élégant que vous ayez acheté cette année

____

10. la dernière fois que vous êtes allé(e) à la plage

____

The subjunctive in certain types of indefinite clauses*

French uses the following construction to express *however + adjective* or *no matter how + adjective.*

tout(e) **quelque** **pour** **aussi** **si**	+ *adjective* + **que** + *subjunctive of* **être, paraître,** etc.

toute confiante que vous soyez	*however confident you may be*
pour petit qu'il paraisse	*as small as he may seem*
aussi fort que ce pays soit	*however strong this country is*
si peu que ce soit	*however little it may be*

Quel(le)(s) + **que** + *subjunctive of* **être** + *noun* expresses the idea of *whatever.*

quels que soient les problèmes	*whatever the problems may be*
quelles que soient vos craintes	*whatever your fears may be*
quel que soit l'obstacle	*whatever the obstacle may be*

Qui que and **quoi que** followed by the subjunctive mean *whoever* and *whatever,* respectively. **Où que** + subjunctive means *wherever.*

qui que vous soyez	*whoever you may be*
qui que ce soit	*whoever, anyone*
quoi que vous fassiez	*whatever you're doing*
quoi que ce soit	*anything*
où que tu ailles	*wherever you go*

Activité 16 **À traduire** Traduisez les phrases suivantes en anglais.

1. Qui qu'elle soit, elle n'a pas le droit d'entrer.

____

2. Si riches qu'ils soient devenus, ils ne peuvent oublier la pauvreté de leur jeunesse.

____

3. Tout doué que tu sois, il faut que tu étudies.

____

*For recognition only

4. Il comptait nous offrir quoi que ce soit.

____

5. Je ne lui pardonnerai jamais, quoi qu'il dise.

____

6. Ce candidat accepte l'argent de qui que ce soit.

____

7. Quelle que soit la somme offerte, elle ne sera pas suffisante.

____

8. Où que tu ailles tu trouveras les mêmes difficultés.

____

CHAPTER 27 TEST

Other uses of the subjunctive

Le subjonctif Complétez les phrases suivantes avec la forme correcte du subjonctif du verbe entre parenthèses.

1. Je l'attendrai jusqu'à ce qu'il ______________________. (venir)
2. Téléphone-lui avant qu'elle ______________________. (sortir)
3. J'irai pourvu que tu ______________________ avec moi. (aller)
4. Expliquez-le-lui pour qu'il le ______________________. (comprendre)
5. Nous irons tous à moins que tes cousins ne ______________________ pas aller. (pouvoir)
6. Il nous faudra sortir bien qu'il ______________________ mauvais. (faire)
7. Ne faites rien sans qu'on me ______________________ au courant. (mettre)
8. Reste à la maison jusqu'à ce que vous vous ______________________ mieux. (sentir)
9. Il faudra parler avec le patron quoique vous ______________________ peur de le faire. (avoir)
10. Malgré qu'elle ______________________ fâchée, elle s'est jointe à nos efforts. (être)
11. Je pourrai le faire à condition que vous m'______________________. (aider)
12. Je n'ai rien dit de peur qu'il s'en ______________________ compte. (rendre)
13. C'est le seul livre qui ______________________ utile. (être)
14. C'est la meilleure classe que je ______________________ ce semestre. (suivre)
15. Pour compétent qu'il ______________________, il ne finit aucun travail. (paraître)
16. Où que vous ______________________, je vous trouverai. (être)
17. Où qu'il ______________________, il trouve la même situation. (aller)
18. C'est le meilleur film que j'______________________ vu ce semestre. (avoir)
19. Tout doués qu'ils ______________________, il faut qu'ils étudient. (être)
20. Il s'est caché de crainte qu'on ne le ______________________. (voir)

PART SEVEN

Idiomatic Usage

PART SEVEN
Idiomatic Usage

CHAPTER

Chapter 28 Idioms and proverbs 491

CHAPTER 28

Idioms and proverbs

Idioms with **avoir** and **être***

Expressions with **avoir**

Je t'ai eu! *I've tricked you, Gotcha!*
Ils m'ont eu! *I've been had!*
avoir lieu *to take place*
avoir quelqu'un dans sa peau *to have someone under one's skin*
en avoir marre, en avoir assez, en avoir par-dessus la tête *to be fed up (colloquial)*
en avoir ras le bol, en avoir plein le dos *to be fed up (slang)*
en avoir pour son argent *to get one's money's worth*
avoir maille à partir avec quelqu'un *to have a bone to pick with someone*
avoir le cafard *to have the blues, be depressed*
avoir du toupet *to have a lot of nerve*
avoir horreur de quelque chose *to detest something, loathe something*
avoir le cœur sur la main *to be generous*
avoir toujours le mot pour rire *to be a real joker, have a good sense of humor*
n'avoir ni queue ni tête *to make no sense*
avoir bonne/mauvaise mine *to look good/bad (usually refers to health)*
avoir hâte de faire quelque chose *to be impatient, in a rush to do something*
avoir des complexes *to have hang-ups*
avoir le fou rire *to have the giggles, laugh uncontrollably*
avoir la langue bien pendue *to be a good talker*
avoir du mal à faire quelque chose *to have difficulty doing something*
avoir le mal du pays *to be homesick*
avoir le mal de mer *to be seasick*
avoir de l'oreille *to have an ear for music*
en avoir pour cinq minutes *to take (someone) five minutes (to do something)*
J'ai le cœur qui bat. *My heart is beating (with excitement, nervousness).*
J'ai la tête qui tourne. *I'm dizzy.*
avoir six mètres de haut/long/large *to be six meters high/long/wide*
Qu'est-ce qu'il a? *What's wrong with him?*
Tu n'avais qu'à me demander. *All you had to do was ask me.*
Il n'a qu'à étudier un peu. *All he has to do is study a little.*
Il n'y a que toi pour faire ça! *Only you would do that!*
Il n'y a pas de quoi. *Don't mention it, You're welcome.*
Il doit y avoir une raison. *There must be a reason.*
Il y a un froid entre eux. *They're on bad terms, They're angry with each other.*
Ce gosse n'a pas froid aux yeux! *That kid is gutsy!*

*See also Chapter 2

Expressions with **être**

J'y suis! *I've got it, Now I understand!*
être au courant *to be informed, be up-to-date about a matter*
être en nage *to be sweaty*
être sur la même longueur d'ondes *to be on the same wavelength*
être dans la lune *to be off in the clouds somewhere*
être sur le point de faire quelque chose *to be on the verge of doing something*
comme si de rien n'était *as if nothing had happened*
c'est à moi/toi/lui de... *It's up to me/you/him to . . .*
être des nôtres *to join us (for an activity)*
être de mèche avec *to be in cahoots with*
être reçu à un examen, au bac *to pass a test, the baccalaureate exam*
être de retour *to be back*
être de trop *to be in the way, out of place*
être en vue *to be the object of public attention, in the public eye*
Il y est pour beaucoup. *He's largely responsible.*
Je n'y suis pour rien. *I'm not at all at fault, I'm not to blame.*
Il est + singular or plural noun *there is, there are (literary substitute for* **il y a***)*
Il est des gens qui croient cela.
On en est là. *We've come to that.*
Où en sommes-nous? *Where are we up to?*
Nous sommes quittes. *We're even.*
J'en suis à ma dernière année au lycée. *I'm in my last year at school.*
J'en suis à me demander si... *I'm beginning to wonder if . . .*
J'en suis pour mes frais/pour ma peine! *I've gotten nothing for my money/for my trouble!*
Tout est à refaire. *Everything has to be redone.*

PART 7

Activité 1 **Comment le dire?** Laquelle des deux possibilités exprime l'idée proposée?

1. Vous voulez dire à un ami que vous serez bientôt prêt.
   a. J'en ai pour cinq minutes.
   b. Nous n'avons qu'à attendre.
2. C'est un enfant courageux.
   a. Ce gosse est en nage.
   b. Ce gosse n'a pas froid aux yeux.
3. Vous voulez dire que quelqu'un vous a trompé.
   a. J'en ai par-dessus la tête!
   b. On m'a eu!
4. Vous voulez dire que Marie est généreuse et franche.
   a. Elle a le cœur sur la main.
   b. Elle y est pour beaucoup.
5. Vous entrez tard dans la classe et vous voulez savoir à quelle page on lit.
   a. Vous y êtes?
   b. Où en sommes-nous?

6. Vous voulez dire que vous ne savez rien au sujet de l'affaire dont on parle.
   a. Il doit y avoir une raison.
   b. Je ne suis pas au courant.
7. Vous voulez nier votre responsabilité.
   a. Je n'y suis pour rien.
   b. Tu as du toupet.
8. Vous voulez exprimer votre émotion.
   a. Je suis quitte.
   b. J'ai le cœur qui bat.
9. Le travail est tellement mal fait qu'il faut recommencer.
   a. Comme si de rien n'était.
   b. Tout est à refaire.
10. Vous voulez dire que vos efforts ont été inutiles.
    a. J'en suis pour ma peine.
    b. J'ai maille à partir avec toi.
11. Il ne fait jamais attention à ce qui se passe autour de lui.
    a. Il est en nage.
    b. Il est dans la lune.
12. Vous commencez à soupçonner qu'ils travaillent ensemble.
    a. J'en viens à me demander s'ils sont de mèche.
    b. Tu n'avais qu'à me demander s'ils étaient au courant.

CHAPTER 28

Activité 2 **Qu'est-ce que ça veut dire?** Laquelle des deux possibilités définit l'expression donnée?

1. J'en suis à me demander si...
   a. Je voudrais vous demander si...
   b. Je commence à penser que...
2. Nous en sommes là.
   a. Nous voilà dans un état lamentable.
   b. Nos efforts ont produit l'effet souhaité.
3. Lui, il ne manque pas de toupet!
   a. Il est audacieux et arrogant.
   b. Il est gentil et généreux.

4. Jacqueline a toujours le mot pour rire.
   a. Elle rit beaucoup.
   b. Elle fait rire les autres.
5. Cet homme d'affaires n'a pas froid aux yeux.
   a. Il est trop prudent.
   b. Il n'a pas peur de prendre des risques.
6. J'ai la tête qui tourne.
   a. J'ai oublié.
   b. J'ai le vertige.
7. Cette histoire n'a ni queue ni tête.
   a. Elle est incohérente.
   b. Elle est facile à comprendre.
8. Il y a un froid entre eux.
   a. Ils sont fâchés.
   b. Ils ont froid.
9. Tu n'as qu'à me téléphoner.
   a. Tu ne m'as pas téléphoné.
   b. Il suffit de me téléphoner.
10. Comme si de rien n'était.
    a. Comme si nous n'avions rien à faire.
    b. Comme s'il n'y avait aucun problème.
11. La réunion a eu lieu hier.
    a. On s'est réunis hier.
    b. Il y avait de la place pour la réunion.
12. Il n'a pas bonne mine.
    a. Il n'a pas d'argent.
    b. Il a l'air malade.
13. Il n'y a que toi pour faire ça.
    a. Tu es le seul à pouvoir le faire.
    b. Tu ne l'as pas encore fait.
14. Nous sommes quittes.
    a. On ne se doit plus rien.
    b. On va partir.

Idioms with **faire** and **se faire***

Expressions with **faire**

faire à sa tête *to act impulsively, to do whatever one wants*
faire acte de présence *to put in an appearance*
faire de la peine à quelqu'un *to hurt someone's feelings*
faire de la photographie *to do photography*
faire des bêtises *to get into mischief*
faire du sport, du ski, de la natation *to play sports, ski, swim*
faire du théâtre *to be an actor (professional)/do some acting (amateur)*
faire du violon/du piano *to study the violin, piano*
faire l'école buissonnière *to play hooky*
faire l'enfant, l'idiot *to act like a child, the fool*
faire l'Europe *to travel to Europe, visit Europe*
faire la moue *to pout*
faire la queue *to stand in line*
faire le singe *to play the fool*
faire peau neuve *to turn over a new leaf*
faire preuve de *to show, display a quality or virtue*
faire savoir *to let someone know*
faire semblant de faire quelque chose *to pretend to*
faire ses bagages, ses valises *to pack*
faire ses quatre cents coups *to sow one's wild oats, get into a lot of trouble*
faire son bac, son droit *to study for one's baccalaureate, one's law degree*
faire son marché *to go grocery shopping*
faire toute une histoire de quelque chose *to make a federal case out of something*
faire un beau gâchis de quelque chose *to make a real mess of something*
faire un clin d'œil à quelqu'un *to wink at someone*
faire un croix dessus *to give up on something, kiss something good-bye*
faire un voyage, une promenade *to take a trip, a walk*
faire une drôle de tête *to make a strange, funny face*
faire une fugue *to run away from home*
faire une gaffe *to blunder, make a mistake (in conduct)*
Si cela ne vous fait rien. *If you don't mind.*
Ça me fait froid dans le dos. *That gives me the shivers.*
Ça ne me fait rien. *That's OK, That doesn't matter.*
Qu'est-ce que cela peut bien te faire? *What can that possibly matter to you?*
C'est bien fait pour toi! *It serves you right!*
Que faites-vous dans la vie?/Quel métier faites-vous? *What do you do for a living?*
Qu'est-ce que j'ai fait de mes gants? *What have I done with my gloves?*
Rien à faire. *No use insisting.*
Il n'y a rien à faire. *It's hopeless.*
L'accident a fait huit victimes. *Eight people were killed in the accident.*

Expressions with **se faire**

se faire fort de + infinitive *to be confident, claim that one can do something*
se faire du mauvais sang *to worry*
se faire du souci/des soucis *to worry*
s'en faire *to worry*
se faire une raison *to resign oneself to something*
se faire tout(e) petit(e) *to make oneself inconspicuous, try not to be noticed*
se faire à quelque chose *to get used to something*
se faire des idées, des illusions *to be fooling oneself*
se faire une montagne de quelque chose *to exaggerate the importance of something*
se faire passer pour *to pass oneself off as*
se faire mal *to hurt oneself*

*See also Chapter 2

CHAPTER 28

Activité 3 **Même sens** Trouvez dans la deuxième colonne des synonymes pour chacune des expressions de la première.

1. _______ faire une drôle de tête
2. _______ faire son marché
3. _______ se faire du mauvais sang
4. _______ se faire une montagne de quelque chose
5. _______ C'est bien fait pour toi!
6. _______ se faire à quelque chose
7. _______ Rien à faire.
8. _______ se faire une raison

a. faire toute une histoire de quelque chose
b. s'habituer à quelque chose
c. acheter à manger
d. se résigner
e. s'inquiéter
f. faire une grimace
g. se couper
h. C'est bien mérité.
i. Ça ne vous regarde pas.
j. Inutile d'insister.

Activité 4 **À compléter** Une expression avec **faire** décrit ce que cette personne fait dans chaque cas. Trouvez la bonne expression pour compléter chaque phrase.

1. Rachelle va en Turquie et en Israël. Elle fait ______________________.
2. Robert fait une tête de mécontentement. Il fait ______________________.
3. Samuel veut que personne ne le remarque. Il se fait ______________________.
4. Michèle se coupe le doigt. Elle se fait ______________________.
5. Charles étudie pour devenir avocat. Il fait ______________________.
6. Mon père aime prendre des photos. Il fait ______________________.
7. Mon frère fait des actes dangereux. Il fait ______________________.
8. Chantal est sûre qu'elle va gagner à la loterie. C'est impossible. Elle se fait ______________________.

PART 7

Idioms with **prendre** and **se prendre***

Idioms with **prendre**

passer prendre quelqu'un *to go pick someone up*
prendre à gauche/à droite *to turn left/right*
prendre au pied de la lettre *to take literally*
prendre au sérieux *to take seriously*
prendre des risques *to take chances*
prendre du poids *to gain weight*
prendre feu *to catch fire*
prendre fin *to come to an end*
prendre froid, prendre un rhume *to catch cold*
prendre garde *to be careful, watch out*
prendre goût à quelque chose *to take a liking to something, begin to like something*
prendre l'air, prendre le frais *to get a breath of fresh air*
prendre quelqu'un en grippe *to take a dislike to someone*
prendre quelqu'un la main dans le sac *to catch someone red-handed*
prendre quelqu'un par son point faible *to take advantage of someone's weakness*
prendre rendez-vous avec *to make an appointment with*
prendre sa retraite *to retire*
prendre ses jambes à son cou *to run off, flee*
prendre son courage à deux mains *to get up one's courage*
être pris *to have previous engagements, be tied up*
être pris de vertige/remords/panique *to get dizzy/be stricken by remorse/be panic-stricken*
un parti pris *prejudice, preconceived notion*
Pourriez-vous me prendre un journal? *Could you buy/get a newspaper for me?*
Je t'y prends! *I've got you, I've caught you!*
On m'a pris pour un Allemand. *I was taken for a German.*
Que je t'y prenne... ! Si je t'y prends encore! *Just let me catch you doing that (again)!*
Il a bien/mal pris la chose. *He took it well/badly.*
Qu'est-ce qui t'a pris? *What's gotten into you?*
On ne sait jamais par quel bout le prendre. *You never know how to take him.*

Expressions with **se prendre**

s'en prendre à quelqu'un *to attack someone, pick on someone*
s'y prendre *to go about doing something*
s'y prendre bien/mal *to do a good/bad job*
se faire prendre *to get caught*
Pour qui te prends-tu? *Who do you think you are?*
Ils se prennent pour des intellectuels. *They think they're intellectuals.*

CHAPTER 28

Activité 5 **De nouvelles phrases** Refaites les phrases suivantes avec une des expressions avec **prendre.**

1. Il a soixante-cinq ans. Il ne veut plus travailler.

____

2. Il s'attaque à ses critiques.

____

*See also Chapter 2

3. C'est un préjugé.

____

4. Fais attention!

____

5. Tu peux me procurer un journal?

____

6. Le petit garçon m'a compris littéralement.

____

7. Je me suis enrhumé(e).

____

8. L'enfant a grossi.

____

9. On a attrapé le voleur en train de fouiller dans les tiroirs.

____

10. J'ai été frappé(e) par un sentiment de panique.

____

11. Il ne sait pas faire ce travail.

____

12. Il sort respirer un peu dehors.

____

PART 7

Activité 6 **Même sens** Trouvez dans la deuxième colonne des synonymes pour chacune des expressions de la première.

1. _______ Il a été pris de remords.
2. _______ Qu'est-ce qui l'a pris?
3. _______ Il l'a mal pris.
4. _______ Il se prend pour un savant.
5. _______ Le bâtiment a pris feu.
6. _______ Je suis passé le prendre.
7. _______ Il nous a pris en grippe.
8. _______ Si je t'y prends encore!
9. _______ Il s'en prend à moi.
10. _______ Je suis pris ce soir.

a. Il croit qu'il est très cultivé.
b. L'immeuble est en flammes.
c. Tu vas le regretter si je te vois faire ça de nouveau.
d. Je suis allé chez lui pour l'emmener.
e. Il m'attaque.
f. Il n'a pas pu accepter les observations.
g. Je suis occupé.
h. Il ne nous aime pas.
i. Quel mal l'assaillit?
j. Il s'est rendu compte du mal qu'il avait fait.

Idioms with **mettre** and **se mettre**

Expressions with **mettre**

mettre à jour *to bring up-to-date*
mettre quelqu'un au courant *to inform someone, bring someone up-to-date*
mettre le feu à quelque chose *to set fire to something*
mettre quelqu'un à la porte *to throw someone out, fire someone*
mettre le couvert, mettre la table *to set the table*
mettre du soin à faire quelque chose *to take care in doing something*
mettre les bouts, mettre les voiles *to leave, scram (slang)*
mettre en cause *to call into question, implicate*
mettre en contact *to put in touch*
mettre en garde contre *to warn someone against*
mettre quelque chose en lumière *to bring something to light, out in the open*
mettre en marche *to get something going, start up*
mettre en œuvre *to implement, make use of*
mettre au point *to fine-tune, adjust, perfect*
mettre en relief *to emphasize*
mettre en service *to bring into service, put into operation*
mettre en train *to get something under way*
mettre en valeur *to develop (property)*
mettre fin à quelque chose *to put an end to something*
mettre sens dessus dessous *to turn things upside down*
mettre quelqu'un sur la voie *to put someone on the right track*
J'ai mis une heure à le faire. *I took an hour to do it.*
J'en mettrais ma main au feu! *I'd swear to it!*
Mettons que... *Let's say that . . .*

Expressions with **se mettre**

se mettre en quatre pour quelqu'un *to go all out, make a superhuman effort for someone*
se mettre en colère *to get angry*
se mettre d'accord *to agree, come to an agreement*
se mettre à genoux *to kneel, get on one's knees*
se mettre au lit *to go to bed*
se mettre au travail *to get to work*
se mettre en route *to set out on a trip*
se mettre au français *to begin the study of French, get down to the business of studying French*
se mettre à faire quelque chose *to begin to do something*
se mettre à l'abri *to take shelter*
se mettre à table *to sit down to eat*
n'avoir rien à se mettre *to have nothing to wear*
Je ne savais plus où me mettre. *I didn't know where to hide (out of embarrassment, etc.)*
Le temps se met au beau. *It's clearing up.*

Activité 7 **Savez-vous une expression avec *mettre?*** Écrivez l'expression avec **mettre** qui est l'équivalent de chacune des locutions données.

1. congédier quelqu'un

____

2. se coucher

____

CHAPTER 28

3. s'agenouiller

____

4. brûler quelque chose

____

5. faire savoir

____

6. commencer à faire quelque chose

____

7. s'asseoir pour manger

____

8. partir

____

9. faire un grand effort pour quelqu'un

____

10. mettre quelqu'un à l'écart, ne pas lui parler

____

PART 7

Activité 8 **Comment est-ce qu'on pourrait dire ça?** Choisissez une des expressions avec **mettre** de la liste suivante pour compléter ces phrases. Modifiez la forme de l'expression pour l'intégrer correctement s'il le faut.

Le temps se met au beau.	mettre sur la voie
mettre en relief	n'avoir rien à se mettre
mettre en service	se mettre à l'abri
mettre en valeur	se mettre aux maths
mettre les bouts	se mettre en colère

1. Il commence à pleuvoir. On va _______________ pour ne pas se mouiller.
2. Beaucoup de touristes viennent dans cette région et toi, tu as un terrain près du lac. Tu dois le _______________.
3. Viens, ma belle. Il est tard. On doit y aller. Excuse-nous, Marguerite. Véronique et moi, on _______________.
4. On a _______________ un T.G.V. entre Paris et Rennes.
5. L'examen de maths est dans un mois. La dernière fois tu n'as pas réussi. Il te faut _______________ dès aujourd'hui.
6. Toutes mes robes sont vieilles et démodées. Je n'ai _______________.

7. Il m'a donné de très bons conseils. Je dirais même qu'il m'a

_______________________.

8. Je répète cette idée pour la _______________________.

9. Si tu arrives en retard encore une fois, le prof va _______________________.

10. Regardez! Il ne pleut plus et le soleil se montre. _______________________!

Activité 9 **Des expressions** Choisissez la meilleure réponse ou la meilleure reaction.

1. Je vais travailler en France.
   a. Il faut te mettre au français.
   b. Il faut te mettre en route.
2. Ce professeur t'a beaucoup aidé, n'est-ce pas?
   a. Oui, il m'a mis sur la voie.
   b. Oui, je n'ai rien à me mettre.
3. Je vois qu'on ne te parle plus au bureau.
   a. Oui, on m'a mis au courant.
   b. Oui, on m'a mis en quarantaine.
4. Il faut l'avertir, n'est-ce pas?
   a. Oui, on va le mettre en garde.
   b. Oui, on va y mettre le feu.
5. C'est une nouvelle édition du dictionnaire?
   a. Oui, complètement mise à jour.
   b. Oui, complètement mise en marche.
6. On pourra faire notre pique-nique?
   a. Oui, je ne sais plus où me mettre.
   b. Oui, le temps se met au beau.
7. Ce compte rendu est bien compliqué.
   a. J'y ai mis fin.
   b. J'ai mis un mois à l'écrire.

Idioms with voir

voir trente-six chandelles *to see stars*
voir la vie en rose *to see life through rose-colored glasses*
se voir en cachette *to meet secretly*
n'y voir goutte *not to be able to see a thing (because of the dark, etc.)*
n'y voir que du feu *to be completely fooled, taken in*
en faire voir de dures/de toutes les couleurs/des vertes et des pas mûres *to give someone a hard time*
ne voir aucun mal à quelque chose *not to see any harm in something*
Fais voir! *Show me!*
Vous voyez d'ici le tableau! *Just picture it!*
On aura tout vu! *That would be the limit, That would be too much.*
Cela n'a rien à voir avec... *That has nothing to do with...*
Je n'ai rien à voir dans cette affaire. *I have no involvement with that, I'm not responsible for that.*
Je ne peux pas les voir (en peinture)! *I can't stand them!*
Ils ne peuvent pas se voir. *They can't stand each other.*
C'est quelque chose qui ne se voit pas tous les jours. *It's a rare thing.*
Je te vois venir! *I know what you're up to!*
Je l'ai vu de mes propres yeux. *I saw it with my own eyes.*
On verra bien! *We'll see!*
Je voudrais vous y voir! *I'd like to see how well you'd do (in that situation)!*
Voyons! *Come on, now!*
On n'en voit pas la fin. *The end is nowhere in sight.*
Je n'y vois pas d'inconvénient. *I don't see any problem, I have no objection.*
Essaie un peu pour voir! *Just you try it! (colloquial)*
C'est mal vu. *People don't like that, don't look favorably on that.*

PART 7

Activité 10 **Comment le dire?** Laquelle des deux possibilités exprime l'idée proposée?

1. Je ne te permettrai pas de faire ça.
   a. Tu n'y vois aucun mal.
   b. Essaie un peu pour voir.
2. Tu ne ferais pas mieux que moi.
   a. Je te vois venir!
   b. Je voudrais vous y voir.
3. J'ai eu très, très mal.
   a. J'ai vu trente-six chandelles.
   b. Je n'y ai vu que du feu.
4. Je n'ai pas eu la vie facile.
   a. C'est quelque chose qui ne se voit pas tous les jours.
   b. J'en ai vu des vertes et des pas mûres.
5. Les gens n'aiment pas les choses comme ça.
   a. Ils se voient en cachette.
   b. C'est mal vu.

6. Ça c'est le comble.
   a. On aura tout vu!
   b. On verra bien!
7. Jean a été dupe.
   a. Il n'y voit que du feu.
   b. Il ne peut pas le voir.
8. Je me rends compte de vos intentions.
   a. Je l'ai vu de mes propres yeux.
   b. Je vous vois venir.

Activité 11 **Les expressions avec *voir*.** Utilisez une des expressions avec **voir** pour exprimer les idées suivantes.

1. Vous voulez que quelqu'un vous montre quelque chose.
   ____
2. Vous voulez dire que votre ami Pierre est toujours optimiste, confiante.
   ____
3. Vous voulez dire que l'obscurité vous empêche de distinguer quoi que ce soit.
   ____
4. Vous voulez menacer quelqu'un en lui disant que vous le battrez très fort.
   ____
5. Vous demandez à une amie d'imaginer une scène amusante.
   ____
6. Vous voulez dire que pour vous le plan ne présente pas de problèmes.
   ____
7. Vous voulez dire qu'à votre avis la situation va continuer pour longtemps.
   ____
8. Vous voulez dire que Marc et sa petite amie ne se rencontrent que secrètement.
   ____
9. Vous voulez dire que deux personnes ne se supportent pas.
   ____
10. Vous voulez dire que quelque chose n'arrive que très rarement.
   ____

Idioms with **dire**

dire à quelqu'un ses quatre vérités, dire à quelqu'un son fait *to tell someone off*
dire que... *to think that*
dire ce qu'on a sur le cœur *to get something off one's chest*
dire des sottises *to talk nonsense*
dire toujours amen *to be a yes-man*
à vrai dire *to tell the truth*
à ce qu'il dit *according to him, what he says*
ou pour mieux dire *to put it another way*
c'est-à-dire *that is to say, in other words*
pour ainsi dire *so to speak*
comme on dit *so to speak*
on dirait que... *you'd think that...*
ne pas se le faire dire deux fois *not to have to be told twice*
autrement dit *in other words*
vouloir dire *to mean to say*
À qui le dites-vous (le dis-tu)? *You're telling me?*
C'est moi qui vous le dis. *Just take my word for it.*
C'est vous qui le dites. *That's what you say.*
Cela va sans dire. *It goes without saying.*
Ça te dit? *Does that appeal to you, Do you feel like doing that?*
Ça ne me dit rien. *That doesn't appeal to me at all, I don't feel like doing that.*
Ça ne me dit pas grand-chose. *I don't think much of that.*
Ça me dit quelque chose. *That rings a bell.*
C'est peu dire. *That's an understatement.*
C'est beaucoup dire. *That's saying a lot.*
C'est trop dire. *That's saying too much.*
C'est plus facile à dire qu'à faire. *That's easier said than done.*
Je ne dis pas non. *I won't say no.*
Je ne vous le fais pas dire! *I'm not putting words into your mouth.*
Il n'y a pas à dire. *There's no doubt about it.*
Je vous l'avais dit. *I told you so.*
Vous dites? *I beg your pardon.*
On se dirait en France. *You'd think you were in France.*

Activité 12 **Qu'est-ce que cela veut dire?** Trouvez dans la deuxième colonne l'équivalent pour chaque expression avec **dire** de la première.

1. _______ Ça te dit?
2. _______ Ça me dit quelque chose.
3. _______ Je ne dis pas non.
4. _______ comme on dit
5. _______ C'est beaucoup dire.
6. _______ Vous dites?
7. _______ C'est vous qui le dites.
8. _______ Cela va sans dire.
9. _______ Je vous l'avais dit.
10. _______ Je ne me le fais pas dire deux fois.
11. _______ autrement dit
12. _______ Il n'y a pas à dire.

a. C'est évident.
b. C'est une façon de parler.
c. Je ne suis pas de votre avis.
d. Il n'y a pas de doute.
e. J'accepte.
f. Je crois que je m'en souviens.
g. en d'autres termes
h. Vous exagérez l'importance de l'affaire.
i. Je le fais avec empressement, sans attendre.
j. Je l'avais prévu.
k. Répétez, s'il vous plaît.
l. Tu en as envie?

Expressions with common verbs

Expressions with **casser**

se casser la jambe/le bras *to break one's leg/arm*
se casser la figure *to fall flat on one's face*
se casser la tête *to rack one's brains*
Ça ne casse rien. *That's nothing special.*
Tu me casses les pieds! *You're a pain in the neck, You're annoying me!*

Expressions with **chercher**

chercher midi à quatorze heures *to look for problems where there are none, complicate things*
chercher querelle/noise à quelqu'un *to pick a fight*
chercher des histoires à quelqu'un *to try to make trouble for someone*
chercher la petite bête *to split hairs*
aller/venir chercher quelqu'un *to go get someone*

Expressions with **demander**

se demander *to wonder*
On vous demande au téléphone. *You're wanted on the phone.*
Je ne demande qu'à vous voir. *All I ask for is to see you.*
Je ne demande pas mieux que rester ici. *I ask for nothing better than to stay here.*

Expressions with **donner**

donner la chair de poule à quelqu'un *to give someone goose bumps*
donner du fil à retordre à quelqu'un *to give someone a load of work, a lot of trouble*
donner le feu vert à *to give the go-ahead to*
donner le la *to set the tone*
donner l'exemple *to set an example*
donner rendez-vous à *to make an appointment with*
donner un coup de fil à quelqu'un *to give someone a ring, call someone*
donner un coup de main à quelqu'un *to help someone*
donner une fête *to throw a party*

Expressions with **entrer**

entrer dans les mœurs *to become a way of life*
entrer en vigueur *to take effect (of laws, regulations, etc.)*
faire entrer quelque chose dans *to fit something into, make something fit into*
faire entrer quelqu'un *to show someone in*
Entrez sans frapper. *Walk right in, Enter without knocking.*

Expressions with **payer**

être payé pour le savoir *to have learned something the hard way, know through bitter experience*
se payer la tête de quelqu'un *to make fun of someone*
payer les pots cassés *to pay for the damage*
payer ses dettes, ses impôts *to pay one's debts, taxes*
les congés payés *paid vacation*
payer comptant *to pay cash*
Je te paie un café. *I invite you to have a cup of coffee.*

Expressions with **perdre**

perdre connaissance *to lose consciousness, black out*
perdre courage *to lose courage*
perdre le nord *to lose one's bearings*
perdre patience *to lose patience*
perdre du poids *to lose weight*
perdre quelqu'un de vue *to lose sight of someone*
perdre son temps *to waste one's time*
perdre du terrain *to lose ground*
se perdre *to get lost*
Tu n'y perds rien! *It's no loss.*

Expressions with **rouler**

rouler sur l'or *to be loaded, very rich*
Sur l'autoroute on roule à 90 à l'heure. *On the superhighway we go 90 kilometers per hour.*
se faire rouler *to get taken, get swindled*
se rouler par terre de rire *to be rolling on the ground with laughter*
C'est à se rouler (par terre)! *It's a scream, It's a riot!*

PART 7

Expressions with **sonner**

Il est trois heures sonnées. *It's already past three.*
Minuit sonne. *The clock strikes midnight.*

Expressions with **tenir**

tenir bon *to hold one's ground*
tenir compte de *to keep in mind, take into account*
tenir le coup *to make it through, weather the storm*
se tenir au courant de quelque chose *to keep informed about something*
se tenir les côtes *to split one's sides with laughter*
Ce raisonnement ne tient pas debout. *That reasoning doesn't hold water.*
Tenez votre droite/gauche. *Keep to the right/left (driving).*
Qu'à cela ne tienne. *That's no problem.*

Expressions with **tirer**

se tirer d'affaire *to manage, get along*
s'en tirer *to manage, get along*
s'en tirer à bon compte *to get off cheaply, easy*
tiré à quatre épingles *dressed to kill*
tiré par les cheveux *far-fetched*
tirer au sort *to draw lots*
tirer la langue *to stick out one's tongue*

Activité 13 **Exprimez-vous comme il faut.** Choisissez dans la liste ci-dessous l'expression convenable pour les situations proposées.

Tu me casses les pieds.
Donne-moi un coup de main.
tenir bon
Il a perdu le nord.
On va tirer au sort.
entrer dans les mœurs
Ils me donnent du fil à retordre.
Il roule sur l'or.
Tu me tiens au courant.
Ce raisonnement ne tient pas debout.
Il a payé ses dettes.
Il cherche midi à quatorze heures.
On vous demande au téléphone.

1. Quand quelque chose manque de logique...

 ____

2. Quand une armée ne cède pas devant l'attaque de l'ennemi on dit qu'elle...

 ____

3. Quand quelqu'un vous ennuie avec ses questions et ses objections...

 ____

4. Quand vous voulez appeler quelqu'un parce qu'il y a un coup de fil pour lui...

 ____

5. Pour exprimer l'idée que quelqu'un est très, très riche (d'une façon familière)...

 ____

6. Vous êtes professeur. Pour dire que vos étudiants vous font travailler trop...

 ____

7. Pour dire à quelqu'un que Charles a remboursé l'argent qu'il devait...

 ____

8. Vous notez que Serge est désorienté...

 ____

9. Vous proposez une méthode impartielle pour choisir la personne qui va demander au prof de remettre l'examen à la semaine prochaine...

____

10. Vous voulez que votre ami vous aide...

____

Activité 14 **Répondez.** Choisissez la réponse ou la réaction correcte.

1. L'enfant a fait un geste de mépris?

   a. Oui, il a tiré la langue.

   b. Oui, il m'a donné la chair de poule.

2. Cette fille sert de modèle aux autres?

   a. Oui, elle donne l'exemple.

   b. Oui, elle se roule par terre.

3. La solution va être difficile à trouver.

   a. Oui, il faudra se casser la figure.

   b. Oui, il faudra se casser la tête.

4. J'ai peur qu'on me demande trop d'argent.

   a. Je ne veux pas me faire rouler.

   b. Je ne veux pas me faire entrer.

5. Est-ce que Jeanne a résisté jusqu'à la fin?

   a. Oui, elle a donné du fil à retordre.

   b. Oui, elle a tenu le coup.

6. Vous avez déjà commencé?

   a. Oui, on nous a donné le la.

   b. Oui, on nous a donné le feu vert.

7. Il a maigri?

   a. Oui, il a perdu du poids.

   b. Oui, il nous a perdus de vue.

8. On dit que ces ideés sont moins importantes qu'avant.

   a. C'est vrai. Elles sont entrées en vigueur.

   b. C'est vrai. Elles ont perdu du terrain.

9. Il se moque de nous?
   a. Oui, il se paie notre tête.
   b. Oui, il cherche la petite bête.
10. Pourquoi est-ce que tu dis que je cherche des complications inutiles?
   a. Parce que tu cherches midi à quatorze heures.
   b. Parce que tu paies les pots cassés.

Idioms from rural life: the farm, cats, dogs, and cabbages

The farm

aller comme un tablier *(apron)* **à une vache** *to look terrible on someone (of an item of clothing, etc.)*
avoir un bœuf sur la langue *to be hesitant to speak up*
la brebis galeuse *black sheep*
connu comme le loup blanc *well-known, easily recognized*
doux comme un agneau *gentle as a lamb*
entre chien et loup *at twilight*
être sur la paille *to be destitute*
faire l'âne pour avoir du son *to play dumb (with the idea of getting something)*
fauché comme les blés *flat broke*
ménager la chèvre et le chou *to sit on the fence, not take sides*
mettre la charrue devant les bœufs *to put the cart before the horse*
mourir sur le fumier *to die in poverty, destitute*
têtu comme une mule *stubborn as a mule*
un nid de poule *a pothole*
C'est une pierre dans mon jardin. *It's an insult to me.*
Le champ est libre. *The coast is clear.*
On n'a pas gardé les cochons ensemble! *Why are you getting so familiar with me?*
Quand les poules auront des dents. *That'll be the day, When pigs fly!*

Cats

À bon chat, bon rat. *Tit for tat.*
Chat échaudé craint le feu. *He won't make the same mistake twice*
ne pas réveiller le chat qui dort *to let sleeping dogs lie*
avoir un chat dans la gorge *to have a frog in one's throat*
Il n'y avait pas un chat! *There wasn't a soul!*
Je donne ma langue au chat. *I give up (trying to answer a riddle, etc.).*
acheter chat en poche *to buy a pig in a poke*
appeler un chat un chat *to call a spade a spade*
avoir d'autres chats à fouetter *to have other fish to fry*
s'entendre comme chien et chat *to not get along at all, fight like cats and dogs*

Dogs

arriver comme un chien dans un jeu de quilles *(bowling) to turn up when least needed or wanted*
avoir du chien *to have style*
Ce n'est pas fait pour les chiens. *It's meant to be used.*
Chien méchant. *Beware of the dog. (sign)*
dormir en chien de fusil *to sleep curled up*
Il fait un temps de chien. *The weather is terrible.*
être d'une humeur de chien *to be in a lousy mood*
malade comme un chien *sick as a dog*
s'entendre comme chien et chat *to not get along at all*
se donner un mal de chien *to work like a dog*
se regarder en chiens de faïence *to glare at each other*
traiter quelqu'un comme un chien *to treat someone like a dog*

Cabbage

C'est bête comme chou. *It's as easy as pie.*
ménager la chèvre et le chou *to sit on the fence, not take sides*
C'est chou vert et vert chou. *It's six of one and half a dozen of the other, It's all the same.*
être dans les choux *to be in difficulty, out of the running, have done badly on one's tests*
Ta chambre est très chou. *Your room is lovely.*
Cette enfant est très chou dans sa nouvelle jupe. *This little girl is adorable in her new skirt.*

PART 7

Activité 15 **Les expressions à l'œuvre.** Utilisez une des expressions de cette section pour exprimer les idées suivantes.

1. Le patron a l'air très irrité aujourd'hui.
   ____
2. Tu fais toujours d'abord ce qui doit être fait ensuite.
   ____
3. Cette chaussée est pleine de trous.
   ____
4. Marc a raté ses examens.
   ____
5. C'est un type qui n'aime pas prendre une décision.
   ____
6. Les rues étaient désertes.
   ____
7. On l'a fait pour être utilisé.
   ____

8. Ils se regardent avec beaucoup d'hostilité.

____

9. Il n'y a vraiment pas de différence.

____

10. Ce couple est toujours en train de disputer.

____

11. Il arrive à un moment inopportun et il dérange tout le monde.

____

12. Il est trop prudent à cause de l'accident qu'il a eu.

____

13. C'est un homme trop décidé, incapable de changer d'avis.

____

14. Me voici absolument sans argent.

____

15. Pourquoi me tutoyez-vous?

____

16. Qu'est-ce que tu as? Tu as la voix enrouée (hoarse).

____

17. Il faut appeler les choses par leur nom.

____

18. Le professeur m'a traité très, très mal.

____

19. Lucie fait semblant de ne pas comprendre pour gagner quelque chose.

____

20. C'est très facile à faire.

____

PART 7

Note culturelle

Des expressions

Il y a des expressions françaises qui sont difficiles à comprendre sans avoir des connaissances de la culture française.

une fenêtre à guillotine sash window: *La fenêtre française (la porte-fenêtre) typique s'ouvre au milieu, comme deux portes. La fenêtre américaine qui s'ouvre de haut en bas s'appelle **fenêtre à guillotine** parce qu'elle rappelle la machine à exécution française dont l'adoption en 1789 a été proposé par le docteur Joseph Guillotin.*

traverser entre les clous to cross in the crosswalk: *En France la traversée des piétons dans les villes est marquée non pas par des lignes peintes sur la chaussée mais par deux lignes de clous enfoncés dans la rue.*

un violon d'Ingres a hobby: *Le fameux peintre français du dix-neuvième siècle, Jean Auguste Ingres, jouait du violon à ses heures libres.*

Il est solide comme le Pont-Neuf. to be in the best of health, feel fit as a fiddle: *Le Pont-Neuf est le plus vieux pont de Paris, un pont de pierre très solide, utilisable même aujourd'hui pour les piétons et les voitures.*

Idioms about time, weather, life, and eating

Time

la semaine des quatre jeudis *never in a month of Sundays*
Tous les trente-six du mois. *Once in a blue moon.*
remettre quelque chose à la Saint-Glinglin *to postpone something forever, until the cows come home*
à la dernière minute *at the last minute, under the wire*
renvoyer aux calendes grecques *to postpone until the cows come home*
en ce moment *at this time*
pour le moment *for the time being*
Il est grand temps. *It's high time.*
à ses heures *when one is free, feels like doing something*
à une heure avancée *late*
les heures d'affluence/de pointe *rush hour*
du jour au lendemain *overnight*

Weather

Il pleut à seaux./Il pleut des cordes. *It's pouring, It's raining cats and dogs.*
parler de la pluie et du beau temps *to make small talk*
Je ne suis pas tombé(e) de la dernière pluie. *I wasn't born yesterday.*
Il fait lourd. *It's humid out.*
rapide comme l'éclair *fast as lightning*

Life

être né(e) coiffé(e) *to be born with a silver spoon in one's mouth*
en bas âge *little, young*
faire les quatre cents coups *to sow one's wild oats, have a wild youth*
avoir le coup de foudre *to fall head over heels in love with someone*
avoir quarante ans bien sonnés *to be well past forty years old*
friser la cinquantaine *to be pushing fifty years old*
Quel âge me donnez-vous? *How old do you think I am?*
d'un certain âge *middle-aged*
se faire vieux *to be getting on in years*
faire de vieux os *to live to a ripe old age*
Sa vie ne tient qu'à un fil. *His life hangs by a thread, He's deathly ill.*
mourir de sa belle mort *to die of old age*
casser sa pipe *to kick the bucket*
trouver la mort *to lose one's life*

Eating

aimer la table *to like good food*
une bonne fourchette *a hearty eater*
avoir/vendre quelque chose pour une bouchée de pain *to get/sell something for a song*
casser la croûte *to have a bite*
avoir l'estomac dans les talons *to be famished*
manger à sa faim *to eat one's fill*
manger son pain blanc le premier *to eat one's cake first, not save the best for last*
manger comme quatre *to eat like a horse*
marcher sur des œufs *to walk on eggshells, tread lightly*
mourir de faim *to be dying of hunger*
faire venir l'eau à la bouche à quelqu'un *to make someone's mouth water*
avoir un appétit d'oiseau *to eat like a bird*
n'avoir rien à se mettre sous la dent *to have nothing to eat*
long comme une journée sans pain *endless*
avoir un bon fromage *to have a cushy job, a good job*
entre la poire et le fromage *at the end of a meal*

CHAPTER 28

Activité 16 **Vous comprenez?** Laquelle des deux possibilités est une réponse logique?

1. Pierre mange beaucoup.
   a. Oui, il a l'estomac dans les talons.
   b. Oui, c'est une bonne fourchette.
2. Le vieux monsieur Jospin est mort.
   a. Oui, je sais qu'il a cassé sa pipe.
   b. Oui, il faut le remettre à la Saint-Glinglin.
3. Tu es amoureux?
   a. Oui, c'était le coup de foudre.
   b. Oui, je suis né coiffé.

4. C'est un type qui connaît la vie, n'est-ce pas?
   a. Oui, il a un bon fromage.
   b. Oui, il n'est pas tombé de la dernière pluie.

5. Je crois qu'elle a presque quarante ans.
   a. Moi aussi, je crois qu'elle frise la cinquantaine.
   b. Moi aussi, je crois qu'elle a quarante ans bien sonnés.

6. C'est un jeune homme trop prudent.
   a. Oui, il fait de vieux os.
   b. Oui, il marche sur des œufs.

7. Tu le vois très peu, n'est-ce pas?
   a. Tous les trente-six du mois.
   b. Il est grand temps.

8. Ce film est interminable.
   a. Oui, long comme une journée sans pain.
   b. Oui, rapide comme l'éclair.

9. Il m'ennuie. Il ne dit que des choses sans importance.
   a. Je sais. Il fait ses quatre cents coups.
   b. Je sais. Il parle de la pluie et du beau temps.

10. Quel beau manteau! Il t'a coûté cher?
    a. Non, j'ai mangé mon pain blanc le premier.
    b. Non, je l'ai eu pour une bouchée de pain.

PART 7

Other idioms

Prepositions and prepositional phrases

à base de *composed of, made of*
à deux pas de *just a stone's throw from*
à part *aside from*
d'après *according to*
à raison de *at the rate of*
à titre de *in the capacity of*
au lieu de *instead of*
en dépit de *in spite of*
en qualité de *in one's capacity of*
en raison de *on account of*
y compris *including*

Conversational fillers, reactions, interjections, transition words

d'abord *first*
À d'autres! *What a ridiculous story!*
à mon avis *in my opinion*
à propos *by the way*
À quoi bon? *What's the good of it, What's the use?*
au fait *by the way*
au fond *actually, basically*
au reste, du reste *moreover*
avant tout *above all*
C'est dommage. *It's a shame, pity.*
Bien entendu! *Of course!*
C'est de la blague! *It's not serious, It's ridiculous!*
Bon débarras! *Good riddance!*
Ça alors! *Well I'll be darned!*
Ça va de soi. *It goes without saying.*
C'est entendu. *Agreed.*
dans l'ensemble *on the whole*
de toute façon *anyway*
en fait *as a matter of fact*
Et comment! *And how!*
Et pour cause! *And for good reason!*
Et après? *So what?*
Je m'en fiche! *I don't care! (slang)*
Fiche-moi la paix! *Leave me alone!*
Mon œil! *Yeah right! (sarcastic)*
Motus! *Keep it quiet, Don't breathe a word of it!*
par contre *on the other hand*
Pas question! *No way!*
Sans blague! *No kidding!*
selon le cas *as the case may be*
somme toute *all in all*
Tant mieux! *Great, So much the better!*
Tant pis! *Tough luck!*
Vous voulez rire. *You're joking.*

Expressions of time

à plusieurs reprises *several times*
à tour de rôle *in turn*
d'avance *in advance*
dans huit jours *in a week*
d'ici là *until then, in the meantime*
encore une fois *again*
une fois pour toutes *once and for all*
il y a belle lurette *it's been a long time, it happened a long time ago*
jusqu'ici *so far, thus far*
sous peu *shortly*
le temps de *enough time to*
tour à tour *in turn*

Descriptions

à bout/à plat *exhausted*
à la perfection *just right, perfectly done*
à la page *in the know, up-to-date*
à perte de vue *as far as the eye can see*
à point *well-done (meat)*
à quatre pattes *on all fours*
à souhait *perfectly, to perfection, as much as you could want*
au bout du monde *in the middle of nowhere*
au-dessous de tout *hopeless, disgracefully bad, incompetent*
bel et bien *altogether*
C'est du gâteau! *It's easy as pie, It's a piece of cake!*
C'est son père tout craché. *He's the spitting image of his father.*
C'est le dernier cri. *It's the latest thing, It's the latest fashion.*
C'est tout un. *It's really the same thing.*
être collant *to be hard to shake, hard to get rid of*
cousu d'or *filthy rich*
dans le vent *in the swing of things*
de mal en pis *from bad to worse*
en cachette *on the sly*
en douceur *gently, softly*
en bon/mauvais état *in good/bad condition*
en panne *out of order, broken*
en panne sèche *out of gas*
en un clin d'œil *in a jiffy, flash, blink of an eye*
une femme de tête *a capable woman*
fort en anglais *good at English*
hors de soi *beside oneself*
de la peine perdue *wasted effort*

CHAPTER 28

Expressions of manner and degree

à bout portant *point-blank*
à contrecœur *reluctantly*
à fond *thoroughly*
à moitié *halfway*
à mi-chemin *halfway*
à peine *hardly*
à peu près *almost, just about*
à tout prix *at all costs*
de bon gré *willingly*
peu s'en faut *almost, very nearly*
raison de plus pour *all the more reason to*

Other idioms

à la une *on the front page*
arriver à faire quelque chose *to manage to do something*
au besoin *if you need it, if need be*
au loin *in the distance*
Au secours! *Help!*
Ça fait mon affaire. *That's just what I wanted, What I was looking for.*
Ça m'arrange. *That suits me just fine.*
Ça revient à la même chose. *That amounts to the same thing.*
C'est bonnet blanc et blanc bonnet. *It's six of one and half a dozen of the other.*
un coup de tête *an impulse*
un coup monté *a setup*
coûte que coûte *at any cost, come what may*
se débrouiller *to get along, manage*
de loin *from far, afar, far and away*
Défense de fumer! *No smoking.*
Défense d'entrer! *No admittance, Keep out.*
l'échapper belle *to have a narrow escape*
entre l'enclume et le marteau *between a rock and a hard place*
et ainsi de suite *and so on*
En avant! *Let's move along, Let's go ahead, Let's get going!*
faire l'appel *to take attendance*
faute de mieux *for want of anything better (to do, etc.)*
ficher le camp *to scram, get out of here (slang)*
une mauvaise langue *a gossip*
Monsieur Untel *Mr. So-and-so, Mr. What's-his-name*
On n'en est pas trop avancé. *A lot of good that did us.*
le petit coin *the bathroom*
pile ou face *heads or tails*
un pot de vin *a bribe*
pour rire *as a joke, just for fun*
pour une fois *for a change*
sauf avis contraire *unless you hear something to the contrary*
sauf erreur *unless there is a mistake*

PART 7

Activité 17 **Traduction** Écrivez l'équivalent français de ces locutions anglaises.

1. on the other hand ____________________
2. wasted effort ____________________
3. as the case may be ____________________
4. in turn ____________________
5. Don't breathe a word of it! ____________________
6. to be hard to get rid of ____________________
7. And for good reason! ____________________
8. once and for all ____________________
9. a setup ____________________
10. thus far ____________________
11. a gossip ____________________
12. point-blank ____________________

13. What's the use? ______________________________

14. No kidding. ______________________________

15. thoroughly ______________________________

16. instead of ______________________________

17. No admittance. ______________________________

18. beside oneself ______________________________

19. Yeah right! ______________________________

20. broken, out of order ______________________________

Activité 18 **Synonymes** Trouvez dans la deuxième colonne des synonymes pour chacune des expressions de la première.

1. _______ Vous voulez rire.
2. _______ au fait
3. _______ à tout prix
4. _______ au besoin
5. _______ Ça fait mon affaire.
6. _______ à peine
7. _______ à bout
8. _______ du reste
9. _______ en dépit de
10. _______ en un clin d'œil
11. _______ C'est tout un.
12. _______ ficher le camp
13. _______ à titre de
14. _______ peu s'en faut

a. au reste
b. ne... guère
c. faute de mieux
d. filer
e. C'est bonnet blanc et blanc bonnet.
f. malgré
g. maintenant
h. Tant mieux!
i. presque
j. à plat
k. C'est dommage.
l. s'il le faut
m. coûte que coûte
n. Vous blaguez.
o. à propos
p. en qualité de
q. tout de suite
r. entre l'enclume et le marteau
s. Ça m'arrange.

Proverbs

Après la pluie, le beau temps. *Every cloud has a silver lining, After the rain, the rainbow.*
Aux grands maux, les grands remèdes. *Big problems require big solutions.*
Les beaux esprits se rencontrent. *Great minds think alike.*
Les bons comptes font les bons amis. *Don't let money squabbles ruin a friendship.*
Charbonnier est maître chez soi. *Everyone's home is his/her castle.*
Le chat parti, les souris dansent. *When the cat's away, the mice will play.*
Comme on fait son lit, on se couche. *As you make your bed, so you shall lie in it.*
Deux avis valent mieux qu'un. *Two heads are better than one.*
L'enfer est pavé de bonnes intentions. *The road to hell is paved with good intentions.*
C'est en forgeant qu'on devient forgeron. *Practice makes perfect.*
Des goûts et des couleurs il ne faut pas discuter. *There's no accounting for taste.*
La goutte d'eau qui fait déborder *(overflow)* le vase. *The straw that breaks the camel's back.*
L'habit ne fait pas le moine. *Clothes don't make the man.*
Une hirondelle ne fait pas le printemps. *One swallow doesn't make a summer.*
Il faut battre le fer pendant qu'il est chaud. *Strike while the iron is hot.*
Il n'est pire eau que l'eau qui dort. *Still water runs deep.*
Il n'y a pas de fumée sans feu. *There's no smoke without fire.*
Il y a loin de la coupe aux lèvres. *There's many a slip twixt the cup and the lip.*
Loin des yeux, loin du cœur. *Out of sight, out of mind.*
Ce n'est pas la mer à boire. *It's not very difficult to do.*
Mieux vaut tard que jamais. *Better late than never.*
Paris ne s'est pas fait en un jour. *Rome wasn't built in a day.*
Petit à petit, l'oiseau fait son nid. *Slow and steady wins the race.*
Pierre qui roule n'amasse pas mousse. *A rolling stone gathers no moss.*
Plus on est de fous, plus on rit. *The more the merrier.*
Point de nouvelles, bonnes nouvelles. *No news is good news.*
Qui se ressemble, s'assemble. *Birds of a feather flock together.*
Santé passe richesse. *Health is better than riches.*
Tel père, tel fils. *Like father, like son.*
Un(e) de perdu(e), dix de retrouvé(e)s. *There are plenty more like him/her out there.*
Vouloir, c'est pouvoir. *Where there's a will, there's a way.*

PART 7

Activité 19 **Quel proverbe?** Écrivez le proverbe que vous utiliseriez dans chaque cas.

1. You want to tell a friend that clothes are not as important as he or she thinks.
____
2. You try to warn a friend not to be too encouraged by one positive sign.
____
3. You want to console a friend who has just broken up with his girlfriend.
____
4. You want to say that every man can make the rules in his own house.
____
5. You and your friend come up with the same brilliant idea at the same time.
____

6. You want to advise a friend who can't settle down that he will have no future if he doesn't.

   ____

7. You encourage people to invite more friends to the party.

   ____

8. You want to warn a friend about people who may seem innocuous.

   ____

9. You want to say that great things take a long time to accomplish.

   ____

10. You warn a friend that something drastic may have to be done because the situation is so serious.

    ____

11. You claim that the children were mischievous because their parents weren't around.

    ____

12. You tell your friend to take advantage of the opportunities that have presented themselves or they may disappear.

    ____

CHAPTER 28 TEST

Idioms and proverbs

1 **Des expressions utiles** Trouvez dans la deuxième colonne des traductions pour chacune des expressions de la première.

1. ______	J'en ai pour cinq minutes.	**a.**	I've gotten nothing for my money.
2. ______	Elle a le cœur sur la main.	**b.**	I'm dizzy.
3. ______	J'ai la tête qui tourne.	**c.**	He's gutsy.
4. ______	Il n'a pas froid aux yeux.	**d.**	She's generous.
5. ______	Il est en nage.	**e.**	I have a bone to pick with you.
6. ______	J'en suis pour mes frais.	**f.**	I'm fed up with it.
7. ______	J'ai maille à partir avec toi.	**g.**	It'll take me five minutes.
8. ______	Je ne suis pas au courant.	**h.**	He's all sweaty.
9. ______	Elle a le cafard.	**i.**	I'm not informed about it.
10. ______	J'en ai marre.	**j.**	She's got the blues.

2 **D'autres expressions utiles** Trouvez dans la deuxième colonne des traductions pour chacune des expressions de la première.

1. ______	Tu te fais des idées.	**a.**	He sided with them.
2. ______	Tu mets la charrue devant les bœufs.	**b.**	He clowns around.
3. ______	Il a pris parti pour eux.	**c.**	He's sowing his wild oats.
4. ______	Il fait à sa tête.	**d.**	He's in cahoots with them.
5. ______	C'est bien fait pour lui.	**e.**	You're putting the cart before the horse.
6. ______	Il en a fait un beau gâchis.	**f.**	He does whatever he wants.
7. ______	Il est de mèche avec eux.	**g.**	It serves him right.
8. ______	Il fait le singe.	**h.**	That gives me the shivers.
9. ______	Ça me fait froid dans le dos.	**i.**	You're fooling yourself.
10. ______	Il fait ses quatre cents coups.	**j.**	He's made a real mess of things.

PART EIGHT

The Francophone World

PART EIGHT
The Francophone World

CHAPTERS

Chapter 29	French language	523
Chapter 30	History of France	528
Chapter 31	French and Francophone literature	541
Chapter 32	French art, music, science, and technology	553

CHAPTER 29

French language

Les origines de la langue française

- Le français, comme l'espagnol, le portuguais, l'italien, le provençal, le catalan et le roumain, fait partie de la famille de langues néolatines ou romanes, langues qui dérivent toutes du latin.
- Le latin est implanté par les Romains en Gaule, nom celtique de la France, un peu avant le début de notre ère, après leur conquête de la Gaule documentée par Jules César dans son livre *La guerre des Gaules*. Jules César ne conquiert pas un pays sans habitants. Au sud, sur la côte méditerranéenne les Grecs ont une colonie à Massilia, aujourd'hui Marseille. La Gaule, située au nord et au centre de la France d'aujourd'hui, est habitée par les Gaulois, peuple celtique dont la présence date des invasions celtiques du septième siècle avant Jésus-Christ.
- Le latin parlé de l'Empire romain n'est pas la même chose que le latin classique littéraire. Le français est plein d'emprunts grecs, soit de niveau populaire tels que **gouverner, pierre, coup, place** soit de niveau cultivé tels que **philosophie, idée.**
- La langue gauloise ne disparaît pas tout de suite. Les Romains n'ont aucun programme d'assimilation culturelle et linguistique forcée, et la latinisation de la population de la Gaule est donc graduelle. Pendant une longue période de bilinguisme, le latin parlé de la Gaule s'enrichit d'emprunts celtiques. Ces emprunts se groupent dans plusieurs catégories: le foyer *(hearth)* celtique: **la suie** *(soot)*, **la broche** *(spit to roast meat on)*, **le berceau** *(cradle)*; la maison celtique en bois (les romains construisaient en pierre): **le charpentier, les copeaux** *(wood shavings)*; le paysage: **la lande** *(moor)*, **le chêne** *(oak tree)*, **l'if** *(yew tree)*, **la bruyère** *(heather)*, **la boue** *(mud)*. Les Gaulois avaient aussi un système numérique basé sur vingt (au lieu de dix) dont le terme français **quatre-vingts** est peut-être le vestige le plus frappant.
- La Gaule est presque entièrement romanisée (c'est-à-dire, tout le monde parle latin). Le fin du cinquième siècle de notre ère est l'époque des invasions germaniques qui mèneront à la chute de l'Empire romain. La plupart du territoire français est gouverné par des peuples germaniques, les Francs et les Burgondes. Maintenant la classe dominante est de langue germanique. Les Francs sont plus tolérants que les autres peuples germaniques et ils permettent le mariage entre Francs et Latins. Ils adoptent le latin comme langue de la religion et langue de l'administration. Les Francs laissent une empreinte très marquée sur le latin parlé de la Gaule. Ils donnent leur nom au pays. **Frantia** (terre des Francs, d'où **France**) remplace **Gallia** (terre des Gaules) et la langue néolatine de la région parisienne s'appelle **le francien**. L'influence germanique sur le latin parlé de la Gaule est beaucoup plus marquée que l'influence germanique des Wisigoths sur le latin d'Espagne ou celle des Ostrogoths et des Lombards sur le latin d'Italie.
- Les emprunts linguistiques pris aux Francs peuvent se classer par catégorie. Du domaine de l'agriculture et de l'élevage nous avons **le blé, le troupeau, la hanche, l'échine** *(backbone, spine)*, **la houe** *(hoe)*, **la hache** *(axe)*, **le jardin, la haie** *(hedge)*. Les mots **la salle, la halle, le banc, le fauteuil** relèvent du domaine du logement. Les Francs laissent plusieurs mots dans le domaine du vêtement: **la robe, l'écharpe.** De l'administration des Francs nous avons **le maréchal** *(marshal)*, **le marquis, le baron**, et du domaine de la guerre, **la bannière, le gonfalon** *(battle flag)* et **la flèche** *(arrow)*.

La formation du français

- Les Serments de Strasbourg de 842 sont la première manifestation écrite du «français». Ce document trilingue, écrit en latin, en germanique, et en «romain» reproduit un serment juré par Louis et Charles, les fils de Louis le Pieux. L'inclusion de cette traduction romaine montre que le peuple ne comprend déjà plus le latin et qu'on a déjà conscience de l'existence d'une langue romane différente du latin. Le texte de ce serment est donc un vestige de la langue française à ses débuts.
- Au Moyen Âge apparaissent les premiers monuments littéraires en français. Comme partout en Europe, la langue écrite montre peu d'uniformité et la fragmentation dialectale est partout évidente. Mais le prestige de Paris, siège de la cour royale des rois capétiens depuis 987, donne une importance spéciale au **francien**, la langue de l'Île-de-France. Vers la fin du douzième siècle, les gens cultivés font un effort pour parler et écrire en francien.
- La grande division linguistique du territoire français est celle qui sépare la langue d'oïl de la langue d'oc. Les mots **oïl** et **oc** sont les mots pour **oui** dans ces langues. C'est la langue d'oïl, parlée au nord de la Loire, qui devient le français. La langue d'oc devient le provençal, langue du Midi de la France. Mais sous l'instigation du pape Innocent III, une croisade est lancée contre les hérétiques albigeois du Midi. Le nord se sert de cette guerre religieuse pour briser l'influence des nobles méridionaux et pour étendre l'influence et le pouvoir de la cour de Paris. Philippe Auguste et Louis VIII s'emparent du Midi, et le provençal commence son déclin, déplacé peu à peu par la langue d'oïl. Aujourd'hui, malgré quelques efforts de renouveau de l'occitan (nom donné actuellement au provençal), le français est presque la seule langue qu'on emploie dans le Midi.
- Au cours des siècles, le français subit d'autres influences étrangères. À l'époque de la Renaissance, l'influence italienne est notable. La montée de l'Espagne à la fin du quinzième siècle et la découverte de l'Amérique donnent à la France plusieurs mots espagnols. C'est l'espagnol qui transmet les noms des nouveaux produits américains **(tomate, chocolat)** au français et aux autres langues européennes. À partir du dix-neuvième siècle l'intérêt en Angleterre est en amont et le français emprunte des mots à la langue de son voisin d'outre-Manche. Au vingtième siècle c'est surtout l'anglais américain qui fournit les emprunts les plus nombreux au français **(le look, le walkman, cool, les stars du cinéma, le parking,** etc.).

La langue française aujourd'hui

- Aujourd'hui le français est une langue mondiale et un véhicule de culture très important. On calcule que le français est la langue utilisée par plus de cents millions de personnes dans le monde, soit comme langue maternelle, soit comme langue seconde. Les organisations internationales de la francophonie se réunissent pour favoriser la coopération culturelle et technique entre les pays francophones.
- En Europe le français est la langue officielle de la France et une langue officielle en Belgique (avec le néerlandais), en Suisse (avec l'allemand, l'italien et le romanche) et au Luxembourg (avec l'allemand).
- Au Canada, le français et l'anglais sont les deux langues officielles, et le quart des Canadiens (sept millions de personnes) sont francophones. Aux États-Unis, la Louisiane était le lieu de refuge pour des Acadiens expulsés de l'Acadie (aujourd'hui le Nouveau-Brunswick et la Nouvelle-Écosse) afin de réduire l'influence de la France dans cette région cédée aux Anglais en 1713. Le mot **cajun** vient du mot français **acadien**. Le français subsiste aussi à peine dans la Nouvelle-Angleterre, lieu d'une grande immigration franco-canadienne au cours du dix-neuvième siècle.
- Aux Antilles, le français est la langue officielle des deux départements d'outre-mer qui s'y trouvent, la Guadeloupe et la Martinique. En Haïti la plupart de la population parle créole, une langue créée par le contact entre le français et les langues africaines des esclaves amenés au Nouveau Monde. Le français est aussi la langue officielle en Guyane, sur la côte nord de l'Amérique du Sud.
- Dans le Pacifique les territoires français de Tahiti et de Nouvelle-Calédonie parlent français (la Polynésie française). Au Moyen-Orient le français reste une langue importante parmi les chrétiens du Liban et parmi les juifs émigrés en Israël de l'Afrique du Nord. En Asie le français est toujours une langue de

prestige dans les pays de l'ancienne Indochine, bien que concurrencée de nos jours par l'anglais.

- L'extension la plus marquée de l'influence du français est en Afrique où il est la langue officielle ou où il jouit d'un statut privilégié dans des pays qui sont d'anciennes colonies françaises et belges. Le français est officiel dans l'administration nationale et dans l'enseignement dans: l'Algérie, le Maroc, la Tunisie, le Bénin, la Burkina Faso, le Burundi, le Cameroun, les îles Comores (dans l'océan Indien), la Côte d'Ivoire, Djibouti, le Gabon, la Guinée, le Madagascar, le Mali, le Maurice (dans l'océan Indien), la Mauritanie, le Niger, le Rwanda, le Sénégal, les Seychelles, le Tchad, le Togo et la République Démocratique du Congo.
- Les pays francophones de l'Afrique produisent en français une littérature de haute qualité, très variée et très intéressante. Si l'on y ajoute les auteurs européens, canadiens et antillais, on comprend que le français, comme l'anglais, est une langue littéraire internationale dans laquelle on trouve des œuvres qui décrivent les sociétés les plus variées, de celle des Inuits qui habitent le nord du Québec à celle des Malgaches de Madagascar.
- Cette importance internationale du français lui donne une place privilégiée aux Nations unies et dans d'autres organismes internationaux. Aux Nations unies on accorde à deux langues, le français et l'anglais, le statut de «langues de travail». Tous les documents de l'organisation sont rédigés dans ces deux langues, et l'on s'attend à ce que tout employé des Nations unies sache parler au moins une d'elles.

CHAPTER 29 TEST

French language

1 **Mais c'est faux!** Toutes ces constatations sur la langue française sont fausses. Corrigez-les selon l'article que vous venez de lire.

1. Le français est une langue dérivée du grec.

   ____

2. Le gaulois était la langue du Midi de la France au Moyen Âge.

   ____

3. À l'époque de la Renaissance le français s'enrichit d'emprunts anglais.

   ____

4. Le français transmet les nouveaux mots américains à l'Europe.

   ____

5. Les Comores se trouvent dans l'océan Pacifique.

   ____

6. Le français ne jouit d'aucun statut spécial en Belgique.

   ____

7. Les envahisseurs germaniques n'ont laissé aucune empreinte sur le français.

   ____

8. Le français est la seule langue de travail aux Nations unies.

   ____

2 **Choisir** Laquelle des possibilités proposées identifie correctement l'élément donné?

1. _______ la boue
   a. mot d'origine latine
   b. mot d'origine celtique
2. _______ Frantia
   a. nom latin de la France
   b. nom de la France donné par les Francs
3. _______ Guyane
   a. pays francophone sud-américain
   b. pays francophone asiatique

French language

4. _______ Marseille
   a. ville fondée par les Gaulois
   b. ville fondée par les Grecs

5. _______ tomate
   a. emprunt à l'italien
   b. emprunt à l'espagnol

6. _______ Burgondes
   a. peuple germanique installé en France
   b. région francophone de la Suisse

7. _______ créole
   a. langue parlée en Haïti
   b. Canadiens expulsés par les Anglais

8. _______ Bénin
   a. ancienne colonie espagnole
   b. pays francophone africain

9. _______ la langue d'oc
   a. langue parlée au nord de la Loire
   b. langue du Midi de la France

3 **Identifications** Reliez les mots dans la première colonne à leur description dans la deuxième colonne.

1. _______ l'occitan
2. _______ la Guadeloupe
3. _______ la Polynésie française
4. _______ la Nouvelle-Écosse
5. _______ Jules César
6. _______ les Albigeois
7. _______ les Serments de Strasbourg
8. _______ l'écharpe

a. la première manifestation écrite du «français»
b. ancienne colonie française du Pacifique
c. département d'outre-mer
d. hérétiques du Moyen Âge
e. mot germanique signifiant un vêtement
f. général romain qui a conquis la Gaule
g. nom moderne du provençal
h. province canadienne, anciennement l'Acadie
i. nom donné aux Belges de langue française

CHAPTER 30

History of France

La France préhistorique

- La partie du continent européen que nous appelons aujourd'hui «France» est une des régions les plus riches en vestiges préhistoriques des **Cro-Magnon**, des hommes du paléolithique assez proches de l'homme moderne. Dans la vallée de la Dordogne, dans le sud-ouest de la France, on a trouvé des statues de femmes sculptées il y a plus de 20 000 ans, sûrement un témoignage d'un ancien culte de fertilité. Les Cro-Magnon étaient aussi des artistes. On a trouvé de merveilleuses peintures rupestres dans les grottes de **Lascaux,** toutes représentant des animaux comme les taureaux, les bisons, les cheveaux et les cerfs, dépeints peut-être pour assurer le succès des chasseurs. En 1994, dans la vallée de l'Ardèche à la Combe-d'Arc près du Rhône on a découvert encore une grotte avec des peintures rupestres spectaculaires. Aux animaux de toujours s'ajoutent l'ours et la renne, la hyène et la panthère. Les artistes de cette grotte savaient représenter le mouvement, et à côté des peintures ils ont réalisé aussi des gravures. Cette grotte s'appelle **la grotte Chauvet,** nom du chercheur qui l'a découverte.
- Au paléolithique des Cro-Magnon succède **le néolithique,** époque révolutionnaire dans l'évolution humaine. L'agriculture et l'élevage font leur apparition et remplacent la chasse et la cueillette comme moyens de subsistence. C'est l'époque de la sédentarisation où les nomades se transforment en agriculteurs et s'organisent en villages. La poterie et le tissage apparaissent. Les bases de la civilisation sont posées. On trouve en France beaucoup d'outils et restes de poterie qui nous donnent une idée plus ou moins exacte de la vie de ces ancêtres lointains des Européens d'aujourd'hui.
- Les hommes apprennent à travailler le métal. On distingue en général trois âges différents: **l'âge du cuivre, l'âge du bronze** et **l'âge du fer.** Nos informations sur cette époque en France sont assez précises. Nous pouvons identifier les peuples qui habitent la France pendant l'âge du fer. Nous savons, par exemple, qu'au septième siècle avant Jésus-Christ **les Grecs** fondent un comptoir sur la côte méditerranéenne. Le nom de cette colonie est **Massilia**, aujourd'hui Marseille. Au sixième siècle **les Celtes** envahissent la France et la transforment en un pays celtique. Ces Gaulois, surtout ceux de Provence, subissent l'influence de la civilisation grecque de Massilia. Les Gaulois fondent de petites villes fortifiées comme Lugdunum (aujourd'hui Lyon) et la tribu celtique des Parisii s'installe dans l'Île-de-la-Cité. C'est du mot **Parisii** qu'on tire le nom de **Paris**.

La conquête romaine

- Au deuxième siècle avant J.-C. **les Romains** sont appelés par les Grecs de Massilia à les défendre contre les tribus du nord qui les menacent. Rome garde le territoire conquis et l'étend jusqu'à la Garonne, à l'ouest et jusqu'au Pyrénées au sud. Cette conquête de la Provence donne aux Romains le moyen de joindre par terre l'Italie et l'Espagne. Ils fondent les villes d'Aix-en-Provence et Narbonne et construisent la voie Domitienne qui traverse la Provence et relie l'Italie et l'Espagne. La colonisation romaine de la Provence amène la romanisation du pays. Déjà influencé par les Grecs de Marseille, le monde romain n'est pas étrange pour ces Gaulois du Midi. L'ordre imposé par les Romains facilite le développement économique de Provence, qui s'intègre à l'Empire.

- Au milieu du premier siècle avant J.-C. les Romains décident d'entreprendre la conquête de la Gaule indépendante. La Gaule non-romaine est rendu instable par les incessantes guerres entre tribus, faiblesse dont **Jules César,** nommé consul de la Provence en 59 avant J.-C. saura profiter. Sous prétexte de défendre la Gaule d'une invasion germanique, César attaque la Gaule indépendante en 58 et soumet la Gaule entière en six ans. La bataille décisive est celle d'**Alésia** dans le département de Côte-d'Or au nord-ouest de Dijon où le chef des Gaulois, **Vercingétorix,** se rend à Jules César (52 avant J.-C.).
- La victoire de Jules César donne à Rome tout le territoire français et la plupart de la Belgique. L'armée de César franchit la Manche pour passer en Angleterre dont la conquête commencera un siècle plus tard. **La Gaule** devient la province la plus riche de l'Empire. La stabilité imposée par les Romains favorise le développment d'un pays riche en ressources naturelles. La Gaule, fertile et bien arrosée par la pluie, exporte du blé, des fruits et de la laine. Les Romains introduisent la vigne, et les vins gaulois ont une réputation dans l'antiquité égale à celle des vins français de nos jours. Les Romains construisent des routes à travers la France entière; la Gaule est donc intégrée à l'Empire, et la romanisation continue, sans que les Romains y contraignent la population. Le latin devient la langue de la Gaule et les écoles transforment les petits Gaulois en Romains. Un siècle après la conquête de César, il y a déjà des sénateurs gaulois à Rome.
- Ce monde romain subit deux transformations fondamentales dans les cinq siècles et demi qui mènent de la conquête de la Gaule à la chute de Rome. La première est la christianisation. **Le christianisme,** à ses origines une secte du judaïsme, commence à gagner des membres partout dans l'Empire. Après avoir longtemps persécuté les chrétiens, **l'empereur Constantin** se convertit au christianisme au début du quatrième siècle et décrète la tolération du christianisme. Le christianisme se répand en France. Vers la fin du quatrième siècle **saint Martin,** évêque de Tours, fonde les premiers monastères. En 391 le christianisme devient la religion d'état de l'Empire romain.

Les Francs

- La seconde transformation profonde de la Gaule romaine résulte des **invasions germaniques.** Celles-ci mènent peu à peu à la chute de l'Empire romain et à son remplacement en Europe par des états plus petits. Vers la fin du cinquième siècle **les Francs** établissent leur royaume en France. **Clovis** est le roi et la cour est à Paris, capitale du royaume. En 496 **Clovis** se convertit au christianisme. Les Francs élargissent leur emprise sur l'ensemble du territoire français jusqu'à le dominer presque tout entier. Leur règne transforme profondément la France. Ils lui donnent son nom (**Frantia** remplace **Gallia** comme nom du pays) et créent un royaume qui préfigure par son extension et son unité la France moderne. Clovis et ses descendants constituent la dynastie **mérovingienne,** première de grandes familles royales de France.
- Il faut remarquer que les Germains, appelés Barbares par les Romains, ont deux fois sauvé la France des invasions de l'extérieur. En 451 les **Huns** sous **Attila** s'avancent sur **Lutèce** (nom romain de Paris) et Orléans. **Sainte Geneviève** encourage les habitants de Paris à rester dans leur ville et à la défendre contre les envahisseurs. Les événements justifient sa foi. **Aetius,** géneral des dernières légions romaines avec l'aide de Germains alliés à Rome arrête la poussée des Huns entre Châlons-sur-Marne et Troyes en Champagne. Cette **bataille des champs Catalauniques** écarte la menace des Huns de France. Les Huns ne s'approchent pas de Paris et sainte Geneviève devient la patronne de France. Trois siècles plus tard, les Arabes, après leur conquête de la péninsule Ibérique (l'Espagne et le Portugal) font irruption en France et leur armée monte vers le nord. C'est **Charles Martel,** grand-père de Charlemagne, qui à la tête de l'armée française, attend les musulmans près de Poitiers en 732. La bataille est dure, mais les troupes de Charles Martel sortent vainqueurs. Les Arabes battent la retraite vers les Pyrénées et se réfugient en Espagne. Ils ne menaceront plus la France.
- Le fils de Charles Martel, **Pépin le Bref,** est élu roi en 751. Avec lui commence **la dynastie carolingienne.** Pépin meurt en 768. Selon la

coutume des Francs son héritage est partagé par ses deux fils, **Charles le Grand (Charlemagne)** et Carloman. Ce système de succession partagée a ses défauts, car les ambitions des héritiers mènent souvent à des guerres civiles. Mais Carloman meurt trois ans plus tard, laissant Charlemagne seul à exercer le pouvoir à partir de 771.

- Charlemagne transforme le royaume des Francs en empire, prenant son exemple de Rome. Des victoires militaires dans l'Italie du nord et en Allemagne lui donnent de vastes territoires à administrer. Sa seule défaite est en Espagne. La retraite des Français par le col de Roncevaux dans les Pyrénées est le thème du grand poème épique français *La chanson de Roland*. En 800 le pape Léon III sacre Charlemagne «Empereur des romains». Charlemagne, peu cultivé lui-même, comprend l'importance des études et favorise la reproduction des manuscrits latins. On appelle cet épanouissement des lettres classiques sous Charlemagne **la Renaissance carolingienne.**
- L'empire de Charlemagne ne dure pas longtemps. Charlemagne meurt en 814. Son fils **Louis le Pieux** lui succède. Louis le Pieux est un roi faible. À sa mort la guerre éclate entre ses fils. En 843 **le traité de Verdun** est signé, confirmant le partage de l'Empire entre les fils de Louis le Pieux. Cette époque est malheureuse pour d'autres raisons aussi. La faiblesse des descendants de Charlemagne laisse la France presque sans défense devant les invasions des **Normands** (hommes du Nord). Ces Normands dévastent le pays et réussissent à conquérir de vastes territoires. On réussit à les repousser de Paris et d'autres régions et on leur donne de la terre pour s'installer au Nord. Cette région porte encore leur nom: **la Normandie.** Le pouvoir royal s'affaiblit de plus en plus et la dynastie carolingienne disparaît avec la mort de Louis V en 987. La France arrive à un des grands tournants de son histoire.

PART 8

Le Moyen Âge

- **Hugues Capet** monte sur le trône en 987, fondant **la dynastie capétienne.** En 996, son fils, Robert le Pieux, devient roi. La France se remet peu à peu de la dévastation du dixième siècle. Une nouvelle stabilité rend possible le développement économique. On construit des églises partout dans le pays et la société est organisée selon les principes de **la féodalité.** Dans une époque où le moyen de transport le plus rapide est le cheval, le roi est loin de la plupart de ses sujets. Ceux-ci s'allient au seigneur le plus proche qui leur offre une défense en échange d'une partie de leurs récoltes. Parmi les nobles les plus puissants sont les ducs de Normandie. Ces descendants des Normands ne parlent plus leur langue germanique mais parlent français. L'un d'eux, **Guillaume le Conquérant,** envahit l'Angleterre en 1066 et la conquiert et implante l'état anglo-normand. Le français est la langue de la cour anglaise pendant les quatre siècles qui suivent, et il transforme profondément l'anglais. Cette langue germanique se remplit d'emprunts français à un tel point que son vocabulaire mixte devient un des traits principaux qui distinguent l'anglais des autres langues germaniques.
- À la fin du onzième siècle le pape Urbain II lance l'appel à **la croisade** pour libérer les Terres saintes de l'emprise des musulmans. La première croisade a deux aspects. Une croisade populaire de gens exaltés mais peu armés et mal organisés part en 1096. Mal habillés et mal alimentés, ils se livrent au pillage et au massacre des juifs. En 1097, les nobles français, chefs militaires partent en tête de trente mille hommes et prennent Jérusalem en 1099.
- Le siècle suivant la deuxième et la troisième croisades ont lieu. Au milieu du siècle **Aliénor d'Aquitaine** reçoit la permission de l'Église de divorcer d'avec son mari Louis VII. Elle épouse **Henri II,** duc de Normandie, qui deviendra roi d'Angleterre. Aliénor apporte au mariage ses possessions: tout le sud-ouest de la France, qui devient maintenant territoire du roi d'Angleterre. C'est un exemple frappant de la façon dont, à l'époque de la féodalité, les nobles pouvaient démembrer un royaume.
- En 1214 il y a une bataille décisive pour l'avenir de la France. **Philippe Auguste** vainc les Anglais et leurs alliés à **Bouvines,** près de Lille. La bataille de Bouvines marque la fin de la présence des Anglais au nord de la Loire. C'est aussi le moment de la croisade contre **les Albigeois.** L'hérésie se répand depuis longtemps dans le Midi et l'Église veut l'extirper. La couronne profite de cette occasion pour étendre son pouvoir aux dépens des nobles comme le comte de Toulouse. La victoire

des Français sur les nobles du sud marque le début de la fin de la civilisation et de la langue provençale qui fleurissait dans le Midi.

- Le treizième siècle est surtout caractérisé par le long règne de **Louis IX,** dit **saint Louis,** qui commence en 1226. C'est un homme religieux qui régnera jusqu'à 1270. Sous saint Louis on fonde la Sorbonne. Le roi même part à la septième croisade en 1248. Il repart à la huitième et dernière croisade en 1270 et meurt de la peste à Tunis. Louis IX laisse une France respectée et forte ainsi que le souvenir d'avoir été un roi juste et charitable.
- Vers la fin du siècle **Philippe IV (Philippe le Bel)** monte sur le trône français. Un conflit éclate avec la papauté. Le pape Boniface VIII essaie d'affermir le principe de la supériorité de l'Église sur le pouvoir temporel. Philippe le Bel résiste. En 1305, à la mort de Boniface, Philippe annonce le transfert du Saint-Siège de Rome à **Avignon.** Cette démarche donne au Midi de la France un de ses monuments les plus imposants: **le palais des Papes d'Avignon.**
- Plusieurs années après la mort de Philippe le Bel en 1314 la France a des problèmes de succession sur le trône. Le candidat écarté, Édouard III d'Angleterre, déclare la guerre. Les premiers conflits éclatent en 1337, et la guerre durera plus d'un siècle. C'est **la guerre de Cent Ans.** Elle fera des ravages en France, aidée par **la peste noire** qui sévit dans le pays en 1348 et qui enlèvera le quart de la population française. Les Français subiront beaucoup de défaites dans la guerre. Le tournant est marqué par un événement extraordinaire—l'intervention d'une fille de dix-huit ans: **Jeanne d'Arc.** C'est elle qui encourage les habitants d'Orléans, ville assiégée par les Anglais, et le siège est levé. Trahie et vendue aux Anglais, elle est brûlée vive pour hérésie sur la place de Rouen en 1431. La guerre de Cent Ans continue jusqu'à 1453, année de la bataille de Castillon en Guyenne, au sud-est de Bordeaux. Les Anglais sont chassés de l'ensemble du territoire français, sauf de la ville de Calais. Le Moyen Âge s'achève.

La Renaissance

- Le roi **Louis XI** essaie d'en finir avec la féodalité et réussit à triompher sur son ennemi, Charles le Téméraire, duc de Bourgogne. Il renforce l'organisation royale et a à sa disposition une armée permanente qu'aucun de ses rivaux ne peut maintenir. Cet affermissement définitif de la royauté vis-à-vis des nobles est un des jalons qui marque la fin du Moyen Âge et la transition à la Renaissance.
- Vers la fin du quinzième siècle deux autres événements clés de la Renaissance aident à transformer la vie française. Le premier est l'invention de la presse typographique par Gutenberg. La diffusion des connaissances est maintenant beaucoup plus facile et beaucoup plus rapide. Le premier atelier typographique est établi à Paris en 1470. C'est encore une rupture avec le Moyen Âge où on copiait les livres à main. En 1492 Christophe Colomb rentre de son premier voyage au Nouveau Monde. Bien que l'explorateur soit déçu de ne pas avoir trouvé l'or et les épices des Indes, sa découverte change la vie du monde entier d'une façon profonde et irréversible.
- Les guerres d'Italie (1494–1559) ont une profonde influence sur la culture française. Quand **Charles VIII** fait une campagne en Italie, il ne remporte aucune victoire, mais ses soldats remportent un magnifique butin qui montre aux Français le style somptueux de la Renaissance italienne. Cet intérêt ne fera que s'intensifier sous **François Ier** qui mène aussi quelques campagnes en Italie. On s'intéresse à l'art, à la littérature et à la musique italiens. Les Français aussi commencent à s'intéresser à l'antiquité classique, objet d'étude depuis longtemps déjà en Italie. Quand François Ier rentre en France il invite Léonard de Vinci à l'accompagner. D'autres grands artistes italiens le suivront. Ces artistes sont responsables du décor du château de **Fontainebleau** et de la magnifique résidence de chasse de **Chambord,** que François Ier fait édifier sur les bords de la Loire. François Ier impose l'emploi du français au lieu du latin pour les actes officiels.
- La France participe à l'exploration de l'Amérique. **Jacques Cartier** découvre Terre-Neuve, Québec et le fleuve Saint-Laurent qu'il remonte jusqu'au site du Montréal moderne. Il prend possession du Canada au nom de François Ier en 1534. D'autres explorateurs français s'embarqueront pour l'Amérique au siècle suivant.
- Le seizième siècle est marqué par **les guerres de Religion.** Luther affiche ses quatre-vingt-quinze thèses sur la porte de la cathédrale de Wittenberg en 1517. Ce défi à l'Église

déclenche **la Réforme protestante.** Jean Calvin prêche la nouvelle religion depuis Genève, en Suisse, où il est en exil. La Réforme fait de grands progrès en France, surtout entre la bourgeoisie et la noblesse. Cet essor du protestantisme fait trembler un peu les catholiques. On croit que les protestants, devenus très vite assez nombreux, doivent être empêchés de devenir trop puissants. On a peur aussi d'éventuelles alliances entre les protestants français et leurs coreligionnaires allemands, hollandais ou anglais. La persécution des protestants atteint son point culminant le 24 août, 1572, à la Saint-Barthélemy quand trois mille protestants sont massacrés en France. C'est le roi **Henri IV** qui mettra fin aux persécutions. Né protestant, il se convertit au catholicisme en 1593. À cette occasion il prononce un dicton fameux pour résumer les raisons de sa conversion religieuse, «*Paris vaut bien une messe.*» En 1598 il proclame **l'édit de Nantes** qui garantit la liberté de conscience et la liberté de pratiquer le protestantisme. Son règne restaure la monarchie absolue et crée des conditions favorables au développement économique.

Le grand siècle et le siècle des lumières

- Le dix-septième siècle commence sous le règne d'Henri IV, assassiné en 1610. **Louis XIII** succède à Henri IV et fait une innovation importante dans le gouvernement. Il nomme le cardinal **Richelieu** son ministre et lui donne le droit d'agir en son nom. Richelieu dirige des guerres étrangères et des guerres internes contre les protestants. En 1634 Richelieu fonde l'Académie française.
- L'exploration et la colonisation de l'Amérique continuent. Samuel de Champlain fonde la ville de Québec en 1608. Colbert, conseiller économique de Louis XIV, crée en 1664 la Compagnie des Indes, chargée de la mission de développer les colonies existantes et d'en établir de nouvelles. Marquette, un jésuite français en compagnie de Louis Joliet, un Français né à Québec, découvre le Mississippi en 1672. En 1682 Cavelier de La Salle s'empare de la Louisiane. Au cours du siècle les Français s'établissent à la Guadeloupe et à la Martinique, deux îles des Antilles. Les Français commencent aussi la pénétration de l'Afrique et de l'Inde. En 1642 on fonde Fort-Dauphin à Madagascar. En 1659 on fonde Saint-Louis de Sénégal. En 1668 un comptoir français est établi près de Bombay.
- À la mort de Louis XIII en 1643, son successeur, **Louis XIV**, n'a que cinq ans. La reine, Anne d'Autriche, devient régente et le cardinal **Mazarin** devient premier ministre. Comme Richelieu, il détient un pouvoir absolu. Mazarin meurt en 1661.
- **Louis XIV** commence son règne en 1661. C'est le prototype du monarque absolu. Louis XIV se considère le représentant de Dieu sur la terre, le Roi-Soleil. Il gouverne d'une façon absolue. Il s'entoure de conseillers, choisissant des hommes qui sont habitués à servir l'État et dont le plus connu est **Colbert**. Colbert s'occupe de l'économie et des subventions à la vie culturelle. Pour augmenter les revenus de l'État il développe l'industrie et fait construire des routes qui couvrent le pays pour faciliter le commerce. Louis XIV fait construire le magnifique château de **Versailles** où il installe sa cour. La littérature et l'art s'inspirent de l'Antiquité. C'est l'époque du classicisme.
- Pour ce monarque absolu la tolérance religieuse ne représente qu'une menace pour son pouvoir. Il persécute les jansénistes, catholiques qui donnaient plus d'importance à la conscience de l'homme qu'aux injonctions de l'Église. En 1685 il révoque l'édit de Nantes. Deux cent soixante mille protestants, craignant le pire, abandonnent le pays. Pour la France, c'est une perte. Ils s'en vont en Allemagne et en Hollande avec leurs connaissances, leurs capacités et leur argent. Louis XIV meurt en 1715, ne laissant pour lui succéder que son arrière-petit-fils, Louis XV, qui n'a que cinq ans dont l'oncle, le duc d'Orléans, est nommé régent.
- Le règne personnel de **Louis XV** commence en 1743. Son règne est marqué par **la guerre de Sept Ans** (1756–1763), un conflit européen avec des échos dans les colonies en Amérique et en Asie. Appelée dans l'histoire américaine *the French and Indian War,* la guerre finit mal pour la France, qui perd presque tout son premier empire colonial, y compris le Canada, la moitié est de la Louisiane et l'Inde. La France cède la partie occidentale de la Louisiane à l'Espagne, alliée avec la France pendant la guerre. Bien que les Français ne soient plus une présence en Amérique du Nord, plusieurs noms de lieu portent témoignage du passage de leurs explorateurs

et colonisations: *New Orleans, Louisiana, St. Louis, Joliet, Des Plaines, Lake Champlain, Montpellier, Detroit, etc.*

- La vie intellectuelle fleurit en France pendant le dix-huitième siècle. Paris est connu pour ses salons, dirigés tous par des femmes cultivées. Les salons sont une institution aristocratique. On y cultive la conversation, l'expression élégante et l'analyse des sentiments, surtout celle des sentiments amoureux. Mais on discute aussi des idées philosophiques. Les écrits de **Montesquieu** et de **Voltaire** montrent les défauts de l'absolutisme et expliquent les vertus du régime constitutionnel des Anglais. Les idées antireligieuses sont discutées aussi. L'encyclopédiste **Diderot** prêche la libre pensée. Sa grande œuvre, *l'Encyclopédie*, présente toutes les idées philosophiques de l'époque et nous donne une image authentique de ce siècle où la France et la langue française dominent la vie intellectuelle de l'Europe, le siècle des lumières.
- **Louis XVI** monte sur le trône en 1774. Pendant son règne la France intervient dans la guerre de l'Indépendance américaine. Au début, la France se limite à envoyer des armes et de l'argent. Quelques volontaires, comme La Fayette, vont en Amérique pour aider les troupes rebelles contre l'Angleterre. En 1778 la France reconnaît l'indépendance des colonies américaines et intervient activement dans la lutte. C'est une flotte française qui oblige les Anglais à lever le siège de Philadelphie. La capitulation de Yorktown, bataille décisive de la guerre de l'Indépendance, est réalisée avec le secours des troupes françaises qui encerclent Yorktown par terre et par mer. Ce blocus de la principale armée anglaise en Amérique est un élément important de la victoire américaine. L'indépendance des États-Unis est reconnue par le traité de Versailles de 1783.
- Louis XVI est connu comme un monarque faible qui ne sait pas résister aux privilégiés qui s'opposent aux réformes fiscales. Les problèmes économiques deviennent graves. Le peuple s'émeute plus d'une fois à cause de la hausse des prix et à cause des impôts, toujours plus écrasants pour les pauvres parce que les nobles refusent de payer. Cette ignorance du mécanisme de la fiscalité conduit l'État à la banqueroute. Le roi est obligé de convoquer en juin de 1789 **les états généraux,** une assemblée composée des trois ordres de la nation: la noblesse, le clergé et le peuple (le tiers état). Traditionnellement les états généraux votent par ordre, c'est-à-dire, un vote pour la noblesse, un vote pour le clergé et un vote pour le peuple. Mais les représentants du peuple exigent le vote par personne, ce qui donnerait la majorité au peuple. Le roi essaie de dissoudre l'assemblée. Le lendemain, le tiers état se réunit dans une salle de jeu de paume et se proclame **Assemblée nationale.** On prête le fameux serment du Jeu de paume de ne pas se séparer avant d'avoir donnée à la France une constitution. La monarchie n'est plus absolue.

La Révolution

- Le 14 juillet 1789 le peuple de Paris prend la vieille prison de **la Bastille,** symbole de l'absolutisme de la monarchie et de son pouvoir arbitraire. **La Révolution française** commence. Le 14 juillet deviendra la fête nationale de France. Les premières années de la Révolution sont les plus prometteuses. Le 26 août 1789 l'Assemblée nationale vote un document qui a une grande influence sur les siècles à venir. C'est la **Déclaration des droits de l'homme et du citoyen.** Voici quelques stipulations citées du document:
- Les hommes naissent et demeurent libres et égaux en droit.
- Le principe de toute souveraineté réside essentiellement dans la Nation. Nul corps, nul individu ne peut exercer d'autorité qui n'en émane expressément.
- La liberté consiste à pouvoir faire tout ce qui ne nuit pas à autrui.
- La loi est l'expression de la volonté générale.
- Nul ne doit être inquiété pour ses opinions, même religieuses.
- La libre communication des pensées et des opinions est un des droits les plus précieux de l'homme; tout citoyen peut donc parler, écrire, imprimer librement.
- La Révolution mène à la fin de l'absolutisme royal. La Constitution de 1791 déclare la monarchie parlementaire où le vrai pouvoir est détenu par une assemblée unique (d'une seule chambre). L'assemblée limite le pouvoir de l'Église et transforme le système administratif de France. Elle divise le pays en départements. La Révolution provoque la fuite des nobles français en Allemagne. En 1791, le roi Louis XVI s'enfuit aussi. Il est détenu à Varennes (Lorraine) et ramené à Paris.

- Du mois d'octobre 1791 au mois d'août 1792, la France est une monarchie constitutionnelle ou législative. Les souverains étrangers ne voient pas la Révolution française d'un bon œil, craignant que les mêmes revendications populaires puissent affaiblir leur pouvoir. L'empereur d'Autriche est le neveu de la reine, **Marie-Antoinette,** et il est hostile à la Révolution. Le roi et la reine attendent que ce neveu les délivre de la Révolution et restaure la monarchie absolue. Les français se voient maintenant comme les opposants à toute tyrannie. Les Prussiens, alliés aux Autrichiens, avancent vers la Champagne, mais sont battus par les Français à **Valmy** le 20 septembre, 1792. Le 25 septembre, la République est déclarée et Louis XVI est détrôné. Lui et Marie-Antoinette seront guillotinés l'année suivante.
- C'est maintenant **la Convention** qui gouverne la France, dominée par les Girondins, une faction modérée. Leur domination cèdera à celle des Montagnards qui sont plus radicaux. C'est la triste période de la Terreur, caractérisée par les arrestations arbitraires, de nombreuses exécutions et une répression brutale de la révolte royaliste en Vendée (ouest de la France). La figure dominante est Robespierre. En juillet, 1794 il y a un coup d'État contre Robespierre et un gouvernement plus modéré est instauré.
- En 1795 on instaure **le Directoire,** un système basé sur un conseil exécutif de cinq membres. Le Directoire durera jusqu'en novembre 1799, l'an sept de la Révolution. Au mois de novembre 1799, le général Napoléon Bonaparte organise un coup d'État et se fait proclamer Premier Consul. Il prend à son compte tous les pouvoirs exécutifs et législatifs du Directoire. Talleyrand, ministre des relations extérieures, est de mèche avec Napoléon dans le coup d'État. Il reste à son poste. Le Directoire est remplacé par le Consulat.
- L'époque révolutionnaire, malgré ses excès, pose les bases de la France moderne. Parmi ses innovations:
- La France a un gouvernement républicain et le peuple se gouverne sans roi.
- Le but du gouvernement est d'assurer le bonheur de ses citoyens.
- En 1792, un capitaine de l'armée française, Claude-Joseph Rouget de Lisle, compose *le Chant de guerre pour l'armée du Rhin* qui devient *la Marseillaise*, l'hymne national français.
- Le pays est divisé en départements et le vieux système de provinces est aboli.
- Le drapeau tricolore est adopté.
- Le système métrique est adopté.
- On fonde le musée d'Histoire naturelle.
- On fonde l'École normale supérieure.

Napoléon

- Le général Napoléon Bonaparte, comme Premier Consul, prend tous les pouvoirs exécutifs et législatifs du Directoire. Le Consulat dure cinq ans. En 1804 le Sénat proclame l'Empire. Napoléon devient Empereur à vie. La politique extérieure de Napoléon se base officiellement sur le désir d'étendre les libertés humaines de la Révolution française à l'Europe entière. Sous ce prétexte les armées françaises réussissent à soumettre presque tout le continent. Le déclin commence en 1812 avec l'invasion de la Russie. Les soldats de Napoléon ne sont pas préparés pour l'hiver russe et battent la retraite. Après le désastre de la campagne russe, les choses vont de mal en pis. L'Armée française se retire de l'Espagne après la défaite de Vittoria. Une coalition européenne composée de l'Angleterre, l'Autriche, la Russie, la Prusse et la Suède triomphe sur Napoléon à Leipzig et l'armée française, déroutée, se replie devant ses ennemis qui envahissent la France.
- Paris capitule en 1814. Napoléon abdique et est exilé à l'île d'Elbe. La monarchie est restaurée et Louis XVIII devient roi de France. Napoléon fait un effort pour restaurer l'Empire en revenant d'Elbe à Paris le 20 mars, 1815. Cette tentative de restauration dure cent jours et amène l'intervention de la coalition. La déroute définitive de Napoléon à Waterloo en 1815 a comme résultat son abdication définitive. La France est destituée de tous les territoires acquis par Napoléon et Napoléon est exilé à l'île de Sainte-Hélène dans l'Atlantique du sud.
- L'Empire de Napoléon a une influence profonde sur la France. Son administration centralisée dans laquelle tout rayonne de Paris, reste le modèle de l'adminstration française de nos jours. Sous Napoléon on codifie les lois françaises **(le code Napoléon).** L'Empire voit l'achèvement de la construction de la route de Simplon à travers les Alpes et l'aménagement des ports de Cherbourg (France) et d'Anvers (Belgique). Pour les États-Unis il y a des

conséquences importantes aussi. En 1803 Napoléon vend la Louisiane aux États-Unis, une acquisition qui double le territoire du pays.

Le dix-neuvième siècle

- À partir de 1815, c'est la restauration de la monarchie des Bourbons. **Louis XVIII** règne de 1815 à 1824. En 1824 c'est **Charles X** qui monte au trône. Les deux monarques ont beaucoup de difficultés à concilier cette monarchie restaurée avec la nouvelle mentalité des Français. Le dix-neuvième siècle est le siècle de **la bourgeoisie** qui demande la liberté d'opinion et la liberté d'action, surtout dans le domaine du commerce. En juillet, 1830, une révolte éclate quand Charles X essaie de rétablir la censure en utilisant ses privilèges de souverain. L'insurrection dure trois jours et s'appelle «les trois Glorieuses». Le roi abdique et s'enfuit en Angleterre.
- La première moitié du dix-neuvième siècle voit des progrès dans tous les domaines. La littérature, l'art, et la musique s'épanouissent dans la France bourgeoise. On commence la construction des chemins de fer, ce qui représente une véritable révolution dans les transports. Depuis l'époque romaine, la vitesse des déplacements humains n'a pas changé: on se déplace soit à pied, soit à cheval. Le réseau ferroviaire se développe vite en France. En 1850 il y a déjà plus de 1 300 kilomètres de voies. L'industrie se développe aussi et avec elle, une classe ouvrière pauvre et exploitée.
- **Louis-Philippe,** duc d'Orléans, est nommé «roi des Français». C'est une monarchie constitutionnelle qui garantit la liberté de presse. Elle dure jusqu'en 1848 quand une révolution éclate pour exiger le suffrage universel. Le roi abdique et la Seconde République est proclamée. L'insurrection française n'est pas sans parallèle dans le reste de l'Europe, où l'impatience populaire avec l'absolutisme éclate à Vienne, à Berlin, à Milan, en Tchécoslovaquie et en Pologne. En 1848 **Louis Napoléon,** neveu de l'ancien empereur, est élu président. Cette république sera de très courte durée.
- En décembre 1851, Louis Napoléon réalise un coup d'État. L'année prochaine il est nommé Empereur par un plébiscite universel et règne sous le nom de Napoléon III. C'est **le Second Empire,** qui va durer jusqu'à 1870. C'est aussi le moment où la France devient une puissance industrielle. Les machines à vapeur font tourner les machines de l'industrie. La production du charbon et de l'acier augmente considérablement. Le baron Haussmann est nommé préfet de Paris. Il organise de grands travaux, comme la percée des Grands Boulevards, qui donneront à la ville son aspect moderne. Zénobe Gramme, inventeur belge, construit la première dynamo électrique, une invention qui va transformer l'industrie. En 1870 il y a déjà 18 000 kilomètres de voies ferrées en France. Fernand de Lesseps organise la construction du canal de Suez. Un câble télégraphique est posé sous la Manche et relie la ville anglaise de Douvres avec la ville française de Calais.
- À travers le dix-neuvième siècle, la France commence à se refaire un empire colonial. En 1830, les Français prennent la ville d'Alger. Dans le Pacifique, l'île de Tahiti est conquise. Mais c'est la deuxième moitié du dix-neuvième siècle qui verra une expansion coloniale sur tous les continents. Les Français arrivent en Nouvelle-Calédonie au Pacifique. Ils fondent Dakar au Sénégal en Afrique. En Asie, la France s'établie en Indochine: le Viêt Nam, le Cambodge et le Laos. En Afrique l'empire colonial français comprend la République du Congo, la Tunisie, le Soudan, Djibouti, les Comores, la Côte d'Ivoire, la Guinée, le Bénin et le Madagascar. Le profil du monde francophone d'aujourd'hui se dessine.
- En 1870 éclate la guerre Franco-Allemande. La France déclare la guerre à l'Allemagne pour empêcher que Bismarck réussisse à unifier le pays et qu'il en fasse un état trop puissant. Les Allemands envahissent la France et infligent aux Français une défaite désastreuse à Sedan dans le département des Ardennes, près de la frontière belge. L'empereur est fait prisonnier. Après sa libération, il se réfugie en Angleterre. La défaite dans la guerre Franco-Allemande est dure pour la France. Les Allemands annexent l'Alsace et la partie germanophone de la Lorraine (ces deux régions sont à l'origine de langue allemande).
- En 1871 le peuple de Paris se soulève et déclare **la Commune,** un gouvernement populaire d'orientation radicale. La suppression de la Commune est sanglante: plus de vingt mille morts.
- La troisième République est inaugurée. Elle va durer jusqu'à la Seconde Guerre mondiale.

Sous la troisième République la modernisation de la France se poursuit. Jules Ferry, Ministre de l'instruction publique, établit l'école primaire obligatoire et gratuite pour tous les enfants français. La ville de Paris s'agrandit et atteint deux millions d'habitants. Il y a un nouvel Opéra à Paris. Les Français envoient **la Statue de La Liberté** aux États-Unis comme cadeau pour le premier centenaire de la République américaine. En 1889, la France célèbre le centenaire de la Révolution française. On organise l'Exposition universelle de Paris pour laquelle on construit la tour Eiffel. La bicyclette et l'automobile font leur apparition dans les rues des villes.

- Mais la société française n'est pas sans ses divisions. Elles se font noter dans **l'affaire Dreyfus.** En 1894, un capitaine juif de l'armée française, Alfred Dreyfus, est accusé d'avoir livré des secrets militaires aux Allemands. Dreyfus est dégradé et condamné à l'île du Diable, près de la Guyane française pour le reste de sa vie. Beaucoup soupçonnent que Dreyfus est innocent de trahison. Il y a des manifestations antisémites à Paris. Le grand écrivain Émile Zola défend Dreyfus dans un fameux article entitré «J'accuse» publié dans le journal *l'Aurore*. Dreyfus est prouvé innocent et réhabilité (1906), mais les fissures ouvertes dans la société française dureront longtemps. Sous prétexte de défendre l'honneur de l'armée, l'extrême-droite intègre l'antisémitisme à son programme politique. Dans la France industrialisée il y a d'importants mouvements syndicalistes. Les socialistes sous **Jean Jaurès** sont une force politique importante.

Le vingtième siècle

- Les rivalités européennes, comme par exemple, celle de la France contre l'Allemagne au sujet de l'Alsace-Lorraine, risquent de plonger l'Europe dans la guerre. En août, 1914 l'archiduc autrichien est assassiné par un Serbe à Sarajevo, et l'Autriche déclare la guerre à la Serbie. Les Russes, qui se considèrent les protecteurs de tous les peuples slaves, prennent la partie des Serbes, et son entrée en guerre provoque l'intervention des Français et des Anglais, ses alliés de la Triple Entente. L'Allemagne entre en guerre à côté des Autrichiens. La Première Guerre mondiale commence. On croit que la guerre va être courte. Elle dure quatre ans et fait huit millions de morts en Europe, dont un million quatre cents sont Français. Cette guerre voit aussi l'intervention des États-Unis. Le général Pershing débarque en France, où il commande les troupes américaines, en annonçant «La Fayette, nous voilà». Les Alliés gagnent la guerre. La France reprend l'Alsace-Lorraine et les colonies allemandes sont réparties entre les pays victorieux. Parmi les conséquences sociales de la Première Guerre mondiale en France, on trouve l'augmentation de la main-d'œuvre féminine. Dans une France privée de ses hommes par la guerre, c'est aux femmes de les remplacer dans le monde du travail.

- Après les années vingt assez prospères, le monde entier sombre dans la crise économique. En Allemagne, le chômage atteint la chiffre de six millions et l'inflation ravage le pays. Hitler prend le pouvoir en Allemagne en 1933. La démocratie allemande est écartée et un régime fasciste basé sur des idées raciales est mis en place. Les juifs sont les premiers visés. La victoire électorale de Hitler et son parti nazi encourage la droite antisémite française. La gauche française s'organise. Les communistes, les socialistes et les radicaux forment **le Front populaire,** qui prend le pouvoir aux élections de 1936 sous **Léon Blum**. Des mesures de réforme sont prises: on garantit deux semaines de congés payés aux ouvriers et on leur concède la semaine de travail de quarante heures. Mais le chômage augmente et la production baisse.

- La France des années trente ne comprend pas la menace allemande de Hitler. Pendant que les Allemands s'arment et développent leur force aérienne et des unités offensives de chars blindés (les panzers), les Français comptent sur **la ligne Maginot,** une ligne fortifiée sur la fontière de l'est. Le 3 septembre 1939, les Allemands envahissent la Pologne et **la Seconde Guerre mondiale** commence. La France et l'Angleterre déclarent la guerre à l'Allemagne en solidarité avec leur allié, la Pologne. Mais les hostilités ne sont initiées que neuf mois après, et cette période d'attente s'appelle **«la Drôle de Guerre».** En mai, 1940 la France est envahie. Le désordre règne dans le pays. Les routes sont bloquées par des réfugiés qui fuient devant l'armée allemande—c'est ce qu'on appelle l'exode de 40. Dans six semaines, c'est la défaite. En juin la France signe l'armistice avec l'Allemagne et est divisée en deux zones. La première zone est le nord (y compris Paris) et l'ouest occupés par les Allemands. Le centre et le sud forment la zone libre, gouvernée par le maréchal Pétain et son régime collaborateur de Vichy. Tout procédé démocratique est aboli et des lois discriminatoires contre les juifs sont instituées.

- **Le général de Gaulle,** passé en Angleterre, lance un appel à la résistance par radio au peuple français le 18 juin 1940. La plupart des colonies françaises se rallient au général. De Gaulle rassemble les troupes françaises restées à l'étranger. Elles le rejoignent et reforment l'armée de la France libre. Elle participera à beaucoup d'opérations militaires à côté des Anglais et des Américains.
- Sous l'occupation allemande, la vie est difficile en France. Le régime nazi est brutal, et les conditions de vie s'empirent. Les vivres se font de moins en moins abondants et un système de rationnement est mis en place. Pour les juifs de France, c'est la catastrophe. Les lois antisémites de l'Allemagne sont imposées. Le port de l'étoile jaune est obligatoire. En 1942 les déportations à Auschwitz et aux autres camps de mort commencent. Bien qu'il y ait des collaborateurs qui participent aux râfles des juifs, beaucoup de Français essaient d'aider les juifs en les cachant ou en les aidant à fuir. La France perd environ le quart de ses juifs (soixante-quinze mille personnes dont huit mille enfants) pendant la guerre, mais les trois-quarts sont vivants à la libération, un pourcentage beaucoup plus élevé que dans la plupart des pays occupés par les nazis.
- En juin, 1944 les alliés débarquent en **Normandie** et la libération de l'Europe commence. La résistance devient de plus en plus active pour aider les Alliés et affaiblir les Allemands. Paris est libéré le 25 août et le général de Gaulle rentre dans la ville. Pour l'Europe le bilan de la Seconde Guerre mondiale est atroce: entre quarante millions et cinquante-deux millions de morts. La France, comme le reste de l'Europe se reconstruit avec les crédits **du plan Marshall** américain. Des efforts d'unité européenne comme le marché commun sont inaugurés.
- En 1946, la quatrième République est proclamée. La structure même de cette quatrième République provoque une instabilité chronique. C'est un régime de partis, nombreux à l'époque. Puisqu'aucun d'eux n'arrive à la majorité, il faut toujours entrer en coalition avec d'autres partis pour prendre des décisions. Les alliances se font et se défont rapidement et les changements de gouvernement sont nombreux.
- La France doit faire face maintenant aux guerres d'indépendance de ses colonies. La guerre éclate en Indochine en 1946 et finit en 1954 avec la défaite française de Diên Biên Phu. Au Maghreb, le Maroc et la Tunisie deviennent indépendants, mais la France n'a aucune intention de renoncer à son emprise sur **l'Algérie** qu'elle considère une partie de la France. En 1954, l'insurrection éclate. L'organisation motrice est le F.L.N., Front de libération nationale. Un million de français vivent en Algérie et l'armée française défend leur droit d'y rester. La guerre d'Algérie affaiblit la quatrième République. Le général de Gaulle est rappelé au pouvoir en 1958 et il propose une nouvelle constitution qui établit un système présidentiel qui remédie aux plus graves défauts de la quatrième République. Devenu président en 1959, de Gaulle se déclare favorable à l'autodétermination pour l'Algérie, qui devient indépendante en 1962. Un million de «pieds-noirs», Français d'Algérie, abandonnent le pays pour la France.
- Le régime présidentiel initié par le général de Gaulle donne à la France la stabilité politique dont elle manquait. Mais en mai 1968 une crise éclate. Les étudiants universitaires s'émeutent contre de Gaulle et le gouvernement et les ouvriers se joignent à eux. Six millions de Français sont en grève. Mais les forces gaullistes s'organisent aussi. Le 30 mai une manifestation soutenant de Gaulle de huit cent mille personnes a lieu sur les Champs-Élysées.
- Après le général de Gaulle, la France aura quatre présidents: Georges Pompidou, Valéry Giscard d'Estaing, François Mitterrand et Jacques Chirac. Après la guerre d'Algérie, la France connaît la paix, sauf pendant quelques brefs intervalles. À l'intérieur elle connaît des vagues d'actes terroristes qui font de nombreuses victimes innocentes. À l'extérieur, ses forces combattent avec les alliés pendant la guerre du Golfe et font partie de la force pour la paix en Bosnie.

CHAPTER 30 TEST

History of France

1 **Quel siècle?** Indiquez à côté de chaque événement le siècle au cours duquel il a eu lieu.

1. _______ l'édit de Nantes
2. _______ la conquête normande de l'Angleterre
3. _______ la mort de Charlemagne
4. _______ le Front populaire
5. _______ la prise de la Bastille
6. _______ la guerre de Sept Ans
7. _______ l'affaire Dreyfus
8. _______ le règne de Saint Louis

2 **Identification** Identifiez chaque personne, chose ou lieu en le reliant à sa description.

1. _______ le Tchad
2. _______ le plan Marshall
3. _______ Alésia
4. _______ Jules Ferry
5. _______ Lascaux
6. _______ sainte Geneviève
7. _______ Bouvines
8. _______ Diderot

a. victoire décisive de Jules César sur les Gaulois
b. fondateur de l'école primaire obligatoire en France
c. auteur de *l'Encyclopédie*
d. patronne de France
e. ancienne colonie française en Afrique
f. programme américain pour la reconstruction de l'Europe
g. grotte avec peintures rupestres
h. victoire de Philippe Auguste sur les Anglais

3 **À compléter** Complétez ces phrases avec le(s) mot(s) qui manque(nt).

1. Les Grecs fondent le comptoir de Massilia pendant l'âge ______________________.
2. Les Romains construisent la voie Domitienne à travers ______________________ pour relier ______________________ et ______________________.

CHAPTER 30 TEST

History of France

3. C'est ______________________ qui réalise la conquête de la Gaule.
4. ______________________, évêque de Tours, fonde les premiers monastères en France.
5. ______________________ est le premier roi mérovingien.
6. La retraite des Français par le col de Roncevaux est le thème de ______________________.
7. À partir de 987 la France est gouvernée par les rois ______________________.
8. Guillaume le Conquérant conquiert ______________________ en 1066.
9. La ville de Québec est fondée par ______________________.
10. Charles le Téméraire était le ______________________.
11. Le traité de Versailles reconnaît ______________________.
12. La phrase «Les hommes naissent et demeurent libres et égaux en droit» vient de ______________________.
13. Robespierre est la figure dominante pendant ______________________.
14. La période entre 1815 et 1830 s'appelle ______________________.
15. La période entre 1851 et 1870 s'appelle ______________________.
16. Fernand de Lesseps organise la construction du ______________________.
17. Dans son article «J'accuse», le fameux écrivain ______________________ défend le capitaine Dreyfus.
18. Le général ______________________ commande les troupes américaines en France pendant la Première Guerre mondiale.
19. Pendant la Seconde Guerre mondiale le maréchal ______________________ est le chef du gouvernement de Vichy.
20. Le système présidentiel de la cinquième République était l'idée du ______________________.
21. ______________________ devient indépendante de la France en 1962.
22. Après la guerre d'Algérie, un million de ______________________ abandonnent le pays pour la France.

CHAPTER 30 TEST

History of France

4 **Mais c'est faux!** Les phrases suivantes sont toutes fausses. Corrigez-les d'après ce que vous avez appris sur l'histoire de France.

1. Dans la grotte Chauvet on trouve des peintures de l'âge du cuivre.

____

2. Les Romains n'ont jamais réussi à romaniser la Gaule.

____

3. À la bataille des champs Catalauniques, l'invasion des Arabes est arrêtée.

____

4. Le but des croisades était de convertir les musulmans.

____

5. On fonde la Sorbonne sous Louis XIV.

____

6. Philippe le Bel annonce le transfert du Saint-Siège de Rome à Jérusalem.

____

7. C'est Jean Calvin qui découvre le Saint-Laurent.

____

8. L'édit de Nantes garantit la semaine de travail de quarante heures.

____

9. En 1848 on proclame le Second Empire.

____

10. Avec la bataille de Diên Biên Phu, la France prend l'Indochine.

____

11. La guerre de la Tunisie affaiblit la quatrième République.

____

12. Jacques Chirac est rappelé au pouvoir en 1958.

____

CHAPTER 31

French Literature

Le Moyen Âge

- La caractéristique principale de la littérature médiévale en France est son oralité. C'est-à-dire que la littérature médiévale était destinée à être lue à haute voix ou récitée par un jongleur. Le jongleur était un poète ambulant qui récitait des vers et qui jouait d'un instrument de musique aussi. Souvent, les amateurs de cette littérature ne savaient pas lire et la voie orale était essentielle pour faire connaître les œuvres littéraires à un public analphabète.
- Les genres littéraires reflétaient l'oralité de la littérature médiévale. Les **chansons de geste (geste** vient du mot latin **gesta** *choses accomplies)* racontent les aventures héroïques de figures historiques ou mythiques. La plus connue est *La chanson de Roland,* poème épique qui raconte la retraite des troupes de Charlemagne d'Espagne. Roland, lieutenant de Charlemagne est trahi par Ganelon. Roland et ses troupes d'arrière-garde sont massacrés par les Basques en traversant le col de Roncevaux dans les Pyrénées. Roland meurt en sonnant son cor, une image noble et héroïque devenue classique en France.
- D'autres genres oraux du Moyen Âge: **le fabliau,** des vers satiriques, souvent grossiers, et **le lai,** une poésie historique qui raconte une aventure. Poésie brève, on peut réciter le fabliau en une seule séance. *Le roman de Renart* est un célèbre fabliau. **Marie de France** est peut-être l'auteur le plus connu de lais.
- Parmi les genres destinés à être lus se trouvent **la poésie lyrique,** souvent amoureuse, dont le maître est **François Villon** (1431–1463?), et le roman. **Le roman** médiéval comprend des œuvres classiques telles que *Tristan et Iseult, Le roman de Perceval* de **Chrétien de Troyes** et *Le roman de la rose* de **Guillaume de Lorris** et **Jean de Meun**.

La Renaissance

- Le seizième siècle marque la Renaissance en France. La Renaissance se différencie du Moyen Âge par l'expansion de l'intérêt dans l'antiquité classique. Le latin ecclésiastique fait place au latin des auteurs classiques dans l'usage des intellectuels. On commence aussi à étudier le grec classique. Les idées et les modèles artistiques et littéraires de l'antiquité prennent un grand essor. Le monde médiéval, centré sur la religion et l'Église commence à perdre du terrain face au monde moderne, où, comme dans l'antiquité, l'homme est la mesure de toute chose. C'est aussi l'époque du foisonnement des connaissances scientifiques. Le seizième siècle exploite aussi l'invention de l'imprimerie par Gutenberg, et le livre devient le moyen de diffusion du nouveau savoir.
- Parmi les auteurs du seizième siècle, celui qui aura le plus d'influence sur la littérature française et mondiale est **François Rabelais** (1490–1553). Rabelais écrit une série de cinq livres: *Gargantua, Pantagruel, Tiers Livre, Quart Livre et Cinquième Livre*. Les personnages principaux des romans sont Gargantua, son fils Pantagruel et Panurge, le fidèle compagnon de Pantagruel. Rabelais peint un monde de joie et de plaisir où la bonne table est reine.
- En poésie, le mouvement de **la Pléiade** représente les courants intellectuels de la Renaissance. Portant le nom d'une constellation qui déjà dans la Grèce antique s'employait pour désigner un autre groupe de poètes, la Pléiade cherche à donner à la France une poésie en français digne des modèles classiques où elle puise son inspiration. **Pierre de Ronsard** et **Joachim du Bellay** sont les poètes les plus connus de cette école.
- **Michel Eyquem de Montaigne** est le grand essayiste du seizième siècle. Son œuvre *Les*

essais est un effort de comprendre l'essence de l'être humain en étudiant ses propres réactions et ses observations de lui-même. Montaigne dépeint la difficulté à laquelle les hommes font face en essayant d'arriver à connaître la vérité.

L'âge classique

- **L'âge classique** en France est lié au règne de **Louis XIV** (1661–1715), mais cette époque se prépare même avant lui. Le dix-septième siècle est marqué par Richelieu, Louis XIII, Mazarin et Louis XIV, qui mènent à l'absolutisme royal et à l'effacement du pouvoir des nobles. Autour du pouvoir royal se développe une société aristocratique, caractérisée par un grand raffinement, des goûts précis et un vif intérêt porté à la vie culturelle. Les **salons** littéraires organisés par des femmes aristocratiques et cultivées comme la Marquise de Rambouillet et Mademoiselle de Scudéry font circuler les idées. Les normes linguistiques et artistiques sont établies par l'Académie française et l'Académie royale de peinture et de musique. L'innovation dans les sciences est promue par l'Académie des sciences, fondée en 1666 par Colbert.
- Le dix-septième siècle est un siècle soucieux de doctrines et de normes. **Boileau,** dans son œuvre *L'art poétique,* établit des formules pour le théâtre dont la plus connue est **la règle des trois unités:** l'unité de lieu, l'unité de temps et l'unité d'action. **Malherbe** et **Vaugelas** posent les normes linguistiques pour donner à la langue française une unité qui reflète l'unité politique du royaume. Le souci de la clarté et de la beauté d'expression montre l'inspiration aristocratique de cette standardisation.
- Dans la philosophie, les deux grands noms du siècle sont **Descartes** et **Pascal. René Descartes** (1596–1650) crée une méthode philosophique axée sur la pensée et la raison humaine. Son système de pensée est fondé sur la déduction: on va du simple au complexe. L'importance que Descartes donne à l'activité mentale de l'homme se trouve résumée dans son dicton fameux *Cogito ergo sum,* en français, «Je pense, donc je suis». Parmi ses œuvres les plus importantes se trouvent *Discours de la méthode* et *Méditations métaphysiques.* **Blaise Pascal** (1623–1662) est mathématicien et physicien. Même sa jeunessse est marquée par des prouesses scientifiques. À l'âge de seize ans il publie un *Essai sur les coniques;* à dix-neuf ans il invente la machine à calculer. En 1654, à la mort de son père, il se convertit à l'Église. Son œuvre *Pensées* est une méditation sur la condition humaine et une défense de la religion chrétienne et de la place centrale occupée par Dieu dans les actes des êtres humains.
- La littérature française du dix-septième siècle atteint son sommet dans le genre du théâtre. Trois grands dramaturges laissent leur empreinte sur l'époque: **Corneille, Molière** et **Racine**. Dans les pièces de Corneille (1606–1684) nous voyons des thèmes espagnols *(Le Cid, Don Sanche d'Aragon)* et classiques *(Horace, Cinna).* Molière (1622–1673) est le grand dramaturge comique du théâtre français. Ses œuvres, mettant en relief les faiblesses humaines, se lisent et se représentent avec le même plaisir aujourd'hui qu'au dix-septième siècle. Ses personnages n'ont pas perdu leur actualité avec le passage des siècles. Parmi ses pièces les plus connues se trouvent *Les précieuses ridicules, L'école des femmes, Le misanthrope, Le bourgeois gentilhomme, Le malade imaginaire, Tartuffe* et *Dom Juan.* Le grand tragédien du dix-septième siècle est Racine (1639–1699). Racine analyse dans ses pièces telles que *Phèdre, Bérénice, Andromaque* et *Britannicus,* le conflit entre la passion fatale affrontée à la morale ou aux normes de la société.
- Une autre grande figure du siècle classique est **Jean de la Fontaine** (1621–1695). Cet auteur de fables emploie une technique de l'antiquité: peindre la société humaine avec des personnages qui sont des animaux. Beaucoup de vers tirés de ses fables sont devenus des expressions courantes dans la langue française.

Le dix-huitième siècle

- Le dix-huitième siècle s'appelle **le siècle des lumières**. Il commence par une continuation de l'époque classique. Les idées sont diffusées dans les salons, mais d'autres lieux de conversation se créent aussi comme des clubs et des cafés. C'est un siècle philosophique qui analyse et examine la morale, la politique et la nature humaine. La confiance dans l'esprit humain donne lieu à un projet monumental: *l'Encyclopédie.* Le directeur de *l'Encyclopédie* est **Denis Diderot** (1713–1784). Le but de cette entreprise est de recueillir toutes les connaissances humaines dans une seule œuvre en divisant cette énorme tâche parmi des spécialistes divers.

- La pensée philosophique est représentée par **Montesquieu** (1689–1755), dans son œuvre principale *L'esprit des lois.* Ce livre a posé les bases des doctrines constitutionnelles et de la pensée politique libérale classique. Les idées de Montesquieu sur la séparation des pouvoirs au gouvernement comme défense de la liberté des citoyens ont influencé les auteurs de la constitution américaine.
- **Voltaire** (1694–1778) représente l'homme du dix-huitième siècle. Sorti d'un milieu bourgeois, il devient le défenseur du citoyen contre le despotisme du gouvernement et contre celui du clergé. Doué d'un esprit critique mordant, il a critiqué toutes les institutions de la société de l'époque. Parmi ses œuvres les plus connues on trouve les contes *Candide* et *Zadig,* des poèmes philosophiques tels que *Poème sur le désastre de Lisbonne* et des essais historiques comme *Le siècle de Louis XIV.*
- L'œuvre de **Jean-Jacques Rousseau** (1712–1778) marque une transition entre le siècle des lumières et le romantisme qui deviendra le mouvement littéraire dominant au dix-neuvième siècle. La philosophie de Rousseau est que l'homme est bon de nature quand il vit dans l'état de nature. C'est la société qui corrompt l'être humain et le rend mauvais. Rousseau s'éloigne des autres écrivains de son époque qui cherchent à améliorer la société et à la rendre plus juste. Son œuvre *Confessions* est autobiographique. Dans *Émile* Rousseau présente ses idées sur la pédagogie. Dans son livre *Du contrat social* il résume ses idées sur les droits naturels de l'homme. Il pose l'idée que si l'individu cède quelques-uns de ses droits à l'État, l'État lui doit des bénéfices comme le bien-être et la liberté. Ces idées ont inspiré *la Déclaration des droits de l'homme.*

Le dix-neuvième siècle

- Le début du dix-neuvième siècle est caractérisé par la montée du romantisme. Cette doctrine philosophique et littéraire est élaborée par **Madame de Staël** (1766–1817) dans son livre *De l'Allemagne* qui présente les idées principales du romantisme. Madame de Staël préconise une création littéraire contraire aux normes classiques. Avec le romantisme les sentiments prennent une grande importance dans la littérature. L'auteur le plus caractéristique du début du dix-neuvième siècle est **René de Chateaubriand** (1768–1848). Dans ses œuvres comme *Atala* et *René* il introduit les thèmes de la solitude et du «mal du siècle»—l'inquiétude de sa génération secouée par des changements politiques et sociaux. Les thèmes d'aliénation, de déception et de révolte face à la société bourgeoise marqueront toute la littérature qui suivra.
- Deux grands romanciers romantiques sont **Victor Hugo** (1802–1885) (poète et dramaturge aussi) et **Stendhal** (1783–1842). Hugo est l'auteur de *Notre-Dame de Paris* et *Les misérables* parmi beaucoup d'autres œuvres. Stendhal est connu pour son roman *Le rouge et le noir* où il étudie le conflit entre le héros et la société, et la désillusion qui est si souvent le sort de l'individu. Une autre figure intéressante de la littérature romantique est **George Sand** (1804–1876), pseudonyme d'Amadine Aurore Lucie Dupin, une baronne qui s'habille en homme. Elle a plusieurs liaisons, dont la plus connue est peut-être celle qui l'attache au compositeur polonais Chopin. Cette femme de lettres française écrit plusieurs romans d'inspiration sentimentale ou rustique.
- Le romantisme comme école littéraire a ses ramifications. **Alphonse Daudet** (1840–1897), né à Nîmes dans le Midi, écrit des romans comme *Aventures prodigieuses de Tartarin de Tarascon* et des collections de contes telles que *Lettres de mon moulin* qui reflètent les coutumes et l'ambiance de sa région. L'écrivain **Alexandre Dumas** (1802–1870) écrit des romans historiques qui sont traduits en beaucoup de langues, ainsi des millions de personnes à travers le monde connaissent *le Comte de Monte-Cristo* et *Les trois mousquetaires*. Un autre romancier français de l'époque qui va fasciner des millions de lecteurs est **Jules Verne** (1828–1905), créateur du roman scientifique d'anticipation. Le monde fantastique qu'il crée anticipe souvent les progrès scientifiques et techniques du vingtième siècle. Ses romans tels que *Le voyage au centre de la terre, Le tour du monde en quatre-vingts jours, Vingt mille lieues sous les mers* et *De la terre à la lune* ont servi d'inspiration pour plusieurs films.
- Pendant le dix neuvième siècle les sciences et la technologie connaissent un essor remarquable. Le modèle des sciences physiques où l'observation du concret et du réel joue un si grand rôle crée une réaction dans la littérature. Les écrivains réagissent contre l'idéalisme romantique et le culte de l'imagination. La deuxième moitié du dix-neuvième siècle est

caractérisée par le réalisme, doctrine littéraire qui vise à la représentation de la réalité objective. Cette nouvelle école s'épanouit dans les romans. Le premier grand représentant du réalisme est **Honoré de Balzac** (1799–1850) dont les romans constituent un tableau de la société française de son époque. Il est champion de la description détaillée de la réalité même prosaïque. Balzac invente des intrigues compliquées et tout un monde de personnages. Il étudie la société du dix-neuvième siècle où le pouvoir de l'argent prend la place des privilèges de naissance de la noblesse du siècle antérieur. Parmi ses romans il faut mentionner *Le père Goriot, Eugénie Grandet* et *La cousine Bette.*

- Le réalisme continue avec deux grands auteurs: **Gustave Flaubert** (1821–1880) et **Guy de Maupassant** (1850–1893). Le roman de Flaubert *Madame Bovary* est un chef-d'œuvre de description minutieuse et de souci de précision dans les détails. Flaubert est aussi l'auteur de *Salammbô, L'éducation sentimentale* et *Bouvard et Pécuchet.* Maupassant est connu surtout pour ses contes qui ont une influence énorme sur la littérature mondiale. Un écrivain très soucieux de choisir le mot juste, Maupassant est un maître stylistique de la langue française.
- Le réalisme évolue et se transforme en naturalisme. Cette école littéraire vise à utiliser les méthodes scientifiques dans la création artistique. Le naturalisme cherche à décrire la réalité dans tous ses détails, même dans ses aspects répugnants et vulgaires. **Les frères Goncourt, Edmond** (1822–1896) et **Jules** (1830–1870), et **Jules Vallès** (1832–1885) sont des représentants de ce genre. Mais c'est **Émile Zola** (1840–1902) qui est le romancier naturaliste le plus important. Dans ses romans il donne beaucoup d'importance aux conditions sociales et aux conditions matérielles, voyant en elles l'origine des passions humaines. Il peint un grand tableau de son époque, surtout des milieux défavorisés et des conflits entre les classes sociales créés par la révolution industrielle. Parmi ses nombreux romans il faut mentionner *Germinal, La bête humaine, L'assommoir et Le ventre de Paris.* L'engagement social de Zola se voit dans son intervention dans l'affaire Dreyfus où il prend le parti du capitaine juif accusé de trahison sans justification.
- Les écoles littéraires transforment aussi la poésie française. **Gérard de Nerval** (1808–1855) est un poète romantique qui préfère le monde du rêve à la réalité et le passé au présent. Il écrit *Les chimères* et *Les illuminés,* parmi d'autres livres de poésie. Parmi les autres poètes romantiques il faut mentionner **Victor Hugo, Alphonse de Lamartine** (1790–1869) et **Alfred de Vigny** (1797–1863). **Charles Baudelaire,** poète symboliste, (1821–1867) continue la tradition du romantisme, mais y ajoute son pessimisme et sa vision subjective et mystique du monde. On retrouve dans ses œuvres comme *Les fleurs du mal* une sensibilité assez proche de celle de notre siècle. **Paul Verlaine** (1844–1896) écrit une poésie imprécise. Elle est peu contrainte par les formes traditionnelles et influencée par les lignes floues de l'art impressionniste de son époque.
- **Arthur Rimbaud** (1854–1891) crée une poésie moins personnelle que celle de l'époque romantique. Pour lui, la poésie est un mariage du mot et du sens, et il exprime parfois son mépris de la poésie traditionnelle. Un artiste révolutionnaire, conscient de renverser les conventions du passé, Rimbaud annonce le vingtième siècle. **Lautréamont** (1846–1870) et **Stéphane Mallarmé** (1842–1898) sont deux poètes importants de cette époque où le romantisme s'achève, le symbolisme est en vogue, et le vingtième siècle se fait déjà voir dans le crépuscule du dix-neuvième.
- Le dix-neuvième siècle voit naître un nouveau type d'écrivain: l'historien moderne. **Jules Michelet** (1798–1874) en est un bon exemple. Il est chef de la section historique aux Archives nationales et professeur au Collège de France. Pour lui, les recherches historiques et l'enseignement lui donnent l'occasion de diffuser ses idées anticléricales et libérales. Il met l'histoire au service de la nation et de ses causes politiques de prédilection. Un grand écrivain, habile styliste, il écrit une œuvre monumentale intitulée *Histoire de France.*

Le vingtième siècle

- Le vingtième siècle, théâtre de tant de boulversements profonds voit naître beaucoup de mouvements littéraires et intellectuels. Le début du vingtième siècle jusqu'à la Première Guerre mondiale continue à peu près le siècle antérieur, mais le dix-neuvième siècle en France finit sur le déchirement de l'affaire Dreyfus. Dans la première décennie du vingtième siècle **Jules Romains** (1885–1972) publie un roman, *Les copains,* et en 1923 une pièce de théâtre très connue, *Knock*. Romains est un adepte de l'**unanimisme**, un mouvement littéraire qui essaie de représenter les sentiments des groupes humains, comme par exemple ceux d'une classe sociale dont tous les membres partagent les mêmes traits psychologiques.

- **André Gide** (1869–1951) étudie dans ses romans le conflit entre l'intelligence et les instincts. Né dans la bougeoisie protestante, il examine aussi la répression des passions exigée par la foi religieuse. Il écrit, parmi d'autres romans, *L'immoraliste, La porte étroite, La symphonie pastorale, Les caves du Vatican,* et *Les faux-monnayeurs*. **Jean Giono** (1895–1970), né à Manosque en Provence, situe ses romans dans le Midi. Il écrit *Un de Beaumugnes, Regain* et *Le hussard sur le toit*. Les thèmes ruraux sont en évidence dans ses œuvres. **Marcel Proust** (1871–1922) laisse un grand ensemble de romans titré *À la recherche du temps perdu* où il analyse l'importance de la mémoire et des souvenirs dans la psychologie humaine. Proust a une grande influence sur les écrivains qui le suivent.
- **Le surréalisme**, un mouvement né après la Première Guerre mondiale, est une révolte contre les conventions artistiques, sociales et morales. Le poète **Guillaume Apollinaire** (1880–1918) a une grande influence sur le surréalisme et **André Breton** (1896–1966) définit les normes de cette école en publiant le *Manifeste du surréalisme*. Parmi les autres adeptes se trouvent les poètes **Paul Éluard** (1895–1952) et **Jacques Prévert** (1900–1977). Le romancier **Raymond Queneau** (1903–1976), auteur de *Zazie dans le métro*, se compte aussi à une certaine époque parmi les surréalistes.
- **L'existentialisme** est un courant intellectuel qui a beaucoup d'influence en France et à l'étranger. Ses idées dérivent du philosophe danois Kierkegaard (dix-neuvième siècle). Le mouvement littéraire dérivant de sa philosophie connaît son plus grand essor après la Seconde Guerre mondiale. Le choc des années tragiques d'une guerre qui dévaste l'Europe sensibilise la jeunesse intellectuelle à l'idée que l'existence humaine est absurde. L'angoisse créée par ce sentiment de l'absurde effraie l'être humain et le pousse à l'action. C'est l'action et surtout l'engagement politique qui nous aident à échapper à la notion de l'absurde. Pour beaucoup d'écrivains existentialistes, l'engagement politique aboutisse à l'appui du communisme soviétique ou chinois. Certains des plus grands comme **Jean-Paul Sartre,** défendent le barbarisme totalitaire de Staline, voyant dans le capitalisme, surtout le capitalisme américain, un système ennemi de l'humanité. Les principaux auteurs français existentialistes sont **Albert Camus** (1913–1960), auteur de *L'étranger* et *La peste;* **Jean-Paul Sartre** (1905–1980), auteur de *La nausée, Les jeux sont faits* et *Les chemins de la liberté;* **Simone de Beauvoir** (1908–1986), féministe et auteur des essais comme *Le deuxième sexe* et du roman *Les Mandarins*.
- Plusieurs courants littéraires s'unissent dans **le nouveau roman**. Une attention au détail et à la description minutieuse typiques du naturalisme se joignent au souci de reproduire le rêve du surréalisme. Dans les romans de cette école il n'y a ni déroulement chronologique ni psychologie ni héros. Toute la pensée de l'auteur se saisit à travers la description de choses externes. Parmi les écrivains les plus connus de cette école on trouve **Michel Butor**, né en 1926 *(La modification)*, **Alain Robbe-Grillet**, né en 1922 *(La jalousie)*, **Nathalie Sarraute**, (1900–1999) *(Portrait d'un inconnu)*, **Jean-Marie Le Clézio**, né en 1940 *(Le procès-verbal)* et **Marguerite Duras** (1914–1996) *(Le marin de Gibraltar, L'amant)*. D'autres auteurs dont les œuvres pourraient se classer sous cette catégorie sont **Claude Simon**, né en 1913, **Claude Mauriac**, né en 1914 et **Patrick Modiano**, né en 1945.
- **Le théâtre du vingtième siècle** est très varié. Vers la fin du dix-neuvième siècle, en 1897, **Edmond Rostand** (1868–1918) présente sa pièce la plus célèbre, *Cyrano de Bergerac*. Ses autres pièces, comme *L'aiglon* et *Chantecler* sont du vingtième siècle. **Paul Claudel** (1868–1955), dramaturge catholique, écrit la plupart de ses œuvres théâtrales au vingtième siècle *(Partage de Midi, L'annonce faite à Marie, L'otage* et *Le soulier de satin)*. **Jean Giraudoux** (1882–1944) écrit *La guerre de Troie n'aura pas lieu, Ondine* et *La folle de Chaillot*, parmi d'autres pièces. Il met en scène un univers fantastique, unissant parfois les thèmes classiques avec les préoccupations modernes. **Jean Anouilh** (1910–1987) écrit des pièces fantastiques et satiriques comme *Le bal des voleurs* et *Le rendez-vous de Senlis* et des pièces pessimistes comme *Antigone* et *Le voyageur sans bagages*. **Henry de Montherlant** (1895–1972) écrit des pièces qui ont un fond moral comme *Les bestiaires, Les célibataires* et *Les jeunes filles*. Le **théâtre de l'absurde** fait partie

de la littérature de dérision qui dénonce l'absurdité et le ridicule de la vie et plusieurs de ses dramaturges acquièrent une renommée internationale. **Eugène Ionesco** (1912–1994) est l'auteur de *La cantatrice chauve, Les chaises* et *Rhinocéros*. **Samuel Beckett** (1906–1989) est surtout connu pour ses pièces *En attendant Godot* et *Fin de partie*. Les existentialistes écrivent aussi des pièces de théâtre. Sartre écrit *Les mains sales, Huis clos* et *Le diable et le Bon Dieu*. Camus est l'auteur de *Le malentendu* et de *Caligula*.

- Parmi les poètes du vingtième siècle il faut mentionner **Paul Valéry** (1871–1945) qui continue le courant symboliste de Mallarmé. **Saint-Jean Perse** (1887–1975) examine dans ses vers les rapports entre l'être humain et la nature. **Paul Éluard** (1895–1952) est auteur et surréaliste. C'est aussi un engagé politique dans la Résistance antinazie. L'engagement politique se voit aussi dans l'œuvre poétique de **Louis Aragon** (1897–1982) qui, lui aussi, débute dans le surréalisme, mais les événements politiques des années trente et quarante le détournent vers le communisme.
- Il y a d'autres noms importants dans la littérature française du vingtième siècle. **Roger Martin du Gard** (1881–1958) décrit la crise entre la foi et la science dans son roman *Jean Barois* qui montre des conflits sociaux dans *Les Thibault*, un roman en plusieurs tomes. **Colette** (1873–1954) peint la psychologie féminine dans ses romans tels que *La vagabonde* et *Gigi*. **Marguerite Yourcenar** (1903–1987), auteur des romans *Le coup de grâce, Mémoires d'Hadrien* et *L'œuvre au noir* est la première femme élue à l'Académie française. **Antoine de Saint-Exupéry** (1900–1944), pilote et écrivain, écrit, entre autres, *Vol de nuit* et *Le petit prince*. **Françoise Sagan**, née en 1935, écrit des romans comme *Un certain sourire, Aimez-vous Brahms* et *Bonjour tristesse* qui connaissent un succès international. **André Malraux** (1901–1976) est un écrivain engagé. Il participe à la guerre d'Espagne du côté des républicains et à la Seconde Guerre mondiale. Les thèmes politiques sont importants dans ses romans *La condition humaine* et *L'espoir*. **Henri Troyat** (né en 1911), un Russe réfugié du communisme, écrit toute une série de romans sur la Révolution russe comme *Tant que la terre durera, Le sac et la cendre, Étrangers sur la Terre* et *Les semailles et les moissons*.
- Il y a aussi des écrivains très connus en France qui ne font pas de belles-lettres mais qui écrivent sur des thèmes littéraires, historiques ou sociaux. **Roland Barthes** (1915–1980) est un structuraliste qui écrit sur des thèmes linguistiques. **Claude Lévi-Strauss**, né en 1908, est un autre structuraliste qui a une grande importance dans l'anthropologie moderne. **Raymond Aron** (1905–1983) écrit sur l'économie et la politique. Opposé à Jean-Paul Sartre, il reconnaît et expose l'horreur du totalitarisme communiste. **Jean-François Revel**, né en 1924, suit le même courant politique qu'Aron. Il admire la démocratie et respecte les réussites des États-Unis. **Hélène Carrère d'Encausse**, née en 1929, analyse les conflits ethniques en Union Soviétique et le rôle que ces conflits jouent dans la chute de l'URSS.
- Un genre très apprécié dans la littérature française est le roman policier. Son représentant le plus connu est **Georges Simenon** (1903–1989), un Belge de langue française, auteur de plus de deux cents romans policiers. Beaucoup d'entre eux sont reliés par la présence de son personnage le plus connu, le commissaire de police Maigret. On trouve des antécédents du roman policier moderne au dix-neuvième siècle avec **Gaston Leroux** (1868–1927) qui écrit *Le mystère de la chambre jaune* et *Le parfum de la dame en noir*. Parmi les autres auteurs de romans policiers en français il faut citer **Pierre Boileau** (1906–1989) et **Thomas Narcejac** (1908–1998) qui écrivent ensemble, **Alain Demouzon** (né en 1945) et **Michel Lebrun** (1930–1996).

La littérature francophone

- L'expansion du français comme langue officielle ou comme langue de culture à travers le monde dans les anciennes colonies de France et de Belgique produit une vaste littérature internationale en français. Nous ne pouvons citer ici que quelques noms importants de cette littérature francophone. Dans beaucoup de ces pays, la littérature nationale est écrite en français.
- **Le Canada français** produit une littérature en français qui est très variée et de haute qualité. Les romanciers **Gabrielle Roy** (1909–1983) et **Yves Thériault** (1915–1983) décrivent la vie canadienne. Gabrielle Roy, née dans le Manitoba, décrit la vie canadienne dans *Bonheur d'Occasion*. Yves Thériault décrit la vie des Inuits dans son roman *Agaguk*. D'autres romanciers importants sont **Roch Carrière** (né en 1937), **Jacques Ferron** (1921–1985), **Anne**

Hébert, auteur de *Kamouraska* et *Les fous de Bassan* (1916–2000), **Roger Lemelin** (1919–1992) et **Michel Tremblay** (né en 1942). Parmi les poètes et les poètes-chanteurs il faut citer **Jacques Brault** (né en 1933), **Alain Grandbois** (1900–1975) et **Gilles Vigneault** (né en 1928). Le théâtre canadien a été enrichi par des dramaturges importants tels que **Marcel Dubé** (né en 1930), **Michel Garneau** (1925–1971) et **Gratien Gelinas** (1909–1999). Les romanciers Roch Carrière et Michel Tremblay font aussi du théâtre.

- Les écrivains francophones d'**Afrique noire** sont très nombreux. Le poète sénégalais **Léopold Senghor** (1906–2001) analyse l'idée de négritude dans ses poèmes. Il a été aussi président de son pays. Le romancier sénégalais **Ousmane Sembène** (né en 1923), d'orientation marxiste, écrit *Le mandat* et *Xala*. Le roman *L'enfant noir* de l'écrivain guinéen **Camara Laye** (né en 1928) est connu dans le monde anglophone aussi. Né en Côte d'Ivoire en 1916 **Bernard Dadié** est l'auteur d'une œuvre riche et variée. Il écrit des pièces de théâtre *(Les villes, Assémien Déhylé, Roi du Sanwi, Béatrice du Congo, Îles de tempête, Les voix dans le vent)*, le roman *Un nègre à Paris*, plusieurs recueils de contes et de poésie, des chroniques et des livres de pensées. **Mongo Beti**, (1932–2001) du Cameroun, est un romancier important: *Ville cruelle, Le pauvre Christ de Bomba, Main basse sur le Cameroun*. Un autre Camerounais, **Ferdinand Oyono** (né en 1929) écrit des romans qui étudient la confrontation entre colonisateur et colonialisé *(Une vie de Boy, Le vieux nègre et la médaille, Chemin d'Europe)*. Au Bénin la poésie prend un grand essor avec des poètes tels que **Paulin Joachim** (né en 1931) et **Émile Ologoudou** (né en 1935). À Madagascar, une femme de lettres, **Michèle Rakotoson** (née en 1948) est connue pour ses nouvelles psychologiques *Dadabé*.
- Aux Antilles il y a une littérature francophone très intéressante. À Haïti, le premier roman (*Stella* d'**Émeric Bergeaud**) (1818–1858) apparaît en 1859 et décrit la guerre d'indépendance. Le romancier **Jacques Roumain** (1907–1944) exilé pour son rôle dans le parti communiste haïtien écrit *La montagne ensorcelée* et *Gouverneurs de la rosée*. Important aussi est le poète et dramaturge **Félix Morisseau-Leroy**, (1912–1998). À la Martinique nous avons le poète et dramaturge **Aimé Césaire** (né en 1913), le poète et essayiste **Édouard Glissant** (né en 1928) et l'excellent romancier et conteur **Joseph Zobel** (né en 1915) auteur de *La rue Cases-nègres* (porté au cinéma) et du *Le soleil m'a dit*. À la Guadeloupe, **Maryse Condé** (née en 1937) publie des études littéraires, des essais, des pièces de théâtre et des romans comme *Ségou*. La Guadeloupe compte aussi parmi ses créateurs littéraires **Simone Schwarz-Bart** (née en 1938), romancière, et **Henri Corbin** (né en 1935), poète et dramaturge.
- On écrit aussi en français dans les trois pays du **Maghreb** et au **Liban**. Le romancier marocain **Tahar ben Jelloun** (né en 1944) reçoit le prix Goncourt pour son roman *L'enfant de sable*. L'Algérien **Kateb Yacine** (1929–1989) est un auteur prolifique. Il écrit des recueils de poésie tels que *Soliloques*, des romans *(Nedjma)* et des pièces de théâtre *(Le cadavre encerclé, Mohammed, prends ta valise, L'homme aux sandales de caoutchouc)*. Le juif tunisien **Albert Memmi** (né en 1920) analyse les effets psychologiques du colonialisme dans son essai *Portrait du colonisé* et la vie et la situation des juifs en Tunisie dans son roman autobiographique *La statue de sel*. Parmi les écrivains libanais d'expression française on pense tout de suite au romancier **Amin Maalouf** (né en 1949), auteur de romans historiques tels que *Léon l'Africain*. Il a gagné le Prix Goncourt en 1993.

CHAPTER 31 TEST

French Literature

1 **La littérature** Reliez les auteurs de la première colonne à leurs œuvres de la deuxième colonne.

1. _______	Montesquieu	**a.**	*Discours de la méthode*
2. _______	Rabelais	**b.**	*Le mystère de la chambre jaune*
3. _______	Descartes	**c.**	*Les Mandarins*
4. _______	Stendhal	**d.**	*La peste*
5. _______	Corneille	**e.**	*Gargantua*
6. _______	Molière	**f.**	*Le roman de Perceval*
7. _______	Maalouf	**g.**	*Horace*
8. _______	Gaston Leroux	**h.**	*Huis Clos*
9. _______	Chrétien de Troyes	**i.**	*L'amant*
10. _______	Marguerite Duras	**j.**	*L'école des femmes*
11. _______	Jean-Paul Sartre	**k.**	*Le rouge et le noir*
12. _______	Albert Camus	**l.**	*Léon l'Africain*
		m.	*L'esprit des lois*
		n.	*Vol de nuit*

2 **L'œuvre** Indiquez avec la clé suivante le genre littéraire des œuvres suivantes: R *roman,* T *pièce de théâtre,* P *poésie,* E *essai(s),* H *livre d'histoire,* C *recueil de contes.* Écrivez le nom de l'auteur de chaque œuvre dans la colonne de droite.

1. _______ *Phèdre* ____________________
2. _______ *Portrait du colonisé* ____________________
3. _______ *Lettres de mon moulin* ____________________
4. _______ *Mémoires d'Hadrien* ____________________
5. _______ *Le siecle de Louis XIV* ____________________
6. _______ *L'enfant noir* ____________________
7. _______ *Notre-Dame de Paris* ____________________
8. _______ *Les fleurs du mal* ____________________
9. _______ *Un certain sourire* ____________________

French Literature

10. _______ *Les chimères* ______________________________

11. _______ *L'étranger* ______________________________

12. _______ *Don Sanche d'Aragon* ______________________________

3 **Identification** Identifiez les auteurs et les œuvres suivants en choisissant la description correcte.

1. *Un de Beaumugnes*
   a. roman de Jean Giono
   b. conte d'Alphonse Daudet

2. *Chanson de Roland*
   a. poème canadien contemporain
   b. chanson de geste médiévale

3. La Pléiade
   a. groupe de philosophes du siècle de Louis XIV
   b. groupe de poètes de la Renaissance

4. *Germinal*
   a. roman naturaliste d'Émile Zola
   b. poème symboliste de Stéphane Mallarmé

5. Roland Barthes
   a. poète du dix-neuvième siècle
   b. anthropologue de l'école structuraliste

6. George Sand
   a. femme de lettres qui s'habillait en homme
   b. romancier canadien du dix-neuvième siècle

7. Boileau
   a. établit les règles pour le théâtre classique
   b. fonde une nouvelle école poétique

8. Madame de Staël
   a. initiatrice du romantisme
   b. chef du salon à Versailles

French Literature

9. Michel Butor
   a. dramaturge contemporain
   b. auteur de *La modification*

10. Alphonse de Lamartine et Alfred de Vigny
    a. poètes romantiques
    b. écrivains de romans policiers

11. *L'enfant de sable*
    a. roman marocain
    b. pièce de théâtre du dix-neuvième siècle

12. Gabrielle Roy
    a. essayiste française
    b. romancière canadienne

13. François Villon
    a. poète du Moyen Âge
    b. mathématicien de la Renaissance

14. Pierre de Ronsard et Joachim du Bellay
    a. poètes de la Pléiade
    b. romanciers réalistes

15. *Rue Cases-nègres*
    a. roman africain
    b. roman antillais

16. *La vagabonde* et *Gigi*
    a. romans de Colette
    b. œuvres théâtrales de Samuel Beckett

CHAPTER 31 TEST

French Literature

4 **À compléter** Complétez les phrases suivantes avec les informations qui manquent.

1. *Dadabé* est le titre d'une œuvre de ______________________.
2. ______________________ est un poète sénégalais.
3. Selon les existentialistes, le sentiment de l'absurdité de l'existence humaine mène à ______________________.
4. Le roman *Agaguk* décrit la vie des ______________________.
5. Le poète ambulant du Moyen Âge s'appelait le ______________________.
6. Michel Eyquem de Montaigne est le grand ______________________ du seizième siècle.
7. La règle des trois unités impose l'unité de temps, de ______________________ et d'______________________.
8. Jules Michelet est ______________________.
9. Alphonse Daudet et Jean Giono situent l'action de leurs romans dans ______________________.
10. ______________________ est le créateur du roman scientifique d'anticipation.
11. Marie de France est l'auteur de ______________________, poèmes médiévaux.
12. *Le père Goriot* et *Eugénie Grandet* sont des romans de ______________________.
13. Le roman le plus connu de Flaubert s'appelle ______________________.
14. Guy de Maupassant est connu pour ses ______________________.
15. *La statue de sel* est un roman autobiographique de l'écrivain tunisien ______________________.

CHAPTER 31 TEST

French Literature

5 **Thèmes et œuvres** Choisissez dans la liste ci-dessous le thème de chaque œuvre de la première colonne.

a. la vie dans le Manitoba

b. arriver à la vérité par l'observation de soi-même

c. bases des doctrines constitutionnelles et de la pensée politique libérale classique

d. retraite des troupes de Charlemagne

e. roman qui étudie le conflit entre le héros et la société

f. étude sur les droits naturels de l'homme

g. l'aliénation et le «mal du siècle»

h. l'importance de la pensée et de la raison humaine

i. la Révolution russe

j. le conflit entre la foi et la science

k. le plaisir de la bonne table

l. méditation sur la condition humaine et défense de la religion chrétienne

1. _______ *La chanson de Roland*
2. _______ les romans de Rabelais
3. _______ *Les essais* de Montaigne
4. _______ *Discours de la méthode*
5. _______ *Les pensées* de Pascal
6. _______ *L'esprit des lois* de Montesquieu
7. _______ *Du contrat social* de Rousseau
8. _______ *René* de Chateaubriand
9. _______ *Le rouge et le noir*
10. _______ *Jean Barois*
11. _______ *Le sac et la cendre*
12. _______ *Rue Deschambault*

CHAPTER 32

French art, music, science, and technology

L'art en France: peinture

- Le seizième siècle est celui de la **Renaissance** en France. François 1er invite des artistes italiens à décorer le château de Fontainebleau. Ces Italiens influencent des artistes français tels que **Goujon** et les **Cousin** (père et fils) qui incorporent à leurs œuvres les thèmes classiques déjà utilisés en Italie. Le dix-septième siècle voit la montée du classicisme. Le peintre le plus important de l'époque est **Nicolas Poussin** (1594–1665). Son goût pour le classique se joint à son intérêt à la nature. Poussin a une grande influence sur ses contemporains et sur les artistes du siècle suivant. Parmi ses œuvres: *Ruth et Booz, Les bergers d'Arcadie* et *L'enlèvement des Sabines*. D'autres peintres de ce siècle comme les frères **Le Nain**, peignent avec un grand réalisme. Le peintre **Charles Lebrun** (1619–1690) dirige la décoration du palais de Versailles.
- Le dix-huitième siècle voit une grande floraison de la peinture française. **Antoine Watteau** (1684–1721) est un peintre académicien et un grand maître dans l'emploi des couleurs. Ses œuvres reflètent la société raffinée au milieu de laquelle il vit et peint. **François Boucher** (1703–1770) rappelle Watteau dans son raffinement aristocratique et dans ses dons de dessinateur. Les tableaux de **Jean-Baptiste Chardin** (1699–1779) sont des scènes de genre, c'est-à-dire tirées de la vie quotidienne. Chardin est connu aussi pour ses natures mortes qui, malgré le manque de sujets humains, transmettent une intensité remarquable. **Jean-Honoré Fragonard** (1732–1806) unit dans ses portraits l'ardeur et la grâce *(Fête à Saint-Cloud)*. Le peintre **Pierre Paul Prud'hon** (1758–1823) marque la transition du classicisme au romantisme du dix-neuvième siècle *(La Vierge)*.
- Le dix-neuvième siècle est marqué par une succession rapide de mouvements artistiques, souvent contemporains les uns des autres. Au début du siècle il y a un renouveau d'intérêt porté aux normes de la peinture classique. Les peintres les plus importants de cette école néoclassique sont **Louis David** (1748–1825) et son élève **Jean Auguste Dominique Ingres** (1780–1867). Louis David est le peintre de Napoléon et il montre une grande créativité dans la représentation de scènes classiques ou historiques. Ingres est connu surtout pour ses portraits. Les œuvres des deux peintres sont remarquables pour la précision du dessin et de l'observation. Un autre élève de Louis David, **François Gérard** (1770–1837), est un portraitiste célèbre sous la Restauration.
- La nouvelle tendance artistique du dix-neuvième siècle est **le romantisme.** Cette réaction contre la raison et les normes académiques du néoclassicisme de Louis David produit un art qui donne libre cours aux sentiments de l'artiste, et qui préfère la subjectivité au rationalisme. **Théodore Géricault** (1791–1824) se considère le premier des romantiques. Son tableau *Le radeau de la Méduse* représente les marins survivants au naufrage et montre la faim, la terreur et la folie de ces infortunés qui flottent sur un radeau qu'ils ont eux-mêmes façonné. La violence du sujet et le commentaire social scandalisent les critiques. **Eugène Delacroix** (1798–1863) est le chef de l'école romantique. Lui aussi peint des scènes comme les *Scènes des massacres de Scio* où il emploie la peinture pour éveiller l'attention de ceux qui regardent son œuvre à la lutte des Grecs pour leur indépendance. Son tableau célèbre *Liberté guidant le peuple* dépeint la Révolution de 1830. Le romantisme admet les thèmes nationalistes et politiques dans la création artistique. Le contact avec l'Orient

et l'Afrique du Nord pousse les artistes à représenter des scènes exotiques. Delacroix peint *Femmes d'Alger dans leur appartement*. Le renouveau d'intérêt du romantisme dans le Moyen Âge a ses retentissements dans la peinture, comme dans le tableau de Delacroix *Entrée des croisés à Constantinople*.

- La réaction contre la peinture romantique ne s'est pas fait attendre. Les courants réalistes qui transforment la littérature se font sentir dans l'art. **Honoré Daumier** (1808–1879) est célèbre par ses caricatures qui s'inspirent de la réalité politique et sociale de son époque. Il peint les pauvres gens, thème inacceptable aux académiciens. **Gustave Courbet** (1819–1877) se considère le chef de l'école réaliste. Il essaie de peindre la vie de tous les jours, d'observer et de représenter le monde matériel. *Un enterrement à Ornans* est un bon exemple de ce réalisme. Parfois il s'égare du monde matériel comme dans son tableau *L'atelier du peintre* où la représentation de l'observé est enrichie par des éléments autobiographiques. **Jean-François Millet** (1814–1875) peint des scènes rurales, dont les plus fameuses sont *Les glaneuses* et *L'angélus*. Cet intérêt pour la vie des paysans lui vaut le mépris des critiques de son époque.
- En 1872 **Claude Monet** (1840–1926) expose son tableau *Impression, soleil levant*. Du nom de ce tableau on crée le mot ***impressionnisme*** pour désigner ce nouveau mouvement artistique qui fait de la lumière l'élément essentiel de la peinture. Monet peint souvent la même scène (comme la cathédrale de Rouen) à de différents moments de la journée pour étudier les changements produits par la lumière. D'autres impressionnistes importants sont **Édouard Manet** (1832–1883) *(Le déjeuner sur l'herbe, Olympia, Un bar aux Folies-Bergère)*, **Camille Pissarro** (1830–1903) connu pour ses paysages délicats *(Le potager)* et ses représentations de paysans *(Jeune fille à la baguette)*, **Auguste Renoir** (1841–1919), peintre de la gaieté et maître de la représentation de la forme féminine *(Le moulin de la Galette, La balançoire, Les baigneuses, Gabrielle à la Rose)* et **Edgar Degas** (1834–1917) qui exprime le mouvement dans ses peintures de danseuses, de courses de chevaux et de scènes quotidiennes *(Les danseuses bleues, Les repasseuses)*. Deux peintres femmes sont importantes dans l'impressionnisme: **Berthe Morisot** (1841–1895), belle-sœur de Manet *(Eugène Manet et sa fille)*, et **Mary Cassatt** (1844–1926), une Américaine qui habite Paris. Conseillée par Degas, elle fréquente tous les impressionnistes et se distingue dans la représentation des enfants.
- L'impressionnisme provoque des réactions. Un autre grand peintre des lieux de plaisirs est **Henri de Toulouse-Lautrec** (1864–1901), auteur *de La Goulue au Moulin-Rouge*. On peut dire que Toulouse-Lautrec est le père de l'affiche moderne. **Paul Cézanne** (1839–1906) essaie d'approfondir l'impressionnisme en déformant parfois les figures, en cherchant une troisième dimension et en centrant ses efforts sur la composition. Parmi ses tableaux les plus connus on peut citer *La montagne Sainte-Victoire* (montagne de Provence peinte et repeinte par lui à plusieurs reprises) et *Joueurs de cartes*. **Georges Seurat** (1859–1891) continue la ligne de pensée des impressionnistes. Au lieu de mélanger les couleurs sur la palette et d'en déposer des taches sur les toiles, Seurat pose de petites touches de couleur sur la toile. Cette technique s'appelle **le divisionnisme** (parce que le peintre divise la toile en parties pour poser les touches) ou **le pointillisme**. Parmi ses œuvres: *Un dimanche après-midi à la Grande Jatte, Les poseuses, Le cirque, Le chahut*.
- Le peintre néerlandais **Vincent Van Gogh** (1853–1890) est étroitement lié aux impressionnistes français. L'œuvre de Van Gogh s'éloigne un peu des impressionnistes par la vivacité des couleurs et l'intensité des sentiments d'un homme tourmenté par des problèmes d'ordre psychologique. Les lignes courbes, les formes arrondies et l'intensité émotive préfigurent l'expressionnisme. Parmi ses œuvres: *La chaise et la pipe, La nuit étoilée, Café de nuit à Arles*.
- Plusieurs peintres issus de l'impressionnisme sont importants. **Paul Gauguin** (1848–1903) s'installe en Océanie, région qui lui sert d'inspiration dans beaucoup de ses tableaux aux noms polynésiens comme *Vairumati, Mahana no Atua, Nave Nave Moe*. Son art est caractérisé par la hardiesse des couleurs. Gauguin influence les peintres dont les innovations agressives leur valent le nom de «fauves», c'est-à-dire, «bêtes sauvages». Pour les fauves, les couleurs doivent exprimer non pas le monde réel mais les émotions de l'artiste. Parmi les fauves les plus importants nous trouvons **Henri Matisse** (1869–1954) *(La Japonaise au bord de l'eau, Fenêtre bleue, Intérieur, le bocal de poissons rouges, Odalisque à la culotte rouge)* et **Raoul Dufy** (1877–1953) *(Les affiches à*

Trouville) qui peint souvent des scènes de la côte normande. D'autres fauves importants sont **Henri Manguin** (1874–1949), **Maurice de Vlaminck** (1876–1958) et **André Derain** (1880–1954).

- **Le cubisme** succède au fauvisme. L'exaltation de la couleur des fauves est remplacée par la réduction des images en formes, de vrais cubes qui forcent celui qui regarde le tableau à comprendre le sujet par un effort intellectuel. On est loin du rapport émotif recherché par les fauves. Parmi les représentants principaux du cubisme en France nous pouvons mentionner l'Espagnol **Pablo Picasso** (1881–1973) qui vit la plupart de sa vie en France *(Les demoiselles d'Avignon, La femme qui pleure, Portrait de D.H. Kahnweiler, Trois musiciens)*; **Georges Braque** (1882–1963), auteur des tableaux *Le violon, Broc et violon, Le violon et la cruche, Atelier;* **Albert Gleizes** (1881–1953), **Fernand Léger** (1881–1955) et **Ossip Zadkine** (1890–1967).
- **Le surréalisme** laisse son empreinte dans la peinture comme dans la littérature. Le paysage du rêve est représenté par le peintre belge **René Magritte** (1898–1967) *(Les amants)*, **Yves Tanguy** (1900–1955) *(Jours de lenteur, Le soleil dans son écrin)* et **André Masson** (1896–1987) *(Le blessé)*.
- Les peintres français importants du vingtième siècle sont nombreux. Parmi les plus connus on trouve **Georges Rouault** (1871–1958), expressioniste et réaliste social; **Pierre Soulages**, né en 1919, et peintre abstrait **Maurice Utrillo** (1883–1955), connu pour ses représentations des scènes parisiennes, surtout des rues de Montmartre. Entre les deux guerres mondiales un groupe international de peintres se réunit à Paris pour s'associer aux peintres français. Parmi eux on trouve **Amedeo Modigliani, Marc Chagall, Chaïm Soutine, Foujita (Léonard) Tsuguharu** et **Constantin Brancusi.**

L'art en France: sculpture

- La sculpture française produit beaucoup de chefs-d'œuvre. Au **dix-septième siècle** l'architecte et sculpteur **Pierre Puget** (1620–1694) sculpte des œuvres religieuses et classiques, comme *Atlantes et Milon de Crotone*. Il exécute cette dernière statue pour Versailles. **François Girardon** (1628–1715) est le modèle du classicisme de Versailles. Pour le parc du château il exécute *Le bain des nymphes* et *Le tombeau du Cardinal Richelieu à la Sorbonne*. Au dix-huitième siècle nous avons **Jean-Baptiste Pigalle** (1714–1785); **Claude Michel**, dit **Clodion** (1738–1814); et **Jean Antoine Houdon** (1741–1828), auteur non seulement de statues classiques comme ses collègues mais de bustes des hommes célèbres de son époque, y compris d'Américains: Rousseau, Voltaire, Diderot, Thomas Jefferson, John Paul Jones, Robert Fulton et Benjamin Franklin.
- Au dix-neuvième siècle la sculpture romantique reflète les mêmes tendances monumentales et nationales que la peinture. **François Rude** (1784–1855) exécute le haut-relief *Départ des volontaires de 1792*, dit *La Marseillaise*, de l'Arc de Triomphe de Paris. **Jean-Pierre Cortot** (1787–1843) est l'auteur d'un autre haut-relief de l'Arc de Triomphe, *L'apothéose de Napoléon*. À l'époque du réalisme, **Jean-Baptiste Carpeaux** (1827–1875) sculpte pour la décoration de l'Opéra de Paris. Cette époque est aussi celle de l'œuvre du sculpteur français le plus connu, **Auguste Rodin** (1840–1917), considéré un des plus grands sculpteurs du monde. Bien représentées aux États-Unis dans le musée Rodin de Philadelphie, ses œuvres les plus célèbres comprennent *Le penseur, Le baiser, Les bourgeois de Calais, Les portes de l'enfer* et *Fugit Amor*. Rodin est suivi par **Aristide Maillol** (1861–1944), sculpteur de la forme féminine. Au **vingtième siècle** on pense tout de suite à **Jacques Lipchitz** (1891–1973), représentant du cubisme.

L'art en France: architecture

- Au Moyen Âge l'art français est surtout un art religieux. **L'art gothique** représente la cime de la création artistique du Moyen Âge. L'art gothique s'épanouit surtout dans l'architecture, et les cathédrales françaises deviennent le modèle pour celles des autres pays. Au siècle suivant l'art gothique est modifié par **le style rayonnant** qui produit la très belle Sainte-Chapelle à Paris et la magnifique cathédrale d'Amiens, en Picardie. D'autres cathédrales gothiques de grande renommée sont Notre-Dame de Paris et Notre-Dame de Chartres.
- Pays de monuments, de châteaux, d'hôtels et de palais, la France ne manque pas d'architectes. **Salomon de Brosse** (1571–1626) construit le palais du Luxembourg à Paris. **Louis Le Vau** (1612–1670) a construit plusieurs résidences

élégantes à Paris et influence le plan du palais de Versailles. **Claude Perrault** (1613–1688) est l'architecte de la façade et de la colonnade du Louvre. **André Le Nôtre** (1613–1700) est le créateur du jardin sculpté à la française et dessinateur des jardins de Versailles. **Jules Hardouin-Mansart** (1646–1708) est un des architectes principaux de Versailles. On lui doit aussi la place Vendôme à Paris et le Grand Trianon à Versailles. Avec le peintre **Charles Lebrun** (1619–1690), responsable de la décoration, Hardouin-Mansart exécute la magnifique Galerie des Glaces à Versailles.

- Au dix-neuvième siècle l'architecture et l'urbanisme prennent un nouvel essor, d'abord avec Napoléon et ensuite avec le progrès technologique. **Barthélemy Vignon** (1762–1828) exécute l'église néoclassique de La Madeleine à Paris. Le Paris de Napoléon exige des monuments triomphaux. **Charles Percier** (1764–1838) et **Pierre F. L. Fontaine** (1762–1853) sont les architectes de l'arc de triomphe du Carrousel. **Jean Chalgrin** (1739–1811) est l'auteur des plans de l'arc de triomphe de l'Étoile. Le baron **Georges Haussmann** (1809–1891) planifie la modernisation de Paris sous Louis-Napoléon, y compris le tracé de plusieurs boulevards et l'emplacement des gares. **Gustave Eiffel** (1832–1923), ingénieur, édifie la tour Eiffel à l'occasion de l'Exposition universelle de 1889 et donne à Paris un de ses symboles les plus célèbres. Au vingtième siècle on pense à **Charles-Édouard Jeanneret**, dit **Le Corbusier** (1887–1965), architecte et théoricien de l'architecture moderne.

La musique française

- La musique française a une très longue tradition. Déjà au **dixième siècle, Odon, l'abbé de Cluny** (879–942) invente le premier système de notation musicale en Europe. Sa façon de représenter les notes a créé la possibilité de chanter n'importe quelle composition en lisant sa notation. C'est lui qui a désigné par les lettres de A à G les tons de la gamme musicale. Au **Moyen Âge,** la musique dite gothique se développe en Île-de-France. Cette musique polyphonique utilise plusieurs voix qui se complémentent et conviennent aux vastes espaces des cathédrales gothiques. Le maître de cette école polyphonique est le compositeur **Pérotin le Grand** (1160?–1220?), qui travaille à la fin du douzième siècle et au début du treizième.
- C'est au dix-septième siècle à la cour de Louis XIV que la musique fait de grands progrès. C'est ici qu'on forme le premier orchestre à cordes d'Europe (les vingt-quatre violons) et qu'on développe le genre complexe de divertissement musical appelé **le ballet de cour**. Le compositeur le plus connu de l'époque est **Jean-Baptiste Lully** (1632–1687), Italien de naissance mais de formation française. Lully est le créateur de l'opéra français et le fondateur de l'Académie royale de musique. Ses opéras *(Alceste, Armide)* sont des tragédies, mais il compose de la musique pour les comédies de Molière aussi. **François Couperin,** dit **le Grand** (1668–1733) compose pour le clavecin, instrument dont il est un très grand maître. Un autre claveciniste, **Jean-Philippe Rameau** (1683–1764), se distingue avec son *Traité de l'harmonie* où il établit les normes de la science de l'harmonie.
- Au **dix-huitième siècle André Modeste Grétry** (1741–1813) compose des opéras-comiques et **Jean-François Le Sueur** (1760–1837) compose des opéras et de la musique religieuse. Mais c'est surtout au dix-neuvième siècle que la musique française atteint une renommée universelle. Le compositeur romantique **Louis-Hector Berlioz** (1803–1869) écrit *La damnation de Faust, La symphonie fantastique* et *La grande messe des morts* parmi d'autres œuvres. Il introduit une grande complexité orchestrale et chorale dans ses compositions. Par exemple, dans *La grande messe des morts* il faut cinq cents voix et quatre orchestres de cuivres. **Jacques-François Halévy** (1799–1862) est professeur de musique au Conservatoire et auteur d'opéras, dont *La juive*. Gounod et Bizet sont ses élèves. **Charles Gounod** (1818–1893) est l'auteur des opéras *Faust* et *Roméo et Juliette*. **César Franck** (1822–1890), né en Belgique, est organiste. Il est l'auteur des chorals, d'une symphonie et de la musique de chambre. Il est connu pour la richesse de ses mélodies. **Camille Saint-Saëns** (1835–1921) est pianiste et organiste. Il est l'auteur d'une énorme production musicale qui comprend de la musique de chambre, des concertos, une symphonie, des poèmes symphoniques comme *La danse macabre* et *Le carneval des animaux*. Son œuvre la plus célèbre est son opéra *Samson et Dalila*. **Georges Bizet** (1838–1875) est l'auteur de plusieurs opéras dont *Carmen* est un des plus appréciés du monde. **Jules Massenet** (1842–1912) écrit des opéras *(Hérodiade, Manon, Thaïs, Le jongleur de Notre-Dame)*. **Gabriel Fauré** (1845–1924),

créateur de mélodies exquises, est l'auteur de musique de chambre, de pièces pour piano et d'opéras comme *Pénélope et Prométhée.* Il faut aussi mentionner **Jacques Offenbach** (1819–1880), auteur des *Contes d'Hoffmann*, un opéra fantastique, et **Léo Delibes** (1836–1891), auteur d'opéras-comiques comme *Lakmé* et de ballets comme *Coppélia*.

- Deux grands noms dominent la musique de la fin du dix-neuvième siècle et du début du vingtième: **Claude Débussy** (1862–1918) et **Maurice Ravel** (1875–1937). Débussy renouvele l'art musical et transforme l'opéra. Il cherche à apporter à la musique les idées des symbolistes, et une de ses œuvres est *Pélleas et Mélisande,* une version musicale de la pièce de Maurice Maeterlinck. Il écrit aussi de la musique pour le poème de Mallarmé *L'après-midi d'un faune*. Parmi ses autres œuvres il faut mentionner *Préludes, Études pour piano, La mer* et un ballet *Jeux*. Ravel est connu pour son orchestration et ses mélodies. Parmi ses œuvres les plus appréciées il faut mentionner *La valse, Boléro, Daphnis et Chloé* et son *Concerto pour la main gauche*. **Paul Dukas** (1865–1935), associé de Débussy, écrit pour l'orchestre. Son œuvre la plus connue est *L'apprenti sorcier*. Au cours du vingtième siècle la musique devient de moins en moins traditionnelle. Le **groupe des Six** essaie de trouver une expression différente de celle de Débussy et de Ravel. Ces six compositeurs sont **Georges Auric** (1899–1983), **Louis Durey** (1888–1979), **Arthur Honegger** (1892–1955), **Darius Milhaud** (1892–1974), **Francis Poulenc** (1899–1963), et **Germaine Tailleferre** (1892–1983). Célèbres aussi au vingtième siècle sont **Olivier Messiaen** (1908–1992), un gran innovateur et **Jacques Ibert** (1890–1962), auteur d'un concerto pour flûte.
- Parmi les artistes français dans le monde de la musique il faut mentionner **Pierre Monteux** (1875–1964) qui fait une carrière historique comme chef d'orchestre. Il dirige l'Orchestre Symphonique de Boston entre 1919 et 1924 et est chef de l'Orchestre Symphonique de Paris. À l'âge quatre-vingt-six ans il est nommé chef de l'Orchestre Symphonique de Londres. **Charles Munch** (1891–1968) dirige aussi l'Orchestre Symphonique de Boston entre 1949 et 1962. La première femme qui dirige l'Orchestre Philharmonique de New York est la Française **Nadia Boulanger** (1887–1979). Elle est aussi pianiste et compositrice. **Jean-Pierre Rampal** (1922–2000) est un flûtiste français de renommée internationale. La célèbre soprano **Lily Pons** (1904–1976) fait son début en 1928 à Mulhouse en Alsace. Les **sœurs Labèque, Katia** (née en 1950) et **Marielle** (née en 1952) sont deux pianistes qui travaillent ensemble et exécutent souvent des duos sur un ou deux pianos. **Pierre Boulez** (né en 1925), est compositeur et chef d'orchestre.

Les sciences

- Au **seizième siècle**, à l'époque de la Renaissance le médecin **Ambroise Paré** (1510–1590) fait des découvertes importantes en chirurgie, surtout dans le traitement des amputations. **Pierre Franco** (1500–1561) est considéré comme père de la chirurgie plastique, herniaire, et urinaire et publie en 1556 une étude qui s'appelle *La chirurgie*.
- Au **dix-septième siècle,** avec l'encouragement et le soutien de la cour, les sciences se développent rapidement. Sous la rubrique de littérature nous avons mentionné les contributions philosophiques de **René Descartes** (1596–1650) et **Blaise Pascal** (1623–1662). Ces deux hommes ont aussi une influence fondamentale sur les mathématiques et les sciences. Descartes crée plusieurs aspects de la géométrie et raffine l'algèbre. Sa contribution au raisonnement scientifique aide à créer la science moderne en éliminant les confusions de la scolastique médiévale. Avec le mathématicien **Pierre de Fermat** (1601–1665) il crée la géométrie analytique. Fermat collabore aussi avec Pascal dans la théorie des probabilités. Pascal invente la machine à calculer et travaille dans plusieurs domaines scientifiques. Dans le domaine de la médecine **Jean Pecquet** (1622–1674) découvre la circulation du système lymphatique. **L'abbé Edme Mariotte** (1620–1684), physicien, étudie les rapports entre le volume et la pression des gaz.
- Au **dix-huitième siècle** il y a des progrès dans plusieurs domaines. À la fin du siècle on introduit **le système métrique** en France, dont le mètre, l'unité de longueur, est fixé à un dix-millionième de la distance entre le pôle et l'équateur selon les calculs de l'époque. Ce système de mesures est officiel dans presque tous les pays du monde. La famille Jussieu produit plusieurs botanistes importants: **Antoine Jussieu** (1686–1758) et son neveu **Antoine Laurent Jussieu** (1748–1836), connu pour sa classification des plantes. Le physicien

et naturaliste **René Antoine Ferchault de Réaumur** (1683–1757) étudie la structure des métaux et aussi la vie et les mœurs des insectes. Le physicien et astronome **Pierre Simon Laplace** (1749–1827) étudie le mouvement des corps célestes et élabore une théorie sur l'origine du système solaire. **Charles de Coulomb** (1736–1806), physicien, fait des découvertes importantes en électrostatique et en magnétisme. Le naturaliste **Georges Louis Leclerc Buffon** (1707–1788) organise le jardin des Plantes à Paris avec la collaboration du naturaliste **Louis Daubenton** (1716–1800) qui écrit aussi une *Histoire naturelle* en quarante-quatre volumes. **Gaspard Monge, Comte de Peluse** (1746–1818) est un mathématicien important dans le domaine de la géométrie et participe à la fondation de l'École polytechnique. **Jean-Baptiste Lamarck** (1744–1829), naturaliste, publie des œuvres sur le transformisme des animaux. C'est un précurseur important de Darwin. À **Georges Cuvier** (1769–1832) nous devons deux sciences importantes: l'anatomie comparée et la paléontologie. L'homme de science le plus remarquable du dix-huitième siècle est peut-être **Antoine Laurent de Lavoisier** (1743–1794). Chimiste et physicien, il est le père de la chimie moderne. Il crée la nomenclature chimique et il analyse la composition de l'air et de l'eau. Nous lui devons la découverte du rôle de l'oxygène dans la respiration et des recherches importantes sur la combustion. Lavoisier est guillotiné sous la Terreur seulement pour avoir été percepteur d'impôt.

- Au **dix-neuvième siècle** il y a une explosion de recherches scientifiques et de découvertes importantes. **André Ampère** (1775–1836) élabore la théorie de l'électromagnétisme. À cause de ses contributions on emploie le nom «ampère» pour désigner l'unité de mesure d'intensité d'un courant électrique. Il travaille avec le physicien et astronome **François Arago** (1786–1853), l'homme qui découvre que l'électricité peut aimanter le fer.

- Médecine et sciences naturelles

  René Laennec (1781–1826) invente le stéthoscope. **Louis Braille** (1809–1852), aveugle dès l'âge de trois ans, crée l'alphabet des aveugles qui permet la lecture tactile et qui porte son nom. Braille utilise soixante-trois combinaisons de points en relief pour former les symboles nécessaires pour la lecture et les mathématiques. **Paul Broca** (1824–1880) étudie le cerveau et ses fonctions et le langage humain. L'homme de sciences dont l'œuvre marque tout le dix-neuvième siècle est **Louis Pasteur** (1822–1895). Ses recherches sur les microbes et la démonstration de l'effet antibiotique rendent possible la production de vaccins (lui-même réalise le vaccin contre la rage) et aussi une méthode de tuer les micro-organismes dangereux dans les liquides: la pasteurisation. Son disciple **Émile Roux** (1853–1933) réalise des travaux importants sur les toxines et découvre un traitement de la diphthérie.

- Physique et chimie

  Louis Joseph Gay-Lussac (1778–1850) découvre la loi de la dilatation des gaz. Le **comte Hilaire Bernigaud de Chardonnet** (1839–1924) crée l'industrie des étoffes artificielles avec l'invention da la rayonne. **Marcellin Berthelot** (1827–1907) est le créateur de la thermochimie et réalise des travaux importants dans le domaine de la chimie organique. **Pierre Curie** (1859–1906) et sa femme **Marie** née Sklodowska (1867–1934) découvrent le radium. Ce couple reçoit le Prix Nobel de physique en 1903 et Marie Curie a le Prix Nobel de chimie en 1911. **Léon Foucault** (1819–1868) invente le gyroscope et démontre le mouvement de rotation de la terre avec le pendule. **Henri Becquerel** (1852–1908) découvre la radioactivité, ce qui lui vaut le Prix Nobel de physique (avec les Curie) en 1903.

- Mathématiques et astronomie

  Urbain Le Verrier (1811–1877), spécialiste en mécanique celeste, fait les calculs nécessaires pour la découverte de la planète Neptune en 1846.

- Génie et inventions

  Émile Levassor (1843–1897) est un des inventeurs du moteur et crée l'industrie des moteurs automobiles en France. Avec **René Panhard** (1841–1908) il fonde une entreprise qui construit la première automobile avec un moteur à essence. **Jacques Daguerre** (1789–1851) et **Nicéphore Niepce** (1765–1833) inventent la photographie.

- Le **vingtième siècle** voit une grande expansion de l'activité scientifique.

- **Le Prix Nobel: médecine et sciences naturelles**

  Le chirurgien et physiologiste **Alexis Carrel** (1873–1944) fait des découvertes importantes sur la culture des tissus. On lui décerne le Prix

Nobel en 1912. **Jacques Monod** (1910–1976), **François Jacob** (né en 1920) et **André Lwoff** (1902–1994) reçoivent le Prix Nobel de médecine et de physiologie en 1965 pour leurs travaux de biochimie et de génétique. D'autres Prix Nobel de médecine ont été décernés aux chercheurs français suivants:

1907 **Alphonse Laveran** (1845–1922) pour ses recherches sur le paludisme.

1913 **Charles Richet** (1850–1935) découvre l'anaphylaxie, c'est-à-dire la sensibilisation d'un corps moyennant l'injection d'une substance. L'anaphylaxie est synonyme d'allergie et le contraire de l'immunité.

1928 **Charles Nicolle** (1866–1936) pour ses recherches sur le typhus.

1980 **Jean Dausset** (né en 1916) pour ses recherches sur les leucocytes, importants pour la transplantation des organes.

- **Le Prix Nobel: physique**

1908 **Gabriel Lippmann** (1845–1921) pour un procédé de photographie en couleurs.

1926 **Jean Perrin** (1870–1942) pour l'identification des rayons cathodiques.

1929 **Louis-Victor, prince puis duc de Broglie** (1892–1987) comme créateur de la mécanique ondulatoire.

1966 **Alfred Kastler** (1902–1984) pour l'invention du «pompage optique» utilisé dans les lasers.

1970 **Louis Néel** (né en 1904) pour la découverte de nouveaux types de magnétisme.

1991 **Pierre-Gilles de Gennes** (né en 1932) pour son travail dans le domaine du magnétisme et de la superconductivité.

1992 **Georges Charpak** (né en 1924) pour son invention de détecteurs de particules.

- **Le Prix Nobel: chimie**

1906 **Henri Moissan** (1852–1907) pour l'isolement du fluor.

1911 **Marie Curie** (voir ci-dessus)

1912 **Victor Grignard** (1871–1935) pour la découverte des composés organométalliques du magnésium et **Paul Sabatier** (1854–1941) pour ses recherches sur les propriétés du nickel et les hydrocarbures synthétiques.

1935 **Frédéric Joliot-Curie** (1900–1958) et **Irène Joliot-Curie** (1897–1956) pour leurs recherches sur la radioactivité artificielle. Irène Joliot-Curie était la fille de Pierre et Marie Curie.

1987 **Jean-Marie Lehn** (né en 1939) pour son travail sur les molécules artificielles.

- **Le Prix Nobel: mathémathiques et économie**

1983 **Gérard Debreu** (Américain d'origine française né en 1921) pour son travail dans l'économétrie, c'est-à-dire sur l'emploi des statistiques en économie.

1988 **Maurice Allais** (né en 1911) pour sa contribution au développement de l'économie mathématique et à la théorie de la monnaie et le crédit et pour ses recherches sur l'équilibre économique.

Le cinéma

- La France est un des grands pays cinématographiques et a toujours eu une industrie du film importante. Le gouvernement français subventionne le cinéma français à travers le Centre national de cinématographie (CNC), organisme sous l'autorité du Ministère de la culture et de la communication. Parmi les plus grands directeurs français et leurs chef-d'œuvres nous avons:

Claude Berri (né en 1934): *Tchao Pantin* (1983), *Jean de Florette* et *Manon des Sources* (1986)

Claude Chabrol (né en 1930): *La femme infidèle* (1969), *Que la bête meure* (1969), *Madame Bovary* (1991)

Henri-Georges Clouzot (1907–1977): *Le salaire de la peur* (1953), *Les diaboliques* (1955)

Jean Cocteau (1889–1963): *La belle et la bête* (1946), *Les parents terribles* (1948)

Constantin Costa-Gavras (né en 1933): *Compartiment tueurs* (1965), *Z* (1969), *État de siège* (1973)

Jacques Demy (1931–1990): *Les parapluies de Cherbourg* (1964), *Lola* (1961)

Jean-Luc Godard (né en 1930): *À bout de souffle* (1960), *Une femme mariée* (1964), *Masculin féminin* (1966)

Claude Lanzmann: *Shoah* (1985)

Claude Lelouch (né en 1937): *Un homme et une femme* (1966)

Louis Malle (1932–1995): *Zazie dans le métro* (1960), *Viva Maria* (1965), *Le souffle au cœur*

(1971), *Lacombe, Lucien* (1974), *Au revoir les enfants* (1987)

Jean-Pierre Melville (1917–1973): *Les enfants terribles* (1949)

Édouard Molinaro (né en 1928): *La cage aux folles* (1978)

Jean Renoir (1894–1979): *La grande illusion* (1937), *La bête humaine* (1938)

Alain Resnais (né en 1922): *Nuit et brouillard* (1955), *Hiroshima mon amour* (1959), *L'année dernière à Marienbad* (1961), *La guerre est finie* (1966)

Éric Rohmer (né en 1920): *Ma nuit chez Maud* (1969), *Le genou de Claire* (1970)

Jacques Tati (1908–1982): *Les vacances de M. Hulot* (1953)

François Truffaut (1932–1984): *Les 400 Coups* (1959), *Tirez sur le pianiste* (1960); *Jules et Jim* (1961), *Fahrenheit 451* (1966), *L'argent de poche* (1976), *Le dernier métro* (1980), *La femme d'à côté* (1981)

Roger Vadim (1928–2000): *Et Dieu créa la femme* (1956), *Les liaisons dangereuses* (1959), *Le repos du guerrier* (1962), *Château en Suède* (1963)

CHAPTER 32 TEST

French art, music, science, and technology

1 **L'artiste et l'œuvre** Reliez les artistes de la première colonne avec leurs œuvres de la deuxième colonne.

1. _______ Claude Monet
2. _______ Jean-Honoré Fragonard
3. _______ Pierre Paul Prud'hon
4. _______ Édouard Manet
5. _______ Théodore Géricault
6. _______ Eugène Delacroix
7. _______ Jean-François Millet
8. _______ Henri Matisse
9. _______ Edgar Degas
10. _______ Nicolas Poussin

a. *Le radeau de la Méduse*
b. *Déjeuner sur l'herbe*
c. *Les glaneuses*
d. *Fête à Saint-Cloud*
e. *Impression, soleil levant*
f. *Fenêtre bleue*
g. *La liberté guidant le peuple*
h. *Les bergers d'Arcadie*
i. *Les repasseuses*
j. *La Vierge*

2 **La profession** Indiquez la profession de chacun de ces personnes célèbres selon la clé suivante: P, *peintre;* S, *sculpteur;* A, *architecte;* C, *compositeur.*

1. _______ Olivier Messiaen
2. _______ Charles Percier
3. _______ Jean Antoine Houdon
4. _______ Louis-Hector Berlioz
5. _______ Raoul Dufy
6. _______ Barthélemy Vignon
7. _______ Pérotin le Grand
8. _______ Honoré Daumier
9. _______ François Rude
10. _______ Camille Pissarro
11. _______ Jules Hardouin-Mansart
12. _______ Albert Gleizes
13. _______ Georges Seurat
14. _______ Jules Massenet
15. _______ Antoine Watteau
16. _______ Jacques Ibert

CHAPTER 32 TEST

French art, music, science, and technology

3 **Identifications** Identifiez le siècle ou le mouvement de chacun des artistes suivants.

1. Jean Auguste Dominique Ingres
   a. seizième
   b. dix-neuvième
2. Paul Gauguin
   a. impressionisme
   b. romantisme
3. François Poulenc
   a. vingtième
   b. dix-huitième
4. Gustave Courbet
   a. surréalisme
   b. réalisme
5. Georges Braque
   a. cubisme
   b. fauvisme
6. Jean-Baptiste Lully
   a. dix-septième
   b. vingtième
7. Jacques Offenbach
   a. seizième
   b. dix-neuvième
8. Pierre Puget
   a. dix-neuvième
   b. vingtième

4 **Qui a fait quoi?** Écrivez le nom du compositeur ou de l'artiste à côté du nom de l'œuvre dont il est auteur.

1. *Carmen* ____________________
2. *Les demoiselles d'Avignon* ____________________
3. *La mer* ____________________
4. *Les bourgeois de Calais* ____________________
5. *Traité de l'harmonie* ____________________
6. *Faust* ____________________
7. *Daphnis et Chloé* ____________________
8. *Eugène Manet et sa fille* ____________________
9. *La montagne Sainte-Victoire* ____________________
10. *Le moulin de la Galette* ____________________

CHAPTER 32 TEST

French art, music, science, and technology

5 **Le monde de la musique** Complétez chacune des phrases suivantes avec un des noms de la liste ci-dessous.

Jacques-François Halévy	Pierre Monteux
Nadia Boulanger	Jean-Pierre Rampal
Paul Dukas	Lily Pons
Katia Labèque	Charles Munch

1. ____________________ a été chef de l'Orchestre Symphonique de Londres.
2. Le compositeur de l'opéra *La juive* s'appelle ____________________.
3. ____________________ est le compositeur de *L'apprenti sorcier.*
4. ____________________ était un flûtiste célèbre.
5. La premier chef d'orchestre femme au New York Philharmonic était ____________________.
6. ____________________ est une pianiste qui travaille avec sa sœur.
7. Le Français qui a dirigé l'Orchestre Symphonique de Boston de 1949 à 1962 s'appelle ____________________.

6 **La science** Reliez les hommes de science de la première colonne avec leurs découvertes ou leurs inventions.

1. _______ Louis Pasteur
2. _______ Antoine Laurent de Lavoisier
3. _______ Léon Foucault
4. _______ Pierre et Marie Curie
5. _______ Blaise Pascal
6. _______ Louis Braille
7. _______ René Descartes
8. _______ André Ampère
9. _______ Louis Daguerre
10. _______ Georges Cuvier

a. le radium
b. le mouvement de rotation de la terre
c. la théorie de l'électromagnétisme
d. la photographie
e. la nomenclature chimique
f. la machine à calculer
g. les vaccins
h. l'anatomie comparée et la paléontologie
i. la géométrie analytique
j. l'alphabet des aveugles

CHAPTER 32 TEST

French art, music, science, and technology

1 **Au cinéma** Indiquez le directeur des films suivants.

1. *La grande illusion*
   a. Jean Renoir
   b. Jacques Demy

2. *Le dernier métro*
   a. François Truffaut
   b. Jean Cocteau

3. *Les vacances de M. Hulot*
   a. Jean-Pierre Melville
   b. Jacques Tati

4. *La Guerre est finie*
   a. Alain Resnais
   b. Claude Chabrol

5. *Jean de Florette*
   a. Roger Vadim
   b. Claude Berri

6. *Au revoir, les enfants*
   a. Louis Malle
   b. Jean-Luc Godard

7. *La cage aux folles*
   a. Henri-Georges Clouzot
   b. Édouard Molinaro

8. *Ma nuit chez Maude*
   a. Constantin Costa-Gavras
   b. Éric Rohmer

9. *Shoah*
   a. Claude Berri
   b. Claude Lanzmann

10. *Que la bête meure*
    a. Claude Chabrol
    b. Jacques Tati

11. *Les liaisons dangereuses*
    a. Roger Vadim
    b. Alain Resnais

12. *Les enfants terribles*
    a. Jean-Pierre Melville
    b. Claude Berri

13. *Compartiment tueurs*
    a. Jacques Demy
    b. Constantin Costa-Gavras

14. *Un homme et une femme*
    a. Jacques Tati
    b. Claude Lelouch

APPENDIX

Le monde francophone	**566**
Written Conventions	**568**
Verb Charts	**569**
Vocabulary	
French-English	**589**
English-French	**614**
Index	**619**

Le monde francophone

1. Algérie
2. Belgique
3. Bénin
4. Burkina Faso
5. Burundi
6. Cameroun
7. République Centrafricaine
8. Comores
9. République du Congo
10. Côte d'Ivoire
11. Djibouti
12. France
13. Gabon
14. Guadeloupe
15. Guyane française
16. Guinée
17. Haïti
18. Luxembourg
19. Madagascar
20. Mali
21. Maroc
22. Martinique
23. Maurice

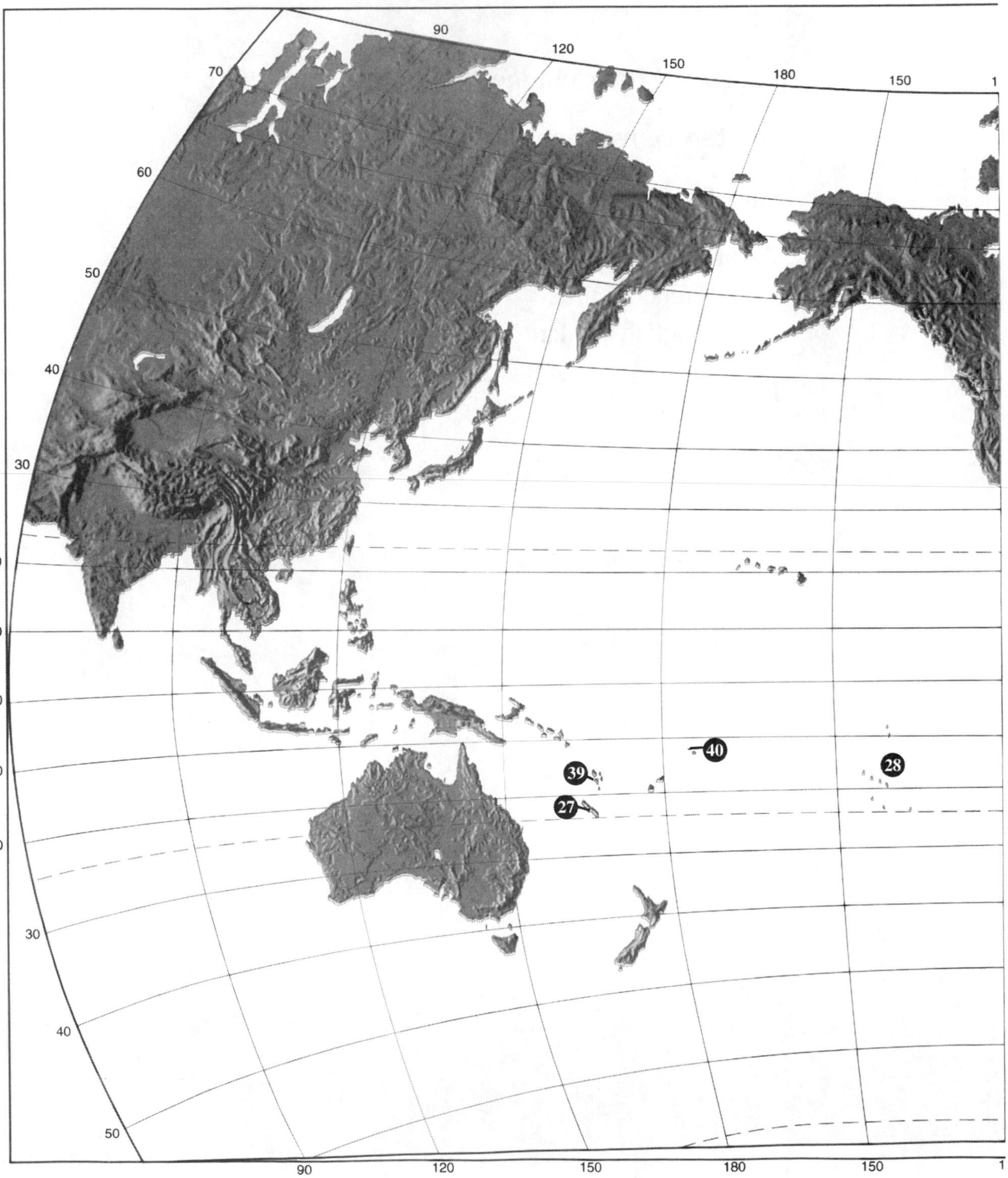

24. Mauritanie
25. Monaco
26. Niger
27. Nouvelle-Calédonie
28. Polynésie
29. Québec
30. Réunion
31. République démocratique du Congo
32. Rwanda
33. Saint-Pierre-et-Miquelon
34. Sénégal
35. Seychelles
36. Suisse
37. Tchad
38. Togo
39. Tunisie
40. Wallis-et-Futuna
41. Vanuatu

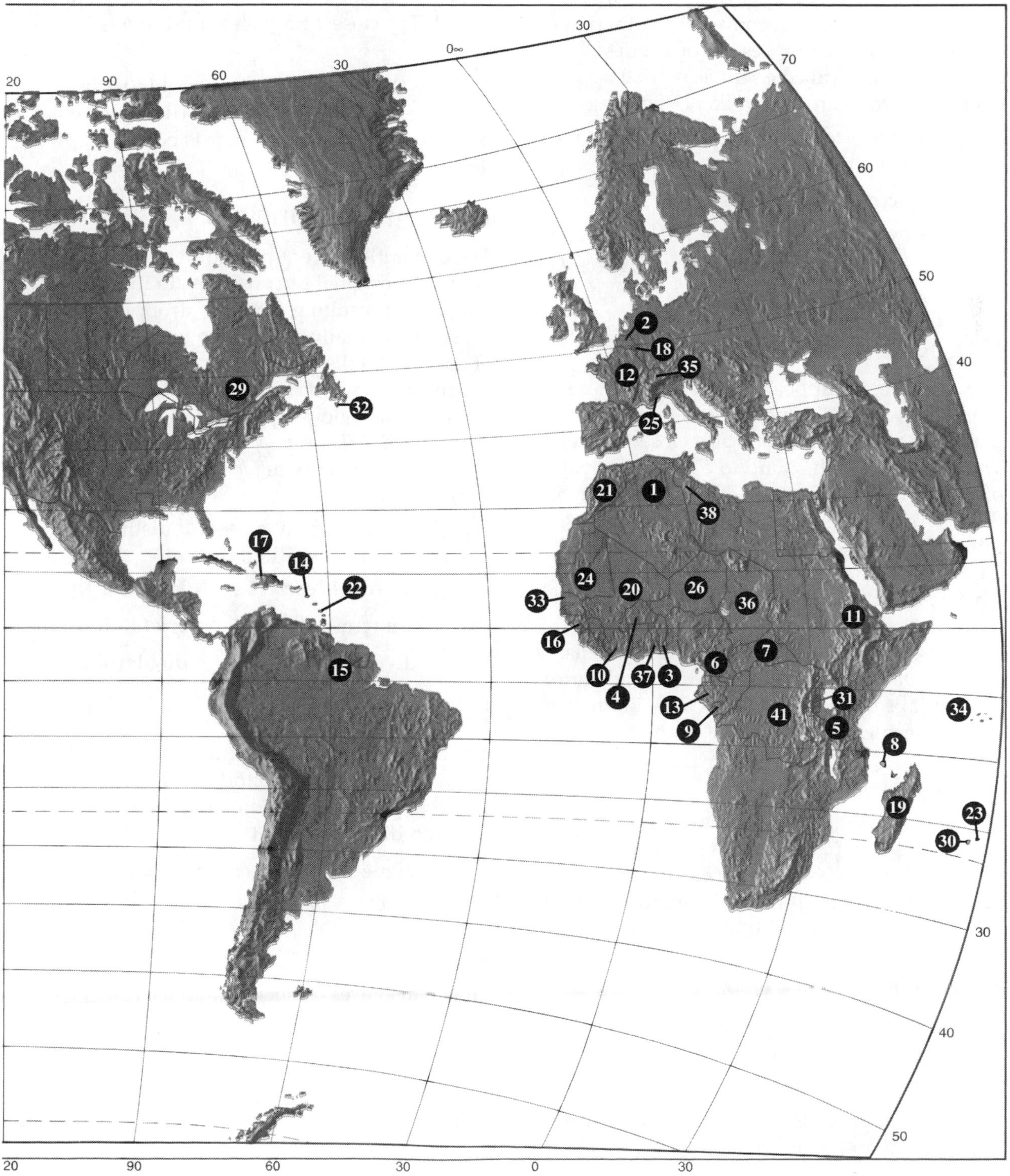

WRITTEN CONVENTIONS

The French language is written in the same alphabet as English, but conventions of writing are different. French makes use of a series of diacritical marks called *accent marks* that appear over vowels and are part of French spelling.

There are four accent marks in French. All may occur over the letter **e.**

é	**e accent aigu** *(acute accent)*
è	**e accent grave** *(grave accent)*
ê	**e accent circonflexe** *(circumflex accent)*
ë	**e tréma** *(diaeresis)*

L'accent aigu

The acute accent appears only on the letter **e** in French. Its original function was to indicate that the **e** was pronounced as a closed vowel. The closest English sound to **é** is the first part of the diphthong *ai* in *wait.* The acute accent is written on the past participle of all **-er** verbs **(allé, parlé, remboursé, gagné).** The letter **é** corresponds to English *y* in the suffix **-té: liberté, hostilité, qualité, quantité, etc.).** It appears in the prefixes **é-** corresponding to English *ex-*, and **dé-** corresponding to English *dis-, de-, un-:* **échange, émigrer, défaire, déduire.** The initial **é** often corresponds to *s*– in English: **étrange, école, écriture, épice, établir.**

L'accent grave

The grave accent in French may appear over the vowels **a, e, u.** The **accent grave** appears over the vowel **a** in the preposition **à** and in the adverb **là.** The accent mark distinguishes those words from other very common words.

à *to, at*	**a** *has*
là *there*	**la** *the (f.)*

The **accent grave** appears over the vowel **u** in the adverb **où** *where.* The accent mark distinguishes it from **ou** *or.*

Thus, **accent grave** is used almost exclusively over the letter **e.** Its original function was to indicate that the **e** was pronounced as an open vowel. The closest English sound to **è** is the *e* in *bet.*

The vowels **é** and **è** often contrast in verbs: **nous préférons** vs. **je préfère.** The vowel **è** is used in several common words before **s: après, dès, près, très.**

L'accent circonflexe

The circumflex accent may appear over any vowel. Its original purpose was to indicate a long vowel resulting from the dropping of a consonant, usually **s.** It can be useful to think of cognate English words with **s** to remember which French words have the circumflex accent. Compare the following examples: **la bête animal** *(beast),* **la fête** *(holiday, party, festival),* **Pâques** *(Easter, paschal),* **la pâte** *(dough, paste),* **râper** *(to scrape, rasp).*

The circumflex accent is used to distinguish pairs of words in writing.

je crois *I believe*	**je croîs** *I grow*
cru (croire)	**crû (croître)**
du *of the*	**dû (devoir)**

Le tréma

The tréma occurs over **e** or **i.** It indicates that the vowel has its full sound and is not part of a diphthong or merely indicating the sound of the preceding consonant.

aiguë	*feminine form of* **aigu**
Noël	*Christmas*

Cédille

French also uses a diacritical mark called a *cedilla* **(cédille)** under the letter **c** to indicate that the **c** is pronounced **/s/** before the vowels **a, o, u.** Compare the following pairs of words: **ça** and **cas, commençons** and **flocon, reçu** and **recul.**

VERB CHARTS

Regular Verbs

-er verbs

PARLER *to speak*

Indicative mood	
PRESENT	parle, parles, parle, parlons, parlez, parlent
IMPERFECT	parlais, parlais, parlait, parlions, parliez, parlaient
FUTURE	parlerai, parleras, parlera, parlerons, parlerez, parleront
CONDITIONAL	parlerais, parlerais, parlerait, parlerions, parleriez, parleraient
PASSÉ COMPOSÉ	ai parlé, as parlé, a parlé, avons parlé, avez parlé, ont parlé
PASSÉ SIMPLE	parlai, parlas, parla, parlâmes, parlâtes, parlèrent
PLUPERFECT	avais parlé, avais parlé, avait parlé, avions parlé, aviez parlé, avaient parlé
FUTURE PERFECT	aurai parlé, auras parlé, aura parlé, aurons parlé, aurez parlé, auront parlé
CONDITIONAL PERFECT	aurais parlé, aurais parlé, aurait parlé, aurions parlé, auriez parlé, auraient parlé
Subjunctive mood	
PRESENT	parle, parles, parle, parlions, parliez, parlent
PAST	aie parlé, aies parlé, ait parlé, ayons parlé, ayez parlé, aient parlé
IMPERFECT	parlasse, parlasses, parlât, parlassions, parlassiez, parlassent
Imperative mood	
	parle (*but:* parles-en), parlons, parlez
Present participle	
	parlant

APPENDIX

-ir verbs

FINIR *to finish*

Indicative mood	
PRESENT	finis, finis, finit, finissons, finissez, finissent
IMPERFECT	finissais, finissais, finissait, finissions, finissiez, finissaient
FUTURE	finirai, finiras, finira, finirons, finirez, finiront
CONDITIONAL	finirais, finirais, finirait, finirions, finiriez, finiraient
PASSÉ COMPOSÉ	ai fini, as fini, a fini, avons fini, avez fini, ont fini
PASSÉ SIMPLE	finis, finis, finit, finîmes, finîtes, finirent
PLUPERFECT	avais fini, avais fini, avait fini, avions fini, aviez fini, avaient fini
FUTURE PERFECT	aurai fini, auras fini, aura fini, aurons fini, aurez fini, auront fini
CONDITIONAL PERFECT	aurais fini, aurais fini, aurait fini, aurions fini, auriez fini, auraient fini
Subjunctive mood	
PRESENT	finisse, finisses, finisse, finissions, finissiez, finissent
PAST	aie fini, aies fini, ait fini, ayons fini, ayez fini, aient fini
IMPERFECT	finisse, finisses, finît, finissions, finissiez, finissent
Imperative mood	
	finis, finissons, finissez
Present participle	
	finissant

-re verbs

VENDRE *to sell*

Indicative mood	
PRESENT	vends, vends, vend, vendons, vendez, vendent
IMPERFECT	vendais, vendais, vendait, vendions, vendiez, vendaient
FUTURE	vendrai, vendras, vendra, vendrons, vendrez, vendront
CONDITIONAL	vendrais, vendrais, vendrait, vendrions, vendriez, vendraient
PASSÉ COMPOSÉ	ai vendu, as vendu, a vendu, avons vendu, avez vendu, ont vendu
PASSÉ SIMPLE	vendis, vendis, vendit, vendîmes, vendîtes, vendirent
PLUPERFECT	avais vendu, avais vendu, avait vendu, avions vendu, aviez vendu, avaient vendu
FUTURE PERFECT	aurai vendu, auras vendu, aura vendu, aurons vendu, aurez vendu, auront vendu
CONDITIONAL PERFECT	aurais vendu, aurais vendu, aurait vendu, aurions vendu, auriez vendu, auraient vendu
Subjunctive mood	
PRESENT	vende, vendes, vende, vendions, vendiez, vendent
PAST	aie vendu, aies vendu, ait vendu, ayons vendu, ayez vendu, aient vendu
IMPERFECT	vendisse, vendisses, vendît, vendissions, vendissiez, vendissent
Imperative mood	
	vends, vendons, vendez
Present participle	
	vendant

Verb Charts

APPENDIX

Verbs conjugated with être in compound tenses

The following verbs are conjugated with **être** as the auxiliary in compound tenses.

aller	**entrer**	**partir**	**retourner**
arriver	**monter**	**passer**	**sortir**
descendre	**mourir**	**rentrer**	**tomber**
devenir	**naître**	**rester**	**venir**

ARRIVER *to arrive*

Indicative mood	
PASSÉ COMPOSÉ	suis arrivé(e), es arrivé(e), est arrivé(e), sommes arrivé(e)s, êtes arrivé(e)(s), sont arrivé(e)s
PLUPERFECT	étais arrivé(e), étais arrivé(e), était arrivé(e), étions arrivé(e)s, étiez arrivé(e)(s), étaient arrivé(e)s
FUTURE PERFECT	serai arrivé(e), seras arrivé(e), sera arrivé(e), serons arrivé(e)s, serez arrivé(e)(s), seront arrivé(e)s
CONDITIONAL PERFECT	serais arrivé(e), serais arrivé(e), serait arrivé(e), serions arrivé(e)s, seriez arrivé(e)(s), seraient arrivé(e)s
Subjunctive mood	
PAST	sois arrivé(e), sois arrivé(e), soit arrivé(e), soyons arrivé(e)s, soyez arrivé(e)(s), soient arrivé(e)s

Verbs with Spelling Changes

- Verbs whose stems end in **-c**, such as **commencer**, add a cedilla under the **c (ç)** before the letters **-a** and **-o.**

COMMENCER *to begin*

PRESENT	commence, commences, commence, commençons, commencez, commencent
IMPERFECT	commençais, commençais, commençait, commencions, commenciez, commençaient
PASSÉ SIMPLE	commençai, commenças, commença, commençâmes, commençâtes, commencèrent
PRESENT PARTICIPLE	commençant

- Verbs whose stems end in **-g,** such as **manger,** add an **-e** after the **-g** before the letters **-a** and **-o.**

MANGER *to eat*

PRESENT	mange, manges, mange, mangeons, mangez, mangent
IMPERFECT	mangeais, mangeais, mangeait, mangions, mangiez, mangeaient
PASSÉ SIMPLE	mangeai, mangeas, mangea, mangeâmes, mangeâtes, mangèrent
PRESENT PARTICIPLE	mangeant

- Verbs whose stems end in **-y**, such as **nettoyer**, change the **-y** to **-i** before a mute **e**.

NETTOYER *to clean*

PRESENT	nettoie, nettoies, nettoie, nettoyons, nettoyez, nettoient
PRESENT SUBJUNCTIVE	nettoie, nettoies, nettoie, nettoyions, nettoyiez, nettoient
FUTURE	nettoierai, nettoieras, nettoiera, nettoierons, nettoierez, nettoieront
CONDITIONAL	nettoierais, nettoierais, nettoierait, nettoierions, nettoieriez, nettoieraient
IMPERATIVE	nettoie, nettoyons, nettoyez

NOTE Verbs ending in **-ayer** may either change **-y** to **-i** before a mute **e** or keep the **-y** in all forms: **je paie** or **je paye**. Verbs in **-oyer** and **-uyer** must change **-y** to **-i** before a mute **e**.

- In **-er** verbs that have mute **e** as their stem vowel **(acheter, appeler, jeter, mener, etc.)**, the mute **e** is pronounced **-è** in those forms where the ending has a mute **e**. In the present tense, this means all singular forms and the third person plural. This change in sound may be spelled in one of two ways.
- Verbs such as **lever** change the **-e** to **-è** to show the change in pronunciation.

LEVER *to raise*

PRESENT	lève, lèves, lève, levons, levez, lèvent
PRESENT SUBJUNCTIVE	lève, lèves, lève, levions, leviez, lèvent
FUTURE	lèverai, lèveras, lèvera, lèverons, lèverez, lèveront
CONDITIONAL	lèverais, lèverais, lèverait, lèverions, lèveriez, lèveraient
IMPERATIVE	lève, levons, levez

- The verbs **appeler** and **jeter** double the consonant before the mute **e** to show the sound change of mute **-e** to **-è**.

APPELER *to call*

PRESENT	appelle, appelles, appelle, appelons, appelez, appellent
PRESENT SUBJUNCTIVE	appelle, appelles, appelle, appelions, appeliez, appellent
FUTURE	appellerai, appelleras, appellera, appellerons, appellerez, appelleront
CONDITIONAL	appellerais, appellerais, appellerait, appellerions, appelleriez, appelleraient
IMPERATIVE	appelle, appelons, appelez

APPENDIX

JETER *to throw*

PRESENT	jette, jettes, jette, jetons, jetez, jettent
PRESENT SUBJUNCTIVE	jette, jettes, jette, jetions, jetiez, jettent
FUTURE	jetterai, jetteras, jettera, jetterons, jetterez, jetteront
CONDITIONAL	jetterais, jetterais, jetterait, jetterions, jetteriez, jetteraient
IMPERATIVE	jette, jetons, jetez

- First conjugation verbs such as **espérer** that have **-é** as the stem vowel change **-é** to **-è** when the ending has a mute **e**. However, unlike verbs like **lever**, verbs like **espérer** keep the acute accent in the future and conditional.

ESPÉRER *to hope*

PRESENT	espère, espères, espère, espérons, espérez, espèrent
PRESENT SUBJUNCTIVE	espère, espères, espère, espérions, espériez, espèrent
FUTURE	espérerai, espéreras, espérera, espérerons, espérerez, espéreront
CONDITIONAL	espérerais, espérerais, espérerait, espérerions, espéreriez, espéreraient
IMPERATIVE	espère, espérons, espérez

Irregular Verbs

ALLER *to go, be going (to)*

PRESENT	vais, vas, va, allons, allez, vont
IMPERFECT	allais, allais, allait, allions, alliez, allaient
PASSÉ COMPOSÉ	suis allé(e), etc.
FUTURE	irai, iras, ira, irons, irez, iront
CONDITIONAL	irais, irais, irait, irions, iriez, iraient
PASSÉ SIMPLE	allai, allas, alla, allâmes, allâtes, allèrent
PRESENT SUBJUNCTIVE	aille, ailles, aille, allions, alliez, aillent
IMPERATIVE	va, allons, allez
PRESENT PARTICIPLE	allant

S'ASSEOIR *to sit down*

PRESENT	m'assieds, t'assieds, s'assied, nous asseyons, vous asseyez, s'asseyent
IMPERFECT	m'asseyais, t'asseyais, s'asseyait, nous asseyions, vous asseyiez, s'asseyaient
PASSÉ COMPOSÉ	me suis assis(e), etc.
FUTURE	m'assiérai, t'assiéras, s'assiéra, nous assiérons, vous assiérez, s'assiéront
CONDITIONAL	m'assiérais, t'assiérais, s'assiérait, nous assiérions, vous assiériez, s'assiéraient
PASSÉ SIMPLE	m'assis, t'assis, s'assit, nous assîmes, vous assîtes, s'assirent
PRESENT SUBJUNCTIVE	m'asseye, t'asseyes, s'asseye, nous asseyions, vous asseyiez, s'asseyent
IMPERATIVE	assieds-toi, asseyons-nous, asseyez-vous
PRESENT PARTICIPLE	s'asseyant

AVOIR *to have*

PRESENT	ai, as, a, avons, avez, ont
IMPERFECT	avais, avais, avait, avions, aviez, avaient
PASSÉ COMPOSÉ	ai eu, etc.
FUTURE	aurai, auras, aura, aurons, aurez, auront
CONDITIONAL	aurais, aurais, aurait, aurions, auriez, auraient
PASSÉ SIMPLE	eus, eus, eut, eûmes, eûtes, eurent
PRESENT SUBJUNCTIVE	aie, aies, ait, ayons, ayez, aient
IMPERATIVE	aie (*but*: aies-en), ayons, ayez
PRESENT PARTICIPLE	ayant

APPENDIX

BATTRE *to beat, strike, hit*

PRESENT	bats, bats, bat, battons, battez, battent
IMPERFECT	battais, battais, battait, battions, battiez, battaient
PASSÉ COMPOSÉ	ai battu, etc.
FUTURE	battrai, battras, battra, battrons, battrez, battront
CONDITIONAL	battrais, battrais, battrait, battrions, battriez, battraient
PASSÉ SIMPLE	battis, battis, battit, battîmes, battîtes, battirent
PRESENT SUBJUNCTIVE	batte, battes, batte, battions, battiez, battent
IMPERATIVE	bats, battons, battez
PRESENT PARTICIPLE	battant
Conjugated like **battre:**	**combattre** *to fight, combat*

BOIRE *to drink*

PRESENT	bois, bois, boit, buvons, buvez, boivent
IMPERFECT	buvais, buvais, buvait, buvions, buviez, buvaient
PASSÉ COMPOSÉ	ai bu, etc.
FUTURE	boirai, boiras, boira, boirons, boirez, boiront
PASSÉ SIMPLE	bus, bus, but, bûmes, bûtes, burent
PRESENT SUBJUNCTIVE	boive, boives, boive, buvions, buviez, boivent
IMPERATIVE	bois, buvons, buvez
PRESENT PARTICIPLE	buvant

CONDUIRE *to drive*

PRESENT	conduis, conduis, conduit, conduisons, conduisez, conduisent
IMPERFECT	conduisais, conduisais, conduisait, conduisions, conduisiez, conduisaient
PASSÉ COMPOSÉ	ai conduit, etc.
FUTURE	conduirai, conduiras, conduira, conduirons, conduirez, conduiront
CONDITIONAL	conduirais, conduirais, conduirait, conduirions, conduiriez, conduiraient
PASSÉ SIMPLE	conduisis, conduisis, conduisit, conduisîmes, conduisîtes, conduisirent
PRESENT SUBJUNCTIVE	conduise, conduises, conduise, conduisions, conduisiez, conduisent
IMPERATIVE	conduis, conduisons, conduisez
PRESENT PARTICIPLE	conduisant
Conjugated like **conduire:**	**construire** *to build,* **détruire** *to destroy,* **produire** *to produce,* **réduire** *to reduce,* **traduire** *to translate*

CONNAÎTRE *to know (a person, place, etc.)*

PRESENT	connais, connais, connaît, connaissons, connaissez, connaissent
IMPERFECT	connaissais, connaissais, connaissait, connaissions, connaissiez, connaissaient
PASSÉ COMPOSÉ	ai connu, etc.
FUTURE	connaîtrai, connaîtras, connaîtra, connaîtrons, connaîtrez, connaîtront
CONDITIONAL	connaîtrais, connaîtrais, connaîtrait, connaîtrions, connaîtriez, connaîtraient
PASSÉ SIMPLE	connus, connus, connut, connûmes, connûtes, connurent
PRESENT SUBJUNCTIVE	connaisse, connaisses, connaisse, connaissions, connaissiez, connaissent
IMPERATIVE	connais, connaissons, connaissez
PRESENT PARTICIPLE	connaissant
Conjugated like **connaître:**	**apparaître** *to appear*, **disparaître** *to disappear*, **paraître** *to seem, appear*, **reconnaître** *to recognize*

COURIR *to run*

PRESENT	cours, cours, court, courons, courez, courent
IMPERFECT	courais, courais, courait, courions, couriez, couraient
PASSÉ COMPOSÉ	ai couru, etc.
FUTURE	courrai, courras, courra, courrons, courrez, courront
CONDITIONAL	courrais, courrais, courrait, courrions, courriez, courraient
PASSÉ SIMPLE	courus, courus, courut, courûmes, courûtes, coururent
PRESENT SUBJUNCTIVE	coure, coures, coure, courions, couriez, courent
IMPERATIVE	cours, courons, courez
PRESENT PARTICIPLE	courant

CRAINDRE *to fear*

PRESENT	crains, crains, craint, craignons, craignez, craignent
IMPERFECT	craignais, craignais, craignait, craignions, craigniez, craignaient
PASSÉ COMPOSÉ	ai craint, etc.
FUTURE	craindrai, craindras, craindra, craindrons, craindrez, craindront
CONDITIONAL	craindrais, craindrais, craindrait, craindrions, craindriez, craindraient
PASSÉ SIMPLE	craignis, craignis, craignit, craignîmes, craignîtes, craignirent
PRESENT SUBJUNCTIVE	craigne, craignes, craigne, craignions, craigniez, craignent
IMPERATIVE	crains, craignons, craignez
PRESENT PARTICIPLE	craignant
Conjugated like **craindre:**	**plaindre** *to pity*

CROIRE *to believe, think*

PRESENT	crois, crois, croit, croyons, croyez, croient
IMPERFECT	croyais, croyais, croyait, croyions, croyiez, croyaient
PASSÉ COMPOSÉ	ai cru, etc.
FUTURE	croirai, croiras, croira, croirons, croirez, croiront
CONDITIONAL	croirais, croirais, croirait, croirions, croiriez, croiraient
PASSÉ SIMPLE	crus, crus, crut, crûmes, crûtes, crurent
PRESENT SUBJUNCTIVE	croie, croies, croie, croyions, croyiez, croient
IMPERATIVE	crois, croyons, croyez
PRESENT PARTICIPLE	croyant

CUEILLIR *to gather, pick (flowers)*

PRESENT	cueille, cueilles, cueille, cueillons, cueillez, cueillent
IMPERFECT	cueillais, cueillais, cueillait, cueillions, cueilliez, cueillaient
PASSÉ COMPOSÉ	ai cueilli, etc.
FUTURE	cueillerai, cueilleras, cueillera, cueillerons, cueillerez, cueilleront
CONDITIONAL	cueillerais, cueillerais, cueillerait, cueillerions, cueilleriez, cueilleraient
PASSÉ SIMPLE	cueillis, cueillis, cueillit, cueillîmes, cueillîtes, cueillirent
PRESENT SUBJUNCTIVE	cueille, cueilles, cueille, cueillions, cueilliez, cueillent
IMPERATIVE	cueille, cueillons, cueillez
PRESENT PARTICIPLE	cueillant
Conjugated like **cueillir:**	**accueillir** *to welcome*

DEVOIR *to owe; must, should, ought to*

PRESENT	dois, dois, doit, devons, devez, doivent
IMPERFECT	devais, devais, devait, devions, deviez, devaient
PASSÉ COMPOSÉ	ai dû, etc.
FUTURE	devrai, devras, devra, devrons, devrez, devront
CONDITIONAL	devrais, devrais, devrait, devrions, devriez, devraient
PASSÉ SIMPLE	dus, dus, dut, dûmes, dûtes, durent
PRESENT SUBJUNCTIVE	doive, doives, doive, devions, deviez, doivent
IMPERATIVE	dois, devons, devez
PRESENT PARTICIPLE	devant

DIRE *to say, tell*

PRESENT	dis, dis, dit, disons, dites, disent
IMPERFECT	disais, disais, disait, disions, disiez, disaient
PASSÉ COMPOSÉ	ai dit, etc.
FUTURE	dirai, diras, dira, dirons, direz, diront
CONDITIONAL	dirais, dirais, dirait, dirions, diriez, diraient
PASSÉ SIMPLE	dis, dis, dit, dîmes, dîtes, dirent
PRESENT SUBJUNCTIVE	dise, dises, dise, disions, disiez, disent
IMPERATIVE	dis, disons, dites
PRESENT PARTICIPLE	disant
Conjugated like **dire:**	**contredire** *to contradict (but:* **vous contredisez** *[present])* **interdire** *to forbid (but:* **vous interdisez** *[present])*

ÉCRIRE *to write*

PRESENT	écris, écris, écrit, écrivons, écrivez, écrivent
IMPERFECT	écrivais, écrivais, écrivait, écrivions, écriviez, écrivaient
PASSÉ COMPOSÉ	ai écrit, etc.
FUTURE	écrirai, écriras, écrira, écrirons, écrirez, écriront
CONDITIONAL	écrirais, écrirais, écrirait, écririons, écririez, écriraient
PASSÉ SIMPLE	écrivis, écrivis, écrivit, écrivîmes, écrivîtes, écrivirent
PRESENT SUBJUNCTIVE	écrive, écrives, écrive, écrivions, écriviez, écrivent
IMPERATIVE	écris, écrivons, écrivez
PRESENT PARTICIPLE	écrivant
Conjugated like **écrire:**	**décrire** *to describe*

ENVOYER *to send*

PRESENT	envoie, envoies, envoie, envoyons, envoyez, envoient
IMPERFECT	envoyais, envoyais, envoyait, envoyions, envoyiez, envoyaient
PASSÉ COMPOSÉ	ai envoyé, etc.
FUTURE	enverrai, enverras, enverra, enverrons, enverrez, enverront
CONDITIONAL	enverrais, enverrais, enverrait, enverrions, enverriez, enverraient
PASSÉ SIMPLE	envoyai, envoyas, envoya, envoyâmes, envoyâtes, envoyèrent
PRESENT SUBJUNCTIVE	envoie, envoies, envoie, envoyions, envoyiez, envoient
IMPERATIVE	envoie, envoyons, envoyez
PRESENT PARTICIPLE	envoyant

ÊTRE *to be*

PRESENT	suis, es, est, sommes, êtes, sont
IMPERFECT	étais, étais, était, étions, étiez, étaient
PASSÉ COMPOSÉ	ai été, etc.
FUTURE	serai, seras, sera, serons, serez, seront
CONDITIONAL	serais, serais, serait, serions, seriez, seraient
PASSÉ SIMPLE	fus, fus, fut, fûmes, fûtes, furent
PRESENT SUBJUNCTIVE	sois, sois, soit, soyons, soyez, soient
IMPERATIVE	sois, soyons, soyez
PRESENT PARTICIPLE	étant

FAIRE *to do, make*

PRESENT	fais, fais, fait, faisons, faites, font
IMPERFECT	faisais, faisais, faisait, faisions, faisiez, faisaient
PASSÉ COMPOSÉ	ai fait, etc.
FUTURE	ferai, feras, fera, ferons, ferez, feront
CONDITIONAL	ferais, ferais, ferait, ferions, feriez, feraient
PASSÉ SIMPLE	fis, fis, fit, fîmes, fîtes, firent
PRESENT SUBJUNCTIVE	fasse, fasses, fasse, fassions, fassiez, fassent
IMPERATIVE	fais, faisons, faites
PRESENT PARTICIPLE	faisant
Conjugated like **faire:**	**défaire** *to undo,* **refaire** *to redo*

FALLOIR *to be necessary*

PRESENT	il faut
IMPERFECT	il fallait
PASSÉ COMPOSÉ	il a fallu
FUTURE	il faudra
CONDITIONAL	il faudrait
PASSÉ SIMPLE	il fallut
PRESENT SUBJUNCTIVE	il faille

JOINDRE *to join*

PRESENT	joins, joins, joint, joignons, joignez, joignent
IMPERFECT	joignais, joignais, joignait, joignions, joigniez, joignaient
PASSÉ COMPOSÉ	ai joint, etc.
FUTURE	joindrai, joindras, joindra, joindrons, joindrez, joindront
CONDITIONAL	joindrais, joindrais, joindrait, joindrions, joindriez, joindraient
PASSÉ SIMPLE	joignis, joignis, joignit, joignîmes, joignîtes, joignirent
PRESENT SUBJUNCTIVE	joigne, joignes, joigne, joignions, joigniez, joignent
IMPERATIVE	joins, joignons, joignez
PRESENT PARTICIPLE	joignant

LIRE *to read*

PRESENT	lis, lis, lit, lisons, lisez, lisent
IMPERFECT	lisais, lisais, lisait, lisions, lisiez, lisaient
PASSÉ COMPOSÉ	j'ai lu, etc.
FUTURE	lirai, liras, lira, lirons, lirez, liront
CONDITIONAL	lirais, lirais, lirait, lirions, liriez, liraient
PASSÉ SIMPLE	lus, lus, lut, lûmes, lûtes, lurent
PRESENT SUBJUNCTIVE	lise, lises, lise, lisions, lisiez, lisent
IMPERATIVE	lis, lisons, lisez
PRESENT PARTICIPLE	lisant

METTRE *to put*

PRESENT	mets, mets, met, mettons, mettez, mettent
IMPERFECT	mettais, mettais, mettait, mettions, mettiez, mettaient
PASSÉ COMPOSÉ	ai mis, etc.
FUTURE	mettrai, mettras, mettra, mettrons, mettrez, mettront
CONDITIONAL	mettrais, mettrais, mettrait, mettrions, mettriez, mettraient
PASSÉ SIMPLE	mis, mis, mit, mîmes, mîtes, mirent
PRESENT SUBJUNCTIVE	mette, mettes, mette, mettions, mettiez, mettent
IMPERATIVE	mets, mettons, mettez
PRESENT PARTICIPLE	mettant
Conjugated like **mettre:**	**admettre** *to admit,* **remettre** *to delay, postpone, put on again* **promettre** *to promise,* **permettre** *to permit*

MOURIR *to die*

PRESENT	meurs, meurs, meurt, mourons, mourez, meurent
IMPERFECT	mourais, mourais, mourait, mourions, mouriez, mouraient
PASSÉ COMPOSÉ	suis mort(e), etc.
FUTURE	mourrai, mourras, mourra, mourrons, mourrez, mourront
CONDITIONAL	mourrais, mourrais, mourrait, mourrions, mourriez, mourraient
PASSÉ SIMPLE	mourus, mourus, mourut, mourûmes, mourûtes, moururent
PRESENT SUBJUNCTIVE	meure, meures, meure, mourions, mouriez, meurent
IMPERATIVE	meurs, mourons, mourez
PRESENT PARTICIPLE	mourant

NAÎTRE *to be born*

PRESENT	nais, nais, naît, naissons, naissez, naissent
IMPERFECT	naissais, naissais, naissait, naissions, naissiez, naissaient
PASSÉ COMPOSÉ	suis né(e), etc.
FUTURE	naîtrai, naîtras, naîtra, naîtrons, naîtrez, naîtront
CONDITIONAL	naîtrais, naîtrais, naîtrait, naîtrions, naîtriez, naîtraient
PASSÉ SIMPLE	naquis, naquis, naquit, naquîmes, naquîtes, naquirent
PRESENT SUBJUNCTIVE	naisse, naisses, naisse, naissions, naissiez, naissent
IMPERATIVE	nais, naissons, naissez
PRESENT PARTICIPLE	naissant

OUVRIR *to open*

PRESENT	ouvre, ouvres, ouvre, ouvrons, ouvrez, ouvrent
IMPERFECT	ouvrais, ouvrais, ouvrait, ouvrions, ouvriez, ouvraient
PASSÉ COMPOSÉ	ai ouvert, etc.
FUTURE	ouvrirai, ouvriras, ouvrira, ouvrirons, ouvrirez, ouvriront
CONDITIONAL	ouvrirais, ouvrirais, ouvrirait, ouvririons, ouvririez, ouvriraient
PASSÉ SIMPLE	ouvris, ouvris, ouvrit, ouvrîmes, ouvrîtes, ouvrirent
PRESENT SUBJUNCTIVE	ouvre, ouvres, ouvre, ouvrions, ouvriez, ouvrent
IMPERATIVE	ouvre, ouvrons, ouvrez
PRESENT PARTICIPLE	ouvrant
Conjugated like **ouvrir:**	**couvrir** *to cover,* **découvrir** *to discover,* **offrir** *to offer,* **suffrir** *to suffer*

PARTIR *to leave*

PRESENT	pars, pars, part, partons, partez, partent
IMPERFECT	partais, partais, partait, partions, partiez, partaient
PASSÉ COMPOSÉ	suis parti(e), etc.
FUTURE	partirai, partiras, partira, partirons, partirez, partiront
CONDITIONAL	partirais, partirais, partirait, partirions, partiriez, partiraient
PASSÉ SIMPLE	partis, partis, partit, partîmes, partîtes, partirent
PRESENT SUBJUNCTIVE	parte, partes, parte, partions, partiez, partent
IMPERATIVE	pars, partons, partez
PRESENT PARTICIPLE	partant
Conjugated like **partir:**	**dormir** *to sleep,* **mentir** *to lie,* **sentir** *to feel,* **servir** *to serve,* **sortir** *to go out*

PEINDRE *to paint*

PRESENT	peins, peins, peint, peignons, peignez, peignent
IMPERFECT	peignais, peignais, peignait, peignions, peigniez, peignaient
PASSÉ COMPOSÉ	ai peint, etc.
FUTURE	peindrai, peindras, peindra, peindrons, peindrez, peindront
CONDITIONAL	peindrais, peindrais, peindrait, peindrions, peindriez, peindraient
PASSÉ SIMPLE	peignis, peignis, peignit, peignîmes, peignîtes, peignirent
PRESENT SUBJUNCTIVE	peigne, peignes, peigne, peignions, peigniez, peignent
IMPERATIVE	peins, peignons, peignez
PRESENT PARTICIPLE	peignant
Conjugated like **peindre:**	**atteindre** *to reach, attain,* **éteindre** *to put out, extinguish*

PLAIRE *to please*

PRESENT	plais, plais, plaît, plaisons, plaisez, plaisent
IMPERFECT	plaisais, plaisais, plaisait, plaisions, plaisiez, plaisaient
PASSÉ COMPOSÉ	ai plu, etc.
FUTURE	plairai, plairas, plaira, plairons, plairez, plairont
CONDITIONAL	plairais, plairais, plairait, plairions, plairiez, plairaient
PASSÉ SIMPLE	plus, plus, plut, plûmes, plûtes, plurent
PRESENT SUBJUNCTIVE	plaise, plaises, plaise, plaisions, plaisiez, plaisent
IMPERATIVE	plais, plaisons, plaisez
PRESENT PARTICIPLE	plaisant
Conjugated like **plaire:**	**se taire** *to keep quiet*

PLEUVIOR *to rain*

PRESENT	il pleut
IMPERFECT	il pleuvait
PASSÉ COMPOSÉ	il a plu
FUTURE	il pleuvra
CONDITIONAL	il pleuvrait
PASSÉ SIMPLE	il plut
PRESENT SUBJUNCTIVE	il pleuve
PRESENT PARTICIPLE	pleuvant

POUVOIR *can, to be able to*

PRESENT	peux, peux, peut, pouvons, pouvez, peuvent
IMPERFECT	pouvais, pouvais, pouvait, pouvions, pouviez, pouvaient
PASSÉ COMPOSÉ	ai pu, etc.
FUTURE	pourrai, pourras, pourra, pourrons, pourrez, pourront
CONDITIONAL	pourrais, pourrais, pourrait, pourrions, pourriez, pourraient
PASSÉ SIMPLE	pus, pus, put, pûmes, pûtes, purent
PRESENT SUBJUNCTIVE	puisse, puisses, puisse, puissions, puissiez, puissent
IMPERATIVE	*not used*
PRESENT PARTICIPLE	pouvant

PRENDRE *to take*

PRESENT	prends, prends, prend, prenons, prenez, prennent
IMPERFECT	prenais, prenais, prenait, prenions, preniez, prenaient
PASSÉ COMPOSÉ	ai pris, etc.
FUTURE	prendrai, prendras, prendra, prendrons, prendrez, prendront
CONDITIONAL	prendrais, prendrais, prendrait, prendrions, prendriez, prendraient
PASSÉ SIMPLE	pris, pris, prit, prîmes, prîtes, prirent
PRESENT SUBJUNCTIVE	prenne, prennes, prenne, prenions, preniez, prennent
IMPERATIVE	prends, prenons, prenez
PRESENT PARTICIPLE	prenant
Conjugated like **prendre:**	**comprendre** *to understand,* **apprendre** *to learn,* **reprendre** *to take again, resume,* **surprendre** *to surprise*

RECEVOIR *to receive*

PRESENT	reçois, reçois, reçoit, recevons, recevez, reçoivent
IMPERFECT	recevais, recevais, recevait, recevions, receviez, recevaient
PASSÉ COMPOSÉ	ai reçu, etc.
FUTURE	recevrai, recevras, recevra, recevrons, recevrez, recevront
CONDITIONAL	recevrais, recevrais, recevrait, recevrions, recevriez, recevraient
PASSÉ SIMPLE	reçus, reçus, reçut, reçûmes, reçûtes, reçurent
PRESENT SUBJUNCTIVE	reçoive, reçoives, reçoive, recevions, receviez, reçoivent
IMPERATIVE	reçois, recevons, recevez
PRESENT PARTICIPLE	recevant
Conjugated like **recevoir:**	**apercevoir** *to perceive,* **décevoir** *to disappoint*

RIRE *to laugh*

PRESENT	ris, ris, rit, rions, riez, rient
IMPERFECT	riais, riais, riait, riions, riiez, riaient
PASSÉ COMPOSÉ	ai ri, etc.
FUTURE	rirai, riras, rira, rirons, rirez, riront
CONDITIONAL	rirais, rirais, rirait, ririons, ririez, riraient
PASSÉ SIMPLE	ris, ris, rit, rîmes, rîtes, rirent
PRESENT SUBJUNCTIVE	rie, ries, rie, riions, riiez, rient
IMPERATIVE	ris, rions, riez
PRESENT PARTICIPLE	riant
Conjugated like **rire:**	**sourire** *to smile*

SAVOIR *to know*

PRESENT	sais, sais, sait, savons, savez, savent
IMPERFECT	savais, savais, savait, savions, saviez, savaient
PASSÉ COMPOSÉ	ai su, etc.
FUTURE	saurai, sauras, saura, saurons, saurez, sauront
CONDITIONAL	saurais, saurais, saurait, saurions, sauriez, sauraient
PASSÉ SIMPLE	sus, sus, sut, sûmes, sûtes, surent
PRESENT SUBJUNCTIVE	sache, saches, sache, sachions, sachiez, sachent
IMPERATIVE	sache, sachons, sachez
PRESENT PARTICIPLE	sachant

SUIVRE *to follow*

PRESENT	suis, suis, suit, suivons, suivez, suivent
IMPERFECT	suivais, suivais, suivait, suivions, suiviez, suivaient
PASSÉ COMPOSÉ	ai suivi, etc.
FUTURE	suivrai, suivras, suivra, suivrons, suivrez, suivront
CONDITIONAL	suivrais, suivrais, suivrait, suivrions, suivriez, suivraient
PASSÉ SIMPLE	suivis, suivis, suivit, suivîmes, suivîtes, suivirent
PRESENT SUBJUNCTIVE	suive, suives, suive, suivions, suiviez, suivent
IMPERATIVE	suis, suivons, suivez
PRESENT PARTICIPLE	suivant
Conjugated like **suivre:**	**poursuivre** *to pursue, continue*

TENIR *to hold*

PRESENT	tiens, tiens, tient, tenons, tenez, tiennent
IMPERFECT	tenais, tenais, tenait, tenions, teniez, tenaient
PASSÉ COMPOSÉ	ai tenu, etc.
FUTURE	tiendrai, tiendras, tiendra, tiendrons, tiendrez, tiendront
CONDITIONAL	tiendrais, tiendrais, tiendrait, tiendrions, tiendriez, tiendraient
PASSÉ SIMPLE	tins, tins, tint, tînmes, tîntes, tinrent
PRESENT SUBJUNCTIVE	tienne, tiennes, tienne, tenions, teniez, tiennent
IMPERATIVE	tiens, tenons, tenez
PRESENT PARTICIPLE	tenant
Conjugated like **tenir:**	**appartenir** *to belong,* **contenir** *to contain,* **maintenir** *to maintain,* **obtenir** *to get, obtain,* **retenir** *to retain,* **soutenir** *to sustain, support*

VALOIR *to be worth*

PRESENT	vaux, vaux, vaut, valons, valez, valent
IMPERFECT	valais, valais, valait, valions, valiez, valaient
PASSÉ COMPOSÉ	ai valu, etc.
FUTURE	vaudrai, vaudras, vaudra, vaudrons, vaudrez, vaudront
CONDITIONAL	vaudrais, vaudrais, vaudrait, vaudrions, vaudriez, vaudraient
PASSÉ SIMPLE	valus, valus, valut, valûmes, valûtes, valurent
PRESENT SUBJUNCTIVE	vaille, vailles, vaille, valions, valiez, vaillent
IMPERATIVE	vaux, valons, valez
PRESENT PARTICIPLE	valant

VENIR *to come*

PRESENT	viens, viens, vient, venons, venez, viennent
IMPERFECT	venais, venais, venait, venions, veniez, venaient
PASSÉ COMPOSÉ	suis venu(e), etc.
FUTURE	viendrai, viendras, viendra, viendrons, viendrez, viendront
CONDITIONAL	viendrais, viendrais, viendrait, viendrions, viendriez, viendraient
PASSÉ SIMPLE	vins, vins, vint, vînmes, vîntes, vinrent
PRESENT SUBJUNCTIVE	vienne, viennes, vienne, venions, veniez, viennent
IMPERATIVE	viens, venons, venez
PRESENT PARTICIPLE	venant
Conjugated like **venir:**	**devenir** *to become,* **revenir** *to come back,* **se souvenir** *to remember*

VIVRE *to live*

PRESENT	vis, vis, vit, vivons, vivez, vivent
IMPERFECT	vivais, vivais, vivait, vivions, viviez, vivaient
PASSÉ COMPOSÉ	ai vécu, etc.
FUTURE	vivrai, vivras, vivra, vivrons, vivrez, vivront
CONDITIONAL	vivrais, vivrais, vivrait, vivrions, vivriez, vivraient
PASSÉ SIMPLE	vécus, vécus, vécut, vécûmes, vécûtes, vécurent
PRESENT SUBJUNCTIVE	vive, vives, vive, vivions, viviez, vivent
IMPERATIVE	vis, vivons, vivez
PRESENT PARTICIPLE	vivant

VOIR *to see*

PRESENT	vois, vois, voit, voyons, voyez, voient
IMPERFECT	voyais, voyais, voyait, voyions, voyiez, voyaient
PASSÉ COMPOSÉ	ai vu, etc.
FUTURE	verrai, verras, verra, verrons, verrez, verront
CONDITIONAL	verrais, verrais, verrait, verrions, verriez, verraient
PASSÉ SIMPLE	vis, vis, vit, vîmes, vîtes, virent
PRESENT SUBJUNCTIVE	voie, voies, voie, voyions, voyiez, voient
IMPERATIVE	vois, voyons, voyez
PRESENT PARTICIPLE	voyant
Conjugated like **voir:**	**prévoir** *to foresee, provide,* **revoir** *to see again*

VOULOIR *to want*

PRESENT	veux, veux, veut, voulons, voulez, veulent
IMPERFECT	voulais, voulais, voulait, voulions, vouliez, voulaient
PASSÉ COMPOSÉ	ai voulu, etc.
FUTURE	voudrai, voudras, voudra, voudrons, voudrez, voudront
CONDITIONAL	voudrais, voudrais, voudrait, voudrions, voudriez, voudraient
PASSÉ SIMPLE	voulus, voulus, voulut, voulûmes, voulûtes, voulurent
PRESENT SUBJUNCTIVE	veuille, veuilles, veuille, voulions, vouliez, veuillent
IMPERATIVE	veuille, veuillons, veuillez
PRESENT PARTICIPLE	voulant

FRENCH-ENGLISH VOCABULARY

This vocabulary list contains all words used in the activities. It also contains the vocabulary from Part Eight except for obvious cognates. It does not contain basic vocabulary covered in first-year French nor does it include the words introduced in the **La grammaire en action** sections. Numbers and regular adverbs have been omitted to save space. Also admitted from this list are idioms and proverbs introduced in Chapter 28. Verbs marked *irreg.* should be looked up in the verb charts. Conjugation reminders are given for verbs with spelling changes. An entry such as **nager** *(g>ge/a,o)* should be read as **g** changes to **ge** before **a** and **o**.

A

à to, at
à bout de souffle breathless
à cause de because of
à cheval on horseback
à condition que on the condition that, provided that
à côté next door; nearby; aside
à deux pas de right near
à genoux on one's knees
à juste titre rightfully
à l'endroit right side out (of clothing)
à l'envers inside out (of clothing)
à l'époque at the time, at that time
à l'heure on time
à l'instant a moment ago
à la fois at the same time, at once
à la hâte hastily, in a rush
à la hauteur equal to the task
à la longue in the long run
à la page up-to-date
à la perfection perfectly, just right
à la suite de following
à la une on the front page (of a newspaper)
à merveille wonderfully
à moins que unless
à moitié halfway
à part besides
à peine hardly
à peu près approximately
à pied on foot
à plusieurs reprises several times
à prix d'or at a very high price
à point well-done (meat)
à rebours backwards
à regret regretfully
à ses heures (perdues) in one's free time
à souhait to perfection
à temps in time
à titre confidentiel off the record
à titre de père/mère as a father/mother
à tort wrongfully
à tour de rôle in turn
à tout moment all the time
à tout prix at all costs
à travers through
abattre *(like **battre**)* to cut down (tree)
abdiquer to abdicate
abolir to abolish
aboutir à to end up at, wind up as
l' **abri** *(m.)* shelter
abriter to house
s' **abstenir de** to refrain from
abstrait abstract
abuser de to take (unfair) advantage of
accabler de to overwhelm with
l' **accès** *(m.)* access
accompagner to accompany
accomplir to accomplish
l' **accord** *(m.)* agreement; **être d'accord** to agree
accorder to grant, award
s' **accouder** to lean on one's elbows; **accoudé(e)** leaning on one's elbows
accrocher to hang, hang up
s' **accroupir** to crouch; **accroupi(e)** crouching
accueillant(e) cozy
accueillir *(like **cueillir**)* to welcome
accuser quelqu'un de to accuse someone of
s' **acharner à** to try desperately to
acheter to buy
achever (de) to finish
l' **acier** *(m.)* steel
acquérir *(irreg.)* to acquire
l' **acteur(-rice)** actor/actress
actif(-ve) active
l' **actualité** *(f.)* news, current events
actuel(le) present, present-day
actuellement at present
l' **addition** *(f.)* bill, check (restaurant)
l' **adepte** highly skilled person, expert
s' **adonner à** to devote oneself to
adorer to adore, love
s' **adosser à/contre** to lean with one's back against
s' **adresser à** to address, speak to, be aimed at

APPENDIX

aérien(ne) air *(adj.)*
l' **aéronautique** *(f.)* aeronautics
l' **aéroport** *(m.)* airport
l' **aérospatiale** *(f.)* aerospace industry
affaiblir to weaken
s' **affaiblir** to grow weak
l' **affaire** *(f.)* business; matter
les **affaires** *(f.pl)* business; things, personal effects
affecter de to pretend to
affermir to make firm, strengthen
l' **affermissement** *(m.)* strengthening
l' **affiche** *(f.)* poster
afficher to post
affirmer to assert
affreux(-se) horrible
affronté à confronting
afin que so that, in order that (formal)
agacer to annoy; **agaçant(e)** annoying
l' **agenda** *(m.)* appointment book
s' **agenouiller** to kneel; **agenouillé(e)** kneeling
l' **agglomération urbaine** *(f.)* metropolitan area
agir to act; to work (of medicines): **il s'agit de** it's about, it's a question of
agiter to shake
l' **agneau** *(m.)* lamb
agrandir to enlarge
agréable pleasant
agricole agricultural
agro-alimentaire agricultural, pertaining to food production
aider to help
l' **ail** *(m.)* garlic
ailleurs elsewhere, somewhere else
aimable kind
aimanter to magnetize
aimer to like, love
l' **aîné(e)** the older child
ainsi thus
ajouter to add
albigeois(e) pertaining to the southern French city of Albi
les **alentours** *(m.pl.)* surroundings, outskirts
l' **algèbre** *(f.)* algebra
alimentaire pertaining to food
alimenter to feed
l' **allée** *(f.)* going; road
aller *(irreg.)* to go
aller à bicyclette, à pied to go by bike, on foot
aller bien à quelqu'un to look nice on someone
aller pieds-nus to go barefoot
s'en aller to go away
l' **allié** *(m.)* ally; **les Alliés** the Allies
s' **allier à** to ally oneself with
allumer to light, turn on
alors then
l' **ambassade** *(f.)* embassy
l' **ambassadeur** *(m.)* ambassador
l' **ambiance** *(f.)* atmosphere
ambitieux(-se) ambitious
ambulant(e) wandering
améliorer to improve
aménager *(g>ge/a, o)* to fix up, convert (a room, etc.); **l'aménagement** *(m.)* fixing up
l' **amende** *(f.)* fine, penalty
amener *(e>è/mute e)* to bring (someone); bring about
amer(-ère) bitter
l' **amertume** *(f.)* bitterness
l' **amitié** *(f.)* friendship
l' **amour** *(m.)* love
amuser to amuse; **s'amuser** to have a good time
les **amuse-gueules** *(m.pl.)* appetizers
l' **an** *(m.)* year
analphabète illiterate
l' **anatomie comparée** comparative anatomy
l' **ancêtre** *(m.)* ancestor
ancien(ne) ancient; former
l' **angoisse** *(f.)* anguish
l' **animateur(-rice)** camp counsellor
s' **animer** to feel more lively
l' **année** *(f.)* year
l' **anniversaire** *(m.)* birthday, anniversary
l' **annonce** *(f.)* ad
annoncer *(c>ç/a, o)* to announce
l' **annuaire** *(m.)* telephone book
l' **anorak** *(m.)* ski jacket
l' **anse** *(f.)* handle
antérieur(e) previous
antique ancient
l' **antiquité** *(f.)* antiquity, ancient times, ancient world
août August
apercevoir *(like* ***recevoir****)* to notice
l' **aperçu** *(m.)* summary, overview
apparaître *(like* ***connaître****)* to appear
l' **appareil photo** *(m.)* camera
l' **apparition** *(f.)* appearance
appartenir to belong to
l' **appel** *(m.)* call, appeal
applaudir to applaud
s' **appliquer à** to apply oneself to
apporter to bring
apprécier to appreciate (value, rate highly)
apprendre (à) to learn (how to)
s' **apprêter à** to get ready to
s' **approcher de** to approach
approfondir to go deeply into
approuver to approve
l' **appui** *(m.)* support
appuyer *(y>i/mute e)* to support
après after, afterward
apte à capable of
l' **aqueduc** *(m.)* aquaduct
arabiser to arabize
l' **arbre** *(m.)* tree
l' **arène** *(f.)* arena
l' **argent** *(m.)* money
l' **armement** *(m.)* weapon
arracher to snatch
arranger *(g>ge/a, o)* to arrange
l' **arrêt** *(m.)* stop (bus, etc.)

s' **arrêter (de)** to stop
l' **arrière-garde** *(f.)* rear guard (military)
l' **arrivée** *(f.)* arrival
arriver to arrive
arrondir to round, round out
l' **arrondissement** *(m.)* administrative division of Paris
arroser to water
artistique artistic
l' **ascenseur** *(m.)* elevator
les **asperges** *(f.pl.)* asparagus
l' **aspirine** *(f.)* aspirin
s' **asseoir** *(irreg.)* to sit down
assez de enough
assidu(e) assiduous, diligent
assiéger to beseige
l' **assiette** *(f.)* plate
s' **assimiler** to assimilate
assis(e) sitting
assister à quelque chose to attend something
l' **associé(e)** associate
assurer to insure, assure
l' **astronome** *(m.)* astronomer
l' **atelier** *(m.)* workshop, studio
atroce atrocious, horrible
atteindre *(like* ***craindre****)* to reach, attain
l' **attente** *(f.)* wait
attentif(-ve) attentive
attirer to attract
les **attractions** *(f.pl.)* entertainment
attraper un rhume to catch a cold
au bout de at the end of (something)
au cours de during, during the course of
au sujet de about
au-dessous de below
au-dessus de above
l' **auberge** *(f.)* inn
aucun(e) no, not any
l' **augmentation** *(f.)* raise
augmenter to increase
aujourd'hui today
auparavant previously, beforehand
aussi also; as
aussitôt immediately; **aussitôt que** as soon as
autant (de) as much, as many
l' **auteur** *(m.)* author
autoriser quelqu'un à to authorize someone to
l' **autorité** *(f.)* authority
autour de around
autrefois formerly, in the past
autrui someone else
auvergnat(e) pertaining to the region of Auvergne
avancer *(c>ç/a, o)* to advance; **s'avancer sur** to move on, advance on
avant (que) before
avant-hier the day before yesterday
l' **avenir** *(m.)* future
avertir to warn
aveugle blind
l' **aviateur(-rice)** aviator
l' **avion** *(m.)* airplane
s' **aviser de** to dare to, take it into one's head to
l' **avocat(e)** lawyer
avoir *(irreg.)* to have
avoir besoin de to need
avoir de la chance to be lucky
avoir envie de to feel like
avoir faim, soif, sommeil, chaud, froid to be hungry, thirsty, sleepy, warm, cold
avoir honte (de) to be ashamed (of)
avoir l'air + adjective to seem, appear
avoir l'air de + noun to look like a
avoir lieu to take place
avoir mal au cœur to be nauseous
avoir peur de to be afraid of
avoir raison (de) to be right (to)
avoir tort (de) to be wrong (to)
avril April
axé sur revolving around, based on

B

le **bac, baccalauréat** secondary-school diploma
les **bagages** *(m.pl.)* luggage
se **baigner** to go swimming
le/la **baigneur(-se)** bather
le **bail** lease
baisser to decline, decrease
le **bal** dance
la **balançoire** swing
balayer *(y>i/mute e)* to sweep
le **balcon** balcony
le **banc** bench
les **bandes dessinées** *(f.pl.)* comics
la **banque** bank
la **banqueroute** bankruptcy
le/la **banquier(-ère)** banker
le **barbarisme** barbarity
les **bas** *(m.pl.)* stockings
bas(se) low
le **bateau** boat
le **bâtiment** building
bâtir to build
battre *(irreg.)* to beat, hit
bavarder to chat
beau (bel, belle) beautiful
le **beau-fils** son-in-law; stepson
le **beau-frère** brother-in-law
le **beau-père** father-in-law; stepfather
beaucoup de much, many
la **beauté** beauty
les **beaux-arts** *(m.pl.)* fine arts
les **beaux-parents** *(m.pl.)* in-laws
belge Belgian
la **belle-fille** daughter-in-law; stepdaughter
la **belle-mère** mother-in-law; stepmother
la **belle-sœur** sister-in-law
le **bénéfice** benefit
le **berceau** cradle

la **bête** beast
bête stupid, silly
la **bêtise** foolishness, stupidity
le **beurre** butter
la **bibliothèque** library; bookcase
la **bicyclette** bicycle
bien de a lot of
bien que although
bientôt soon
le **bifteck** steak
le **bijou** jewel
le **bilinguisme** bilingualism
le **billet** ticket
la **biochimie** biochemistry
le **bistrot** café-restaurant
bizarre strange, peculiar
le/la **blagueur(-se)** kidder, joker
blanc(he) white
le **blanc** blank, blank space
le **blé** wheat
blesser to wound
le **blocus** blockade
se **blottir contre** to huddle, snuggle, nestle against
le **blouson** windbreaker
le **bocal** jar
le **bœuf** beef
la **boisson** drink
la **boîte** box
le **bol** bowl
bon(ne) good
bon marché cheap *(invariable)*
le **bonheur** happiness
la **bonne** maid
le **bonnet** cap, wool hat
le **bord** edge
bordé(e) de lined with
se **borner à** to limit oneself to
les **bottes** *(f.pl.)* boots
le/la **boucher(-ère)** butcher
la **boucherie** butcher shop
la **boue** mud
la **bouillabaisse** seafood stew
la **boulangerie** bakery
le **bouleversement** upset
le **boulot** job *(colloq.)*
le **bouquin** book *(colloq.)*
la **bourse (d'études)** scholarship (monetary award)
la **bouteille** bottle
brancher to plug in
le **bras** arm
bref(-ève) brief, short
breton(ne) Breton
le **brevet** patent, licence
le **bricolage** do-it-yourself, odd job
bricoler to fix things, tinker
brièvement briefly
la **brioche** light, slightly sweet bread
la **brique** brick
briser to break, shatter
broncher to flinch
se **brosser les cheveux, les dents** to brush one's hair, one's teeth
brouillé(e) mad at each other
broyer *(y>i/mute e)* to grind, make into powder
la **bru** daughter-in-law
bruiner to drizzle
le **bruit** noise
brûler to burn; **brûler de** to be burning to, dying to
brun(e) dark-haired
le **bureau** office; desk
le **but** goal
la **butte** mound, small hill

C

le **cabinet** doctor's office
la **cacahuète** peanut
cacher to hide
le **cadeau** gift
le/la **cadet(te)** the younger child
le **cadre** professional person
le **cafard** cockroach; **avoir le cafard** to be down in the dumps, have the blues
le **cahier** notebook
la **caisse** crate
le **calcul** calculation
la **calculatrice** calculator
calculer to calculate, figure
le **calendrier** calendar
se **calmer** to calm down
le/la **camarade** friend, buddy, classmate
le **cambriolage** burglary
le **camion** truck
la **campagne** country(side)
le/la **campeur(-se)** camper
le **canard** duck
la **canne** cane; **canne à sucre** sugar cane
la **cantine** school lunchroom
capable de likely to
le **capitaine** captain
la **capitale** capital city
le **caractère** character, nature of a person
caractériser to characterize; **caractéristique** characteristic
la **caractéristique** characteristic, feature
la **cargaison** shipment
le **carnet** notebook; **carnet de chèques** checkbook
carré(e) square
le **carreau** window pane
le **carrefour** crossroads
la **carte** map
la **carte de crédit** credit card
la **carte postale** postcard
le **cas** case
casser to break
la **casserole** pot
cathodique cathode *(adj.)*
céder *(é>è/mute e)* to yield
célèbre famous

celtique Celtic
la **censure** censorship
la **centaine** about a hundred
la **centrale** power station
le **centre communautaire** community center
les **céréales** *(f.pl.)* cereal
le **cerf** deer
la **cerise** cherry
le **cerveau** brain
cesser (de) to stop
chacun(e) each one, each person; **tout un chacun** anybody, anyone
le **chahut** ruckus
la **chaîne** channel, TV station; **chaîne stéréo** stereo
la **chaleur** heat
la **chambre (à coucher)** bedroom
le **champ** field
le **champignon** mushrom
le/la **champion(ne)** champion
la **chance** luck
le **changement** change
la **chanson** song
chanter to sing
le/la **chanteur(-se)** singer
le **chantier** construction site
le **chapeau** hat
le **chapitre** chapter
le **char** tank
la **charcuterie** delicatessen
se **charger de** to take care of, be in charge of
la **charité** charity
charmant(e) charming
la **chasse** hunting
le **chasseur** hunter; bellhop
le **chat** cat
le **château** castle
chaud(e) warm, hot
la **chaussette** sock
la **chaussure** shoe; **chaussure de sport** sneaker
le **chef** boss
le **chef-d'œuvre** masterpiece
le **chef-d'orchestre** conductor, orchestra leader
le **chef-lieu** capital of a French département
la **cheminée** fireplace
la **chemise** shirt
le **chemisier** blouse
le **chêne** oak tree
le **chèque** check
cher(-ère) dear; expensive
chercher to look for; **chercher à** to try to
le/la **chercheur(-se)** researcher
le **cheval** horse
la **chèvre** goat
chic stylish *(invariable)*
le/la **chien(ne)** dog
le **chiffre** figure, number
la **chimie** chemistry
chimique chemical
chinois(e) Chinese
la **chirurgie** surgery
le **choc** shock
choisir (de) to choose (to)
le **chômage** unemployment
choral choral, pertaining to the chorus or singing
le **chou** cabbage
la **choucroute** sauerkraut
la **chute** fall
le **ciel** sky, heaven
la **cime** peak
le **ciment** cement
le **cimetière** cemetery
le **cinéma** movies; movie theater
la **circonstance** circumstance
le **circuit** circuit, wiring
circuler to get around, move around, move along
cirer to polish, wax
le **cirque** circus
les **ciseaux** *(m.pl.)* scissors
la **cité** housing project
citer to quote, mention
le/la **citoyen(ne)** citizen
le **citron** lemon; **citron pressé** lemonade
clair(e) light *(adj.)*
la **clarinette** clarinet
la **clarté** clarity, light
classer to classify; **se classer** to be ranked
classique classic
le **clavecin** harpsichord
le **clavier** keyboard
la **clé** key; **fermer la porte à clé** to lock the door
le **clergé** clergy
le/la **client(e)** customer
le **climat** climate
la **climatisation** air conditioning
la **cloche** bell
la **clôture** fence
le **clou** nail
le **cochon** pig
codifier to codify
le **cœur** heart; **savoir/apprendre par cœur** to know/learn by heart
le/la **coiffeur(-se)** hairdresser, barber
le **coin** corner; **au coin** at the corner
le **col** collar; mountain pass
la **colère** anger; **être en colère** to be angry
collaboteur(-rice) collaborationist
le **collant** body stocking
la **collecte** collection of money
le **collège** French equivalent of junior high school
le/la **collègue** colleague
le **collier** necklace
la **colonie** colony; **colonie de vacances** summer camp
la **colonnade** colonnade
le **combat** fight
le/la **combattant(e)** fighter, soldier
combattre *(like **battre**)* to fight, combat
combien de how much, how many
commander to order
comme il faut properly
commémorer to commemorate

APPENDIX

le **commencement** beginning
commencer *(c>ç/a, o)* **(à)** to begin (to)
le **commentaire** comment, commentary
le/la **commerçant(e)** storekeeper
le **commis** clerk (in a store)
le **commissaire de police** police captain
commode convenient
la **communauté** community
communément commonly
le **compartiment** compartment (on a train)
se **complaire à** to take pleasure in
se **complémenter** to complement each other
complet(-ète) complete
le **composé** compound
le/la **compositeur(-rice)** composer
comprendre to understand; to include
le **comprimé** tablet; **comprimé d'aspirine** aspirin tablet
compris(e) included; **y compris** including
le **compte rendu** report
compter to count; to plan to do something
le **comptoir** counter; trading post
le/la **comte(sse)** count/countess
concentrer to concentrate
concilier to reconcile, adjust, conciliate
concurrencer *(c>ç/a,o)* to compete with, challenge
conduire *(like **construire**)* to drive; **se conduire** to behave
confier to confide
confirmer to confirm
la **confiture** jam
le **confluent** confluence
confondre to confuse
confusément confusedly
le **congé** leave, vacation
congédier to fire
la **conique** cone (geometry)
la **connaissance** acquaintance; knowledge
connaître *(irreg.)* to know
connu(e) famous
la **conquête** conquest
se **consacrer à** to devote oneself to
conscient(e) (de) conscious (of)
le **conseil** piece of advice
le/la **conseiller(-ère)** adviser
conseiller à quelqu'un de to advise someone to
consentir à to consent to
conserver to preserve
la **consistance** consistency
constamment constantly
construire *(like **conduire**)* to build
contacter to contact
le **conte** short story
contemporain(e) contemporary
contenir *(like **tenir**)* to contain
content(e) (de) happy (to)
contraindre *(like **craindre**)* to constrain
contraster to contrast
le **contrat** contract
contre against
convaincre *(like **vaincre**)* to convince
convenable suitable, appropriate, fitting
convenir (à) to be suitable (for)
le/la **copain(-ine)** friend, pal
la **copie** copy, written exercise
le **coq** rooster
coquet(te) flirtatious
le **cor** horn (musical instrument)
la **corbeille** basket
la **corde** string (music)
corriger *(g>ge/a, o)* to correct
le **costume** man's suit
la **côte** coast
la **côtelette** cutlet, chop
le **coton** cotton
couché(e) lying down
se **coucher** to lie down, go to bed
coupable guilty
couper to cut
la **cour** court
couramment fluently
le **courant** current; **être au courant** to be informed, be in the know
courant(e) running; current
courbe curved, wavy
la **couronne** crown
couronner to crown
le **cours** course; **donner libre cours à** to give free rein to
la **course** race; **course de taureaux** bullfight
court(e) short
le **couscous** couscous (North African grain dish)
le **couteau** knife; **couteau de poche** pocket knife
la **coutume** custom
le/la **couturier(-ère)** clothes designer
le **couvert** place setting
couvert(e) de covered with
la **couverture** blanket
couvrir *(irreg.)* to cover
craindre *(irreg.)* to fear
la **cravate** necktie
le **crayon** pencil
créer to create
la **crème** cream; **crème caramel** caramelized custard
crémeux(-se) creamy
le **crépuscule** twilight
crevassé(e) cracked (ground)
le **cri** shout, scream
crier to shout
la **crise** crisis
le **cristal** crystal
le **critique** critic
la **critique** criticism, review
critiquer to criticize; **critique** critical
croire to believe
la **croisade** crusade
croiser to run across, happen into; **se croiser** to run into each other
la **croyance** belief
la **cruche** pitcher, jug

les **crudités** *(f.pl.)* raw vegetables, salads
la **crue** flood
la **cueillette** gathering
cueillir *(irreg.)* to gather, pick (flowers)
cuire *(like **construire**)* to cook (be cooking)
la **cuisine** kitchen; cooking
cuisiner to cook
la **cuisinière** stove
cuit(e) cooked; **bien cuit** well done
les **cuivres** *(m.pl.)* brass (music)
la **culotte** knickers, panties
cultivé(e) well-educated, cultured
curieux(-se) curious; strange
le **cyclisme** cycling

D

d'abord at first
d'ailleurs besides
dangereux(-se) dangerous
dans in
le/la **danseur(-se)** dancer
davantage more
de bon matin early in the morning
de bonne heure early
de ce côté on this side
de crainte que for fear that
de luxe luxurious *(adj.)*
de nos jours in our day
de peur que for fear that
De rien. You're welcome.
débarrasser to clear out
débattre *(like **battre**)* to debate
le **débouché** job opportunity
debout upright, awake, standing *(invariable)*
débrancher to unplug
le **début** beginning
décédé(e) deceased
décembre December
la **décennie** decade
la **déception** disappointment
décerner to award
décevoir *(like **recevoir**)* to disappoint
le **déchirement** rift
déchirer to tear
décider (de) to decide (to); **se décider à** to make up one's mind to
déclencher to unleash
le **déclin** decline
se **décoller** to peel off
la **découverte** discovery
découvrir *(like **ouvrir**)* to discover
décréter *(like **espérer**)* to decree
décrocher to unhook
dedans inside
défaire *(like **faire**)* to undo
la **défaite** defeat
le **défaut** defect, fault
défavorisé(e) underprivileged
défendre to forbid
le **défenseur** defender
le **défi** challenge
le **défilé** parade; **le défilé de mode** fashion show
définir to define
déformer to deform
dégrader to demote, deprive of one's rank
se **déguiser (en)** to disguise oneself (as)
dehors outside
déjà already, ever
déjeuner to have lunch
le/la **délégué(e) de classe** student council representative
délicieux(-se) delicious
demain tomorrow
la **demande** request; **la demande d'emploi** job application
demander (à quelqu'un de faire quelque chose) to ask (someone to do something)
la **démarche** step, measure
démarrer to start (motor)
démembrer to dismember, take apart
déménager *(g>ge/a, o)* to move (change residence)
le **déménageur** mover
se **démettre de** to resign from
la **demeure** dwelling
la **demi-douzaine** half dozen
le **demi-frère** half-brother
la **demi-heure** half hour
la **demi-sœur** half sister
démissionner (de) to resign (from)
démographique demographic
déplaisant(e) unpleasant
la **dépanneuse** tow truck
le **départ** departure
dépasser to pass, go beyond
se **dépêcher (de)** to hurry (to)
dépeindre *(like **peindre**)* to depict
dépendre de quelque chose to depend on
dépens: aux dépens de at the expense of
dépenser to spend (money)
déplacer *(c>ç/a,o)* to displace
déplaire à quelqu'un *(like **plaire**)* to displease someone
déporter to deport
déposer to put down, lay down; to drop (someone) off
depuis since, for
déranger *(g>ge/a, o)* to bother
dernier(-ère) last
le **déroulement** development, unfolding
la **déroute** defeat
derrière behind
dès le début from the beginning
dès maintenant starting now
dès que as soon as
désagréable unpleasant
désapprouver to disapprove
le **désastre** disaster
descendre to go down, come down, flow down
se **déshabiller** to get undressed

APPENDIX

désirer to desire, want, wish; **désireux(-se) de** desirous of
désobéir (à) to disobey
désolé(e) terribly sorry
le **désordre** disorder, mess
désormais from now on
le **dessin** drawing
le/la **dessinateur(-rice)** draftsman
dessiner to draw
dessous below
dessus above
destiné(e) à meant to
détaillé(e) detailed
le **détecteur** detector
se **détendre** to relax
détenir to arrest, detain
détester to hate
détourner to divert, distract
détrôner to unseat, dethrone
détruire *(like* ***construire****)* to destroy
devant in front of
dévaster to devastate
devenir *(like* ***venir****)* to become
devoir *(irreg.)* ought, must; to owe
le **devoir** homework
le **dictionnaire** dictionary
le **dicton** saying
se **différencier** to be differentiated from
la **difficulté** difficulty
diffuser to spread
la **diffusion** circulation, spreading
digne de worthy of
la **dilatation** expansion
dimanche Sunday
le **dindon** turkey
le **dîner** dinner
dîner to have dinner
dire to say, tell
le/la **directeur(-rice)** director
diriger *(g>ge/a, o)* to direct
discret(-ète) discreet
discriminatoire discriminatory
disjoint(e) disjunctive
disparaître *(like* ***connaître****)* to disappear
la **disposition** disposal
disposé(e) à willing to
se **disputer (avec)** to quarrel (with)
dissoudre to dissolve
se **distinguer** to distinguish oneself
dit(e) called
divers different
le **divertissement** distraction, entertainment
diviser to divide
la **dizaine** about ten
la **doctrine** doctrine
la **documentation** literature, instructions (for a product)
documenter to document, record
le **dolmen** stone monument in Brittany
le **domaine** domain, field, area
le **domicile** residence
dominer to dominate; **dominant(e)** dominant
le **don** gift
les **données** *(f.pl.)* data
donner to give
donner rendez-vous à to grant an appointment to, make a date with
dormir *(irreg.)* to sleep
le **dos** back
doté(e) de equipped with; blessed with
la **douceur** sweetness; gentleness
doué(e) de blessed with, having
le **doute** doubt
douter (de quelque chose) to doubt (something); **se douter (de)** to suspect
douteux(-se) doubtful
doux(-ce) sweet; mild, gentle
la **douzaine** dozen
le **dramaturge** dramatist, playwright
le **drapeau** flag
dresser la tente to set up the tent
le **droit** law (discipline); right
droit: aller tout droit to go straight ahead; **se tenir droit** to sit straight
la **droite** right side; political right; **à droite** to the right
drôle funny
drôlement very *(colloq.)*
du coup as a result
du reste moreover
dur d'oreille hard of hearing
la **durée** duration
durer to last

E

l' **eau** *(f.)* water; **eau minérale** mineral water; **eau de cologne** cologne
éblouissant(e) dazzling
écarter to remove, put aside
l' **échange** *(m.)* exchange
l' **échantillon** *(m.)* sample
s' **échapper de** to run away from, escape from
l' **écharpe** *(f.)* scarf, muffler
l' **échec** *(m.)* failure
l' **éclair** *(m.)* lightning
éclater to burst, to break out
l' **école** *(f.)* school
économique economic
économiser to save, be thrifty
écouter to listen (to)
l' **écran couleur** *(m.)* color screen
écrasant(e) crushing
écrire to write
l' **écrivain** writer
édifier to build
l' **édit** *(m.)* edict
éducatif(-ve) educational
l' **éducation civique** *(f.)* civics
l' **effacement** *(m.)* wiping out, elimination

effacer *(c>ç/a, o)* to erase
s' **efforcer de** to strive, try hard to
effrayer *(y>i/mute e)* to frighten
égal(e) equal; **ne pas avoir d'égal** to have no equal, no parallel
l' **égalité** *(f.)* equality
s' **égarer de** to stray from
l' **église** *(f.)* church
élaborer to prepare, work up
élargir to broaden, widen
l' **élevage** *(m.)* raising of animals, cultivation
élevé(e) high
élever *(e>è/ mute e)* to raise; bring up (a child); to breed (livestock)
l' **élève** pupil
élire *(like **lire**)* to elect
éloigné(e) distant from
s' **éloigner (de)** to move away (from)
émaner to emanate, derive from
s' **embarquer** to set out (by boat)
embaucher to hire
embêter to annoy *(colloq.)*; **s' embêter** to be/ get bored
l' **embouteillage** *(m.)* traffic jam
embrasser to kiss; **Je t'embrasse.** *Love* (at end of letter)
s' **émerveiller de quelque chose** to marvel at something
s' **émeuter** to riot
émigrer to emigrate
l' **émission** *(f.)* broadcast, TV show
emmener *(e>è/mute e)* to take (someone somewhere)
émotif(-ve) emotional
émouvant(e) exciting
s' **emparer de** to seize
empêcher quelqu'un de to prevent someone from; **s'empêcher de** to refrain from
l' **empereur** *(m.)* emperor
s' **empirer** to get worse
l' **emplacement** *(m.)* placement; location
l' **emploi** *(m.)* job
employer *(y>i/mute e)* to use
emporter to carry/take away, carry off
l' **empreinte** *(f.)* mark, trace
l' **empressement** *(m.)* haste
s' **empresser de** to hurry, rush to
l' **emprise** *(f.)* hold, grip
l' **emprunt** *(m.)* borrowing
emprunter to borrow
ému(e) moved, touched
en arrière in back, backward
en attendant que until
en avance early
en avant in front, ahead, forward
en bas down, downstairs
en danger in danger
en désordre in a mess
en différé recorded (TV, radio broadcast)
en direct live (TV, radio broadcast)
en face (de) across (from), opposite
en fait in fact
en haut up, upstairs
en pagaille in a mess
en plus besides, in addition, moreover
en retard late
en semaine during the week
en tout cas in any case
encercler to encircle
enchanté(e) delighted
enclin à inclined, prone to
encombré(e) (de) blocked (by), congested (with), cluttered (with)
encore still; **encore que** although (literary); **encore une fois** again
encourager quelqu'un (à) *(g>ge/a, o)* to encourage someone (to)
endimanché(e) dressed in one's Sunday best
s' **endormir** to fall asleep
l' **endroit** *(m.)* place
l' **énergie** *(f.)* energy
énervant(e) annoying
énerver to annoy; **s'énerver** to get nervous, upset
l' **enfance** *(f.)* childhood
l' **enfant** child
enfin at last, finally
s' **enfuir** to flee
engagé(e) committed
l' **engagement** *(m.)* commitment
engager *(g>ge/a, o)* to hire; **engager quelqu'un à** to urge someone to
l' **enlacement** *(m.)* linking
enlever *(e>è/mute e)* to take off, remove
ennuyer *(y>i/mute e)* to bore; **s' ennuyer** to be/ get bored
l' **enquête criminelle** *(f.)* criminal investigation
s' **enrhumer** to catch cold
enrichir to enrich
l' **enseignant(e)** teacher, instructor
l' **enseigne** *(f.)* sign
l' **enseignement** *(m.)* teaching, education
enseigner to teach
ensemble together
l' **ensemble** *(m.)* collection
ensuite next, following that
l' **entassement** *(m.)* pile-up, crowding
entendre to hear; **s'entendre bien/mal avec** to get along/not get along with; **entendre dire** to hear (about) something said
l' **enterrement** burial, funeral
s' **enthousiasmer** to get enthusiastic
s' **enticher de quelqu'un** to fall for somone
entier(-ère) entire
s' **entourer de quelque chose** to surround oneself with
s' **entraider** to help each other
s' **entraîner à** to train to, to practice
entre between, among
l' **entrée** *(f.)* entrance
entreprendre *(like **prendre**)* to undertake
envahir to invade
l' **envahisseur** *(m.)* invader
envers towards (figurative)

environ approximately
s' **envoler** to fly away
envoyer *(y>i/mute e)* to send
épais(se) thick
s' **épanouir** to flourish
l' **épanouissement** *(m.)* flowering, expansion, flourishing
l' **épaule** *(f.)* shoulder
épeler *(l>ll/mute e)* to spell
l' **épice** *(f.)* spice
l' **épicerie** *(f.)* grocery
l' **épicier(-ère)** grocer
l' **épine** *(f.)* thorn
épouser to marry
épousseter *(t>tt/mute e)* to dust
épuisé(e) exhausted
l' **équateur** equator
l' **équilibre** balance, equilibrium
l' **équipe** *(f.)* team
s' **équiper** to equip oneself
éreinté(e) exhausted
erroné(e) mistaken
escalader to climb over
l' **escalier** *(m.)* staircase; **l'escalier mécanique** escalator
l' **espace vert** *(m.)* a green space, park
espagnol(e) Spanish
l' **espèce** *(f.)* kind, sort
espérer *(é>è/mute e)* to hope
l' **espoir** *(m.)* hope
l' **esprit** *(m.)* mind
l' **essai** essay
essayer *(y>i/mute e)* to try, try on; **essayer de** to try to
l' **essayiste** essayist
l' **essence** *(f.)* gasoline; essence
l' **essor** *(m.)* rapid development
essuyer *(y>i/mute e)* to wipe
l' **est** *(m.)* east
l' **estuaire** estuary
établir to establish
l' **établissement** *(m.)* school; establishment
l' **étage** *(m.)* floor, story
l' **étagère** *(f.)* bookcase
étaler to spread out, stagger
l' **étang** *(m.)* pond
étant donné given
l' **étape** *(f.)* stage, step
l' **état** state; **d'état** stat *(adj.)*
l' **été** *(m.)* summer
éteindre *(like **craindre**)* to put out, extinguish
étendre to extend, stretch out
l' **éternité** *(f.)* eternity; forever
éternuer to sneeze
l' **étoffe** *(f.)* cloth
étonnant(e) surprising
s' **étonner (de)** to be surprised (at)
étrange strange
étranger(-ère) foreign; **à l'étranger** abroad
l' **être** *(m.)* being
être *(irreg.)* to be
être à l'heure to be on time
être à la page to be up-to-date
être au régime to be on a diet
être d'accord avec to be in agreement with
être de bonne/mauvaise humeur to be in a good/bad mood
être en avance to be early
être en colère to be angry
être en forme to be in shape
être en retard to be late
être en train de faire quelque chose to be busy doing something
être en vacances to be on vacation
être payé au mois to be paid by the month
l' **étrenne** *(f.)* New Year's gift
étroit(e) narrow
l' **étude** *(f.)* study
l' **étudiant(e)** student
étudier to study
l' **événement** *(m.)* event
éventuel(le) possible
éviter de to avoid
évoluer to evolve; **évolué(e)** highly developed
évoquer to evoke, recall
l' **exactitude** *(f.)* punctuality, exactness
exalter to exalt, fill with enthusiasm
exceller à to excel in
l' **excès** *(m.)* excess
exclu(e) excluded, out of the question
s' **excuser de** to apologize for
exécuter to execute, carry out, achieve
s' **exercer à** *(c>ç/a,o)* to practice
exigeant(e) demanding
exiger to demand
l' **exode** *(m.)* exodus
expédier to ship
expliquer to explain
exploiter to exploit; make use of
l' **explorateur(-rice)** explorer
l' **exposé** *(m.)* report
exprès on purpose
exprimer to express
exquis(e) exquisite
extirper to extirpate, uproot

F

fabriquer to manufacture
fabuleux(-se) fabulous, terrific
la **fac** school, university department (slang)
face à opposite, across from
se **fâcher** to get angy
facile easy
faciliter to make easier, more convenient; facilitate
la **façon** way
façonner to fashion, craft, make
le/la **facteur(-rice)** mail carrier
la **facture** bill

la faculté school or division of the university
faible weak
la faiblesse weakness
faire *(irreg.)* to make; to do
se faire accompagner de quelqu'un to get someone to go with you
faire des projets to make plans
faire du 70 à l'heure to do 70 km an hour
faire du sport, du jogging, du vélo, etc. to play sports, jog, bike ride
faire la cuisine to do the cooking
faire la grasse matinée sleep late
faire la vaisselle to do the dishes
faire le jardin to do the gardening
faire le linge, faire la lessive to do the laundry
faire le lit to make the bed
faire le ménage to do the housework
faire le plein to fill up with gas
faire les carreaux to wash the windows
faire les courses to do the shopping, marketing
faire les valises to pack
se faire mal (au pied) to hurt oneself (one's foot)
faire sa toilette to wash up and get dressed (especially in the morning)
faire savoir to inform, let know
faire semblant de to pretend to
se faire soigner to see a doctor, to get medical treatment
faire un versement sur le compte de to make a deposit
faire un voyage to take a trip
faire une promenade à pied/en voiture to go for a walk/ride
le fait fact
fait à la main made by hand
falloir *(irreg.)*: **il faut** it is nessary
se familiariser avec to familiarize oneself with
la farine flour
le fascisme fascism
se fatiguer to get tired
la fausse monnaie counterfeit money
la faute mistake
le fauteuil armchair
le faux numéro wrong number
faux: chanter/jouer faux to sing/play out of tune; **sonner faux** to sound false, have a hollow ring
favori(te) favorite
favoriser to favor
fédéré(e) federated
féliciter quelqu'un d'avoir fait quelque chose to congratulate someone for having done something
la femme woman; **femme d'affaires** business woman; **femme de lettres** female literary figure
la fenêtre window
la féodalité feudalism
le fer iron
la ferme farm
fermer to close
ferroviaire railway *(adj.)*
la fête celebration, party, holiday
la féte des Rois Three Kings' Day (Jan. 6)
fêter to celebrate
le feu fire
feuilleter *(t>tt/mute e)* to leaf through
le feutre felt tipped pen
la fève bean
février February
se fiancer (avec) to get engaged (to)
fictif(-ve) fictional
le fidèle adherent of a religion
fier(-ère) proud
se fier à to trust
la filière channel, path, course of study
la fille daughter; girl
le fils son
la fin end; **fin de cours** end of the school year; **fin de semaine** weekend
les finances *(f.pl.)* finances
financier(-ère) financial
finir (de faire quelque chose) to finish (doing something)
la fissure crack, fissure, split
flâner to stroll
se flatter de to claim to (be able to)
flatteur(-se) flattering
la flemme laziness (slang)
la fleur flower; **fleur de lys (lis)** fleur de lis, lily flower
fleurir to flower; put flowers on (graves)
le fleuve river
la floraison flowering
flou(e) imprecise, vague
le fluor fluoride
la foi faith
la fois time, occasion, occurrence
le foisonnement proliferation, abundance
la folie madness
foncé(e) dark
fonder to found
fondre to melt
forcer quelqu'un à to force someone to
la forêt forest
la forme: être en pleine forme to be in good physical shape
formidable terrific
la formule formula
fort(e) strong
la forteresse fortress
fortifier to fortify
fou (fol, folle) crazy
fouiller to ransack, search
le fouillis mess
le foulard scarf, kerchief
la foule crowd
se fouler la cheville to sprain one's ankle
le fourgon (de déménagement) moving truck
fourmiller de to swarm with
fournir (de) to supply (with)
le/la fournisseur(-sse) supplier
frais(-îche) fresh, cool
les frais *(m.pl.)* expenses, cost

APPENDIX

franc(he) frank
franchir to cross
francophone French-speaking
frapper to strike, hit; knock (door); **frappant(e)** striking
fréquenter to frequent
le frère brother
le frigo refrigerator
froid(e) cold
le fromage cheese
la frontière border
les fruits de mer *(m.pl.)* seafood
la fuite flight
fumé(e) smoked
furieux(-se) furious
la fusée rocket
le futur future tense

G

le gâchis mess
gagner to earn, win; **gagnant(e)** winning
la gaité gaity, cheer
la galette cracker
la gamme range, line; scale (music)
garantir to guarantee
le garçon boy
la garde guard; **être en garde** to be on guard
garder to keep; to care for (a child)
la gare railway station
garer to park
gastrique gastric
le gâteau cake
la gauche left side; political left
gaulois Gaulish, pertaining to the Celtic inhabitants of pre-Roman France
le gaz gas
geler *(e>é/mute e)* to freeze
le gendre son-in-law
généreux(-se) generous
la générosité generosity
génial(e) clever
le génie engineering
le genou knee
le genre genre, type of literature
les gens people
gentil(le) nice, kind, friendly
la gentillesse kindness
géologique goeological
la glace mirror; ice cream
le gobelet paper cup
le goût taste
le goûter afternoon snack
la grand-mère grandmother
le grand-père grandfather
la grande école elite university (in France)
les grands magasins *(m.pl.)* department stores
les grands titres *(m.pl.)* headlines
gras(se) fat, fatty; **en caractères gras** in boldface
le gratte-ciel skyscraper
grave serious
la gravure engraving
grec(-que) Greek
grêler to hail
grelotter to shiver
le grenier attic
la grève strike (labor); **faire grève** to go on strike
grièvement seriously, gravely
griller to toast
grimper to climb; **grimper aux arbres** to climb trees
gris(e) grey
gronder to scold
gros(se) big, fat
grossier(-ère) coarse, vulgar
la grossièreté coarseness
grossir to get fat
la grotte cave
guère: ne... guère hardly
guérir to cure, make better
la guerre war
le guerrier warrior
les guillemets *(m.pl.)* quotation marks
la guitare guitar

H

habile à be skillful at
habiller to dress *(trans.)* : **s'habiller** to get dressed
l' habitant(e) inhabitant
habiter to live (reside)
l' habitude *(f.)* habit
s' habituer à to get used to, accustomed to
la haine hatred
la hardiesse boldness
le haricot bean; **haricots verts** green beans
la hâte haste
la hausse raise, rise
le haut-relief high relief (maps)
la hauteur height
l' hebdomadaire *(m.)* weekly publication
l' hérésie *(f.)* heresy
l' héritage *(m.)* heritage, inheritance
l' héritier(-ère) heir
le héros hero
hésiter (à) to hesitate (to)
l' heure *(f.)* hour, clock time
heureux(-se) de happy to
hier yesterday
l' histoire *(f.)* history, story
l' historien(ne) historian
historique historical
l' hiver *(m.)* winter
l' homme *(m.)* man; **homme d'affaires** businessman
honnête honest
l' honnêteté *(f.)* honesty
la honte shame; **avoir honte** to be ashamed
l' hôpital *(m.)* hospital
l' horaire schedule

l' **horreur** *(f.)* horror
le **hurlement** howling, wailing
hurler to scream, shriek, howl
l' **hydrocarbure** *(m.)* hydrocarbon
l' **hyène** hyena
hypocrite hypocritical
hypothétique hypothetical
l' **hymne** *(m.)* anthem

I

ici here
l' **idée** *(f.)* idea
l' **île** *(f.)* island
illuminer to light up
l' **immeuble** *(m.)* apartment house
l' **immigré(e)** immigrant
immobilier(-ère) real estate *(adj.)*
s' **impatienter** to get impatient
l' **imperméable** *(m.)* raincoat
implanter to implant, to impose
imposant(e) impressive
l' **impôt** *(m.)* tax
l' **imprimante** *(f.)* computer printer
imprimer to print
l' **imprudence** *(f.)* carelessness
inaugurer to start, initiate, inaugurate
incendier to set on fire
incrédule incredulous
s' **indigner de quelque chose** to get indignant about something
indiscret(-ète) indiscreet
l' **individu** *(m.)* individual
l' **industrie** *(f.)* industry
l' **infirmier(-ère)** nurse
l' **infographie** *(f.)* computer graphics
les **informations** *(f.pl.)* news
l' **informatique** *(f.)* computer science
l' **infortuné** *(m.)* unfortunate person
l' **ingénieur** *(m.)* engineer
ininterrompu(e) uninterrupted
initier to begin
l' **injonction** *(f.)* injunction, command
l' **innovateur(-rice)** innovator
l' **innovation** *(f.)* innovation
l' **inondation** *(f.)* flood
inquiet(-ète) restless, upset, nervous
s' **inquiéter** to worry; **s' inquiéter (de)** to be worried (about)
l' **inquiétude** *(f.)* restlessness, nervousness
insister sur to insist on
l' **inspecteur(-rice)** inspector
s' **inspirer de** to draw inspiration from
installer to install; **s' installer** to move in, settle in
instituer to institute
l' **instituteur(-rice)** elementary school teacher
l' **instruction publique** *(f.)* public education
insuffisant(e) insufficient
insultant(e) insulting
s' **intégrer** to become part of
intensif(-ve) intensive
l' **interconnexion de réseau** *(f.)* networking
interdire à quelqu'un de to forbid someone to
interdit(e) forbidden
s' **intéresser à** to be interested in
l' **intérêt** *(m.)* interest
interne internal
l' **interprète** interpreter
interrompre to interrupt
l' **intervalle** *(m.)* interval
l' **intervention** *(f.)* intervention
introduire *(like **construire**)* to introduce
l' **inverse** *(m.)* opposite
l' **invité(e)** guest
inviter to invite
islamiser to covert (someone) to Islam
l' **isolement** *(m.)* isolation
l' **itinéraire** *(m.)* itinerary

J

jadis formerly
le **jalon** step
la **jalousie** jealousy
jaloux(-se) jealous
jamais never
la **jambe** leg
le **jambon** ham
janvier January
le **jardin** garden; **jardin potager** vegetable garden; **jardin zoologique** zoo
jaune yellow
je ne sais combien I'm not sure how much/many
je ne sais comment somehow
je ne sais où somewhere or other
je ne sais pourquoi for some reason or other
je ne sais quand sometime or other
je ne sais quel + noun some + (noun) or other
je ne sais qui someone or other
je ne sais quoi something or other
se **jeter** *(t>tt/mute e)* to empty (of a river)
le **jeu** game
jeudi Thursday
jeune young
la **jeune fille** girl
les **jeunes gens** *(m.pl.)* young people
la **jeunesse** youth
joindre *(irreg.)* to join
joli(e) pretty
le **jongleur** medieval actor or reader of poetry
jouer to play
jouer aux cartes/aux échecs/au football to play cards/chess/soccer
jouer de (+ name of instrument) to play an instrument
le **jouet** toy
le/la **joueur(-se)** player
jouir de quelque chose to enjoy, be in possession of, have something for one's use

APPENDIX

le **jour** day
le **journal** newspaper
la **journée** day, period of a day
le **judaïsme** Judaism
juif(-ve) Jewish
juillet July
juin June
les **jumelles** *(f.pl.)* binoculars
la **jupe** skirt
jurer (de) to swear (to)
le **jus** juice; **jus de fruits** fruit juice
jusqu'à ce que until
juste fair

K

kaki khaki *(invariable)*
le **kilo** kilogram
le **klaxon** car horn
klaxonner to honk the horn

L

là there; **là-bas** over there; **là-dedans** in there; **là-dessous** underneath there; **là-dessus** on top of it, on it; **là-haut** up there
le **laboratoire** laboratory
le **lac** lake
le **lai** medieval genre of poetry
la **laïcité** secularism
la **laine** wool
laisser to let, leave behind
le **lait** milk
la **lampe de poche** flashlight
lancer *(c>ç/a, o)* to launch
la **langue** language
large wide
le **lave-vaisselle** dishwasher
laver to wash (trans.); **se laver** to wash oneself
la **leçon** lesson
le/la **lecteur(-rice)** reader; **lecteur de CD-ROM** CD-ROM drive
la **lecture** reading
léger(-ère) light (weight)
léguer *(like **espérer**)* to bequeath
le **légume** vegetable
le **lendemain** the day after, the next day
lent à slow in
la **lenteur** slowness
les **lettres** *(f.pl.)* literature
le **leucocyte** white blood cell
levant(e) rising
lever *(e>è/mute e)* to pick up, raise; **se lever** to get up
se **lézarder** to crack (wall)
libérer to liberate
la **librairie** bookstore
libre (de) free (to)
la **libre pensée** freethinking
lier to bind, link
le **lieu** place
la **lieue** league (measure of distance)
la **ligne** line; **ligne aérienne** airline
lilas lilac-colored *(invariable)*
se **limer les ongles** to cut/file one's nails
la **limonade** lemon-flavored soda, soft drink
le **linge** linen, laundry
lire à haute voix to read aloud
le **lit** bed
littéraire literary
la **livraison** delivery
la **livre** pound
le **livre** book
livrer to deliver; **se livrer à** to resort to
la **locution** phrase
le **logement** lodging, housing
loger *(g>ge/a, o)* to house, put someone up
le **logiciel** software package; **logiciel de traitement de texte** word processing software package
logique logical
la **loi** law
loin (de) far (from)
long(ue) long; **être long à** to take a long time to
longer *(g>ge/a, o)* to walk along, go along
longtemps for a long time
la **longueur** length
lorsque when
louer to rent
la **lumière** light
lundi Monday
la **lune** moon
les **lunettes** *(f.pl.)* eyeglasses
la **lutte** struggle, fight
lutter to struggle, fight
le **luxe** luxury
luxueux(-se) luxurious
le **lycée** French secondary school
lymphatique lymph, lymphatic

M

mâcher to chew
la **machine à laver** washing machine
le **magasin** store
le **magazine** magazine
le **Maghreb** North Africa
magnifique magnificent
mai May
maigrir to lose weight
le **maillot de bain** bathing suit
la **main-d'œuvre** labor
maintenant now
maintenir to maintain, support (financially)
le **maire** mayor
la **maison** house; **maison de la culture** arts center
le **maître** master
maîtriser to master, control

majorer de to increase by
mal badly
le mal sickness, disease; evil; pain; difficulty
la maladie illness, disease
malgré que in spite of the fact that
le malheur unhappiness, misfortune
malheureux(-se) unfortunate
la Manche English Channel
la manche sleeve
manger *(g>ge/a, o)* to eat
la manière way, manner
la manifestation demonstration (political)
le manque lack, absence
manquer to miss (train, appointment); manquer de to fail to; lack, be short of
le manteau coat
le manuel schoolbook, textbook
se maquiller to put on makeup
le marais swamp
le/la marchand(e) merchant
le marché market
marcher to walk; to work (appliance)
mardi Tuesday
la mariée bride
se marier (avec) to get married (to each other)
le marin sailor
marocain(e) Moroccan
la marque brand
marquer to mark, signal
marron brown *(invariable)*
mars March
masqué(e) wearing a mask, masked
massacrer to massacre
le massif high plain
le match game (sports, competitive)
le match nul tie game
le/la mathématicien(ne) mathematician
la matière school subject
matinal(e) early riser
mauvais(e) bad
la mécanique ondulatoire wave mechanics
méchant(e) wicked, mean, nasty
la mèche: être de mèche avec to be in cahoots with *(fam.)*
mécontent(e) de unhappy to
le médecin doctor
la médecine medicine (field of study)
le médicament medicine (remedy)
se méfier de to be wary of, distrustful of
la mégarde: par mégarde inadvertently
meilleur(e) better *(adj.)*
mélanger to mix
se mêler de quelque chose to meddle with, interfere with something
la mélodie melody
même even; *(adj.)* same, very
la menace threat
menacer *(c>ç/a, o)* to threaten
le ménage household; housework
mener *(e>è/mute e)* to lead
le menhir stone monument in Brittany
le mensonge lie
la mentalité mentality, mindset
le/la menteur(-se) liar
mentir *(irreg.)* to lie; menteur(-se) lying
le mépris scorn
la mer sea
mercredi Wednesday
la mère mother
le merguez North African sausage
mériter de to deserve to
la merveille wonder
merveilleux(-se) wonderful
la mésaventure misadventure
la messagerie électronique electronic bulletin board
la mesure measure
la métallurgie steel industry
mettre *(irreg.)* to put
se mettre à faire quelque chose to begin to do something
mettre de l'ordre to straighten up
se mettre en colère to get angry
se mettre en panique to fly into a panic
se mettre en route to get going
mettre fin à to put an end to
le meuble piece of furniture
le Midi south of France
le mien (la mienne, les miens, les miennes) mine
mieux better *(adv.)*
mignon(ne) cute
le milieu background, environment
militaire military
millénaire thousands of years old
le millet millet
le millier about a thousand
mince thin
mincir to get thin
la mine mine
le ministère government ministry or department
le ministre minister (government)
le miroir mirror
mixte mixed
la mobylette moped
moche unattractive, homely
la mode fashion; la mode féminine women's fashion
le modèle model
modéré(e) moderate
moderniser to modernize
les mœurs *(f.pl.)* morals, customs, habits
moins less
la moitié half
le monarque monarch
le monastère monastery
le monde world; tout le monde everyone; du monde people
mondial(e) world *(adj.)*
le moniteur monitor
la monnaie currency
le monstre monster
montagnard(e) of the mountains

APPENDIX

la **montagne** mountain
montagneux(-se) mountainous
la **montée** rise
monter to go up, to go upstairs; to bring up
la **montre** (wrist)watch
montrer to show
se **moquer de** to make fun of
la **moquette** wall-to-wall carpeting
la **morale** morale, morality
le **morceau** piece
mordant(e) biting, sarcastic
mordre to bite
la **mort** death
le **mot** word
moteur(-rice) driving *(adj.)*
la **moto(cyclette)** motorcycle
mou (mol, molle) soft
le **mouchoir** handkerchief
se **mouiller** to get wet
le **moulin** mill
mourir *(irreg.)* to die
le **mouton** sheep
le **mouvement** movement
le **moyen** means
moyen(ne) average
le **Moyen Âge** Middle Ages
moyennant by means of
la **moyenne** average
muet(te) mute
la **muraille** wall (around a town)
le **musée** museum
la **musique** music
le/la **musulman(e)** Moslem

N

n'importe combien any amount, no matter how much, how many
n'importe comment anyhow
n'importe lequel, laquelle, lesquels, lesquelles whichever one(s), any one(s)
n'importe où anywhere
n'importe quand at any time
n'importe quel + noun any + noun
n'importe qui anyone
n'importe quoi anything
la **nage** swimming; **être en nage** to be all sweaty
nager *(g>ge/a, o)* to swim
le/la **nageur(-se)** swimmer
naïf(-ve) naive
la **naissance** birth
naître *(irreg.)* to be born
la **nappe** tablecloth
natal(e) native
la **natation** swimming
la **nature morte** still life
le **naufrage** shipwreck
nécessaire necessary
négliger de to neglect to
la **négritude** negritude, black racial consciousness
la **neigée** snowfall
neiger to snow; **Il neige.** It's snowing.
néolatin(e) deriving from Latin
le **néolithique** Neolithic, New Stone Age
nerveux(-se) nervous
nettoyer *(y>i/mute e)* to clean
neuf(-ve) new
le **neveu** nephew
le **nez** nose
ne... que only
la **nièce** niece
nier to deny
le **niveau** level
la **noblesse** nobility
le **Noël** Christmas
noisette hazelnut; light brown *(invariable)*
le **nom** name
le **nombre ordinal** ordinal number
nombreux(-se) numerous
non compris not including
non plus neither
le **nord** north
nord-africain(e) North African
la **norme** norm
la **note** bill; grade (school)
le **nôtre (la nôtre, les nôtres)** ours
la **nourriture** food
nouveau (nouvel, nouvelle) new
la **nouvelle** piece of news
la **Nouvelle-Écosse** Nova Scotia
novembre November
noyer *(y>i/mute e)* to drown; **se noyer** to drown
nuire à to harm
la **nuit** night
nul(le) no one; nothing; no one; poor (in a subject or field)
nulle part nowhere; **nulle part ailleurs** nowhere else
la **nullité** non-entity
le **numéro** number; issue (periodical); **numéro (de téléphone)** (phone) number

O

obéir (à) to obey
obéissant(e) obedient
l' **objet** *(m.)* object
obligatoire mandatory
obliger quelqu'un à to oblige someone to
obscurément obscurely
l' **observateur(-rice)** observer
l' **observé** that which is observed
s' **obstiner à** to persist stubbornly in
obtenir *(like **tenir**)* to get, obtain
occupé(e) busy
s' **occuper de** to take care of
octobre October

l' **œil** *(m.)* eye *(pl. les yeux)*; **de mes propres yeux** with my own eyes
l' **œuf** *(m.)* egg
l' **œuvre** *(f.)* work (of art, literature, etc.)
s' **offenser (de)** to get offended (at)
l' **offre** *(f.)* offer
offrir *(irreg.)* to offer; give (as a gift)
l' **oignon** *(m.)* onion
l' **omelette** *(f.)* omelet
omettre (de) *(like* ***mettre****)* to omit, neglect (to)
l' **oncle** *(m.)* uncle
l' **opposant(e)** opponent
l' **or** *(m.)* gold
l' **orage** *(m.)* storm
l' **oralité** *(f.)* oral nature
l' **orchestre** *(m.)* orchestra; **orchestre de cuivres** brass band
le **nord-ouest** northwest
ordinaire ordinary, dull
l' **ordinateur** *(m.)* computer
l' **ordonnance** *(f.)* prescription
ordonner to prescribe
l' **ordre** *(m.)* order
les **ordures** *(f.pl.)* garbage
organiser to organize
l' **organisme** *(m.)* organization
l' **orientation** *(f.)* guidance
l' **origine** *(f.)* origin
oser faire quelque chose to dare to
oublier (de) to forget (to)
l' **ouest** *(m.)* west
l' **ours** *(m.)* bear
l' **outil** *(m.)* tool
outre-Manche across the English Channel
outre-mer overseas
l' **ouverture** *(f.)* opening
l' **ouvrier(-ère)** worker
ouvrir *(irreg.)* to open, turn on (appliance)

P

païen(ne) pagan
le **pain** bread
paisible peaceful, calm
la **paix** peace
le **palais** palace
le **paléolithique** Paleolithic, Old Stone Age
la **paléontologie** paleontology
le **paludisme** malaria
la **panne: en panne** out of order, broken; **la panne d'électricité** power failure
le **pansement** bandage; dressing
le **pantalon** pants
la **panthère** panther
les **pantoufles** *(f.pl.)* slippers
la **papauté** papacy
le **papier** paper; **papier (peint)** wallpaper; **papier à lettres** letter paper
Pâques Easter
le **paquet** package
par by
par conséquent consequently
par écrit in writing
par ici/là this way/that way
par intervalles intermittently
par la poste by mail
par mégarde inadvertently
par souci d'exactitude for the sake of accuracy
par terre on the ground
par un temps pareil in weather like this
paraître *(like* ***connaître****)* to seem, appear
parcourir *(like* ***courir****)* to cover, travel
pardonner à quelqu'un to forgive someone
pareil(le) similar
la **paresse** laziness
paresseux(-se) lazy
parfait(e) perfect
parfois sometimes
le **parfum** perfume
parisien(ne) Parisian
parler to speak
parmi among
le **parquet** wooden floor
le **partage** sharing, division
partager *(g>ge/a, o)* to share
le **parti** (political) party
participer à quelque chose to participate in
la **partie** part; **faire partie de** to be a part of
partir *(irreg.)* to leave
partout everywhere; **partout ailleurs** everywhere else
parvenir à to manage to, succeed in
le **pas** step
le **passage** passing
passant(e) busy (of a street, etc.)
le **passé** past
passer to pass; spend (time); **se passer** to happen; **se passer de** to do without
passer l'aspirateur to vacuum
passer le permis de conduire take one's driving test
passer prendre quelqu'un to go by to pick someone up
passer son temps à to spend one's time doing
passer une commande to place an order
passionnant(e) thrilling, exciting
se **passionner (pour)** to get excited (about)
la **pastille** tablet, pill
le **patin** skate
le/la **patron(ne)** boss
la **patronne** patron saint
pauvre poor
la **pauvreté** poverty
payant that charges admission
payer *(y>i/mute e)* to pay
le **pays** country, nation
le **paysage** landscape, scenery
la **peau** skin
la **pêche** peach; fishing
se **peigner** to comb one's hair

APPENDIX

peindre *(irreg.)* to paint
la **peine** trouble, bother; **ce n'est pas la peine** it's not worthwhile; **peine de mort** death penalty
le **peintre** painter
la **peinture** painting
peler *(e>è/e)* to peel
le **pèlerinage** pilgrimage
penché(e) leaning, bending
se **pencher** to lean, bend
la **penderie** closet, walk-in closet
pendre to hang
le **pendule** pendulum
pénétrer *(é>è/mute e)* to penetrate
la **péniche** barge
la **pensée** thought
penser to think; **penser à** to think of; **penser de quelque chose** to have an opinion about something; **penser faire quelque chose** to intend to
le **penseur** thinker
pensif(-ve) pensive
la **percée** opening, breakthrough
perdre to lose; **perdre son temps** to waste one's time; **se perdre** to get lost
le **père** father
permettre (à quelqu'un de faire quelque chose) *(like* ***mettre****)* to allow (someone to do something)
le **permis (de conduire)** driver's licence
les **persécutions** *(f.pl.)* persecutions
le **personnage** character (literary)
personne no one, nobody
persuader quelqu'un de to persuade someone to
peser *(e>è/e)* to weigh
la **peste** plague
la **pétanque** traditional French game resembling bowling
petit(e) small
le **petit ami** boyfriend
le **petit déjeuner** breakfast
le **petit-fils** grandson
la **petite amie** girlfriend
la **petite-fille** granddaughter
les **petits pois** *(m.pl.)* peas
le **pétrin** fix, jam
pétrochimique petrochemical
le **pétrole** oil
peu little, few; not very; **peu à peu** little by little; **peu de** few, little, not much
le **peuple** people, nation
peupler to populate, people
le **peuplier** poplar tree
la **peur** fear
pharmaceutique pharmaceutical
le/la **pharmacien(ne)** pharmacist
la **philo** philosophy (school slang)
le/la **philosophe** philosopher
photographier to photograph
le/la **physicien(ne)** physicist
la **physique** physics
le **pic** peak
la **pièce** room **pièce de théâtre** play (theater)
le **pied** foot; **à pied** on foot
la **pierre** stone
pieux(-se) pious
pile sharp, on the dot (of time)
la **pillule** pill
la **piqûre** injection
pire worse *(adj.)*; **le pire** the worst part
pis worse *(adv.)*
la **piscine** swimming pool
la **piste** track, course; clue
le **placard** cupboard
place: faire place à to give way to
le **placement** placement; investment
placer *(c>ç/a, o)* to place, invest
la **plage** beach
plaindre *(like* ***craindre****)* to pity; **se plaindre (de)** to complain (about)
la **plaine** plain
plaire (à quelqu'un) *(irreg.)* to please (someone)
le **plaisir** pleasure
le **plancher** floor
planter to plant
le **plat** dish
plat flat
le **plateau** plain
plein (de) full (of)
pleurer to cry
pleureur(-se) weepy
pleuvoir to rain; **Il pleut.** It's raining.
plier la tente to fold up the tent
le **plombier** plumber
plonger *(g>ge/a, o)* to dive, plunge
la **pluie** rain
la **plupart de** most of
le **pluriel** plural
plus (de) more; **ne... plus** no more, not anymore
plutôt rather
pluvieux(-se) rainy
le **pneu** tire; **pneu crevé** flat tire
la **poêle** frying pan
le **poème** poem
la **poésie** poetry
le **poète** poet
la **pointe** point, forefront
la **poire** pear
le **poisson** fish; **Poisson d'avril** April fool
la **poitrine** chest
le **pôle** pole
poli(e) polite
policier(-ère) police, detective *(adj.)*
la **politesse** politeness
la **politique** policy; politics
politique political
la **pomme** apple
la **pomme de terre** potato
populaire popular, of the people, working-class
le **porc** pork
la **porte** door
le **porte-parole** spokesperson

la portée scope, repercussion
le portefeuille wallet
porter to carry, bear; wear
le portraitiste portait painter
poser to set down, lay down
posséder *(é>è/mute e)* to possess
la poste mail, postal service
le poste job; radio or TV set
poster to mail
le potager vegetable garden
la poterie pottery
la poubelle trash can, wastebasket
le poulet chicken
la poupée doll
pour que so that, in order that
le pourboire tip (restaurant)
le pourcentage percentage
poursuivre *(like suivre)* to pursue, to continue
pourvu que provided that, as long as
pousser to grow; push
pouvoir to be able; **il se peut que** it's possible that
le pouvoir power
pratiquant(e) observant, religious
pratique practical
pratiquer to practice
le pré meadow
précédemment previously
prêcher to preach
précisément precisely
préconiser to favor, advocate
le précurseur precursor
la prédilection preference; **de prédilection** favorite
prédire to predict
préférer *(é>è/mute e)* to prefer
le préjugé prejudice
premier(-ère) first
prendre to take; to have (with names of meals and with food and drink)
prendre de l'essence to get (buy) gasoline
prendre froid, prendre un rhume to catch cold
prendre part à quelque chose to take part in, collaborate in
prendre place to have a seat
prendre plaisir à to take pleasure in
prendre un bain, une douche to take a bath, shower
se préoccuper to worry
le préparatif preparation
préparé(e) à prepared to
préparer to prepare; **se préparer à** to get ready to
près de near
présenter to present; **présenter une demande d'emploi** to submit a job application
préserver to preserve
la présidence presidency
presque almost
pressé(e) in a hurry
la presse press
se presser de to hurry, rush to
le pressing dry cleaner's
la pression pressure
prestigieux(-se) prestigious
prêt(e) (à) ready (to)
le prêt-à-porter ready-to-wear clothing
prétendre to claim
prêter to lend; **prêter serment** to swear an oath
le prétexte pretext, excuse
prévu scheduled
prier quelqu'un de to beg someone to
primaire primary, elementary
le printemps spring
la priorité priority
la prise taking, capture
privé(e) de deprived of
se priver de to deprive oneself of
privilégié(e) privileged
le procédé process, procedure
prochain(e) next
proche close, near
le/la producteur(-rice) producer
produire *(like **construire**)* to produce
profiter de to take advantage of
profond(e) deep
la programmation programming
le programme d'action plan of action
le programme d'études curriculum
le/la programmeur(-se) programmer
le progrès progress
le projet project, plan
projeter *(t>tt/mute e)* to project
la promenade walk; ride
promener to take for a walk; **se promener** to go for a walk
le/la promeneur(-se) stroller, walker
la promesse promise
prometteur(-se) promising
promettre *(like **mettre**)* to promise
promouvoir to promote
promu(e) promoted
prononcer *(c>ç/a, o)* to pronounce
proposer (à quelqu'un de faire quelque chose) to suggest (to someone to do something)
se proposer de to set out, mean, intend to
la proposition clause
propre clean; one's own
le/la propriétaire owner
prospère prosperous
le protectorat protectorate
protéger *(g>ge/a,o; é>è as in **espérer**)* to protect
la prouesse prowess
la province province
prudemment carefully
la prudence caution
public(-que) public
publier to publish
puiser fish for, fish out; take from (literary passage)

la **puissance** power
puissant(e) powerful
le **pull(-over)** sweater
le **pupitre** student's desk at school

Q

le **quai** platform (train station)
qualifié(e) qualified, skilled
la **qualité** quality
quand when
quant à as for
le **quart** fourth, quarter
le **quartier** neighborhood
québécois(e) from Quebec
quelconque any; any old; ordinary
quelque: et quelques a little past (clock time)
quelqu'un someone, somebody
quelque chose something
quelque part somewhere
quelque peu a bit, a little
quelquefois sometimes
quelques-un(e)s some
la **querelle** quarrel, argument
quitte à even if it means
quoi que ce soit anything
quoique although
quotidien(ne) daily
le **quotidien** daily paper

R

le **rabais** price reduction, sale price
racheter *(e>è/mute e)* to buy back, redeem
raconter to tell, narrate
le **radeau** raft
le **raffinement** refinement
raffiner to refine
la **rafle** roundup
la **rage** rabies
rager to fume, be fuming (with anger)
la **raison** reason
le **raisonnement** reasoning
se **rallier à** to rally to
ramasser to pick up
ramener *(e>è/mute e)* to bring (someone) back
ramper to creep
la **randonnée** hike
le **rang** rank
ranger *(g>ge/a, o)* to put away; **se ranger** to unite, side with
râper to grate
rapide fast
rappeler *(l>ll/mute e)* to call back
le **rapport** relationship; report
rapporter to bring back, report
le **rapprochement** reconciliation
la **raquette** racket (for tennis, etc.)
rarement rarely, seldom
se **raser** to shave
rassembler to gather
rassurer to reassure
le **rationnement** rationing
le **ravage: faire des ravages** to ravage, devastate
ravager *(g>ge/a,o)* to ravage
ravi (de) delighted (to)
ravoir to get back
rayer *(y>i/mute e)* to cross out
le **rayon** section of a store, department; ray
la **rayonne** rayon
rayonner to shine forth
réagir to react
la **réalité** reality
le **rebelle** rebel
récemment recently
recevoir *(irreg.)* to receive
le **réchaud** hot plate
les **recherches** *(f.)* research
le **récit** story, recounting
le **récital** recital
la **récolte** harvest
recommander to recommend
récompenser to reward
reconnaître *(like **connaître**)* to recognize
recueillir *(like **cueillir**)* to gather
récurer to scour
le **recyclage** recycling
la **rédaction** writing; drafting, drawing up
rédiger *(g>ge/a, o)* to draft, write
redouter de to dread
réduire *(like **construire**)* to reduce
réel(le) real
refaire to redo
réfléchir (à) to think (about), reflect (on)
le **reflet** reflection
refléter *(like **espérer**)* to reflect
la **réflexion** reflection, thought
le/la **réfugié(e)** refugee
refuser (de) to refuse (to)
regarder to look at
le **régime** diet; regime, system of government
la **règle** rule, ruler; **être en règle** to be in order
régler la note to pay the bill, settle the account
le **règne** reign
régner *(like **espérer**)* to reign
regorger de *(g>ge/a,o)* to be bursting with
regretter to be sorry
regrouper to group together
réhabiliter to rehabilitate
la **reine** queen
rejeter *(t>tt/mute e)* to reject
rejoindre *(like **craindre**)* to rejoin
se **réjouir** to rejoice
la **relâche** respite, rest
relatif(-ve) relative *(adj.)*
relevé(e) spicy

relever *(e>è/mute e)* to bring out (flavor); to spice up; pick up; derive from
le **relief** contours of the land; relief (art); **en relief** raised; **mettre en relief** to emphasize, make stand out
relier to link, connect, tie together
religieux(-se) religious
remarquer to notice
rémédier à to fix, remedy
remercier to thank
remettre *(like* ***mettre****)* to postpone; **se remettre de** to recover from
remonter à go back to, be traced back to
le **remplacement** replacement
remplacer *(c>ç/a, o)* to replace
remplir to fill; **se remplir de** to become filled with
rencontrer to meet (by chance); **se rencontrer** to meet, run into each other
rendre to give back
renforcer *(c>ç/a,o)* to strengthen
la **renne** reindeer
la **renommée** renown
renoncer à *(c>ç/a, o)* to resign, quit
le **renouveau** renewal
renouveler *(l>ll/mute e)* to renew
renseigner to inform; **se renseigner sur** to get information about
rentrer to return, go back; to bring inside
renverser to knock over; overturn, upset
renvoyer *(y>i/mute e)* to send back, dismiss
répandre to spread
répartir to divide
repartir *(like* ***partir****)* to go away again
le **repas** meal
la **repasseuse** (female) ironer
repeindre *(like* ***peindre****)* to repaint
se **repentir de** to regret
répéter *(like* ***espérer****)* to repeat
le **répondeur** answering machine
répondre à to answer
la **réponse** answer
le **repos** rest
se **reposer** to rest
repousser to push back
reprendre to start again
le/la **représentant(e)** representative
la **reprise** resumption, repeat; **à plusieurs reprises** several times
reprocher à quelqu'un de to reproach someone for
la **république** republic
le **réseau** network
se **résigner à** to resign oneself to
résolu(e) à solved to
résoudre to solve
respecter to respect
la **respiration** breathing
responsable de responsible for
ressembler à to look like; **se ressembler** to look alike
la **ressource** resource
restaurer to restore
restituer return, give back to an owner
résumer to summarize
retapisser to repaper
retarder to be slow (of a watch)
retenir *(like* ***tenir****)* to retain, hold back
le **retentissement** stir, repercussion
retourner to return, come back, go back
la **retraite** retreat; **battre la retraite** to beat a retreat
retrouver to meet (by appointment)
la **réunion** meeting
se **réunir** to get together
réussir (à) to succeed (in)
la **réussite** success
le **rêve** dream
réveiller to wake up (trans.); **se réveiller** to wake up
le **réveillon** midnight dinner
révéler *(like* ***espérer****)* to reveal
le/la **revendeur(-se)** dealer
la **revendication** demand
revenir *(like* ***venir****)* to return
rêver to dream
réviser to review
révoquer to revoke
la **revue** magazine
le **rez-de-chaussée** ground floor
le **rhume** cold (illness)
la **richesse** richness
le **rien** a trifle
rien nothing
rire (de) to laugh (at)
le **rire** laughter
risquer de to risk, run the risk of
rivaliser avec to rival
la **rive** river bank
le **riz** rice
la **robe** dress
le **roi** king
le **rôle** role
romain(e) Roman; Romanesque
roman(e) deriving from the Romans; Romanesque
le **roman** novel
le/la **romancier(-ère)** novelist
romaniser to Romanize, Latinize
rompre (avec) to break off (with)
le **rosbif** roast beef
le **rosier** rosebush
rouge red; **voir rouge** to see red (be furious); **le poisson rouge** goldfish
rougir (de) to blush (at), to be ashamed of
roumain(e) Romanian
roussir to redden
routier(-ère) pertaining to roads
rouvrir *(like* ***ouvrir****)* to reopen
roux(-sse) redheaded
le **royaume** kingdom
la **rubrique** heading
rude rough
la **rue** street; **rue piétonne** street closed to traffic

APPENDIX

la **ruine** ruin
rupestre cave *(adj.)*
la **rupture** break
russe Russian

S

le **sac** bag; **sac à dos** backpack; **sac à main** handbag; **sac de couchage** sleeping bag
sacrer to crown
sage well-behaved
la **Saint-Sylvestre** New Year's Eve
la **salade** lettuce; salad; **salade niçoise** mixed Mediterranean salad
le **salaire** salary
sale dirty; awful
salir to dirty
la **salle à manger** dining room
la **salle de concert** concert hall
la **salle de permanence** study hall
le **salon** living room; salon
saluer to greet
samedi Saturday
les **sandales** *(f.pl.)* sandals
sanglant(e) bloody
le **sanglot** sob
sangloter to sob
sans que without
les **sans-emploi** *(m.pl.)* the unemployed
le **sans-gêne** inconsiderate personne
la **santé** health
le **sapin** fir tree
satisfait(e) de satisfied to
la **saucisse** sausage
le **saucisson** sausage, salami
le **saumon** salmon
sauvage wild
la **saveur** flavor
le **savoir** knowledge
scandaliser to scandalize
scolaire pertaining to school
la **scolarité** schooling
la **scolastique** scholasticism (medieval philosophy)
sculpter to sculpt
le/la **sculpteur** sculptor
la **séance** showing (film)
sec (sèche) dry; **parler/répondre sec** to speak/answer curtly
sécessionniste secessionist, separatist
sécher *(like espérer)* to dry; **sécher un cours** to cut class
secouer to shake
secret(-ète) secretive
le **secteur** sector
la **sécurité personnelle** personal safety
la **sédentarisation** settling process; abandoning nomadic life
le **séjour** living room; stay
la **semaine des quatre jeudis** a month of Sundays
semaine: en semaine during the week
semer *(e>è/mute e)* to sow
la **semoule** semolina
le **sénateur** senator
le **sens** meaning, sense
sensationnel(le) great, terrific
la **sensibilisation** sensitizing
sensibiliser to sensitize
la **sensibilité** sensitivity
le **sentiment** feeling
sentir *(irreg.)* to feel; **se sentir** to feel
séparer to separate
septembre September
sérieux(-se) serious
le **serment** oath
la **serviette** napkin; towel; briefcase
servir *(irreg.)* to serve
le **seuil** threshold
sévir to rage, be rampant
le **siècle** century
le **siège** headquarters, main office (of an organization); **lever le siège** to lift the siege
le **sien (la sienne, les siens, les siennes)** his, hers, its; **faire des siennes** to be up to one's old tricks
signaler to notify, inform, point out
signer to sign
signifier to signify, mean
le **sirop** syrup; **sirop pour la toux** cough syrup
le **site** site, location
situer to locate
la **société** society
la **sœur** sister
la **soie** silk
soigné(e) formal (style)
se **soigner** to take care of oneself
soigneux(-se) careful
le **soir** evening
la **soirée** evening
le **solde** sale item, reduced item; **en solde** on sale
le **soleil** sun
la **solitude** loneliness
sombrer to sink, wallow
le **sommet** summit, pinnacle
somptueux(-se) sumptous
songer à to be thinking of
sonner to ring; ring the doorbell; to sound
la **sonnette** doorbell
le **sort** fate
la **sorte** kind, sort
sorti de coming from
la **sortie** date (going out with someone); exit
sortir *(irreg.)* to go, come out; to bring, take out
sot(te) foolish
la **sottise** nonsense
le **sou** cent (old coin); **être sans le sou** to be broke
le **souci** care, concern
se **soucier de** to worry, be concerned about
soucieux(-se) de concerned with
souffrir *(irreg.)* to suffer
le **souhait** wish, desire

souhaiter que to wish
le **soulèvement** uprising, rebellion
soumettre *(like **mettre**)* to subjugate
soupçonner to suspect
soupirer to sigh
la **source** source
sourire to smile
la **souris** mouse
sous under; **sous la tente** in the tent
le **sous-sol** basement
soutenir *(like **tenir**)* to support, hold up
le **soutien** support
le **souvenir** memory, remembrance; souvenir
se **souvenir de** to remember
souvent often
le/la **souverain(e)** sovereign
la **souveraineté** sovereignty
spatial(e) space *(adj.)*
la **spécialité** specialty; major, main field of study
le **spectacle** show
spectaculaire spectacular
sportif(-ve) athletic; pertaining to sport
le **stade** stadium
la **station de ski** ski resort
la **station-service** gas station
la **station thermale** hot springs resort
le **statut** status, statute
le **store** venetian blinds
la **stratégie** strategy
le **stylo** pen
subir to undergo
la **subvention** subsidy
subventionner to subsidize
succéder à *(like **espérer**)* to succeed, follow
la **succursale** branch (of a store)
le **sucre** sugar
le **sud** south
suffire to be enough; **il suffit** it's enough, sufficient, it suffices
suggérer à quelqu'un de *(é>è/mute e)* to suggest to someone to
le/la **Suisse** a Swiss
la **suite** aftermath; continuation
suite: à la suite de following
suivant(e) following
suivre *(irreg.)* to follow
suivre l'actualité to keep up with the news
suivre un cours to take a course
suivre un régime to be on a diet
le **sujet** subject
superbe superb, great
la **superficie** surface, area
supérieur(e) higher
le **supermarché** supermarket
supporter to bear, stand
sur on; about; close to, approximately
sûr (de) sure (to)
sur le moment at first
sur les trois heures at about three o'clock
sur une période de deux ans over a period of two years
sur: un jour sur deux every other day
surprenant(e) surprising
surprendre *(like **prendre**)* to surprise
surpris(e) de surprised at, by
survivre to survive
sympathique pleasant, nice
syndicaliste union *(adj.)*
le **syntagme** phrase

T

le **tableau** picture, painting
la **tache** spot, dot
la **tâche** task
tâcher de to try to
tactile pertaining to the sense of touch
la **taille** size
le **tailleur** suit (woman's)
se **taire** *(like **plaire**)* to keep quiet
tant (de) so much, many
la **tante** aunt
se **tapir** to lurk, hide, crouch
le **tapis** carpet
tard late
tarder à to delay (doing something)
le **taureau** bull
technique technical
la **technologie** technology
tel(le)(s) que such as
le **télécopieur** fax machine
le **télégramme** telegram
téléphoner (à quelqu'un) to telephone (someone)
le **témoignage** testimony, proof
le **témoin** witness
la **tempête** storm
le **temps** time, weather
la **tendance** tendency
tendre à to tend to
tenir à *(irreg.)* to insist on
la **tente** tent
tenter de to try to
la **terminale** last year of studies at a **lycée**
le **terrain** terrain; **perdre du terrain** to lose ground
le **terrain de camping** campsite, campground
le **terrain de sports** playing field
la **Terre-Neuve** Newfoundland
la **terreur** terror
terrible terrible; great, tremendous
le **territoire** territory
la **tête** head; **en tête de** at the head of
le **thé** tea
le/la **théoricien(-ne)** theoretician
la **thermochimie** thermochemistry
le **thon** tuna
le **tien (la tienne, les tiens, les tiennes)** yours
le **tiers** third
le **timbre** postage stamp
timide shy
le **tirage** drawing (lottery); circulation (press)
tirer to draw, pull, take

le **tissage** weaving
tisser to weave
le **tissu** tissue (body); cloth
la **toile** canvas
la **toile d'araignée** spiderweb, cobweb
les **toilettes** *(f.pl.)* bathroom
la **tombe** grave
le **tombeau** tomb
tomber to fall; **tomber amoureux(-se) de** to fall in love with; **tomber malade** to get sick
le **ton** tone
tonner to thunder
la **tonnerre** thunder
tordre to twist
tôt early
totalitaire totalitarian
touchant(e) touching
la **touche** touch; small amount
toujours always
la **tour** tower
le **tour** tour, trip
le **tourisme** tourism
touristique tourist *(adj.)*
tourmenter to torment
le **tournant** turning point
la **tournée** tour (performers)
tourner autour de to revolve around
tous les deux both
tous les trois mois every three months
le **Toussaint** All Saints' Day
tousser to cough
tout à l'heure a short while ago; very soon
tout au plus at the very most
tout de suite immediately
tout le monde everyone
la **toux** cough
la **toxine** toxin
tracasser to worry, vex
le **tracé** layout, route
traduire *(like **construire**)* to translate
la **tragédie** tragedy
trahir to betray
la **trahison** treason
traîner to be lying around
le **trait** characteristic
le **traité** treaty; treatise
le **traitement** treatment; processing; **traitement de données** data processing; **traitement de texte** word processing
traiter to deal with, write about
la **tranche** slice
la **tranquillité** calm, tranquillity
transformer to transform
se **transformer en** to become, change into
le **transformisme** transformism, evolution
transmettre *(like **mettre**)* to transmit
la **transplantation** transplant
le **travail** work
travailler to work
le/la **travailleur(-se)** worker
les **travaux** *(m.pl.)* repairs, roadwork
traverser to cross
le **tremblement de terre** earthquake
trembler to shake, tremble
la **trentaine** about thirty
la **trêve** truce; **trêve de** enough, stop your ...
la **tribu** tribe
le **tribunal** court
tricolore three-colored (refers to French flag)
triomphal(e) triumphal
triompher to triumph
triste sad
la **tristesse** sadness
tromper to deceive; **se tromper** to make a mistake
trompeur(-se) deceptive
le **trône** throne
trop de too much, too many; **de trop** in the way
le **trottoir** sidewalk
le **trou** hole
le **trouble-fête** party pooper
les **troupes** *(f.pl.)* troops
trouver to find
la **turbine** turbine
turc(-que) Turkish
tutoyer *(y>i/mute e)* to use the **tu** form to address someone
le **tuyau** pipe

U

uni(e) close (relationship)
l' **unité** *(f.)* unity; **unité de disque** disk drive
l' **univers** *(m.)* universe
universitaire university *(adj.)*
urbain(e) urban, city
l' **urbanisme** *(m.)* city planning
l' **usage** *(m.)* use
l' **usine** *(f.)* factory
utile useful
utiliser to use, utilize

V

les **vacances** *(f.pl.)* vacation
le/la **vacancier(-ère)** vacationer
le **vaccin** vaccine
la **vache** cow
vachement very (slang)
vaincre *(irreg.)* to conquer
le **vainqueur** victor

la **vaisselle** dishes
la **valise** suitcase
la **vallée** valley
valoir *(irreg.)* **quelque chose à quelqu'un** to be worth; earn somebody something
la **valse** waltz
se **vanter de** to boast of
varié(e) varied
la **variété** variety
la **vedette** movie star
la **veille** the evening before
veiller à to see to, attend to
le **vélo** bike
le/la **vendeur(-se)** salesperson
vendre to sell; **vendre au kilo, au mètre** to sell by the kilogram, meter
vendredi Friday
venir *(irreg.)* to come; **venir de** to have just done something
la **venue** coming
le **verglas** ice on the road
vérifier to check
la **vérité** truth
le **verre** glass
vers towards
le **vers** verse
vert(e) green *(adj.)*
le **vertige** dizziness
vertigineux(-se) dizzy
la **veste** jacket, sports jacket
le **vêtement** article of clothing
le/la **veuf(-ve)** widow
la **viande** meat
vide empty
la **vie** life
vieux (vieil, vieille) old
vif(-ve) lively
la **vigne** vine
la **vingtaine** about twenty
viser à to aim at, aim to
la **visite** visit; **rendre visite à** to visit someone
le/la **visiteur(-se)** visitor
vite quickly, fast
la **vitesse** speed
le **vitrail** stained-glass window
la **vitrine** store window
la **vivacité** liveliness, brightness
vivre de quelque chose to live off something
les **vivres** *(m.)* foodstuffs
la **voie** way, road, track; **voie ferrée** railroad, track
la **voile** sail
le **voile** veil
voir to see
le/la **voisin(e)** neighbor
la **voiture** car
la **voix** voice; vote
le **vol** theft
la **volonté** will
volontiers gladly
le **vôtre (la vôtre, les vôtres)** yours
vouloir *(irreg.)* to want
vouvoyer *(y>i/mute e)* to use the **vous** form to address someone
le **voyage** trip
voyager *(g>ge/a, o)* to travel
voyant(e) showy, gaudy
vrai(e) real, true
la **vue** sight; **bien en vue** prominent

Y

le **yaourt** yogurt

Z

le **zéro** zero; **zéro de conduite** failing grade in conduct

ENGLISH-FRENCH VOCABULARY

This list contains words and expressions necessary to do the translation activities. Idioms and expressions are sometimes omitted if they are listed in the chapter where the English-to-French activity occurs.

A

able: be able pouvoir
abroad à l'étranger
accept accepter
according to selon, d'après
across à travers
across the way en face
afraid: be afraid avoir peur
after après
against contre
airport l'aéroport *(m.)*
allow permettre
alone seul(e)(s)
aloud à haute voix
already déjà
angry fâché(e)
animal l'animal *(m.)*
answer *(verb)* répondre à, *(noun)* la réponse
anymore ne... plus
anytime n'importe quand
anywhere n'importe où
anywhere (nowhere) nulle part
apologize s'excuser
apple la pomme
arm le bras
arrive arriver
as for quant à
as long as pourvu que
ask demander; **ask a question** poser une question
at present actuellement
attention l'attention *(f.)*; **pay attention** faire attention
average la moyenne

B

baby le bébé
backpack le sac à dos
bad mauvais(e)
bakery la boulangerie
beach la plage
because à cause de, parce que
before avant
begin commencer à
bench le banc
blond blond(e)
book le livre
boring ennuyeux(-se)
bother déranger
bread le pain
bring apporter
brother le frère
bus le bus
business les affaires *(f.pl.)*
business trip le voyage d'affaires
busy occupé(e)
buy acheter; **buy tickets** prendre les billets

C

café le café
cake le gâteau
calculator la calculatrice
call appeler; téléphoner à; **be called** s'appeler
cane la canne
car la voiture
care le soin
cat le chat
chair la chaise
child l'enfant
chocolate le chocolat
city la ville
class la classe; **in class** en classe
client le/la client(e)
coffee le café
cold: It's cold. Il fait froid.
come venir
come back revenir
come downstairs descendre
come in entrer
compact disc le disque compact (CD)
composition la composition
computer l'ordinateur *(m.)*
contact *(verb)* contacter
counter le comptoir
courage le courage
courageous courageux(-se)
course le cours
cousin le/la cousin(e)
covered with couvert(e) de

criticize critiquer
croissant le croissant
cross *(verb)* traverser
crouching accroupi(e)
cut couper; **cut oneself** se couper

D

danger le danger
date la date
day la journée, le jour
department store le grand magasin
detective le détective
difficulty la difficulté
dinner *(verb)* dîner; *(noun)* le dîner
do faire
doctor le médecin
dog le chien
doll la poupée
door la porte
downstairs en bas; **go downstairs** descendre
during pendant

E

early riser matinal(e)
early: be early être en avance
eat manger
ecology l'écologie
encourage encourager
end la fin
English *(adj.)* anglais(e); *(noun)* l'anglais *(m.)*
enough assez (de)
every tous, toutes les
everyone tout le monde
everywhere partout
explain expliquer

F

family la famille
fear la peur
fed up: be fed up with avoir assez de, en avoir marre de
feel like avoir envie de
fever la fièvre
film le film
find trouver
finger le doigt
finish finir, achever, terminer
fire *(verb)* renvoyer
floor (of a building) l'étage *(m.)*
for (with time expressions) depuis
forget oublier
formerly auparavant
free libre
French *(adj.)* français(e), *(noun)* le français
Friday vendredi
friend l'ami(e)
friendly gentil(le)
frightening effrayant(e)

G

generosity la générosité
get recevoir; avoir
get to arriver à
get up se lever
girl la (jeune) fille
give donner
go aller
go away s'en aller
go back rentrer
go by passer
go downstairs descendre
go in entrer
go out sortir
go up monter
go: going to aller + infinitive
good bon(ne)
good in calé(e) en
grade (school) la note
gram le gramme
green vert(e)

H

hair les cheveux *(m.pl.)*
half la moitié
hanging pendu(e)
happy heureux(-se); content(e)
hard (difficult) difficile
harmful: be harmful faire mal
hate la haine
have avoir; **(food or drink)** prendre
health la santé
heart: put one's heart into it mettre du sien
help *(verb)* aider
here ici
history l'histoire *(f.)*
homework le devoir
hotel l'hôtel *(m.)*
hour l'heure *(f.)*
house la maison
how much combien

I

ice cream la glace
idea l'idée *(f.)*
identity l'identité *(f.)*
important important(e)

improbable peu probable
in spite of malgré
incessant sans cesse; incessant(e)
inform faire savoir
intelligent intelligent(e)
intend avoir l'intention de
interested: **be interested in** s'intéresser à
invitation l'invitation *(f.)*

J

join: join us être des nôtres
joy la joie
just: have just done something venir de + infinitive

K

know savoir; connaître
know how to savoir + infinitive

L

lady la dame
lawyer l'avocat(e)
leaning adossé(e)
leaning on penché(e) sur
learn apprendre
leave partir *(intrans.)*; quitter *(trans.)*
lend prêter
letter la lettre
listen to écouter
literature la littérature
little petit(e)
live habiter; vivre
long long(ue)
look at regarder
look for chercher
lost: get lost se perdre
lurking tapi(e)
lying down couché(e)

M

make faire
man l'homme *(m.)*
many beaucoup (de)
March mars
marketplace le marché
match le match
math les mathématiques *(f. pl.)*, les maths
mediocre quelconque
member le membre
meter le mètre
mill le moulin
mind: make up one's mind se décider à
money l'argent *(m.)*
morning le matin
most of la plupart de(s)
mother la mère
mountain la montagne
movies le cinéma

N

name le nom
near près de
need avoir besoin de
neighborhood le quartier
neither, not... either ni... non plus
neither... nor ni... ni
nestling blotti(e)
never ne... jamais
new neuf(-ve)
newspaper le journal
next prochain(e)
nice sympathique

O

old vieux, vieil, vieille
old man le vieillard
on time à l'heure
once une fois
only ne... que, seulement
operate (on) opérer
other autre
over there là-bas
overwhelmed with accablé(e) de
own (one's own) propre

P

package le paquet
paint *(verb)* peindre
painter le peintre
park le parc
participate in participer à
pastry la pâtisserie
pastry cook le/la pâtissier(-ère)
people les gens *(m. pl.)*
phone téléphoner à
pick up prendre
picture le tableau
plan le projet, le plan
plan to compter
play *(verb)* jouer
pollution la pollution
pound la livre
powerful puissant(e)
prefer préférer
produce produire

promise *(verb)* promettre
pyjamas le pyjama

Q

question la question
quickly vite

R

rain: It's raining. Il pleut.; **to rain** pleuvoir
read lire
realize se rendre compte de
recognize reconnaître
record: off the record à titre confidentiel
red rouge
refrain from s'empêcher de
remember se souvenir de
remorse le remords
repeat répéter
responsible responsable
restaurant le restaurant
resting on one's elbows accoudé(e)
right (correct) bon(ne), juste
right away tout de suite
risk *(verb)* risquer de
role le rôle; **play a role** jouer un rôle
roof le toit
run over renverser

S

sadness la tristesse
Saturday samedi
say dire; **be said** se dire
school *(adj.)* scolaire; *(noun)* l'école *(f.)*
seat la place
secret le secret
see voir
see to veiller à
seldom rarement
sell vendre
send for faire venir
serious sérieux(-se)
serve servir
set out se mettre en route
set the table mettre la table
sharp: six o'clock sharp six heures pile
shopping: do the shopping faire le marché
short court(e)
show *(verb)* montrer
sick malade
sister la sœur
sitting assis(e)
sleep *(verb)* dormir
sleep in faire la grasse matinée
slowly lentement
snow *(noun)* la neige
so many tant de
soccer le football
someone quelqu'un
somewhere quelque part
song la chanson
soup la soupe
speak parler
spend (time) passer
spring le printemps
stairs l'escalier *(m.)*
stand in line faire la queue
station la gare
steal from voler à
store le magasin
street la rue
strive s'efforcer de
student l'étudiant(e)
study étudier
suffer souffrir
suit le costume
supporting oneself appuyé(e)
sure sûr(e)
surprising surprenant(e), étonnant(e)

T

take prendre
take a course, class suivre un cours
take a walk faire une promenade
take a trip faire un voyage
taste *(verb)* essayer, goûter
tea le thé
teach enseigner
teacher le professeur
television la télévision, la télé
test l'examen *(m.)*
therefore donc
think about penser à
think of penser de
time le temps; l'heure *(f.)*
tire le pneu
today aujourd'hui
tomorrow demain
too (also) aussi
toward vers
town la ville; **in town** en ville
track la piste
train le train
tricks: be up to one's old tricks faire des siennes
trip le voyage
trouble: take the trouble to se donner la peine de
truck le camion
true vrai(e)
trust se fier à
try to essayer de, tenter de, chercher à, tâcher de
turn; be someone's turn être à quelqu'un

APPENDIX

U

under sous
understand comprendre
unpleasant antipathique
until jusqu'à
upstairs en haut
use employer

V

vacation les vacances *(f. pl.)*; **on vacation** en vacances
vegetable le légume
voice la voix
vote la voix, le vote

W

waiter le garçon, le/la serveur(-se)
walk la promenade
wall le mur
want vouloir
war la guerre
wary: be wary of se méfier de
waste perdre
watch la montre
weather le temps; **The weather is nice.** Il fait beau.
Wednesday mercredi
week la semaine
when quand
wife la femme
wind le vent
window la fenêtre
wonder *(verb)* se demander
word le mot
work *(verb)* travailler, *(noun)* le travail
worry s'inquiéter de, se soucier de

Y

year l'an *(m.)*, l'année *(f.)*
yell at gronder, engueuler
yesterday hier

INDEX

A

à
- before infinitive 150, 153, 159
- preposition 381–383
- with **faire** 160
- with geographical names 403–406

adjectives
- agreement 205
- comparison 216
- demonstrative 290
- interrogative 337
- number 205, 208
- position 198, 212–213
- possessive 282
- superlative 223, 483

adverbs
- adverbial phrases 240–241
- comparison 216–217
- formation 230–231
- of place 238
- of time 236
- position 234
- superlative 223

aller
- future 71
- imperative 88
- **passé composé** 42
- present tense 16
- used to express future 32

articles
- definite 183, 198, 425
- indefinite 183, 191, 199
- partitive 191, 196

avec
- preposition 390
- replacement for adverbs 198, 390

avoir
- idioms with 19, 491
- future 71
- imperfect vs. **passé composé** 60
- present tense 16

B

boire
- present tense 30

C

c'est vs. **il/elle est** 191, 198

conditional
- formation 78

conditional perfect 129
- in result clauses 131
- of reflexive verbs 129

conditional sentences 81, 131, 468

connaître
- imperfect vs. **passé composé** 60
- present tense 26

construire
- present tense 27

contractions 287, 341, 305–306, 308

convaincre
- present tense 26

courir
- future 72
- present tense 30

craindre
- present tense 26

croire
- present tense 31

D

dans 392–394
- with geographical names 403–406

dates 426

de
- after passive voice 167
- before infinitive 152, 155, 159
- preposition 385
- with geographical names 403–406

demonstrative adjectives 290

demonstrative pronouns 293, 314–315

devoir
- future 72
- present tense 17

dire
- idioms with 504
- present tense 30

direct object 48, 107, 111, 155, 160
- direct object pronouns 257, 272, 276, 277

dont 307

E

écrire
- present tense 30

en
- preposition 392
- pronoun 269, 276, 277
- with geographical names 403–406
- with present participle 145

entre (preposition) 399

être
- conditional 78
- future 72
- idioms with 19–20
- imperative 88
- imperfect 56
- present tense 16

F

faire
- idioms with 19–20, 495
- followed by an infinitive 160
- future 72
- present tense 16

future perfect 125
- after **quand**, etc. 125
- of reflexive verbs 125

future tense
- after **quand**, etc. 76
- formation 71

I

imperative 88
- object pronouns 277
- of reflexive verbs 111

imperfect
- contrast with the **passé composé** 60
- forms 55
- other uses 65
- special meanings of certain verbs in the imperfect 67

indefinite words and expressions 367, 371, 373

indirect object 152, 155, 160
  indirect object pronouns 263, 272, 276
infinitive
  after **à** 150, 159
  after adjectives and nouns 159
  after **de** 152, 155, 159
  after **il faut** 147
  after other verbs 147
  after **par** 152
  after verbs of motion 147
  as subject of a sentence 147
  faire + infintive 160
  instead of subjunctive 440, 471
  of reflexive verbs 100
  with direct object pronouns 257–258
interrogatives 325, 337, 341, 344
interrompre
  present tense 4
inversion (in questions) 325
  in the imperfect subjunctive 466
  in the **passé composé** 37–38
  with reflexive verbs 115

M

mettre
  idioms with 499
  present tense 26
mourir
  idioms with 31
  passé composé 42
  present tense 30

N

negative words and structures 325, 356, 351, 373
  in **passé composé** 38
  reflexive verbs 104, 114
  with **sans** 391
ne... que 358
n'est-ce pas 325–326
nouns
  comparison 216
  gender 183–187
  number 183, 189
  superlative 223
numbers
  cardinal 413, 415
  ordinal 418

O

object pronouns
  position 114
  reflexive pronouns 100, 114
  with commands 277
on 5, 171
ouvrir
  present tense 25

P

par 399
  after passive voice 167
  with **faire** 160
partitive 192, 196
partir
  passé composé 42
  present tense 25
passé composé
  of **passer** 43
  of reflexive verbs 107
  special meanings of certain verbs in the **passé composé** 67
  verbs taking both **avoir** and **être** 46
  vs. the imperfect 60
  with **avoir** 37
  with **être** 42
passé simple 137, 139
passive voice 167
past participle 37, 121, 125, 129
  agreement 42, 48, 107, 111, 121, 269, 301, 462
pluperfect
  formation 121
  in result clauses 131
possessive adjectives 282
possessive pronouns 287
pour 399
pouvoir
  future 72
  imperfect vs. **passé composé** 60
  present tense 17
prendre
  idioms with 20
  present tense 17
prepositions 24, 247, 381–402, 305, 307, 311
  with geographical names 403–406
present participle 145
  after **en** 145
  used as an adjective 145
  used instead of a relative clause 145
present tense
  of irregular verbs 16, 25, 30
  of reflexive verbs 100
  of regular **-er, -ir,** and **-re** verbs 3–4
  spelling changes in **-er** verbs 7, 9, 10
pronouns
  demonstrative 293, 314
  direct object 257, 272, 276
  disjunctive 247
  double object 272, 277
  en 269, 276
  indirect object 263, 272, 276
  interrogative 341, 344
  object pronouns in commands 88, 277
  possessive 287
  relative 301, 305, 307, 311, 314
  subject 3, 5
  y 267, 272
propre 282

Q

quantity expressions 196, 269
question formation 325
  with reflexive verbs 115

R

recevoir
  future 72
  present tense 27
reflexive verbs
  conditional perfect 129
  future perfect 125
  imperative 114
  passé composé 107
  pluperfect 121
  present tense 100
  reciprocal use 111
  used for the passive 115, 171
relative clauses 301, 305, 307, 311, 314, 480
result clauses 81, 131
rompre
  present tense 4

S

sans
  preposition 390, 391
  replacement for adverbs 234
savoir
  future 72
  imperative 88
  imperfect vs. **passé composé** 67
  present tense 30
  savoir + infinitive 32
si clauses 81, 131
sous 311, 396
subject-verb agreement 254

subjunctive
after **il faut** 440
after **seul, unique, dernier, premier** 483
after superlatives 483
emotion 447
imperfect subjunctive 466
in adverb clauses 471
in clauses expressing imposition of will, necessity 440
indirect commands 457
in indefinite clauses 485
in relative (adjective) clauses 480
introduction 437
negation of fact 453
opinion 453
past subjunctive 462
pluperfect subjunctive 468
possibility 447
preceded by **ne** 457, 471
present: forms 437
replaced by infinitive 440, 471
suivre
idioms with 30
present tense 30
sur 396

T

tenir
future 72
idioms with 505
present tense 17
time 421
tout 374

V

venir
future 72
passé composé 42
present tense 17
venir + infinitive 32
venir de 32, 152
verbal constructions 32
verbs
comparison 216
superlative 223
vivre
present tense 30
voir
future 72
idioms with 502
present tense 30
vouloir
future 72
imperfect vs. **passé composé** 60
present tense 17

W

weather expressions 20

Y

y 261, 272, 277